HEYNE <

Das Buch

Schamanen aller Kulturen und Traditionen wissen: Natur und Erde sind weise und bewusst. Sie sprechen zu uns durch Träume und durch unsere Intuition. Wenn wir unseren Geist, unser Herz und unsere Sinne öffnen, können wir die Magie des Wilden, die Rhythmen der Natur und die Weisheit der Erde wieder wahrnehmen. Wir können uns mit den Geistern der Natur verbinden, die Mitgefühl und Liebe für alle Wesen empfinden.

In diesem Buch machen die zwei erfahrenen Schamaninnen uralte Techniken für den modernen Menschen anwendbar und erschließen damit eine völlig neue Dimension des Naturerlebens. Schritt für Schritt wird es möglich, sich mit Tieren, Pflanzen und Elementargeistern zu verbinden und deren kreative und heilende Kraft ins eigene Leben zu holen.

Die Autorinnen

Sandra Ingerman ist eine der bekanntesten Vertreterinnen eines modernen Schamanismus. Seit ihrer Ausbildung als Paar- und Familientherapeutin am *California Institute of Integral Studies* widmet sie sich schamanischen Methoden, die sie weltweit lehrt und praktiziert. Dabei verbindet sie uralte Traditionen mit modernen psychotherapeutischen Methoden. Ihre Bücher wurden zu Bestsellern und sind in zahlreichen Sprachen erschienen.

Llyn Roberts unterrichtet seit über 15 Jahren schamanisches Reiki. Sie studierte Psychologie sowie tibetischen Buddhismus an der Nairopa University und leitete Forschungsreisen zu Schamanen unter anderem im Amazonasbecken, in den Steppen Asiens und in den Hochanden. Neben ihrer Lehrtätigkeit leitet Roberts die gemeinnützige Organisation *Dream Change*.

Sandra Ingerman
Llyn Roberts

Der Weisheit der Natur lauschen

Wie uns Bäume, Pflanzen und Tiere in unsere innerste Kraft führen

Aus dem amerikanischen Englisch übersetzt von Karin Weingart

WILHELM HEYNE VERLAG
MÜNCHEN

Die englische Originalausgabe erschien 2015 unter dem Titel »Speaking with Nature« bei Bear & Company, einem Imprint von Inner Traditions International.

Penguin Random House Verlagsgruppe FSC® N001967

2. Auflage
Taschenbucherstausgabe 07/2018

Redaktion: Dr. Diane Zilliges
Umschlaggestaltung: Guter Punkt, München, unter Verwendung von Motiven von Thinkstock
Eule: © DrPAS / Thinkstock; Feder: © IrinaKrivoruchko / Thinkstock
Satz: Satzwerk Huber, Germering
Druck und Bindung: GGP Media GmbH, Pößneck
ISBN 978-3-453-70349-0

www.heyne.de

Für alle, die das Netz des Lebens bilden.
Möge jedes Lebewesen geliebt, geschätzt und respektiert sein.

Für alle, die zusammenwirken,
um einen Planeten voller Liebe, Frieden, Harmonie, Gleichheit,
Fülle, Wertschätzung und Respekt zu erträumen.

Für die Welt, die unser Zuhause ist, sowie für Erde, Luft, Wasser
und Sonne, die uns alles geben, was das Leben am Leben erhält.

INHALT

EINFÜHRUNG

Auf der Suche nach dem wilden, zutiefst Weiblichen

Llyn Roberts

Im Frühjahr 2010 begab ich mich unter Anleitung von Anne Hayden und Sheila Belanger, zwei wunderbaren Frauen, im Osten des Staates Washington auf eine Vision Quest (Visionssuche). Über einige der Erfahrungen, die ich auf dieser Reise gemacht habe, berichte ich in meinem Buch *Shapeshifting into Higher Consciousness* (2011 bei Moon Books erschienen).

Wer schon einmal eine Vision Quest unternommen hat, weiß, wie kraftvoll die Anrufung ist, die man dabei an den Geist und die Natur richtet – und dass diese über Einsichten, Visionen und mitunter auch magische Manifestationen darauf reagieren. Nach der Suche besteht die Herausforderung dann darin, die derart erhaltenen Geschenke zu würdigen, was oft heißt, dass sich das Leben ändern muss.

Wie in *Shapeshifting into Higher Consciousness* beschrieben, trat während des Soloparts dieser Vision Quest, als ich drei Tage allein in einem Canyon kampierte, ein wundersames Phänomen auf. Ich weiß noch genau, dass ich immer wieder die Worte »Das Leben wird nie mehr so sein wie zuvor« von mir gab. Aber zu der Zeit hatte ich noch keine Ahnung, als wie wahr sie sich erweisen sollten.

Einige Wochen nach meiner Visionssuche bin ich schlimm gestürzt und Ende 2010 konnte ich auf dem rechten Auge nichts mehr sehen. Am 5. Januar 2011 wurde mir mitgeteilt, dass der Sehnerv aufgrund eines Hämangioms, einer Art Blutschwamm, schwer geschädigt sei.

Praktisch über Nacht halb erblindet, sah ich alles anders. Nichts war mir mehr vertraut.

Mit einem Mal bekam ich sehr lebhafte Träume, in denen immer Türkis eine Rolle spielte, sei es als Farbe von Alltagsdingen wie Jacken, Pullis und Autos, sei es als blaugrünes Wasser im Pool, türkisfarbene Decken oder Schals und so weiter. In meinen Träumen sah ich diese Dinge in unterschiedlichen Türkistönen – manche waren sehr satt und dunkel, andere heller, beinahe aquamarin.

Jeder dieser Träume endete damit, dass ich den jeweiligen blaugrünen Gegenstand fixierte, bis er sich meinem Bewusstsein entzog und nur noch das Türkis blieb. Anschließend konzentrierte ich mich scheinbar endlos auf die Farbe. Und mehr weiß ich dann auch nicht mehr.

Ich versuchte herauszubekommen, was diese Träume bedeuten mochten. Als Kind hatte ich Himmelblau und Türkis immer am liebsten gehabt, aber so oft von einer Farbe zu träumen, war neu für mich, und ich fand es verwirrend. Irgendwie fühlte ich mich davon verfolgt. Etwas schien meine Aufmerksamkeit zu verlangen.

In dieser Zeit des Suchens bat ich Mick Dodge, einen Freund von mir, mich an meinem Wohnort auf der Insel Whidbey im

Bundesstaat Washington abzuholen und in den feuchten, wilden Hoh-Regenwald auf der Olympic-Halbinsel mitzunehmen, wo ich mich ein paar Tage lang in Klausur begeben wollte.

Mick ist ein außergewöhnlicher Mann, der mehr über die Natur weiß als selbst die meisten Angehörigen der indigenen schamanischen Kulturen, bei denen ich jahrelang gelernt habe. Er wurde im Hoh von Hebammen in die Welt geholt und lebt einen großen Teil des Jahres in der Wildnis.

Der Hoh, die Heimat des gleichnamigen indigenen Volksstammes, ist der größte gemäßigte Regenwald der Welt und befindet sich in der nordwestlichsten Ecke der Vereinigten Staaten. Übersetzt bedeutet das Wort Hoh »Wildwasser« beziehungsweise »schnelles Wasser«.

Wenige Jahre zuvor, als ich noch im Nordosten lebte, hatte ich weder von der Olympic-Halbinsel noch vom Hoh River oder dem Regenwald je gehört. Wie die meisten wusste ich nicht einmal, dass es in den Vereinigten Staaten überhaupt einen Regenwald gab.

Und als ich jetzt am unberührten Ufer des von Gletschern gespeisten Hoh River stand, hatte ich das Gefühl, direkt in meine Träume abzutauchen. Denn in seinen Strudeln und Wirbeln nahm das Wasser vor meinen Augen die schönsten Farbtöne an – genau die Türkisnuancen meiner nächtlichen Visionen.

Auf den Tag genau ein Jahr nachdem ich das mit meinem Sehnerv erfahren hatte, am 5. Januar 2012, ließ ich das Leben, wie ich es bisher kannte, hinter mir, um mit Mick Dodge als Begleiter in den Hoh-Regenwald zu ziehen. Weder hatte ich geplant, mit einem wilden Mann in den Wald zu fliehen, noch als Eremitin zu leben. Ein solches Verhalten würde die Probleme der Welt genauso wenig lösen, wie es der zunehmenden Gewalt auf unseren Straßen ein Ende setzen konnte. Aber jede und jeder von uns hat eine ganz eigene Lebensaufgabe, zu der sie oder er berufen ist. Und Mick Doge ermöglichte es mir, in der Abgeschiedenheit des Hoh zu leben, den Waldnamen Cedar (»Zeder«) anzunehmen, intensiv mit der Erde zu kommunizieren und darüber zu schreiben.

In einer der ersten Nächte, die ich in meiner Hütte auf einem nicht öffentlichen Landstreifen am Rand des Waldes verbrachte, hatte ich einen Traum, in dem Sandra Ingerman und ich glücklich an einem gemeinsamen Projekt arbeiteten. Und weil dieser Traum so angenehm war und derart real gewirkt hatte, beschloss ich nach dem Aufwachen am nächsten Morgen, Sandra zu fragen, ob sie nicht Lust hätte, ein Buch mit mir zu schreiben.

Die zwei Jahre, die ich im Hoh wohnte, wurden ganz von *Der Weisheit der Natur lauschen* beansprucht. Das Land schien mich genau zu diesem Zweck gerufen zu haben. Mein Anteil bestand lediglich darin, mich auf die Naturwesen des Regenwaldes einzulassen – was ein ganz wunderbares Geschenk darstellte. Doch abgesehen von meiner Kommunikation mit der Erde gelang es mir auch, Mick Dodge bei seiner Fernsehserie *The Legend of Mick Dodge* zu unterstützen beziehungsweise den Kontakt, den er mit dem Sender National Geographic hatte, zu intensivieren.

Kein Zweifel also, der Hoh hat seine ganz eigenen Absichten verfolgt. Ich bin fest davon überzeugt, dass seine Gewässer, Lande, Naturwesen genau die Ereignisse und Menschen angezogen haben, die er brauchte, um gesehen, wahrgenommen zu werden – und sei es nur, damit wir uns seiner erinnern, ihn lieben und beschützen. Und mit ihm die gesamte Natur.

Dass die Erde über ein Bewusstsein verfügt, war mir schon immer klar, und meine Zeit im Hoh hat dieses Wissen nur bestätigt. Wer sich dem Ruf der Natur nicht verschließt, kann Teil einer staunenswerten – aufregenden, tröstenden, aber auch demütig machenden – Entwicklung werden. Denn die Magie der Wildnis und die Rhythmen der Natur führen uns zur Intelligenz und zum Mysterium des Lebens zurück. Dabei werden wir wie die alten indigenen und matriarchalischen Kulturen, die das Mysterium und die zutiefst weibliche Natur der Erde verstanden, daran erinnert, sowohl die Frauen als auch unseren Planeten in Ehren zu halten. Bei allem, was wir heutzutage –und zwar durchaus mit der kreativen Kraft des Weiblichen – tun mögen, um uns neu mit der Natur zu verbinden, fühlen wir uns doch oft noch von der zutiefst weiblichen Kraft der Erde isoliert, die uns ebenfalls innewohnt. In diesem Buch stellen wir Möglichkeiten vor, diese Trennung aufzuheben und uns unserer instinktiven Natur zu öffnen.

Das weibliche Prinzip ist unter allerlei verschiedenen Bezeichnungen bekannt. Es wird mit Träumen und dem Unbewussten assoziiert, mit der Dunkelheit, der Erde sowie ihren Pflanzen und Tieren. Das heilige Weibliche ist die Verkörperung von Geist und Mysterium. Es verbindet uns mit Kraft, Fruchtbarkeit und Sinnlichkeit; sowohl mit dem Wasser als auch mit der Einsamkeit; mit Entwicklung, Tod und dessen Partnerin: der Wiedergeburt. Als erneuernde Kraft, als Nährerin des Lebens und der inneren Welten des Fühlens, Spürens und Ahnens stellt das zutiefst Weibliche eine geradezu alchemistische Muse dar.

Sandra und ich schreiben auf eine sehr persönliche Weise über die Naturwesen, von denen wir uns angesprochen fühlen. Wir erzählen von der Landschaft, dem Himmel und den Gewässern, die unser jeweiliges Lebensumfeld bilden, erkunden durch eine weibliche Linse aber auch Aussehen, Gewohnheiten und Aufenthaltsgebiete der daselbst und anderswo heimischen Geschöpfe. Damit verbinden wir den Wunsch, Sie, unsere Leserinnen und Leser, für kraftvolle Lektionen über ein Leben in Gnade und Anmut zu öffnen.

In den folgenden Kapiteln begegnen sich Göttinnen aus so unterschiedlichen Kulturen wie der des Amazonas und des alten Ägypten. Beim Lesen des Buches werden Sie sich, wie wir hoffen, für deren Geistmedizin und ihre subtilen Botschaften genauso öffnen wie für die der Pflanzen, Tiere und Elemente. Es bietet Ihnen Praktiken und (schamanische) Reisen, die Sie zu Hause oder wo auch sonst im Alltag einsetzen können, um Zugang zu den weiblichen Eigenschaften dieser Göttinnen und der Natur zu finden – um diese Kräfte in sich selbst zu verstärken.

Sandra und ich laden Sie herzlich ein, all dies in Ihrer eigenen Umwelt selbst zu erleben, sei es in einem Hinterhof oder Garten, sei es im Stadtpark oder in der freien Natur. Denn die kreative Kraft des Weiblichen wird erst durch persönliche Erfahrungen erlebbar. Dadurch, dass wir uns auf die Natur einlassen, stellt sich das tiefe Empfinden der Zugehörigkeit ein sowie der Respekt vor allem Leben, der die Visitenkarte der göttlichen Frau darstellt. Obwohl eine solche Intimität mit der Erde in der modernen Gesellschaft, die sich so sehr auf das Individuelle kapriziert, leicht übersehen wird, hilft sie, einen unverbrauchten Blick auf uns selbst zu werfen und uns mitfühlender und verständnisvoller mit unserer Umwelt zu verbinden.

Letzten Endes lassen sich die »weiblichen« nur schwer von den »männlichen« Aspekten des Lebens trennen; erst alle zusammen bilden das Ganze. Und genauso existieren in jeder und jedem von uns die »lichten« beziehungsweise göttlichen Aspekte des Weiblichen, wie etwa Schönheit und universelle Liebe, gleichberechtigt neben unserer instinktiven Natur, zu der auch die »Schattenaspekte« des menschlichen Wesens gehören.

Beim Schreiben haben Sandra und ich einen weiblichen Ansatz gewählt; das heißt, unser Verständnis der Pflanzen, Tiere und Landschaften, über die wir schreiben, hat sich erst während des Prozesses der Kommunikation mit ihnen entwickelt. Nichts war bei uns in Stein gemeißelt, stattdessen ließen wir zu, dass sich die Geschichten, die sie uns erzählten, von selbst entwickeln. In diesem Sinne laden wir auch Sie, unsere Leserinnen und Leser, ein, das Land, die Gewässer und Naturwesen Ihres Lebensumfeldes persönlich zu erkunden. Denn je mehr es gelingt, die immense Weisheit der Erde zu erkennen und das Herz für die Mysterien der Natur sowie des gesamten Lebens um uns herum zu öffnen, desto gesünder werden unser Planet und wir werden.

Sandra und ich haben dieses Buch intuitiv geschrieben und möchten Sie ermuntern, beim Lesen auch so vorzugehen. Das heißt: Vielleicht möchten Sie es gar nicht von vorn bis hinten durchlesen. Womöglich ist es Ihnen lieber, sich erst einmal die Kapitelüberschriften anzuschauen, oder Sie schlagen es an einer x-beliebigen Stelle auf, schauen, um welches Naturwesen mit welcher Botschaft es da gerade geht, und lassen sich davon leiten. Sich von einem dieser Wesen sozusagen bei der Hand nehmen zu lassen, kann die Beziehung zwischen Ihnen und den Naturerscheinungen in Ihrem Umfeld nur beleben. Und dann wird vieles möglich!

Schamanen überall auf der Erde wissen um mythische, spirituelle Parallelwelten zur materiellen. Die Träume und »unsichtbaren« Wirklichkeiten des Schamanismus gehören auch zu den Aspekten des Weiblichen. Deshalb würden wir uns freuen, wenn Sie sich nach der Lektüre der Kapitel dieses Buches nicht nur auf sich eventuell einstellende Träume und Ahnungen einlassen könnten, sondern auch auf die unsichtbaren, subtilen, vielleicht sogar vergessenen, unterdrückten und zu Unrecht unterschätzten Formen, in denen sich das Weibliche oft ausdrückt.

Ich selbst habe mich eigentlich schon immer von Träumen leiten lassen. Und wie bereits berichtet, gingen ja auch meiner Umsiedlung ins Hoh Valley Träume voraus, die einen wertvollen Fingerzeig darstellten, als die Idee entstand, auf die dunkle, ungezähmte Seite des Hoh Rivers zu ziehen, auf der Legenden zufolge Frauen nie länger bleiben als zwei Monate. Ohne meine türkisen Träume und die Hilfe Mick Dodges, von dem ich ebenfalls bereits Jahre vor unserem Kennenlernen geträumt hatte, hätte ich wohl kaum den Mut gefunden, zu den Hoh zu ziehen. Und wäre mir Sandra nicht im Traum erschienen, hätten wir uns nie zwei ganze Jahre lang so intensiv mit den Naturwesen unseres jeweiligen Lebensumfeldes befasst.

Viele von uns fürchten sich, dem geheimnisvollen Pfad der Träume zu folgen, oder tun sie als reine Einbildung ab.

Aber dann gibt es auch Zeiten, in denen wir den Fehler machen zu denken, unsere Träume würden uns allein gehören. Auch Natur und Erde verfügen über ein Bewusstsein. Und zu uns Menschen sprechen sie nun einmal in Form von Träumen, Ahnungen, tiefen Sehnsüchten oder glücklichen Zufällen. Für diejenigen unter uns, die gewillt sind, das Ihre beizusteuern, stellt die Natur Vorahnungen, Erfahrungen und Umstände bereit, an denen wir uns orientieren können. Und dafür müssen wir keineswegs erst in die Wildnis ziehen. Die Kraft und die Intelligenz der Erde sind überall, auch in uns selbst, sie sind uns jederzeit zugänglich.

Sandra und mir wäre es ein Vergnügen, wenn die Kapitel dieses Buches dazu beitragen würden, dass Sie sich für die weibliche Kraft der Natur in Ihrer Gegend öffnen. Dabei erfahren Sie viel über sich selbst und werden angeregt, mit allen Naturwesen in größerer Harmonie zusammenzuleben.

Es ist an der Zeit, dass wir heilen, indem wir auch unsere Beziehung zur Erde verändern. Denn die Natur ruft uns heim, zurück nach Hause.

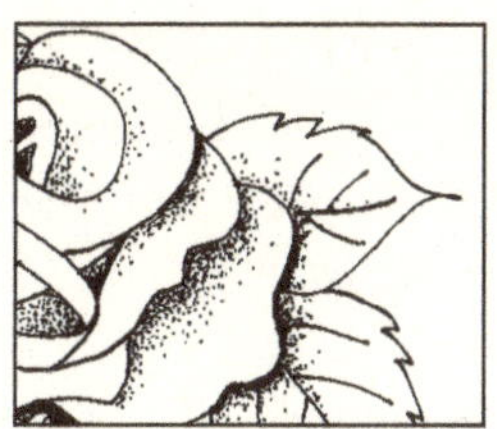

Die Kultivierung einer fruchtbaren inneren Landschaft

Sandra Ingerman

Als mich Llyn Roberts bat, mit ihr zusammen ein Buch über das göttliche Weibliche zu schreiben, war ich begeistert, und schon bald darauf begannen wir zu überlegen, wie wir es anstellen könnten, dass es etwas Besonderes wird und den Leserinnen und Lesern auch wirklich etwas bringt. Bei der Vermittlung der Weisheit des Weiblichen besteht einer der wichtigsten Aspekte in der Rückbesinnung auf die Natur und die Erde, die schließlich unser Zuhause ist. Und da Llyn und ich an sehr unterschiedlichen Orten lebten, freuten wir uns darauf, unsere Gemeinsamkeiten auszuloten.

In Santa Fé (New Mexico) gibt es viele Bäume und überhaupt eine reiche Pflanzenwelt, aber alles in der Natur muss hier von großer Widerstandsfähigkeit sein, um sich den extremen Klimaverhältnissen anpassen zu können. Das unterscheidet sich schon sehr von dem üppig grünen Wald, in dem Llyn seinerzeit lebte.

Auch in der Natur gibt es eben viele Gegensätze; so unter anderem die zwischen männlichen und weiblichen Aspekten. Und weil wir beide die Notwendigkeit einer größeren Ausgeglichenheit in der Welt empfinden, beschlossen wir, uns auf die femininen Aspekte zu konzentrieren und Geschichten zu erzählen, die von der Schönheit und Kraft des Weiblichen zeugen. Aber selbstverständlich sind wir uns auch des göttlichen Männlichen bewusst, das genauso ein Teil der Natur ist.

Das göttliche Weibliche umfängt uns, bestärkt die Liebe und Hilfsbereitschaft in uns und lehrt uns die Macht des Mitgefühls. Zugleich aber vermittelt es auch ein Wissen darum, wann es an der Zeit ist, loszulassen und nachzugeben. Wir Menschen sind Teil dieser großartigen Erde und unterliegen denselben Zyklen der Veränderung wie alle anderen Geschöpfe auch. Viele haben die Verbindung zu den Kreisläufen und Rhythmen der Natur verloren; um der Gesundheit und des Wohlbefindens willen aber müssen wir uns darauf zurückbesinnen, dass wir eins mit der Natur sind und von dieser Verbundenheit abhängen.

Ein Großteil der körperlichen und psychischen Krankheiten, unter denen wir heutzutage leiden, rührt daher, dass wir nicht mehr im Einklang mit den Rhythmen der Natur leben. Und ich weiß von vielen, die allein dadurch wieder gesund wurden, dass sie mehr Zeit in der Natur verbrachten und sich neu mit der Erde verbunden haben.

In den indigenen Kulturen versteht es sich von selbst, dass alles, was existiert, lebendig ist und über einen ihm innewohnenden Geist verfügt; dass wir aufgrund unserer spirituellen Vernetztheit alle mit der Erde und dem gesamten Leben verbunden sind. Dank unserer eigenen spirituellen Natur verfügen wir über die Fähigkeit, mit dem »Geist, der in allem lebt«, zu kommunizieren – mit den Meeres- und Landsäugern, den Vögeln, Fischen, Wirbellosen, Reptilien, Insekten, Pflanzen, Bäumen, Pilzen, Moosen, Algen, Felsen, Kristallen, Mikroorganismen und so weiter, eben mit all den »Naturwesen«, von denen Llyn und ich in diesem Zusammenhang sprechen.

Kommunizieren können wir darüber hinaus aber auch mit den Elementen: Erde, Luft, Wasser und Feuer. Denn die Elemente geben und erhalten das Leben und müssen deshalb ebenfalls in Ehren gehalten und respektiert werden.

Was ich sehr interessant fand, war der Prozess, in dem dieses Buch entstanden ist: Da wir wie gesagt an sehr unterschiedlichen Orten lebten, beschlossen Llynn und ich, dass jede über die Naturwesen schreibt, denen sie in ihrem jeweiligen Ökosystem begegnet. Und sobald wir uns einmal darauf verständigt hatten, begannen diese Naturwesen, sehr eindringlich mit uns zu kommunizieren. Mithilfe der Intelligenz des heiligen Weiblichen fingen wir dann an, darüber zu schreiben, jede in ihrem eigenen Tempo und Rhythmus. Auf eine nicht lineare, quasi spiralförmige Art und Weise, in der sich die Zyklen und das Wachstum der Natur widerspiegelten, verwoben wir unsere Geschichten und Erkenntnisse schließlich miteinander. Ganz im Stil der traditionellen schamanischen Kulturen, in denen die einzelnen Geschichten jenseits aller Rationalität zu einer viel größeren zusammenwachsen, durch die alles Lebendige untereinander verbunden ist.

Alle Eigenschaften der verschiedenen Naturwesen, die wir beschreiben, sind auch im Leben als solchem enthalten; sie lassen sich nicht von der Vitalkraft trennen. Bei den Geschichten, die wir über die Natur erzählen, konzentrieren wir uns auf die Eigenschaften des Weiblichen, die ebenfalls Teil allen Lebens sind. Dadurch hoffen wir, an Ihre Fantasie und Leidenschaft appellieren und Sie dazu anregen zu können, dass Sie auch selbst das göttliche

Weibliche und die Natur erkunden – als »Einfallstor« zu den Mysterien und Wahrheiten des Lebens.

In meinen Beiträgen zu diesem Buch spreche ich oft von »uns« und schließe damit Sie, die Leserinnen und Leser, als Teil der Weltgemeinschaft ausdrücklich mit ein. Denn auch das gemeinschaftliche Zusammenwirken ist ein Aspekt des göttlichen Weiblichen. Dadurch, dass wir die hierarchischen Strukturen hinter uns lassen, um stattdessen als Gemeinschaft zusammenzuarbeiten, können wir individuell wachsen und uns weiterentwickeln, gleichzeitig aber auch etwas für das Leben als Ganzes tun. Und indem wir die einzigartigen Gaben, Talente und Stärken jedes Einzelnen zu schätzen lernen, wachsen wir zu Menschen heran, die positive Veränderungen in die Wege leiten können.

Obwohl ich in Brooklyn aufgewachsen bin, also in einem rundum städtischen Umfeld, hatte ich schon immer viel für die Natur übrig. Ich liebte die Bäume und sang ihnen jeden Tag etwas vor. Auch den Mond sang ich an, denn der Nachthimmel weckte große Ehrfurcht in mir. Als junges Mädchen lief ich kilometerweit, um ans Meer zu kommen und zu beobachten, wie die Sonne abends vom Mond abgelöst wurde. Manchmal blieb ich die ganze Nacht am Strand sitzen, damit ich auch ja den herrlichen Sonnenaufgang nicht verpasste.

Umgekehrt werden aber auch wir Menschen von der Natur erkannt und beobachtet. Das erfuhr ich in meinen Dreißigern auf einem Flug von Albuquerque nach Milwaukee, wo ich einen Workshop abhalten sollte. Von meinem Fensterplatz aus hatte ich einen herrlichen Blick auf den Vollmond, und als ich in einem innerlich friedvollen Zustand so vor mich hin dämmerte, hörte ich ihn mit einem Mal zu mir sagen: »Erinnerst du dich noch, dass du mich als Kind immer angesungen hast? Ich jedenfalls habe es nicht vergessen.«

Dieses besondere Erlebnis machte mir klar, dass es in der Natur nicht unbemerkt bleibt, wenn wir alles Lebendige ehren und respektieren. Wir alle, die wir auf dieser großartigen Erde zu Hause sind, werden von denselben Elementen der Erde, der Luft, des Wassers und der Sonne gestützt, Naturwesen, die die Umwelt mit uns teilen.

Die Natur verfügt über Intelligenz und ist ein helfender Geist, der uns zeigt, wie wir ein gesundes Leben führen können. Sobald wir aus unserem gewöhnlichen Bewusstseinszustand heraustreten, erfahren wir die göttliche Vitalkraft, die für unsere »normalen« Augen unsichtbar ist. Eine tiefer gehende Verbundenheit mit der Natur heilt, gibt uns die leidenschaftliche Begeisterungsfähigkeit für das Leben wieder und führt uns in die Magie unserer Kindheit zurück.

Während Llynn und ich unsere Beiträge zu diesem Buch schrieben, kamen bei beiden von uns Erinnerungen an bestimmte Momente in der Natur wieder hoch. Deshalb würden wir uns wünschen, dass unsere Geschichten auch Ihnen helfen, sich auf Ihre persönlichen Augenblicke der Verbundenheit mit der natürlichen Welt zu besinnen und sie noch zu intensivieren.

Am Ende jedes Kapitels werden Sie Übungen finden, die Sie beim Knüpfen einer tief greifenden Beziehung zu den Naturwesen in Ihrem Umfeld unterstützen sollen, sei es auf dem Land oder in der Stadt.

Zu vielen dieser Übungen hat uns die schamanische Praxis inspiriert, der ich seit 1980 mein (Arbeits-)Leben widme. Der Schamanismus stellt eine universelle Methodik dar, die schon mehr als 100.000 Jahre alt ist. Eine seiner Grundlagen ist die Erkenntnis, dass alle Lebewesen netzartig miteinander verbunden sind. Und solange wir uns nicht wieder auf dieses Netz des Lebens zurückbesinnen, empfinden wir uns als isoliert. Viele der emotionalen und körperlichen Erkrankungen, die uns heute so zu schaffen machen, sind eine unmittelbare Folge davon.

In den traditionellen schamanischen Kulturen lernten die Menschen Wertschätzung, Respekt und Dankbarkeit gegenüber der Natur und dem Leben selbst. Und sie lernten, in Harmonie mit der natürlichen Welt zu leben. Alle Mitglieder des Gemeinwesens wurden darin unterstützt, ihre jeweiligen Stärken, Talente und kreativen Möglichkeiten, die dem Allgemeinwohl dienlich sein konnten, herauszubilden und sie auch den anderen zugutekommen zu lassen.

Bei der Weitergabe der schamanischen Lehren besteht meine besondere Leidenschaft darin, dass ich den Menschen helfe, sich neu auf die kreative Kraft zu besinnen, mit der sie geboren wurden, ihre Verbundenheit mit der natürlichen Welt zu verstärken und alles, was das Leben uns schenkt, wertzuschätzen und zu respektieren. Ich bringe ihnen bei, sich ein Leben in Sinnhaftigkeit und Leidenschaft aufzubauen und in den ehrfürchtigen, staunenden Zustand zurückzukehren, den wir als Kinder alle kannten. Die Praxis des Schamanismus lehrt, dass die Welt, in der wir leben, ein Traum ist und unsere Aufgabe darin besteht, eine für das gesamte Leben gute Welt zu erträumen, nicht nur um unserer selbst willen, sondern auch für die nachfolgenden Generationen. Ferner lehrt die schamanische Praxis, dass alles in unserer sichtbaren Welt auf ein Wort oder einen Gedanken zurückgeht, die in der unsichtbaren, inneren Welt hervorgebracht wurden. Wahre Freude, Gesundheit und Fülle resultieren also aus einer reichhaltigen Innenwelt und der Kultivierung einer fruchtbaren inneren Landschaft. In dem Maße, in dem uns dies gelingt, erfahren wir immer mehr wirklichen Frieden und werden von den Umbrüchen, die im Außen vorgehen, weniger leicht aus der Bahn geworfen. Das Leben ist voller Veränderungen, und unser innerer Frieden darf nicht von jeder abhängen, die da draußen irgendwo stattfindet. Vielmehr müssen wir lernen, mit dem Wandel, der nun einmal auch zum Leben dazugehört, zu kooperieren und ein Gefühl von Dauerhaftigkeit und tiefem inneren Frieden zu bewahren, was auch geschehen mag.

Außerdem lehrt die schamanische Praxis, dass unterhalb unserer sichtbaren, greifbaren Welt noch eine tiefere Wirklichkeit verborgen liegt. In dieser existieren helfende Geister, die unsere Entwicklung von der Geburt an mit tiefem Mitgefühl und großer Liebe begleiten. In Form eines Tieres, einer Pflanze, eines Baumes oder sogar eines Insektes können sie uns erscheinen. Außerdem gibt es noch mythische Wesenheiten, Elementargeister und Angehörige des verborgenen Volkes – Naturwesen, die wir mit den physischen Augen nicht wahrnehmen –, die bereit sein können, uns durchs Leben zu begleiten. Wenn wir lernen, uns in einen höheren Bewusstseinszustand zu versetzen, können wir mit den

Spirits von allem Lebendigen kommunizieren – auch mit dem scheinbar unbelebter Dinge wie Felsen und Kristalle – sowie mit all den Naturgeistern, die wir ins Herz geschlossen haben. Manche helfenden Geister erscheinen uns auch als Lehrer in Menschengestalt, womöglich als Gott oder Göttin, als verstorbene Ahnen oder auch in Form einer historischen Persönlichkeit.

Schamanen begeben sich auf eine sogenannte schamanische Reise, um in diese verborgenen Bereiche vorzudringen, die in manchen Kulturen als »Anderswelt« oder »Traumzeit« bezeichnet werden. Darüber hinaus bestehen jedoch noch viele andere Möglichkeiten, in die verborgenen, unsichtbaren Welten abzutauchen und sich den Spirits anzunähern, die Heilung und tief greifende spirituelle Führung bieten können. Eines dieser Einfallstore ist die Natur.

Wie Sie mit diesem Buch arbeiten können

Die Zeit, die Sie in der Natur verbringen, wird Ihnen die Tür zu den unsichtbaren Gefilden öffnen, in denen Sie mit den Naturwesen Ihrer Umgebung kommunizieren können. Und die Übungen, die wir vorschlagen, verhelfen Ihnen nicht nur zu einer größeren Wertschätzung gegenüber dem Land, den Wassern, Tieren, Vögeln und anderen Wesen, mit denen Sie zusammenleben, sondern sollen Sie auch dabei unterstützen, mit den helfenden Geistern in der Natur in Kontakt zu kommen.

Hin und wieder werden wir Ihnen nahelegen, sich eine Trommelaufnahme anzuhören oder eine Tonkonserve mit anderen schamanischen Instrumenten. Diese schamanische Musik wird Sie in einen tiefen meditativen Zustand versetzen und es Ihnen so erleichtern, die Alltagsgedanken und Ablenkungen loszulassen, die Sie sonst davon abhalten, die verborgenen Bereiche der Natur auszukundschaften. Bei diesen Übungen können Sie gern auch andere Musik spielen, die Sie als erhebend und spirituell aufbauend empfinden. Allerdings würden wir eher zu Instrumentalstücken raten, weil Texte vom Sinn der Übung ablenken könnten. Vorschläge für Trommel-CDs und andere schamanische Musik finden Sie ganz hinten im Buch, im Abschnitt über die Urheberinnen.

Bei der einen oder anderen Übung werden Sie vielleicht auch Lust haben, selbst zur Trommel oder zu einer Rassel zu greifen. Nur zu. Es kann Ihnen helfen, einen Schritt aus dem ständigen Kopfgeplapper herauszutreten, die Konzentration zu erhöhen, in Ihre energetische Mitte zu finden und sich vollkommen auf die spirituelle Ebene einzulassen. Eine Rassel brauchen Sie nicht zu kaufen, Sie können sich leicht selbst eine herstellen. Dazu benötigen Sie nur einen kleinen Behälter, zum Beispiel ein Glasfläschchen, und ein paar Kieselsteine, Getreide- oder Samenkörner, die Sie hineingeben. Oder Sie suchen sich irgendwo in der Natur zwei Stücke Holz – und fertig ist ein einfaches Schlaginstrument.

Am allerwichtigsten aber ist tatsächlich die Zeit, die Sie in der Natur verbringen. Wenn Sie in der Stadt wohnen, suchen Sie sich dafür vielleicht am besten einen Park, in dem Sie in einer natürlichen Umgebung spazieren gehen, sie beobachten, spüren und ihr lauschen können. Gelegentlich werden Sie sich womöglich auch einfach auf den Boden legen mögen. Dadurch, dass Sie auf der Erde liegen und den eigenen Herzschlag mit dem von ihr verbinden, wird sich in Ihnen ganz wie von selbst ein Gefühl des Friedens, der Freude und Harmonie einstellen. Oder Sie ahmen mit Ihrem Körper die Bewegungen der Natur nach und gehen barfuß, wann immer es möglich ist.

Wenn Sie in der Natur lustwandeln und mit den Geistern der Elemente und anderen Naturwesen kommunizieren, vermittelt sich Ihnen die wahre Weisheit auf eine Weise, die jenseits des rein rationalen Verstehens liegt. Bei diesem energetischen Austausch, der wie ein Katalysator für Ihr persönliches Wachstum wirkt, wird in Ihnen ein angeborenes Wissen um das Einssein mit der Erde berührt.

Bei der Durchführung der Übungen gibt es kein Richtig oder Falsch. Wir wollen Sie einfach nur dazu inspirieren, Ihre ganz eigenen Methoden der Rückbesinnung auf die natürliche Welt und ihre Intelligenz zu finden.

Der Schamanismus ist eine Praxis der unmittelbaren Enthüllung, das heißt: Sie sind in der Lage, direkt mit dem Geist der Erde und der Naturwesen zu arbeiten. In dem Maße, in dem Sie Ihre äußeren und inneren Sinneswahrnehmungen – das Sehen, Hören, Riechen, Berühren und Schmecken – zu intensivieren lernen, werden Sie staunen, was Ihnen die Natur alles mitzuteilen hat. Diese Intensität der Verbundenheit wird Sie lehren, mit den anderen Lebensformen auf dieser Erde zu kommunizieren und sie zu respektieren; überdies verbessert sich dadurch Ihre Lebensqualität. Sobald Sie der Erde Herz und Körper öffnen, beginnt sich Ihre Intuition zu entfalten. Und mit der Zeit werden Sie überall in der Natur Ihr eigenes Spiegelbild erkennen.

Während wir an *Der Weisheit der Natur lauschen* schrieben, lebte Llyn im Hoh-Regenwald im Staate Washington, wo die jährliche Niederschlagshöhe dreieinhalb bis vier Meter beträgt – ein opulentes grünes Pflanzenparadies mit vielen Wasserläufen. Sandra dagegen lebte in den Bergen der Sangre de Cristo Range von Santa Fé, New Mexico, auf über 2.100 Metern in der Hochwüste – einer Landschaft, in der mitunter große Dürre herrscht, in der es im Winter eisig kalt, im Sommer brütend heiß ist und fast das ganze Jahr über ein scharfer Wind pfeift. Aber wir haben auch Übereinstimmungen gefunden; und genauso werden wir Ihnen dabei behilflich sein, dem Geist Ihres Landstrichs zu begegnen, damit Sie sich mehr mit der Gegend vertraut machen können und darüber Wege finden, wie sich Ihre Lebensqualität verbessern lässt.

In einigen Kapiteln schreiben wir über ein und dasselbe Naturwesen und ergänzen einander dadurch, in anderen gehen wir den Aspekten der Landschaft nach, die sich unterscheiden. So schreibt zum Beispiel in einem Kapitel Llyn über den Gletscherschluff und Sandra über Sand. Auch die Tiere unterscheiden sich je nach Gegend. So schrieb etwa Llyn in einem Kapitel über den Wapiti und Sandra über die Schlange, wobei wir uns beide jeweils von unserer inneren Führung haben leiten lassen.

Während Sie beim Lesen so einiges über die Naturwesen erfahren, von denen wir uns angesprochen fühlen, werden Sie überrascht – und, wie wir hoffen, auch begeistert – sein. Möge es Sie ebenfalls dazu inspirieren, den Naturwesen Ihres Umfeldes, die Sie ansprechen, respektvoll zu lauschen, sich mit den Elementen zu verbinden und Ihren eigenen inneren Garten zu kultivieren, eine reiche innere Landschaft.

Gewisse Themen beinhalten ein breites Spektrum von Motiven, sowohl Schatten als auch Licht, und wir äußern uns darüber hinaus ausführlich über Tod, Wiedergeburt und Initiation. Wir zeigen auf, wie Sie Ihre Kreativität nutzen können, um in Harmonie mit der Natur genau das Leben zu führen, nach dem Sie sich sehnen. Auch erkunden wir Möglichkeiten, wie Sie etwas für sich selbst tun, sich der universellen Liebe öffnen und dem göttlichen Selbst begegnen können. In der heutigen Zeit, in der sich so vieles mit großem Tempo verändert, ist es für uns alle wichtig zu lernen, wie wir uns einen heiligen Raum erschaffen und in uns verankern. Wir werden Ihnen Geschichten erzählen, die Ihnen helfen sollen, Ihr materielles und Ihr spirituelles Leben miteinander zu verknüpfen, unterstützt von der tiefgründigen Weisheit der Erde selbst.

Am Ende des Buches gibt es dann noch zwei eher allgemein gehaltene informative Aufsätze. »Arbeit mit Omen« wird Sie anleiten, auf Zeichen und Fingerzeige zu achten, denen Sie möglicherweise begegnen, wenn Sie der Natur eine Frage stellen oder um Führung ersuchen. Und unter dem Titel »Vom Umgang mit Trauer« versuchen wir Ihrem verwundeten Herzen mit den ganzen blauen Flecken beizustehen, die Tod und Zerstörung durch ökologische Veränderungen, Katastrophen und Missbrauch durch den Menschen in seiner Besinnungslosigkeit darauf hinterlassen haben.

Die Naturwesen, über die wir schreiben, spiegeln das Prinzip der Kreativität und Fruchtbarkeit in der natürlichen Welt wider. Es gibt so viele uralte Weisheiten, die wir übernehmen und nachempfinden können, wenn wir uns der Kraft der Natur bewusst werden. Aber Lektüre und intellektuelles Verständnis allein genügen nicht, wir müssen darüber hinausgehen und sowohl mit dem Körper als auch den inneren Sinnen wahrnehmen und uns (wieder) mit der Kraft der Schöpfung und Fruchtbarkeit verbinden.

Werden Sie in der Schönheit der sichtbaren und der unsichtbaren Welt der Natur wahrhaft heimisch. Denn die Erde ist Ihr Zuhause! Die Natur spricht mit Ihnen und ruft Sie heim.

SCHNEE-EULE

Schnee-Eule

Sandra

Wenn Sie zu dem Abenteuer aufbrechen möchten, das dieses Buch für Sie darstellen soll, schließen Sie zunächst die Augen und nehmen Sie in aller Ruhe ein paar tiefe Atemzüge. Mit jedem Ausatmen verabschieden Sie sich mehr und mehr von Ihren Alltagsgedanken. Lassen Sie sich jetzt von Ihrer Fantasie in die nördliche Region der Arktis tragen. Sie befinden sich nun inmitten von Tiefschnee und Eis. Ungestört von Stromleitungen und dergleichen ist die Atmosphäre um Sie herum völlig lautlos und ruhig. Die Stille von Mutter Erde strahlt eine große Kraft aus.

Sie schauen sich um und nehmen die Schönheit der verschneiten Landschaft in sich auf. Spüren Sie den Boden unter Ihren Füßen. Obwohl er gefroren ist, sind die Moleküle, aus denen er besteht, ständig in Bewegung - wie alles im Leben. Atmen Sie die saubere, frische kalte Luft ein. Stellen

Sie sich ihren Geschmack auf der Zunge vor. Spüren Sie, wie Ihnen die Luft die Kehle hinab in die Lungen rinnt. Berühren Sie mit den Fingern den Schnee und das Eis - spüren Sie deren Kälte und Konsistenz. Beachten Sie, wie sich Ihr Herzschlag verändert, sobald Sie sich mit dem majestätischen Wesen dieser Landschaft verbinden. Lauschen Sie auf die Stille. Genießen und staunen Sie, während Sie tiefer in dieses Territorium vordringen, das so voller dunkler Geheimnisse ist.

Eine Bewohnerin der Arktis - die Schnee-Eule - setzt zum Landeanflug an. Das sollten Sie sich nicht entgehen lassen. Der Anblick einer Schnee-Eule ist immer atemberaubend, nicht nur in der Natur, sondern sogar auf Bildern.

Erfreuen Sie sich an den intensiv strahlenden gelben Augen der Eule und an ihrem weichen, königlichen Gefieder. Da es überwiegend weiß ist, verschmilzt der Vogel perfekt mit der arktischen Landschaft und kann deshalb von Raub- und Beutetieren unbemerkt bleiben.

Tauchen Sie tief in die gewaltige Schönheit und die Kraft der Schnee-Eule ein. Sobald Sie sich daran sattgesehen haben, atmen Sie wieder ein paarmal tief ein und aus und richten Ihre Aufmerksamkeit auf den physischen Ausgangspunkt Ihrer Reise.

Wie Sie sehen werden, kann uns die Schnee-Eule vieles über das Weibliche und unsere Verbundenheit mit der Natur lehren. Als Nomade verändert dieser Vogel sein Lebensumfeld, sobald sich das Wetter ändert. Im Januar 2012 trat eine große Anzahl von Schnee-Eulen die weite Reise von der arktischen Tundra bis in verschiedene Teile der Vereinigten Staaten an. Ein auf dem Gebiet führender Forscher bezeichnete diese Migrationsbewegung als

»unglaublich«. Ein anderer hielt sie sogar für das seit Jahrzehnten bedeutendste Ereignis in der Tierwelt überhaupt. In den indigenen Kulturen wurden Eulen schon immer als Wetterpropheten betrachtet, und nun also scheint uns die Schnee-Eule darauf hinweisen zu wollen, dass wir uns auf die Veränderungen der Erde einstellen und uns ihnen anpassen müssen.

In der Arktis verschmolz sie farblich mit dem Schnee, doch in südlicheren Gefilden sticht die Schnee-Eule heraus. Eine Botschaft, die wir diesem Umstand entnehmen können, lautet: Angesichts der Veränderungen der Erde müssen wir raus aus unseren Verstecken und sichtbar werden. Mit anderen Worten: Fühlten Sie sich bislang am wohlsten, wenn Sie ganz in Ihrem Umfeld aufgehen konnten, werden Sie jetzt von den Energien der Göttin, des Weiblichen, aufgefordert, hervorzutreten und sich zu Ihren Stärken zu bekennen. Denn es ist an der Zeit, das, was in Ihnen hochkommt, mit anderen zu teilen, sich zu zeigen, gesehen und gehört zu werden.

Die Migrationen der Schnee-Eule lassen sich mit einem Aspekt des Weiblichen verknüpfen, der in der Tradition der Navajo-Indianer als »Veränderliche Frau« bezeichnet wird; wie die verschiedenen Jahreszeiten steht auch sie für die ewigen Veränderungen in den Zyklen des Lebens. Wir sind eins mit der Erde und als Teil von ihr unterliegen auch wir gewissen Evolutionszyklen, sowohl lebensgeschichtlich als auch körperlich.

Wenn wir die Welt nicht durch die Brille unserer Persönlichkeit und des Egos sehen, sondern sie von einer spirituellen Warte aus betrachten, sind wir in der Lage, das Schöne und Freudvolle im Leben wahrzunehmen, vollkommen unabhängig von den äußeren Umständen. Haben wir dagegen nur unser Ego im Sinn, verfallen wir leicht in einen Zustand von Leid und Verzweiflung. Die Klimaveränderungen sind gegenwärtig dermaßen dramatisch, dass die Konsequenzen nicht nur für den Menschen spürbar werden,

sondern für das gesamte Leben auf der Erde. Die wirtschaftlichen Verhältnisse verändern sich, es kommt zu politischen Unruhen und die Gewalt nimmt zu. Das Netz des Lebens und der Stoff, aus dem die Wirklichkeit ist, wie wir sie kennen, haben begonnen, sich aufzudröseln.

In den letzten Jahren wird viel über einen beschleunigten Prozess der Bewusstseinsveränderung und Evolution geschrieben. Und in dem Maße, in dem wir uns zu den Prinzipien der Einheit und des Einsseins mit dem beziehungsweise im Netz des Lebens bekennen, erfährt auch die Erde exponentielle Veränderungen und erleidet einen Tod. Wobei der Tod kein Ende darstellt, sondern eher eine Übergangsphase.

Wir alle sind Teil eines kollektiven Traums. Und als spirituell Gesinnte müssen wir akzeptieren, dass der bisherige Traum dabei ist, sich aufzulösen, und ein neues Bewusstsein entsteht, das für eine gesündere Art des Lebens auf und mit der Erde eintritt.

Seit Jahren lehre ich: Wenn bei jemandem eine schwere Krankheit diagnostiziert wird, ist es wichtig, diese Person nicht nur als Körper und Persönlichkeit wahrzunehmen, sondern in ihrer wahren Vollkommenheit und in ihrem göttlichen Licht. Denn unter der Haut bestehen wir alle aus leuchtendem göttlichem Licht. Und dadurch, dass wir das spirituelle Wesen eines Menschen erkennen, ihn in seinem göttlichen Licht sehen, seiner Perfektion, verstärken wir sein inneres Strahlen, das die Heilung fördert. Wir möchten die Energie der göttlichen Vollkommenheit vermehren, weil sie die Heilung anregt, und nicht die der Krankheit. Allem, dem wir Energie zuführen, geben wir auch Leben. Und alles, was wir nähren, wächst.

Nach demselben Prinzip müssen wir uns auch darauf konzentrieren, das göttliche Licht der Erde wahrzunehmen, statt sie als vergiftet und krank zu betrachten. Das Ergebnis des laufenden Evolutionsprozesses müssen wir hinnehmen. Wir sollten mit dem Wandel kooperieren und nicht versuchen, uns ihm zu widersetzen.

Gleichzeitig kommt es darauf an, dass wir einen Pfad der Schönheit erschaffen, indem wir die Erde und alles, was dem Netz des Lebens angehört, als förderlich für Dinge wie Liebe, Licht, Ausgeglichenheit, Harmonie, Schönheit, Friede, Gleichheit und Fülle betrachten. Denn auf diese Weise weben wir an einem neuen starken und vitalen Gewebe der Wirklichkeit. Eine Vision zu verfolgen, uns die Welt zu erträumen, in der wir leben möchten, und gleichzeitig das Ergebnis nicht steuern zu wollen – das ist ein Paradox, mit dem wir zu tanzen lernen müssen. (Näheres über die Praxis des Träumens erfahren Sie in dem Kapitel, das sich mit Pilzen beschäftigt.)

Sicherheit und Geborgenheit können wir ausschließlich im Geist (und mithilfe spiritueller Praktiken) finden. Der Spirit ist unsterblich, ein innerer Ort in jedem von uns, der Ruhe verheißt und ein Gefühl der Beständigkeit. Gleichzeitig müssen wir akzeptieren, dass sich die Erde weiterentwickelt und neue Landschaften herausbildet, genau wie sich auch das menschliche Bewusstsein und unsere Innenwelten weiterentwickeln.

Santa Fé liegt in der Hochwüste auf mehr als 2.000 Metern über dem Meeresspiegel und ich selbst lebe in einer Höhe von 2.250 Metern. In der Hochwüste sind die Klimaveränderungen ziemlich dramatisch, und sowohl im Winter als auch im Sommer sorgen Stürme, die ebenso beängstigend wie belebend sein können, für mitunter erhebliche landschaftliche Veränderungen.

Mein Haus steht auf einem Stück Land, zu dem auch ein *arroyo* gehört, ein trockenes Flussbett, in dem man lange Spaziergänge unternehmen kann. Herrlich auch zum Gassigehen oder für Reiter. Für mich persönlich stellt es in dieser ansonsten dicht besiedelten Gegend immer ein besonderes Vergnügen dar, mitten am Tag durch den *arroyo* zu spazieren und kilometerweit kein Haus zu sehen und keinem Menschen zu begegnen.

Immer wieder erstaunlich sind die Veränderungen, die bei größeren Schneestürmen oder Regenfällen mit dieser Landschaft vonstattengehen. Als ich an diesem Buch geschrieben habe, fielen bei einem Gewitter einmal drei Zentimeter Regen in weniger als einer Stunde. Für die Bewohner anderer Teile der Welt ist eine solche Niederschlagsmenge wahrscheinlich nicht weiter bemerkenswert, hier in der Wüste aber verursacht sie flutartige Überschwemmungen und stellt durchaus ein größeres Ereignis dar, denn das viele Wasser rast auch durch den *arroyo* und verändert das Gesicht der Landschaft dramatisch.

Obwohl ich schon seit zwanzig Jahren hier lebe, erkenne ich die Gegend, die mir doch eigentlich so vertraut ist, nach einem derartigen Gewitter oft kaum mehr wieder. Sobald es dann aufgehört hat zu regnen, gehe ich gern raus, um mir anzuschauen, wie sich der *arroyo* diesmal verändert hat.

Nach diesem speziellen Gewitter musste ich mir andere Wege suchen, denn der heftige Regen hatte die alten Pfade verschwinden lassen und neue in den Sand gezeichnet. An einigen Stellen hatte sich das Flussbett verbreitert, an anderen war es schmal und tief geworden. Büsche wurden entwurzelt, als die Wassermassen den Boden unter ihnen mit sich nahmen. Während dieses Spaziergangs kam mir zu Bewusstsein, dass die Veränderungen unserer unmittelbaren Umwelt im Kleinen das widerspiegeln, was sich auf dem gesamten Planeten abspielt.

Die Erdlandschaft entwickelt sich immer weiter und verändert sich, wie sie es schon seit Urzeiten tut. Landmassen verschieben sich im Laufe der Jahrhunderte, und daran wird sich wohl auch nie etwas ändern. Dort, wo heute Ozeane sind, waren einst Landbrücken, die Teile der Erde miteinander verbanden, und umgekehrt hat vielerorts fester Boden das Wasser abgelöst. Unser Planet befindet sich in ständiger Bewegung.

Und während sich die Erde permanent verändert, werden wir Zeugen einer zunehmenden Destruktivität, die sich auf uns Menschen genauso brutal auswirkt wie auf die Tiere und das Leben in seiner Gesamtheit. Lebensräume, Tier- wie Pflanzenarten gehen verloren und wir sehen zu.

Als Kollektiv dürfen wir nicht müde werden, die Erde von ihrer spirituellen Seite und im göttlichen spirituellen Licht wahrzunehmen. Unser ganzes Tun und Trachten muss darauf gerichtet bleiben, gemeinsam an einem starken, schönen spirituellen Lichtfeld zu arbeiten. Wir müssen lernen, die Schönheit und das Licht des Lebens wahrzunehmen, sie anzuerkennen und ihnen unsere Dankbarkeit zu erweisen – aus dem Wissen heraus, dass jede Veränderung neues Leben hervorbringt.

Es gibt auch in Santa Fé Eulen und in Zeiten des Übergangs oder der Veränderung dienen sie mir oft als Omen. Ich liebe Eulen und vertraue ihnen, wenn sie mir bestätigen, dass ich auf dem richtigen Weg bin. Vor Jahren habe ich eine wichtige Lektion erhalten, die von der Eule kam und mein Leben nicht unberührt ließ. Zu der Zeit war ich viel unterwegs, um an den verschiedensten Orten innerhalb der Vereinigten Staaten Workshops abzuhalten, und wunderte mich, als ich von den Teilnehmern mit einem Mal viele Geschenke bekam, die alle irgendetwas mit Eulen zu tun hatten, Eulenfigürchen, -federn und -fetische. Als ich zwischendurch mal wieder zu Hause war, fand ich in der Post ein Päckchen vor, ebenfalls ein Geschenk: eine Eulenmaske.

Da für mich nun kein Zweifel mehr daran bestand, dass mir das Universum irgendetwas zu sagen versuchte, beschloss ich, eine schamanische Reise zu unternehmen, um mich bei meinem vertrauten Schutzgeist zu erkundigen, warum ich plötzlich so viele Eulen geschenkt bekam. Wieso trat die Eule gerade zu diesem Zeitpunkt in mein Leben?

Die Antwort, die mir mein Schutzgeist gab, war sehr interessant. Er teilte mir nämlich mit, dass Eulen nicht nur im Dunkeln sehen können, sondern auch über eine Art Radar verfügen, wie ich ihn bald brauchen würde. Genau in diesem Moment endete die Reise.

Kurz darauf gab ich einen Kurs in St. Louis und nahm am Sonntagabend die letzte Maschine zurück. Unterwegs erloschen plötzlich alle Lichter in der Kabine und die Flugbegleiterinnen mussten sich ihren Weg durch die Gänge mithilfe von Taschenlampen erhellen. Da ich sehr müde war und mir die Dunkelheit deshalb eigentlich sehr zupasskam, schloss ich die Augen und überließ mich dem Schlaf.

Doch dann meldete sich der Kapitän. Über die Lautsprecher teilte er uns mit, es gäbe ein Problem mit der Stromversorgung an Bord. Auch das Radargerät, das erforderlich war, um die Maschine sicher durch ein sich näherndes Gewitter navigieren zu können, sei leider ausgefallen. In diesem Moment fiel mir die Botschaft meines helfenden Geistes wieder ein, der von einer Art

Radar gesprochen hatte, über den die Eule verfügte und den ich bald benötigen würde.

Wir sind schließlich wohlbehalten in Albuquerque gelandet. Doch unabhängig davon hat mir dieses Erlebnis Lektionen erteilt, die für mein persönliches Wachstum und meine Entwicklung von großer Bedeutung waren. Eine bestand darin, dass mir das Universum Hilfe und Schutz bot, die ich künftig benötigen sollte. Konkret war in diesem Fall die Eule in mein Leben getreten, um mir dann als Schutzgeist während des Fluges beizustehen.

Im Leben kann es durchaus schwierige Situationen geben, in denen wir das Gefühl haben, mutterseelenallein zu sein. Da wir aber alle eins sind mit der Göttin, der Quelle und mit der Kraft des Universums, werden wir von der bedingungslosen Liebe, aus der wir erschaffen wurden, stets unterstützt und beschützt. Nur schärfen wir unsere Sinne leider nicht immer gut genug, um auch in Zeiten der Gefahr die Zeichen der Führung und des Behütetseins wahrnehmen zu können.

Die zweite Lektion, die ich erhalten habe, bezieht sich darauf, dass ich meine eigene Kraft und Stärke nie verleugnen und die Interpretationshoheit über meine Symbole nicht aus der Hand geben darf. Ein Beispiel: In Büchern, die die Bedeutung von Symbolen entschlüsseln sollen, ist unter dem Stichwort Eule nie von einem Radar die Rede. Hätte ich also nachgeschlagen, wäre mir die Lektion, die ich auf jenem Flug erhielt, vollkommen entgangen. Weshalb ich auch nicht aufhören darf, meiner eigenen Befähigung zum Empfangen unmittelbarer Enthüllungen zu vertrauen.

Neigen Sie manchmal dazu, das Heft aus der Hand zu geben? Dann bedenken Sie: Die Zeit, in der wir leben, macht es erforderlich, dass wir auf unsere innere Führung, auf die innere Weisheit und unsere Intuition vertrauen.

Ihr göttlicher Radar leitet die Schnee-Eule aus der Arktis heraus, sodass sie auch in Zeiten der Veränderung überleben und gedeihen kann. Und unsere Verbundenheit mit dem Netz des Lebens bedeutet, dass auch wir einen solchen Radar in uns haben, mit dessen Hilfe wir uns orientieren können. Die Schnee-Eule ermutigt uns, nach innen zu gehen, um ihn zu erfahren, auf dass wir dem inneren Wissen um die Veränderungen folgen mögen, die wir im Leben einleiten müssen.

Das Verhalten der Schnee-Eule kann uns als Vorbild dienen. Sie bleibt immer zentriert, bewahrt die Ruhe und wartet geduldig auf Nahrung. Diese Qualitäten sind so wichtig, dass wir sie uns aneignen sollten. Inmitten der ganzen Veränderungen müssen auch wir fokussiert bleiben und lernen, unsere Vision nicht aus dem Auge zu verlieren. Dadurch, dass wir in die tiefe Stille unseres Inneren eintreten, finden wir Zugang zu der inneren Weisheit, die uns leiten kann.

Und Geduld müssen wir haben. Sie fehlt so vielen von uns, die unbedingt ein sofortiges Ergebnis ihrer Übungen sehen wollen. Aber alles, was wir erfahren sollen, offenbart sich uns genau zur rechten Zeit. Entscheidend dafür ist, dass wir unserer Intuition vertrauen. Wir müssen uns von all den Ablenkungen im Außen lösen, die auf die meisten von uns den ganzen Tag über einprasseln, und lernen, in die Stille zu gehen, denn alles offenbart sich in der Ruhe.

Vögel verfügen über einen inneren Sinn, der ihnen sagt, wann sie ihren Standort verlassen sollten. Sie kennen einfach den Moment, in dem eine Jahreszeit durch die folgende abgelöst wird. Und auch wir besitzen so eine innere Stimme, die uns verrät, wie wir in Zeiten dramatischer Veränderungen vorgehen sollen. Wir müssen uns nur darauf einstellen, auf sie hören und dem eigenen Radar folgen.

Als Hüter der Erde tragen wir eine Verantwortung, die viele von uns vernachlässigen. Die Menschen sind egozentrisch geworden und manche haben die Kostbarkeit und die göttliche Natur allen

Lebens ganz und gar vergessen. Während wir lernen, auf unsere innere Weisheit und den angeborenen Radar zu vertrauen, müssen wir uns auch in der Gemeinschaft beweisen. Denn in der Gemeinschaft spiegelt sich die weibliche Kraft wider, Veränderungen herbeizuführen.

2013 trafen Mengen von Schnee-Eulen in New York ein. Was sie dorthin geführt hat, kann niemand mit Sicherheit sagen, aber wir müssen auf die Intelligenz der Natur vertrauen. Da sich die Vögel jedoch in der Nähe eines großen Flughafens aufhielten, hätte es zu schlimmen Havarien kommen können, wenn sie in die Turbinen geraten wären. Also beschlossen die Behörden, die schönen Geschöpfe zu töten, um kein Menschenleben aufs Spiel zu setzen. Erst auf Druck der Öffentlichkeit wurde den sinnlosen Hinrichtungen der majestätischen Vögel, die nur ihren Routen folgten, schließlich ein Ende gemacht und eine Möglichkeit gefunden, sie einzufangen und fern des Flughafens neu anzusiedeln.

Es ist das Weibliche, das uns lehrt, zu einer solchen kollektiven Stimme zu finden und uns als wahre Hüter zu erweisen, die alle Naturwesen ehren und respektieren. Höchste Zeit also, dass wir hervortreten, um gesehen und gehört zu werden.

Übungen

Die Natur ist intelligent. Und da wir beides sind – sowohl ein Teil der Natur als auch ihr Werkzeug –, ist es wichtig, dass wir nicht vergessen, uns auf unsere Umwelt einzustellen.

Wir können umlernen und uns darauf zurückbesinnen, wie sich Wetter- und jahreszeitliche Veränderungen bemerkbar machen – und zwar nicht nur in äußeren Witterungsbedingungen und Jahreszeiten, sondern auch im Wandel in unserem Inneren. Wenn es an der Zeit ist, etwas umzustellen, erhalten wir Zeichen, doch leider entscheiden wir oft, unsere innere Stimme, den inneren Radar, zu ignorieren und die Fingerzeige, die wir bekommen, nicht zu beachten. So verharren wir etwa in Beziehungen, Berufen, Wohnungen und anderen Lebensumständen, obwohl es weitaus gesünder wäre, ihnen den Rücken zu kehren.

Wenn wir Zeit im Freien verbringen, können wir von der Natur lernen, die Vorzeichen des Wandels zu entschlüsseln. Was das betrifft, ist sie tatsächlich die potenteste Lehrmeisterin. Wir müssen dann nicht mehr im Kalender nachschauen, welche Jahreszeit gerade ist, sondern erkennen die saisonalen Veränderungen anhand der Tier- und Pflanzenwelt. Wir können sie auch in uns selbst zu erspüren lernen. Außerdem liegen sie - buchstäblich - in der Luft. Die einen Jahreszeiten wecken in uns das Bedürfnis nach Ruhe und innerer Einkehr, andere inspirieren uns zu ausgelassenen Aktivitäten und größerer Geselligkeit. Auf dieses innere Wissen, wann uns mehr nach Stille ist, wann mehr nach Dynamik und wann wir etwas in unserem Leben verändern sollten, müssen wir hören und vertrauen.

Die folgenden einfachen Übungen können Ihnen dabei helfen, Ihre Verbundenheit mit der Natur zu intensivieren:

Machen Sie Spaziergänge in der freien Natur. Gern auch in Parks, wenn Sie zu den Stadtbewohnern gehören. Je mehr Zeit Sie in der Natur verbringen, desto besser integrieren Sie sich in den Fluss des Lebens. Sie werden sich dabei viel gesünder fühlen, sowohl körperlich und emotional als auch spirituell.

Nehmen Sie sich genügend Zeit, um in aller Ruhe einen Fuß vor den anderen setzen oder unter einem Baum beziehungsweise bei irgendeiner anderen Pflanze, von der Sie sich angesprochen fühlen, Platz nehmen und rasten zu können. Schalten Sie den Lärm in Ihrem Kopf aus, indem Sie einige Male sehr tief ein- und ausatmen und sich vorstellen, dass Sie ganz tief in Ihr Inneres vordringen, bis zum Kern Ihres Wesens. Spüren Sie, wie Sie Wurzeln im Erdboden schlagen und Ihr ganzer Körper vom Sonnenlicht genährt wird. Achten Sie auf alles, was aus Ihrer inneren Quelle hochsprudelt. Lassen Sie Gefühle zu, damit Sie sie beobachten und transformieren können. Hören Sie auf die Botschaften, die Ihnen Ihre innere Weisheit auf dem Weg der Intuition zukommen lässt.

Achten Sie auf Veränderungen in der Tierwelt, die vom Lauf der Jahreszeiten zeugen. Sehen Sie zu verschiedenen Zeiten unterschiedliche Vogelarten? Verändert sich ihr Gesang mit der Jahreszeit? Beobachten Sie, wie sich die Aktivitäten der Tiere in Ihrem Umfeld im Laufe des Jahres verändern.

Lernen Sie, die Veränderungen in den Mustern der Natur wahrzunehmen, ohne auf Kalender oder Wetterbericht zurückgreifen zu müssen. Registrieren Sie, wie anders die Luft riecht, wenn die Witterungsbedingungen umschlagen oder die Jahreszeit wechselt. Achten Sie auf die jeweilige Textur, Feuchte und den Duft des Erdbodens. Vielleicht fällt Ihnen auch auf, dass bei witterungs- oder jahreszeitlich bedingten Veränderungen die Luft anders riecht. Lassen Sie sich den Farbwechsel der Blätter an Laubbäumen nicht entgehen, beobachten Sie die Veränderungen, die das Licht im Laufe des Jahres zeigt, und wann die Sonne jeweils auf- beziehungsweise untergeht. Richten Sie Ihre Aufmerksamkeit darauf, wie Sie sich beim Wechsel der Jahreszeiten körperlich fühlen. Spüren Sie der sanften Ablösung einer Jahreszeit durch die folgende nach. Denn die meisten Zyklen in der Natur bestehen aus einem allmählichen Ineinanderfließen. Und wachen Sie schließlich aus der kollektiven Massentrance auf, um selbst zu einem bewussten Bestandteil des natürlichen Fließens in der Natur und im Leben zu werden.

Sobald Sie sich auf die Veränderungen und Übergänge in der Natur einzustellen beginnen, werden Sie spüren, dass Sie denselben Zyklen und Veränderungsprozessen unterliegen. Irgendetwas im Leben ändert sich ständig. Es gibt kein Ende, nur Übergänge, die zu frischem Wachstum und neuem Leben führen.

Im Laufe der Zeit werden Sie sich der Veränderungen in der Natur immer stärker bewusst, selbst wenn Sie in der Stadt leben. Dafür müssen Sie einfach nur mit allen Sinnen auf die Veränderungen achten, die sich auch in Ihrem Umfeld ständig abspielen, wenn Sie etwa vom Parkplatz, der U-Bahn- oder Busstation zur Arbeit gehen oder wohin auch sonst.

Wie die Zugvögel verfügen auch wir über einen inneren Radar, der uns dabei unterstützt, die Übergangsphasen im Leben leicht und mit Anmut zu bewältigen. Sobald wir lernen, still zu sein und uns mit allen unseren Sinnen den Zeichen öffnen, die wir erhalten, fließen wir ganz entspannt im Fluss des Lebens mit.

Schnee-Eule

Llyn

Beim Lesen der ersten Zeilen von Sandras Beitrag über die Schnee-Eule habe ich die spröde Luft der Arktis in der Nase und die (für unsere Begriffe) karge Tundra vor Augen, das natürliche Umfeld dieses prächtigen Vogels. Der ruhige Flug der Eule gibt mir das Gefühl, als wäre ich es, die die Schwingen ausbreitet.

Bevor ich selbst anfing, über dieses Naturwesen zu schreiben, habe ich zweimal von der Schneeeule geträumt und mich anschließend so intensiv mit ihr befasst, dass ich mir in aller Deutlichkeit vorstellen konnte, wie sie durch den Wald ganz in der Nähe meines Zuhauses flog. Und dann habe ich mich lange mit dem unsichtbaren Vogel unterhalten, der mir so echt vorgekommen ist.

Am Morgen darauf tauchte vor meiner Hütte in den Bergen der Olympic-Halbinsel im Pazifischen Nordwesten der Vereinigten Staaten plötzlich ein Uhu auf. Der Erste, seit ich acht Monate zuvor in dieses abgelegene Gletschertal gezogen war.

Lautlos kam der Virginia-Uhu aus dem Wald geflogen und ließ sich auf einem dick mit Moos bewachsenen Ast des alten Ahornbaums vor meiner Scheune nieder. Ich stand barfuß da und starrte zu ihm hoch. Unter dem dichten Blätterdach war es dunkel, und halbseitig blind, wie ich nun einmal bin, konnte ich zu meiner Enttäuschung den großen Vogel nur ganz grob erkennen. Da Blinzeln auch nicht half, ihn besser zu sehen, beschloss ich ihn stattdessen zu erspüren. Und nachdem ich mich auf diese Weise in den großen Uhu hineinversetzt hatte, war es ein fantastisches Gefühl. Dieses verstärkte sich sogar noch, als der Vogel den Kopf zu mir umwandte, um mich anzusehen. Ich konnte seine Augen zwar nicht erkennen, spürte sie aber einen Moment lang auf mir ruhen. Blitzartig entfalteten sich dann in einer einzigen lautlosen Bewegung seine mächtigen Schwingen aus dem büscheligen Gefieder, der Vogel erhob sich von dem Ast, auf dem er gesessen hatte, und flog davon.

Wenig später habe ich mich selbst auf Reisen begeben und den Uhu vergessen. Doch zwei Tage nach meiner Rückkehr spürte ich beim Aufwachen den unsichtbaren Vogel, mit dem ich mich nach meinen Eulen-Träumen so ausführlich befasst hatte, wieder an meiner Seite. Minuten später kam mein Waldführer Mick Dodge zu mir in die Hütte gerannt, um mir mitzuteilen, dass wieder ein Uhu im Baum sitze. Während meiner Abwesenheit hatte er weder einen gesehen noch das magische Heulen einer Eule vernommen.

Da der Vogel schon wieder weg war, als ich draußen ankam, beschloss ich einen Spaziergang zu machen. Kaum hatte ich eine kleinere Strecke hinter mich gebracht, kam wieder ein Uhu aus dem Wald geflogen und landete auf einem Ast ganz in meiner Nähe. Ein Schauer der Aufregung lief mir über den Rücken. Wir schauten einander an, der Vogel und ich. Diesmal konnte ich alles an ihm genau erkennen: die Federbüschel an seinen Ohren, das gestreifte Gefieder. Mein ganzes Herz öffnete ich diesem bildschönen Geschöpf.

Noch am Nachmittag desselben Tages kam die Eule wieder vorbei. Diesmal flog sie von Baum zu Baum und schien einen Kreis um meine Kolleginnen Marilyn Dexter und DiAnn Baxley, die gerade zu Besuch bei mir waren, sowie um Mick Dodge und mich schließen zu wollen. Alle standen wir zusammen und beobachteten die Eule voller Ehrfurcht. Jeder von uns sah den Vogel in den nächsten Tagen wieder und mit seinem Heulen weckte er uns des Nachts.

Während dieser Zeit fragte ich die nun sichtbar gewordene unsichtbare Eule: »Liebe Eule, was hat es mit diesen Träumen und den Besuchen eigentlich auf sich?«

Die Eule erwiderte das Offensichtliche: »Ich wollte natürlich deine Aufmerksamkeit erregen! Denn ich habe dir ein paar wichtige Dinge mitzuteilen!«

Alle Eulenarten gelten schon seit langer Zeit als Symbol für Weisheit und die Fähigkeit, auch bei Dunkelheit zu sehen. In diesem Zusammenhang ist es bemerkenswert, dass die gelben Augen der Schnee-Eule fast so groß sind wie die des Menschen. Als ich des Virginia-Uhus zum ersten Mal ansichtig wurde, hatte ich den Versuch aufgeben müssen, mit meinen physischen Augen zu sehen, um stattdessen mit weicherem Blick – vor allem aber: mit dem Herzen – hinzuschauen. Erst in dem Moment hatte ich etwas erkennen können.

Die Eule fordert dazu auf, dass wir uns für das weibliche Prinzip öffnen und tieferes Verständnis suchen – jenseits von Sprache, Denken und der Linearität des Verstandes.

Sandra schreibt in ihrem Beitrag über den inneren Radar. Und tatsächlich kann uns das Wissen des Herzens – der siebte Sinn, die Intuition oder wie immer wir dazu sagen mögen – auf Dinge vorbereiten, die in der Zukunft liegen. Es kann uns auch unter extrem stressigen Bedingungen weiterhelfen, wenn wir uns zum Beispiel aus heiterem Himmel einer drastischen Veränderung

stellen müssen. Ich persönlich bediene mich in solchen Situationen eines ganz einfachen Mantras, das mir hilft, die Panik in den Griff zu bekommen und mich auf die Kreativität meines inneren Wissens zu besinnen: »Mach den Kopf frei, berühre den Erdboden und lass dich fallen: in dein Herz und deinen Körper.«

Heutzutage ist die Erkenntnis, dass die Menschheit an einer Schwelle steht, ja beinahe schon ein Gemeinplatz. Alles übermäßig Rationale, Lineare, Materielle und Patriarchale scheitert. Und während sich in der Welt um uns herum alles ständig verändert, finden wir die Führung, die wir unter diesen Umständen brauchen, im Flüstern unserer Herzen, in den Zeichen, die wir im Alltag erhalten, in den Bedürfnissen des Körpers und im Bauchgefühl – alles Dinge, die mit dem heiligen Weiblichen verbunden sind.

Die Vögel, von denen ich geträumt und mit denen ich mich befasst habe, sind für mich genauso real wie die, denen ich in der materiellen Welt begegnet bin. Meine Eulen-Träume und das Nachdenken darüber scheinen die Uhus im Wald geradezu herbeigerufen zu haben. Aber vielleicht war es auch anders, vielleicht haben die Uhus des Hoh-Regenwaldes über meine Träume und den Drang, mich mit ihnen zu beschäftigen, ja nach *mir* gerufen? Vielleicht ist sogar beides wahr. Aber wie auch immer, das Zusammentreffen meiner Tag- und Nachtträume mit den Sichtungen »echter« Eulen ist ein Beweis für die Erkenntnis, auf der indigene Kosmologien seit Jahrtausenden beruhen: dass nämlich das Leben ein einziges Netz darstellt, in dem alles miteinander verbunden ist.

Die Wege der weiblichen Weisheit fordern uns auf, die Fäden des Lebens bewusst zu verweben, indem wir die Erde ehren und die Zeichen, die wir erhalten, zu schätzen wissen – als Ausdrucksformen anderer Aspekte eben dieses Netzes.

Manche Stämme aus dem Amazonasgebiet achten auf Zeichen und Omen, und sie erbrechen sogar allmorgendlich ihren Mageninhalt vom Vorabend und erzählen einander ihre Träume. Sie lassen sich von den Botschaften, die sie in der Traumzeit erhalten, leiten, um den Traum ihres täglichen Lebens entsprechend zu gestalten.

Für viele uralte und schamanisch orientierte Völker ist es eine Selbstverständlichkeit, auf Zeichen zu achten, und das beileibe nicht nur im Amazonasgebiet. Die indigenen Populationen der asiatischen Steppenlandschaften etwa legen mit ihren »Mondohren« erstaunliche Fähigkeiten an den Tag, wenn sie Geräusche entschlüsseln, die so leise sind, dass nur wenige sie überhaupt hören können. Außerdem sind sie in der Lage, selbst kleinste, scheinbar unbedeutende Bewegungen von Tieren als Hinweis auf künftige Entwicklungen zu deuten.

Auch wenn es so aussehen mag: Ein derartiges tiefgründiges Verständnis der Welt ist keineswegs nur den Bewohnern irgendwelcher ferner, fremder Länder vorbehalten. Nein, die Magie lebt (obwohl sie in der modernen Gesellschaft nur allzu oft ignoriert wird) auch in unseren Breiten. Und mehr noch: Sie wartet geradezu darauf, dass wir die Schleier der Selbsttäuschung, die uns die Wunder des Lebens vergessen lassen, endlich zerschneiden.

Die Zeit ist gekommen, dass wir das Staunen mit den Augen des göttlichen Weiblichen neu entdecken, und das Phänomen wissenschaftlich unerklärbarer Heilungen weist darauf hin, dass dies tatsächlich zunehmend geschieht. Heutzutage ist es längst nichts Außergewöhnliches mehr, wenn eine Krankheit nach einer einzigen Behandlungssitzung verschwindet. In meiner eigenen, beinahe dreißigjährigen Praxis konnte ich solche Wunder oft genug miterleben. Genauso geht eine Unzahl von Erfolgen der allopathischen Medizin im Grunde auf Spontanheilungen zurück. Diese Beispiele sowie die Erkenntnisse der Quantenwissenschaften bestätigen die uralte Weltsicht, der zufolge nichts statisch ist, sondern alles veränderlich. Die Kraft ist da – hier und jetzt.

So, wie der Virginia-Uhu bei mir vor der Tür auftauchte, geschieht es in anderen Teilen der Vereinigten Staaten mit der Schnee-Eule. Sandra hat ja bereits berichtet, dass diese würdevollen Vögel aus der Arktis Anfang 2012 in Mengen gen Süden migrierten. Zu Tausenden wurden sie überall gesichtet. Obwohl sie am liebsten die Lemminge der Tundra fressen, lassen sie jetzt ihr vertrautes Lebensumfeld zurück und überwinden enorme Entfernungen, um sich von den kleinen Säugern zu ernähren, die in südlicheren Breiten heimisch sind.

Angesichts der gewaltigen Veränderungen in Bezug auf Beziehungen, Beruf, Gesundheit, Finanzen und anderes haben auch viele von uns Menschen das Gefühl, dass sie über sich hinauswachsen müssen. In den persönlichen Herausforderungen, vor die wir uns gestellt sehen, scheint sich der globale wirtschaftliche, ökologische und gesellschaftliche Wandel widerzuspiegeln, der sich rings um uns abspielt. Sowohl unsere individuelle als auch die Welt im Großen – die Wirklichkeit, wie wir sie kennen – dehnt sich aus, nimmt andere Formen an und wird neu definiert. Die Botschaft der Eule ist, dass wir mit diesen Veränderungen klarkommen können, wenn wir uns auf unsere Intuition verlassen, die Zeichen zu deuten wissen und ein tiefes Vertrauen in das Netz des Lebens entwickeln, in dem alles miteinander verbunden ist.

Die Eule sagt: »Ihr müsst euch durch diese Zeiten ›hindurchfühlen‹. Alles, was ihr braucht und wonach ihr sucht, werdet ihr in euch finden.«

Die hohe Anpassungsfähigkeit der Eule beruht zum Teil darauf, dass ihr, genau wie unseren ersten menschlichen Vorfahren auch, das Nomadisieren im Blut liegt. In den asiatischen Steppen leben auch heute noch Familien, die innerhalb von einer Stunde ihre Jurte und alles, was sie ihr Eigen nennen, zusammenpacken können, um sich auf den Weg zu machen. Von uns kann sich das kaum einer auch nur vorstellen. Ob reich oder arm, dreht sich für uns doch alles um Besitz und Verpflichtungen. Glücklich machen uns Geld und Geschäftigkeit allerdings nicht, denn wahrer Wohlstand lässt sich nur im richtigen, fürsorglichen Umgang miteinander und mit der Erde finden.

Der Älteste eines Stammes von Maya-Nachfahren sagte mir einmal, in Wirklichkeit seien Konzerne längst nicht so mächtig, wie wir in der modernen Welt immer denken; viel kraftvoller könnten *wir* sein, wenn wir uns nur mit der Erde verbündeten. Dieser Mann führte ein äußerst bescheidenes Leben mit wenig Geld und nur ein paar Habseligkeiten. Wegen seiner Loyalität gegenüber den Traditionen seines Volkes hatte er im Gefängnis gesessen und war misshandelt worden. Trotzdem empfand er sich als glücklich und reich. Die Erde erfüllte ihn, er war untrennbar mit ihr verbunden.

Auch tibetisch buddhistische sowie andere spirituell Orientierte lebten früher in kargen Höhlen und pilgerten zu Fuß durch die Lande. Dabei besaßen sie praktisch nichts und mussten sogar auf Nahrungsmittelspenden ihrer Mitmenschen vertrauen. Doch die Verbundenheit mit der Erde bescherte ihnen und ihren Anhängern sowohl in der natürlichen Welt als auch im Bereich des Mystischen unbeschreibliche Belohnungen.

Die Missachtung der Natur und unser heutiger isolierter Lebensstil schneiden uns von dem natürlichen Fluss und der Intelligenz der Erde ab, der den Barfußkulturen – die ebenfalls träumten, während sie auf dem Boden lagen – seit Jahrhunderten bekannt ist. Heute gilt als wissenschaftlich erwiesen, dass die Schwingungsenergie der Erde durch Tausende von Nervenrezeptoren an den Fußsohlen aufgenommen werden kann. Und viele behaupten, dass uns die Öffnung dieser Kanäle nicht nur glücklicher mache, sondern auch heilende Wirkung habe. Beim Barfußlaufen oder Auf-der-Erde-Liegen kann sich jeder davon überzeugen. Vielleicht versuchen Sie es am besten einmal, wenn Sie sich irgendwie durcheinanderfühlen oder zu lange einkaufen waren beziehungsweise am Computer gesessen haben. Nehmen Sie sich ganz fest vor, täglich eine halbe Stunde intensiven Kontakt mit der Erde zu halten, und schauen Sie, wie Sie sich nach dieser Erfahrung fühlen.

Die Erde und unser eigener Erd-Körper sind nicht voneinander zu trennen. Es gibt allerdings auch spirituelle Pfade, die den Körper ignorieren und/oder unsere weltliche und damit zugleich im Wortsinn irdische Lebensreise bloß als Ablenkung von irgendwelchen »höheren« Daseinszuständen abtun.

In diesem irdischen Leben gibt es keine Schnee-Eule ohne Nest (sie sind Bodennister), und ohne eine starke Physis – körperliche

Meisterschaft – ist kein Vogel imstande, größere Entfernungen zu überwinden. Nicht viel anders verhält es sich mit uns Menschen. Auch wir müssen uns um unseren Körper kümmern und unser großes Nest, die Erde, in Ehren halten.

Weitere Botschaften der Eule lauten also: Körperlich stark müssen wir sein, wir müssen der Erde aktiv den ihr gebührenden Respekt erweisen, ihre Weisheit durch uns hindurchfließen und uns von ihr leiten lassen. Dies inspiriert uns zu einem einfacheren, integren Leben im Einklang mit allen Veränderungen auf unserem Planeten.

Für diese Veränderungen ist die massenhafte Sichtung von Schnee-Eulen im Jahr 2012, über die Sandra sprach, ein Zeichen. Die selten zu beobachtende Migration dieser Vögel spiegelt den ökologischen Wandel wider, und indigene Völker sehen in ihrem Verhalten, wie Sandra ebenfalls bereits erwähnte, einen Vorboten künftiger Veränderungen der Klimaverhältnisse. Die Überlieferungen der Ureinwohner Amerikas heben die Bedeutung von außergewöhnlichen, weil weißen Tieren hervor, die in Zeiten großer Umbrüche geboren werden. Das sind zum Beispiel weiße Büffel, aber generell weiße Tiere. Die Farbe der Schnee-Eule – sowie ihr überraschendes »Wanderverhalten« – verrät, dass wir uns mitten in einer Phase größerer Veränderungen befinden.

Aber warum gerade weiß?

Weiß wird mit Transzendenz in Verbindung gebracht, ein wiederkehrendes Thema in der klassischen Epik. So entspinnt sich beispielsweise in J. R. R. Tolkiens Trilogie *Der Herr der Ringe* ein entsetzlicher Kampf zwischen einem Zauberer, Gandalf dem Grauen, und einem Balrog, Dämon des Feuers. Gandalf überwindet das hitzige Ungeheuer schließlich, und während dieses Prozesses wird aus dem Grauen Gandalf der Weiße. Er ist nicht länger der Zauberer, der er einst war. Genau genommen wird seine Identität von den transformierenden Feuern so in Mitleidenschaft gezogen, dass er sich kaum mehr an seinen Namen erinnert. Das Einzige, was ihn fortan identifiziert, ist sein höheres Wesen (versinnbildlicht durch das Weiß).

Wir sind vielleicht keine Zauberer, wissen aber doch alle, wie es ist, im Feuer des Lebens geschmiedet zu werden. Und ebenso wenig wie der fiktive Gandalf können wir der Hitze der Veränderungen entgehen, die sich gegenwärtig auf planetarischer Ebene abspielen. Jeder Aspekt der Welt, wie wir sie kennen, wird davon berührt. Doch wir können die Gelegenheit nutzen und uns von Einstellungen und Gewohnheiten lösen, die uns davon abhalten, ein ganzheitlicheres Leben zu führen. Auch wir können zu unserem höheren Wesen zurückfinden.

Im Versuch, sich die Methoden der indigenen Völker anzueignen, nehmen viele Praktizierende der heilenden Künste heute den Schamanismus als Mittel her, böse Geister zu bekämpfen und dunkle Kräfte abzuwehren. Manche Heiler sind ständig am Räuchern und Vertreiben negativer Energien. Dieser auf Angst beruhende Ansatz unterscheidet sich jedoch ganz erheblich von der Praxis jener kraftvollen Männer und Frauen, mit denen ich in abgelegenen Teilen der Welt zusammenarbeiten durfte und die sich viel mehr auf Stärke und Widerstandskraft konzentrieren als auf Schutz.

So genießt auch der fiktionale Gandalf der Graue den Kampf, in dem alles verbrennt außer seinem leuchtenden Selbst. Als Gandalf der Weiße steht er da, ein Strahlen geht von ihm aus und wirft keine Schatten. Seine göttliche Präsenz ist so kraftvoll, dass sich die Feinde ganz natürlich von ihm abwenden.

Diese Perspektive ist einen Gedanken wert, denn sie hilft uns, das Leben weniger dualistisch zu betrachten.

Die spirituell Erfahrensten der verschiedenen Weisheitstraditionen sagen, wir befänden uns an einem Abgrund: Wir können uns für ein fluideres Leben im Einklang mit der Erde und dem

Mysterium des Lebens selbst entscheiden oder die Konsequenzen tragen, wenn wir es nicht tun. Die vermehrten Geburten weißer Tiere sowie die ungewöhnliche Migration der Schnee-Eulen sind nur Vorboten einer neuen Ära, die sich noch lange nicht voll herausgebildet hat. Die profane Welt, wie wir sie kennen, war nie von der göttlichen, die wir anstreben, getrennt; die Schleier der Illusion zwischen ihnen werden dünn und dünner.

Die Feuer der Veränderung zu begrüßen ist eine Einladung an Alchemie und Magie. Dann öffnen wir uns für das Staunen und beginnen uns durch den gewaltigen Wandel »hindurchzufühlen«. Dieser inspirierte weibliche Ausdruck spricht uns alle an.

Übungen

Die Große Weiße, also die Schnee-Eule lädt uns ein, stark zu sein - sowohl körperlich als auch in unserer Fürsorge für die und in der Verbundenheit mit der Erde. Zu den weiblich geprägten Lektionen, die sie uns erteilt, gehört es, den Zeichen zu folgen, auf unsere innere Weisheit und die subtileren Sinneswahrnehmungen zu vertrauen und nie das engmaschige Netz des Lebens zu vergessen.

Zusätzlich zu meinen bisherigen Ausführungen habe ich hier noch eine einfache Übung für Sie, die hilft, diese Eigenschaften zu intensivieren.

Suchen Sie sich ein Plätzchen, an dem Sie eine Weile sitzen oder liegen können, ohne gestört zu werden. Ideal wäre im Freien, es geht jedoch jederzeit auch anderswo.

Atmen Sie ein paarmal tief ein und aus und entspannen Sie sich mit jedem Ausatmen mehr. Spüren Sie, auch wenn Sie sich im Haus befinden, wie Sie sich mit jedem Ausatmen tiefer in die Umarmung von Mutter Erde fallen lassen.

Sobald Sie das Gefühl haben, ganz entspannt zu sein, stellen Sie sich miteinander verschränkte strahlende Stränge vor, ein Gewebe aus funkelnden Lichtfäden. Visualisieren oder spüren Sie dieses Lichtgewebe so deutlich, wie Sie nur können. Oder wissen Sie einfach, dass es da ist.

Dieses Lichtnetz ist aus der puren Vitalkraft gewebt. In ihm sind alle fühlenden Lebensformen miteinander verbunden, es überzieht und verbindet alles Materielle und Körperliche. Lebensbejahende Taten, Gedanken und Gefühle verstärken unsere Fähigkeit, dieses Lichtgewebe zu erinnern, das wir manchmal sogar spüren, sehen oder empfinden können. Befinden wir uns jedoch in einem Zustand der Isolation und Angst, neigen wir dazu, dieses Lichtgewebe zu vergessen. Letztlich ist das strahlende Netz der Lebenskraft allerdings unabhängig davon, was wir denken oder tun. Es ist – völlig bedingungslos – einfach da, wir sind nie von ihm getrennt.

Nehmen Sie sich Zeit, das Licht zu imaginieren und zu fühlen, aus dem dieses lebendige Leuchten gewebt wird. Setzen Sie auf Ihr Herz und Ihren Körper, durch sie können Sie die Erfahrung so real wie möglich gestalten. Strecken Sie ganz sanft die Finger oder die Handflächen aus, um das lichte Gewebe zu berühren.

Was empfinden Sie?

Spüren Sie, wie Ihre Berührung in dem Gewebe nachhallt. Dabei wird das Licht heller und beginnt zu strahlen.

Bleiben Sie mit Ihrer Aufmerksamkeit bei dem Gewebe – wie gesagt: Gestalten Sie Ihr Erleben möglichst echt. Wie würden Sie seine Struktur beschreiben oder die Form, die es hat? Was fühlen Sie?

Viele empfinden die Berührung dieses leichten Stoffes als warmes Kribbeln oder wie den kleinen Auftrieb, den man spürt, wenn man die Finger im Wasser oder auch durch die Luft bewegt.

Was nehmen Sie wahr?

Was bemerken Sie, während Sie sanft mit der Hand durch das pulsierende Gewebe aus reinem Licht fahren?

Alles Leben ist von göttlichem Licht durchdrungen und verbunden. Wir alle sind Teil dieses Gewebes, auch wenn wir sauer sind, uns verloren fühlen oder Angst haben. Es wird weder von Gemütsverfassungen noch Emotionen beeinflusst. Unser Daseinszustand allerdings kann darüber entscheiden, ob wir unser Einssein mit dem Licht erinnern und spüren oder nicht. Seine Strahlkraft ist überall, um uns herum und in uns. Immer. Wir müssen uns ihr nur öffnen und uns auf sie besinnen.

Spüren Sie das Liebevolle und die Unzerstörbarkeit dieses Lichtes - der Quelle, aus der alles Leben entsteht und zu der alles auch wieder zurückkehrt. Baden Sie in der Kraft. Spüren Sie ihre Güte.

Nehmen Sie sich so viel Zeit, wie Sie mögen.

Sobald Sie das Gefühl haben, fertig zu sein, kehren Sie ganz allmählich ins gewöhnliche Hier und Jetzt zurück. Sind Sie wieder ganz »angekommen«, geben Sie sich wortlos das Versprechen, nie zu vergessen, dass dieses Lebensgewebe immer bei Ihnen und für Sie da ist. Spüren Sie, wie es sich bewegt, wenn Sie den Standort verändern. Spüren Sie es beim abendlichen Zu-Bett-Gehen. Wissen Sie, dass Sie nie von dieser Kraft getrennt sind, selbst wenn Sie sie einmal vergessen haben. Wissen Sie es einfach.

Und denken Sie auch daran, das Licht zu bitten, dass es Ihnen hilft, seine Gegenwart mehr zu spüren. Laden Sie es ein, bewusster Teil Ihres Alltagslebens zu sein. Öffnen Sie sich dafür, ein Element - und zwar ein schöpferisches Element - dieser intelligenten, liebevollen Kraft zu werden.

GLETSCHERSCHLUFF UND SAND

Gletscherschluff

Llyn

Stellen Sie sich vor, Sie ruhen sich am Ufer eines dahingleitenden Flusses auf einem Felsblock aus. Der Stein, den Sie als Sitzplatz gewählt haben, ist feucht und kühl von Spritzwasser und Nebel. Ihre Finger sind klamm und kalter Dunst benetzt Ihr Gesicht. Alles an diesem grünen Fleckchen Erde flüstert »Wasser«, nicht zuletzt die überreich bemoosten, hoch aufragenden Bäume, die täglich literweise Feuchtigkeit abgeben.

Während Sie den Fluss beobachten, bemerken Sie kleine Strudel, die gleich darauf schon wieder verschwunden sind. Schatten von Bäumen, die sich ständig ändern, huschen über das Wasser, dessen milchiges Schimmern zwischen Jadegrün und einem blassen Aquamarinblau oszilliert. Diese verwaschene Farbe ist ein eindeutiger Hinweis darauf, dass der Fluss, an dem Sie sitzen, von Gletschern gespeist wird.

Das, was Sie da innerlich gerade erlebt haben, ist für mich Alltag, denn ich wohne in einem Gletschertal im äußersten Nordwesten der Vereinigten Staaten. Und die türkise Schönheit des Hoh River war es, die mich in dieses Gletschergebiet gezogen hat, das sich oberhalb des weltgrößten gemäßigten Regenwaldes erstreckt. Über Gletscher und Schluff lerne ich tagtäglich etwas dazu.

Berge von Eis und Schnee zermahlen im Laufe der Jahrtausende die Schichten von Sedimentgestein zu Ton und feinem Sand. Die schwereren Teilchen setzen sich ab, die leichteren aber landen in der Luft oder werden von der Gletscherschmelze den Berg hinabgespült. Auch Gletscher- beziehungsweise Felsmehl, Steinstaub oder (häufiger) Silt genannt, verbindet sich der Schluff mit den Eiskristallen im Wasser und verleiht dem Fluss dadurch seine milchige Tönung.

Ich trinke Gletscherwasser, das aus einer unterirdischen Quelle in meine Hütte gepumpt wird. Und kein Tag vergeht, an dem ich mich nicht über die gesunden Mineralien freue, die aus der Höhe der schneebedeckten Berggipfel bis zu mir herabfließen.

Gegenwärtig schmelzen die Gletscher schneller, als sie es seit Jahrhunderten getan haben. Und das, was sich da aus den Eisbergen ergießt, hat nicht nur Einfluss auf die Tier- und Pflanzenwelt, sondern kann auch einen Klimawandel auslösen. Die zunehmende Gletscherschmelze mahnt zu einer Veränderung unserer Lebensweise auf diesem Planeten.

Aber die Natur hat auch ihre Weisheit. Und ähnlich, wie sich der Genuss mineralreichen Wassers gesundheitsfördernd auf den Menschen auswirken kann, scheint der von der Gletscherschmelze ausgehende Zustrom einen reinigenden Effekt auf die Meere auszuüben. Das versichern uns jedenfalls Wissenschaftler. Für das Leben ist Gletscherschluff also offenbar ein richtiggehendes Stärkungsmittel.

Während ich so über den schlichten, aus Stein gemahlenen Staub nachdenke, fallen mir die vielen indigenen Kulturen ein, die in ihren Heilritualen Steine verwenden, um mit ihrer Hilfe die Erdenergie zu übertragen. Mitunter legen die Schamanen ihren Patienten Steine auf den Leib, reiben ihnen die Haut damit ein oder klicken an unterschiedlichen Stellen in Körpernähe zwei Steine aneinander. Aber die Steine müssen noch nicht einmal unbedingt präsent sein, um heilend wirken zu können, denn ihre Energie spürt man auch aus der Entfernung. Wie die Schamanen glauben, dringt der Geist des Steines in die Person ein, die Heilung durch Kraft und Stärke braucht.

Schamanen arbeiten ganz unterschiedlich. In der Gebirgskette der Anden zum Beispiel wenden sie sich mit Gebeten und Opfergaben an die Spirits der Vulkane oberhalb ihrer Täler. Andere bitten vielleicht einen verehrten Felsen, bei der Genesung eines Nachbarn behilflich zu sein. Mancher Heiler »verwandelt« sich während eines Reinigungsrituals auch selbst in einen heiligen Berg (das heißt, er nimmt dessen Energie an), um einem Kranken dessen spirituelle Kraft zu übermitteln. Dann pustet er durch seine locker trichterförmig zusammengelegten Hände Luft auf die Herzgegend des Patienten, danach auf die Stirn und schließlich auf den Scheitel am Oberkopf. Dabei versorgt der Schamane den Patienten über seinen Atem mit der positiven Kraft des Berges.

Wer sich einem solchen Ritual unterzieht, sagt anschließend in aller Regel, er fühle sich gestärkt. Und ich persönlich habe schon viele erlebt, die auf diese Weise von einer körperlichen oder psychischen Erkrankung geheilt wurden.

Da ich Gletscherwasser trinke und mich viel an Gletscherbächen aufhalte, deren Bett aus Schluff besteht, bin ich eng mit dem Geist dieser uralten Wasserlandschaft verbunden. Da sich die Heilkraft von Steinen jedoch über Zeit und Raum hinweg vermittelt, kann uns der weiche Schluff, der einem Boden entstammt, der Zehntausende von Jahren alt ist, auch guttun, wenn wir Welten von ihm entfernt sind. Wir können über den Steinstaub medi-

tieren, um Kraft zu gewinnen und uns von der Erde geheilt zu fühlen. Wir können den Spirit des Gletscherschluffs genauso um Hilfe bitten wie die Steine in unserer direkten Umgebung. Wir können darum bitten, dass sich deren positive Energie auch auf Tiere, Menschen und Landschaften erstreckt, die weiter weg sind – genauso, wie es Schamanen mit den von ihnen verehrten Felsen und Vulkanen tun.

Die Teilchen, die ihre Entstehung der Reibung des Gletschereises am Sedimentgestein verdanken, sind nicht massiv und hart, sondern pudrig weich. Im Unterschied zu den Flusssteinen, um oder über die sich das Wasser seinen Weg suchen muss, stellt der weiche Schluff keinerlei Widerstand dar; er schließt sich dem Fluss einfach an, völlig mühelos.

Dieses sanfte Fließen erinnert uns daran, dass auch wir weich bleiben sollten, flüssig, wenn man so will, um im Strom des Lebens mitschwimmen zu können. Doch das Faszinierendste, was wir von Schluff lernen können, sind seine heiligen weiblichen Lektionen über Kraft, Macht und Stärke.

Gletscherschluff, weich und nachgiebig, wie er ist, verfügt über eine zarte Kraft, doch in den Gletscherteichen und -bächen sieht man die Steinchen selbst überhaupt nicht, sondern kann nur eine milchige Tönung des Wassers wahrnehmen. Genauso subtil und verschleiert ist mitunter auch die innere Stärke von Menschen.

Bei einem Treffen wurde ich kürzlich Zeugin einer Kraft, die mich in ihrer mysteriösen Finesse sehr an Schluff erinnerte. Während unseres kurzen Zusammenseins dominierte eine Person das gesamte Gespräch und ließ es praktisch kaum zu, dass auch mal jemand anders zu Wort kam. Solche Situationen kennen wir bestimmt alle und in manchen waren wir womöglich selbst so unsicher, dass wir auf diese Weise versucht haben, die Aufmerksamkeit auf uns zu ziehen. Dabei gewinnt man aber nicht an Stärke, sondern verliert sie. Die Kraft des Schluffs hingegen ist ganz still. Um auf mein Beispiel zurückzukommen: Neben dem Plappermaul saß eine junge Frau, vollkommen ruhig. Sie hatte Ausstrahlung; ihr Blick war warm und weise. Als sie schließlich das Wort ergriff, sagte sie im Grunde nicht viel, aber alles hatte Hand und Fuß und kam von Herzen. Wie sich später herausstellte, war ich nicht die Einzige, die sich von der sanften Art der jungen Frau beeindruckt zeigte.

Sich einen dezenten, ehrlichen Menschen vorzustellen dürfte nicht allzu schwer sein. Mit höchster Wahrscheinlichkeit meidet er das Rampenlicht und zwingt niemandem seine persönlichen Ansichten auf. Auch Schluff beweist, dass man nicht unverschämt oder angeberisch sein muss, um innerlich stark zu sein; eine nachhaltige Wirkung lässt sich auch ohne große Worte erzielen.

Nachdem ich wochenlang mit und über Schluff meditiert hatte, um mehr über seine – und meine – subtile Kraft zu erfahren, sprach er endlich zu mir. Allerdings überbrachte er mir nicht die komplexe Botschaft, mit der ich gerechnet hatte, sondern gab nur eine bescheidene Erklärung ab.

»Ich bin, was ich bin«, lautete sie.

»Und was soll das sein?«, hakte ich nach.

Der milchige, umherwirbelnde Gletscherschluff antwortete: »Natürlich die physische und spirituelle Steinkraft, die in und mit dem Wasser schwimmt.«

Das war wie eine Einladung, nichts anderes sein zu wollen als ich selbst. Die folgenden Augenblicke nutzte ich, um den Kopf ganz frei zu bekommen und mich zu entspannen.

»Wer bin ich, wenn ich alles loslasse?«, fragte ich mich.

Und diese Frage machte mich ganz verrückt. Ich kämpfte dagegen an, alles loszulassen.

Schließlich lenkte ich meine Aufmerksamkeit wieder auf den Fluss zurück. Das schnell dahinziehende Wasser plätscherte laut vor sich hin und bald hatte dieses Geräusch ganz von mir Besitz ergriffen. Ich konnte mich entspannen. Und dann wusste ich Bescheid.

»Ich bin ja im Grunde genau dasselbe. Ich bin die körperliche und spirituelle Kraft eines Menschen – und das Wasser, in und mit dem ich schwimme, ist das Leben.«

Eine sanfte Welle von Energie strömte durch meinen Körper.

»Ist das, was ich da spüre, die Kraft des Schluffs?«

Nun, es war *meine* Kraft, die ich spürte.

So, wie die zurückhaltende junge Frau und der Stein des Schamanen Energie ausstrahlen, erzeugen auch wir eine spürbare Kraft, sobald wir innehalten und nur sind, was wir sind. Anders als viele vermuten und lehren, müssen wir dazu gar nichts Besonderes tun oder sein.

»Haben wir diese Kraft denn immer?«, fragte ich den Schluff.

Ich sah, wie die verwaschenen Farben – von denen ich wusste, dass es der Silt war – im Wasser zusammenflossen und sich in chaotischen, unvorhersehbaren Mustern wieder anders formierten. Die Bewegungen des Schluffs wurden Moment für Moment vom sich ständig verändernden Fluss neu choreografiert. Der Gletscherschluff war untrennbar von dem Wasser, das ihn mit sich trug.

So, wie der Silt vom Strömen des Flusses gebeutelt wird, erleben auch wir das Chaos. Jeder von uns macht Zeiten durch, in denen alles auf dem Kopf zu stehen scheint und nichts so ist, wie es sein sollte. Unter diesen Umständen fühlt man sich leicht verloren, so, als hätte man nie auch nur ein Mindestmaß an innerer Stärke oder Kraft besessen. Oder man empfindet sich als völlig ausgelaugt, von den eigenen Kraftreserven abgeschnitten.

Man kann den Schluff nicht vom Wasser unterscheiden, er ist immer eins mit ihm. Und so verhält es sich auch mit unserer Kraft. Sie ist einfach ständig da.

Zu Zeiten fühlen wir uns unverwüstlich, aber es gibt auch Momente, in denen viele dazu neigen, sich vor ihrer eigenen Kraft zu verstecken. Der Schluff übermittelt uns die Botschaft, dass es keinerlei Grund zur Angst gibt, wenn wir sind, wie wir sind, und auch nicht, wenn wir uns als stark erweisen.

Schluff ist ein guter Verbündeter. Er hilft uns, unsere stille, unsere spirituelle Stärke zu fördern. Und er lehrt uns, dass wir sanft, weich und stark sein können – alles auf einmal.

Ob nun in den Olympic Mountains im Pazifischen Nordwesten, in den Anden, den Alpen oder irgendwo sonst auf diesem Planeten: Gletscherschluff stellt eine einzigartige Alchemie aus Land, Eis und Wasser dar.

Die bei den glazialen Reibungsprozessen entstandenen erdigen Teilchen sind uralt und entstammen einem Ökosystem, das sich vollkommen von unserer heutigen Welt unterscheidet. Und auch das unberührte eisige Wasser geht auf riesige Gletscher zurück, die sich vor beinahe siebzigtausend Jahren gebildet haben. Die verschiedenen Türkistöne geben nicht die Farben des Himmels wieder, sondern sind im Wasser selbst.

Als ich einmal mit einem uralten runzligen Mann, der in der Gegend des Hoh River geboren und aufgewachsen war, am Fluss stand, sagte er zu mir: »Der Himmel war früher viel blauer. Und die Gletscher bewahren diese Farbe. Das Blau, das wir sehen, wenn wir in ihr Wasser blicken, ist das des Himmels von vor fünfundsechzigtausend Jahren.«

Ich erinnere mich noch genau an den Moment, in dem ich erfuhr, dass dieses Wasser den Schluff heimlich, still und leise im gesamten Wassersystem des Hoh River Valley verteilt. Zuvor hatte ich immer gedacht, der Silt sei allein im Schmelzwasser unterwegs, aber das stimmt gar nicht. Seine Mineralien sickern in den Boden ein, legen Kilometer um Kilometer in unterirdischen Strömen und Flüssen zurück, finden ihren Weg in feingliedrige Wurzelsysteme, arbeiten sich durch Baumstämme in Äste und Zweige hoch und verteilen sich mit dem Wasser, das die Blätter in die Luft abgeben.

Auch durch die Exkremente und sterblichen Überreste von Tieren, deren Nahrung aus an Schluff reichen Pflanzen und Wasser besteht, wird der Silt weit verbreitet. Alles Leben in diesem Tal gedeiht aufgrund des mineralgesättigten Schluffwassers.

Als mir das klar geworden war, begann ich den Gletschersilt als das zu sehen, was er ist: ein filigraner, unsichtbarer, fruchtbarer Lebensspender. Und hier im Hoh Valley in den Olympic Mountains besteht dieses Leben zum Beispiel aus den gewaltigsten Wapitis und der größten Vielfalt gigantischer Bäume, die es auf der Erde gibt, wie etwa dem Riesenlebensbaum, der Sitka- und der Douglasfichte.

Die weibliche Weisheit, die der Gletscherschluff vermittelt, lautet: so zu sein, wie wir sind. Er beschwört eine sanfte, nicht greifbare Präsenz herauf, die in aller Bescheidenheit eine Vielzahl von Wohltaten offeriert.

Übungen

Für die weiblichen Qualitäten von Gletscherschluff können wir uns öffnen, indem wir darüber und über die von mir beschriebenen Erkenntnisse meditieren. Außerdem können wir uns mit den sanften, dezenten Kräften der Natur in unserem jeweiligen Umfeld verbinden und von ihnen lernen.

Denken wir zum Beispiel an die Nähr- und Mineralstoffe, die heimliche sanfte Kraft, die unsere Bäume anreichert. Das Wurzelwerk, das ganz klein anfängt, als zarter Trieb, ist die unsichtbare Kraft, die die Bäume trägt und sich im Boden verankert, damit die Erde bei Regen nicht weggespült wird. Von all diesen Elementen in Kombination mit dem Spirit des Baumes geht eine subtile, stille Kraft aus.

Verbringen Sie, soweit es das Wetter zulässt, Zeit der Ruhe mit Ihrem Lieblingsbaum, sei es auf Ihrem Grundstück, in einem nahe gelegenen Park oder im Hof. Wenn Sie im Haus bleiben müssen, können Sie sich ans Fenster setzen oder zu einer Zimmerpflanze oder Sie entspannen sich einfach und stellen sich einen Baum vor.

Setzen beziehungsweise legen Sie sich auf eine Decke, möglichst aus Naturfasern, oder tun Sie es in Ihrer Fantasie. Seien Sie einfach mit diesem Naturwesen zusammen. Kommen Sie zur Ruhe. Werden Sie mit jedem Atemzug lockerer und entspannter.

Sobald Sie sich friedvoll und zentriert fühlen, beginnen Sie sich auf den Baum und seine Umgebung einzustellen. Beobachten Sie alles um sich herum. Was hören Sie in der Natur? Was sehen Sie? Wie duftet es und welche körperlichen Empfindungen lösen diese Gerüche bei Ihnen aus?

Was fällt Ihnen auf? Was fühlen Sie, während Sie so bei diesem Baum sitzen oder liegen?

Lassen Sie sich Zeit, tauchen Sie ganz in Ihre Sinneswahrnehmungen ein. Nehmen Sie jeden Moment sehr bewusst wahr.

Sobald Sie sich dazu bereit fühlen, betrachten Sie den Baum genauso aufgeschlossen wie zuvor seine Umgebung. Schauen Sie ihn an, als würden Sie ihn zum allerersten Mal sehen..

Nehmen Sie den Baum in seiner ganzen Schönheit wahr – Stamm und Rinde, Blätter und Zweige, achten Sie auch auf die kleinsten Einzelheiten. Lassen Sie sich dafür so viel Zeit, wie Sie brauchen.

Denken Sie danach an die verborgenen inneren Kräfte, die diesen Baum nähren. Versuchen Sie dabei, sie zu erspüren. Entdecken Sie die sanfte unsichtbare Kraft.

Wie fühlt sich das an? Und woran erkennen Sie diese Kraft?

Versuchen Sie in aller Ruhe, das Unsichtbare spürbar zu machen. Schließen Sie die Augen, wenn es Ihnen hilft. Sobald Sie die subtile verborgene Kraft deutlich wahrnehmen können, atmen Sie ein paarmal tief durch.

Stimmen Sie sich dann auf die sanfte Kraft ein, die in Ihnen selbst ruht. Schluff und andere Nährstoffe reichern Bäume und Böden an, und der Spirit, der Geist des Baumes strahlt seinen Wesenskern aus. Spüren Sie nun genau dieselbe Energie in sich selbst.

Nehmen Sie sich Zeit, um sich mit Ihrer persönlichen Kraft vertraut zu machen, die schwer zu definieren, aber immer vorhanden ist. Worin besteht sie?

Während Sie ganz darauf fokussiert sind, schauen Sie, ob Sie ein gewisses inneres Leuchten wahrnehmen. Womöglich äußert es sich in einem warmen Gefühl, das in Ihnen aufsteigt und in jeden Teil Ihres Körpers ausstrahlt, bis in die Hände und Füße. Aber vielleicht nehmen Sie diese subtile spirituelle Kraft auch anders wahr. Achten Sie genau darauf. Konzentrieren Sie sich.

Was spüren Sie? Registrieren Sie, ob Sie eine Ausstrahlung bemerken, bei sich selbst oder in Ihrer Nähe.

Was erregt Ihre Aufmerksamkeit?

Nehmen Sie sich alle Zeit der Welt. Lassen Sie das Empfinden Ihrer Wachstumskraft zu und verstärken Sie es nach Möglichkeit.

Diese schöpferische Kraft haben Sie immer in sich. Sie *sind* diese unsichtbare Kraft. Doch können Sie sie besser spüren, wenn Sie das Tempo rausnehmen, um sich auf sie einzustimmen, wenn Sie sich Zeit lassen und sich darauf konzentrieren.

Haben Sie keine Angst vor dieser vagen Widerstandskraft in sich, lassen Sie alle Masken fallen und seien Sie einfach die, die Sie sind. Es gibt nichts, was Sie tun oder sein sollten. Sie sind die körperliche und spirituelle Kraft eines Menschen. Spüren Sie den Fluss des Lebens, der Sie durchströmt. Diese sanfte Stärke – das sind Sie.

Kommt Ihnen das, was Sie gerade empfinden, vertraut vor? Wann hatten Sie dieses Gefühl schon einmal?

Lassen Sie sich Zeit, nichts drängt Sie. Spüren Sie Ihre eigene weiche und zugleich starke Kraft sowie die des Baumes. In aller Ruhe. Anschließend bedanken Sie sich bei der Pflanze.

Wenn Sie diese Übung regelmäßig durchführen, bekommen Sie allmählich einen immer besseren Zugang zu den verborgenen Kräften der Natur und Ihrem eigenen spirituellen Wesen, bis Sie sie schließlich als ganz selbstverständlich empfinden. Integrieren Sie das Erleben Ihrer subtilen Kraft auch in Ihren Alltag, etwa bei Besorgungen, Geschäftstreffen, im Restaurant oder beim Spazierengehen. Versuchen

Sie diese Kraft auch in Ihren Mitmenschen wahrzunehmen; mit Ihren spirituellen Antennen können Sie sie erspüren - und in den Blicken erkennen.

Achten Sie darauf, unter welchen Umständen Sie in Gefahr geraten, Ihre subtile innere Kraft zu ignorieren. Dies könnte der Fall sein, wenn Sie Angst haben, traurig, sauer oder verwirrt sind. Atmen Sie in solchen Momenten ein paarmal bewusst ein und aus. Versuchen Sie, Ihre Muskulatur zu entspannen, wenigstens ein bisschen. Denken Sie an die subtile Stärke des Gletscherschluffs, um sich auf Ihre eigene Kraft zu besinnen. Tauchen Sie ganz tief in jenes bereichernde türkisfarbene Wasser ein.

Wenn Sie Ihre spirituelle Kraft dann immer noch nicht wieder spüren, akzeptieren Sie es einfach. Vertrauen Sie darauf, dass sie immer da ist, selbst im schlimmsten Chaos, ganz so, wie der Gletschersilt untrennbar vom Wasser ist, so aufgewühlt es auch sein mag. Weich und stark zugleich zu sein, bedeutet manchmal auch, dass wir kapitulieren und die Dinge auf sich beruhen lassen müssen. Das Gefühl, die Kontrolle zu verlieren, hat etwas Demütigendes an sich, und es gibt wohl keinen von uns, der es nicht kennen würde. Der Silt aber möchte uns daran erinnern, dass wir unserer wahren Kraft nie verlustig gehen, wie groß das Chaos auch sein mag; unser unbezwingbarer Geist bleibt unter allen Umständen erhalten. Genauso, wie der Schluff unsichtbar - weil nicht vom Wasser zu trennen - ist, kann auch unsere unsichtbare Kraft von nichts und niemandem zerstört werden. Denn wir sind mit ihr identisch - jetzt und für alle Zeit.

Der Silt in reifem Wasser versorgt Böden, Bäche und Flüsse, Tiere, Pflanzen und Menschen mit Mineralien. Zugleich wird dabei uraltes Bewusstsein freigesetzt - Erdreich und Eis aus einem vollkommen anderen Ökosystem.

Innerlich reich sind auch wir Menschen. Nähren wir die sanfte spirituelle Kraft, die in unserem Inneren ruht, reift sie zu wahrer Macht heran.

Wenn es uns gelingt, diese Kraft zu vermitteln, beginnen das Wasser, das jetzt freigesetzt wird, sowie die Spirits und die Erde ihre Weisheit durch uns hindurchzuleiten.

Sand

Sandra

Während ich den Text, den Llyn über Gletscherschluff geschrieben hat, auf mich wirken lasse, fühle ich mich in den Hoh-Regenwald versetzt. Ich tauche die Finger in das kalte Wasser, habe den Duft der schweren, feuchten Erde in der Nase. Es ist mir, als würde ich auf einem großen Stein am Fluss sitzen, und ich meine zu spüren, wie mir die Kälte durch die Jeans bis auf die Haut dringt. In dieser entspannenden, nährenden Umgebung lasse ich mich fallen – sowohl in den Boden als auch in mich selbst –, und lausche dem beruhigenden Rauschen des Wassers.

Dann verlagern sich meine Aufmerksamkeit und mein Bewusstsein in den Südwesten der Vereinigten Staaten und auf die Wüste, in der es sich so ganz anders lebt als im Regenwald. Wie ich im Kapitel über die Schnee-Eule schon geschrieben habe, grenzt das Grundstück, auf dem mein Haus steht, an einen kilometerlangen *arroyo*, in dem viele der Einheimischen gern joggen und spazieren gehen.

arroyo ist die Bezeichnung für ein ausgetrocknetes Flussbett. Im Unterschied zum Hoh River mit seinem kühlen, feuchten Gletschersilt gibt es hier Sand, und der ist trocken und mitunter sogar staubig. Doch genau wie der Schluff entsteht auch Sand aus zerstoßenem Felsen. Sandkörner sind im Grunde nichts anderes als lose Teilchen harten, zermahlenen Felsens.

Eine Freundin hat mir vor Jahren eine versteinerte Muschel geschenkt, die sie in den Bergen von Santa Fé gefunden hatte. In der frühen Kreidezeit, deren Anfänge 145 Millionen Jahre zurückliegen, waren Teile des heutigen New Mexico noch von Meer bedeckt. Man braucht nur hier in der Gegend einen x-beliebigen Hügel zu besteigen und bekommt schnell das Gefühl, auf dem Grund eines Ozeans zu stehen. Im Laufe der Jahrtausende – das Wasser floss, der Boden hob sich – bildeten sich dort, wo ganz früher einmal ein gewaltiges Meer war, Berge heraus.

Llyn hat vollkommen Recht, wenn sie schreibt, dass Steine von heilender Kraft sind. Und auch dem Umstand, dass Steine von der Endlosigkeit der Zeit zermahlen werden, wohnt Heilkraft inne. Felsgestein, Silt und Sand sind bedeutende Heiler, die schon immer dazu gedient haben, den Körper nicht nur von Schmutz zu reinigen, sondern auch von unerwünschten spirituellen Energien.

Als Wüstenbewohnerin habe ich große Ehrfurcht vor den schönen Bergen und Felsen, die die Zeit mithilfe von Wasser und Wind geformt und gemeißelt hat. Der Südwesten der Vereinigten Staaten ist ja bekannt für seine wundersamen natürlichen Skulpturen aus rotem Fels. Aber auch wir Menschen werden von der Natur, von hilfreichen Geistern und den universellen Kräften zu dem gemeißelt, was wir sind.

Dieser spirituelle Prozess des Vom-Leben-gemeißelt-Werdens wird in den Traditionen der indigenen Völker als Initiation aufgefasst. Und die verschiedenen Lebensumstände – beziehungsweise Initiationen –, die unser inneres Licht zum Vorschein kommen

lassen, prägen und schleifen auch das Ego. Derartige Initiationen macht jeder Mensch durch. Wieder und immer wieder. Denn durch sie reifen wir, wachsen und können uns weiterentwickeln.

Wir sind Körper, Geist und Seele. Und sobald wir Körper und Geist beziehungsweise Verstand mal außen vor lassen, entdecken wir, dass wir leuchtende Wesen sind, längst nicht so massiv und stabil, wie es in unserer modernen westlichen Kultur oft unterstellt wird. Wir sind nämlich keineswegs einfach Materie und Gestalt; nein, wir sind göttliches Licht.

Auf unserem Lebensweg konzentrieren wir uns zumeist sehr auf den Prozess der Individuation und die Beachtung gesellschaftlicher Normen. Darüber vergessen wir oft unser spirituelles Wesen, unsere wahre Natur. Die Seele aber sehnt sich danach, dass wir uns ihrer erinnern. Die Verluste, die wir im Laufe der Zeit erfahren, haben zur Folge, dass unser Ego allmählich geschwächt wird und die Vorstellung, vom Göttlichen getrennt zu sein, an Kraft verliert. So leitet die Bewältigung schwieriger Zeiten letzten Endes einen Zustand intensiveren Einsseins ein.

Tausende von Menschen sind daran interessiert, die Lehren vom Einheitsbewusstsein zu erkunden und zu begreifen. Doch bevor wir uns als eins mit allem Leben verstehen können, müssen wir uns von unseren Egos lösen und vom Zustand der vermeintlichen Isolation, die uns der Verstand einzureden versucht. Unsere Seelen erschaffen Situationen, die dafür sorgen, dass das Gefühl des Isoliertseins vom Lauf der Dinge abgeschliffen wird. Wir machen einen Prozess der Kapitulation vor unserem inneren Licht und Wissen durch; Zeit und Erfahrungen meißeln uns zu Lebewesen, die ihre Schönheit erstrahlen lassen.

Ich hatte schon immer eine enge Beziehung zu Sand. Da ich von vielen Sandy genannt werde, kann ich gar nicht anders, als an Sand zu denken, wann immer mich jemand anspricht.

Bevor ich in die Wüste zog, habe ich viel Zeit am Meer verbracht. Als ich ein kleines Mädchen war, wohnten wir in der Nähe von Coney Island im Süden Brooklyns, und immer wenn meine Mutter der Sommerhitze entfliehen wollte, schnappte sie sich meinen Bruder und mich und fuhr mit uns an den Strand. Dann saßen wir unter einem Sonnenschirm im Sand oder schwammen im kühlen Meerwasser.

Sandburgen haben mein Bruder und ich gebaut, stundenlang. Als Fundament nahmen wir trockenen Sand, den wir vorsichtig gerade so weit befeuchteten, dass sich die Burg darauf errichten ließ. Nie werde ich das Gefühl des Sandes vergessen, seine körnige Struktur und wie er sich der Form meiner Hand anpasste. Zuletzt habe ich dann immer eine Handvoll Sand ganz nass gemacht und mir durch die Finger rieseln lassen, als Dekoration für die Burgtürme. Dabei kam ich mir vor, als würde ich eine Torte verzieren.

Ein Teil der Magie des Sandburgenbauens am Meer besteht darin, zu beobachten, wie sich die Wellen dem fertigen Werk, das so viel Zeit und Energie gekostet hat, nähern, Besitz von ihm ergreifen und es zunichtemachen. Mitzuerleben, wie das Meer die Burg auslöscht und sich den Sand zurückerobert, ist irgendwie spannend. Und während jedes einzelne Körnchen wieder ins Ganze zurücktritt, spülen die Wellen neuen Sand an den Strand. Immer und immer wiederholt er sich, dieser Kreislauf von der Rückkehr ins Ewige und Wiedergeburt.

Als Kind habe ich die Lehren, die mir der Ozean über die Kraft der Veränderung und die Unbeständigkeit allen Lebens erteilen wollte, noch nicht verstanden. Denn das ist es, was uns das Meer lehrt: Formen ändern sich, die Essenz der Form aber ist ewig. Und genau darum dreht es sich bei allen Initiationen, die uns das Leben zuteilwerden lässt.

Interessant finde ich auch, dass Kinder es offenbar lieben, im Sand vergraben zu werden. Ich selbst erinnere mich noch an die Geborgenheit, die ich immer empfand, wenn ich in eine tiefe Kuhle gebettet war, die mein Bruder und ich vorher gebuddelt hatten, und er mich bis zum Hals mit dem feuchten, kühlen Sand bedeckte. Dann hatte ich das Gefühl, ich könnte bis in alle Ewigkeit dort liegen bleiben, in den Armen der Großen Mutter. Irgendwann wurde ich schließlich von einer Welle erwischt, die den Sand wegspülte und mich mit dem Gefühl zurückließ, gereinigt und erneuert worden zu sein.

Während meines Studiums der Meeresbiologie an der San Francisco State University Ende der Siebzigerjahre verbrachte ich den Großteil meiner Zeit an einem Strand südlich von San Francisco, um das Leben in Gezeitentümpeln zu erkunden. Außerdem habe ich mich mit Algen befasst und in meinem letzten Studienjahr ein Forschungsprojekt über Einsiedlerkrebse durchgeführt. Jeden Morgen war ich Stunden mit diesen Recherchen und meinen Erkundungen am Strand beschäftigt. Oft war ich so darin vertieft, die Gezeitentümpel zu beobachten, dass ich darüber die Zeit vergessen oder gar den Wechsel der Gezeiten nicht mitbekommen habe. Was allzu oft dazu führte, dass ich beinahe den Boden unter den Füßen verlor, wenn ich von der Flut überrascht wurde. Und manchmal hat sie mich sogar mit sich gezogen, wobei ich meine ganzen Proben verloren habe und in den Winterklamotten an Land zurückschwimmen musste.

Da es bei meinem Forschungsprojekt um den Vergleich einer marinen Einsiedlerkrebsart mit einer im Schlickwatt von San Mateo lebenden ging, war ich auch dort täglich. Und das Schlickwatt hat meine Kollegin und mich nicht nur etwas über sich gelehrt, sondern uns auch eine wichtige Lektion fürs Leben überhaupt erteilt.

Im Schlickwatt muss man sich schnell fortbewegen und darf nie stehen bleiben. Weil man sonst nämlich einsinkt. Und mit »Einsinken« meine ich tatsächlich einsinken – wie in Treibsand. Manchmal ging es nur einer von uns so, an anderen Tagen wurden wir aber auch beide bis zum Hals in den Modder hineingezogen. Im Schock hat es dann immer einen Moment gedauert, bis wir uns wieder darauf besonnen haben, dass wir uns bewegen mussten, wenn wir überleben wollten, und losgeschwommen sind. Anschließend waren wir von Kopf bis Fuß mit Schlamm bedeckt, inklusive Schuhen, Klamotten, Mützen, Jacken und Brillen.

Einmal hielten wir uns während einer Trockenperiode im Schlickwatt auf. Deswegen waren die Duschen abgestellt und wir mussten von oben bis unten verdreckt die vierzigminütige Autofahrt zurück nach San Francisco überstehen. Die Mitarbeiter des meeresbiologischen Labors, die den Anblick der beiden Schlammmonster schon kannten, haben uns kurzerhand unter die Brause gestellt, aber wir brauchten ziemlich lange, bis wir wieder einigermaßen sauber waren.

Im Matsch zu gehen hat mich einiges über die Macht der Bewegung in Phasen großer emotionaler Niedergeschlagenheit gelehrt. Natürlich gibt es Zeiten, die von einem verlangen, dass man sich still mit solchen Gefühlen auseinandersetzt; manchmal handelt es sich dabei aber auch um einen Initiationsprozess, der uns dazu auffordert, den Hintern hochzukriegen, um aus der Düsternis des Unbekannten herauszukommen. Unter diesen Umständen bringen uns Denken und Überlegen nicht weiter. Dann müssen wir uns vielmehr von dem uns innewohnenden Mut tragen lassen, um die Situation zu überwinden.

Bewegung hilft, die Verunreinigungen und Persönlichkeitsanteile zu verabschieden, die uns nicht (mehr) dienlich sind, und das Licht des Göttlichen zuzulassen.

Übungen

Gehen Sie ins Freie, gern auch in einen ruhigen Park, wenn Sie in der Stadt wohnen. Sehen Sie zu, dass Sie genügend Zeit finden, um entspannen und sich in die Kraft, die Schönheit der Natur versenken zu können.

Suchen Sie sich ein bequemes Sitzplätzchen. Nehmen Sie ein paar tiefe, reinigende Atemzüge. Spüren Sie die Erde unter sich. Ein Großteil des Bodens unter unseren Füßen war irgendwann einmal Fels. Dass die Erde schon so ur-uralt ist, erinnert uns an die Ewigkeit allen Lebens.

Atmen Sie ein paarmal tief ein und aus und nehmen Sie die Aromen der Erde, der Bäume und Grünpflanzen Ihrer Umgebung in sich auf. Achten Sie auf die Luft: Ist sie kühl oder warm, feucht oder trocken?

Schauen Sie sich um, führen Sie sich vor Augen, dass die Gesteinsformationen an Ihrem Aufenthaltsort im Laufe der Zeiten von Wasser und Wind gestaltet worden sind. Machen Sie sich ihre Schönheit bewusst und die Macht der Elemente, Oberflächen abzutragen, damit die wahre, in der Tiefe schlummernde Schönheit zum Vorschein kommen kann. Würdigen Sie das hohe Alter der Erde.

Nehmen Sie sich etwas Zeit, um über Ihr Leben nachzudenken. Oft konzentrieren wir uns ja allzu sehr auf erlittene Verletzungen und ignorieren darüber die Fülle unserer Erlebnisse in ihrer Ganzheit. Dabei kann Ihnen eine ursprünglich schmerzhafte Erfahrung durchaus geholfen haben, zu einem facettenreicheren Menschen heranzuwachsen. Was Sie von Ihrer Intuition und inneren Weisheit abgeschnitten hat, ist inzwischen womöglich längst abgetragen. Sie haben zu der tollen Person werden können, die Sie heute sind. Durch die Initiationsprozesse des Lebens sind Sie eine andere geworden.

Das ist Evolution: Alles Lebendige entwickelt sich weiter und wächst.

Wir werden vom Leben geformt wie der Fels von den Elementen. Machen wir uns deshalb die Eigenschaften des Schluffs und des Sands zu eigen, die im Laufe der Zeit aus Gestein gemahlen wurden, damit unsere heilenden Kräfte und unsere Schönheit im strahlenden Licht, das durch uns hindurchscheint, funkeln können.

Treffen Sie bewusst die Entscheidung, das Leben zu nehmen, wie es auf Sie zukommt. Haben Sie keine Angst vor Wachstum und Evolution. Das Ego fürchtet Veränderungen, aber Seele und Spirit werden Sie vorantreiben, damit alles, was Ihrem höchsten Wohl nicht länger dienlich ist, buchstäblich abgeschliffen wird.

Sich gleichzeitig von Angst und den spirituellen Kräften leiten zu lassen, ist unmöglich. Und es ist auch wahr, dass wir die Initiationen, die uns das Leben vorsetzt, nicht verschlafen können. Genauso ist es ein Unding, wenn wir uns einfach mit Körper und Verstand durchzuboxen versuchen; was wir brauchen, ist innere Stärke.

Erspüren Sie das Spannende Ihres Lebensabenteuers in allen Gelegenheiten, die Sie haben, Ihr grenzenloses Potenzial und kreatives Wesen voll auszuschöpfen.

»Sand ist eine Substanz, die Umgestaltung erfahren hat und dabei schier flüssig geworden ist, beinahe vergeistigt«, hat ein unbekannter Autor einmal geschrieben. Und auf dieselbe Weise werden auch Sie vom Leben umgestaltet und transformiert.

BROMBEERSTRAUCH UND HECKENROSE

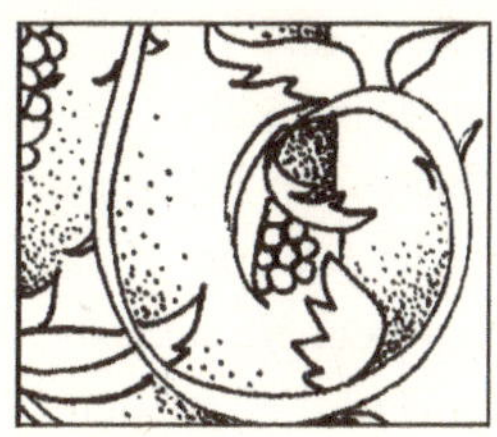

Brombeerstrauch

Llyn

Schließen Sie die Augen und stellen Sie sich den Duft eines frisch gebackenen Brombeerkuchens vor. Manche lassen ihn erst abkühlen, bevor sie ihn servieren, andere setzen ihn ihren Gästen frisch aus dem Ofen vor. Was mögen Sie lieber?

Aus Brombeeren lässt sich aber auch ganz köstliche Marmelade kochen. Auf einer dick gebutterten Scheibe Vollkorntoast ist dieser süße Aufstrich für mich wie ein Vorgeschmack auf den Himmel.

Ich habe Beeren schon immer geliebt; in den schwülen Sommern meiner Kindheit in New England wuchsen sie im Überfluss. Und da meine eigenen Kinder ihre ersten Lebensjahre ebenfalls auf einem Berg in New Hampshire verbrachten, haben auch sie die einfachen Freuden des Pflückens und Naschens der Beeren direkt vom Strauch kennengelernt.

Trotz des herrlichen Geschmacks seiner Früchte und der zahllosen medizinischen Einsatzmöglichkeiten von Blättern und Wurzeln wird der Brombeerstrauch oft als stacheliger Eindringling betrachtet. Ganz ähnlich wie der gefürchtete Kletternde Gift-Sumach, den ich ebenfalls von Kindesbeinen an kenne. Aufgrund der in seinem Harz enthaltenen, Entzündungen und/oder allergische Reaktionen auslösenden Urushiole ist dessen Ruf allerdings noch schlechter. Und essbar ist er auch nicht.

Ob wir ein Naturwesen nun aber als nützlich oder ärgerlich empfinden, ändert nichts an der Intelligenz der Natur. Stachelige und dornige Gewächse halten unerwünschte Einflüsse fern und geben dem Boden so Gelegenheit, sich zu erneuern. Diese »invasiven« Arten, sowohl der Brombeerstrauch als auch der Kletternde Gift-Sumach, wachsen beide an Stellen, die gerodet wurden, um Platz für den Bau von Eisenbahnen, Straßen oder Gebäuden zu schaffen. Die Wurzeln dieser Ruderal- beziehungsweise Beschützerpflanzen wachsen rasant in die Erde, um den Stickstoffgehalt des Bodens wieder zu erhöhen, seine Nährstoffspeicher aufzufüllen und dafür zu sorgen, dass er nicht weggeschwemmt wird. Brombeersträucher verwandeln eine Gegend mit ausgelaugtem Boden schnell in undurchdringliches Gebüsch, das Vögeln und anderen kleinen Tieren Nahrung, Schatten, Feuchtigkeit und sicheres Obdach bietet.

Unter stacheliger Wehrhaftigkeit können wir uns wohl alle etwas vorstellen. Sie müssen nur daran denken, wie Sie etwa einmal einen kranken oder alten Menschen, der Ihnen am Herzen lag, abschirmten, um ihn vor zusätzlichem Stress zu bewahren; wie Sie sich gegen Mobbing verteidigt, ein Baby vor dem Hund beschützt oder darauf bestanden haben, in Ruhe gelassen zu werden, um sich ausschlafen oder ein kreatives Projekt zum Abschluss bringen zu können. Solcherart Schutzenergien sind der weibliche Ausdruck leidenschaftlicher Hege und Pflege.

Eine Beschützerin in der Welt der Pflanzen ist auch das üppige Gelb an den Autobahnen im Nordwesten der Vereinigten Staaten, das den Namen Besenginster trägt. Die Einwanderer aus Europa nahmen Extrakte daraus als Kräutermedizin und sogar Getränk zu sich, doch wenn man zu viel davon konsumiert, verlangsamt sich der Herzschlag und Hände und Füße werden taub.

Diese mächtigen Verteidigungbastionen stellen die Immunreaktion des Landes auf äußere Bedrohungen dar. Die heimischen Brombeersträuche, die in den verbliebenen unberührten Wäldern im Pazifischen Nordwesten wachsen, wo ich lebe, sind dagegen kleine, niedrige Büsche mit federigen Blättern und winzigen weichen Stacheln. Wie ihre eingewanderten Riesencousinen suchen auch sie eigentlich das Sonnenlicht. Da die hier einheimischen Brombeersträucher jedoch Teil eines ausgewogenen Ökosystems sind, scheinen sie mit den Pflanzen, die sie umgeben und mit ihnen wachsen, ganz zufrieden zu sein.

Kein Teil der Natur ist gänzlich vor der Ausbeutung durch den Menschen gefeit, und wenn wir unsere Ländereien mit äußerster Sorgfalt betreuen, gelingt es vielleicht, Beschützerpflanzen fern- und davon abzuhalten, ihrer Aufgabe nachzukommen. Wir können die Einwanderer und das sogenannte Unkraut aber auch aus einem anderen Blickwinkel betrachten. Denn oft stellen sich die raumgreifenden Ruderalpflanzen auch aufgrund des Tuns beziehungsweise Unterlassens der Menschen ein.

Es gibt da die interessante Geschichte von einem Pärchen aus dem Staate Washington, das ein Stück Land rodete. Als sich daraufhin ein Brombeerstrauchdickicht entwickelte, beschlossen die beiden, es mit dem Bulldozer plattzumachen.

Ein Freund von ihnen, der der Erde mit großer Ehrfurcht begegnet, stellte die Frage: »Habt ihr euch eigentlich schon mal überlegt, dass wir Menschen offenbar die einzige Tierart sind, die sich

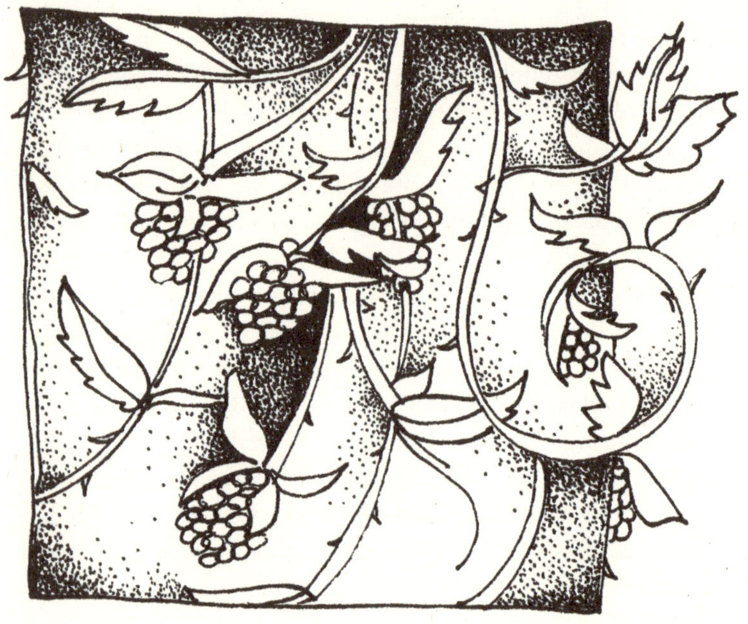

an den harten Stacheln und dem Gift der Beschützerpflanzen stört?«

Mit seiner Frage wies dieser Freund auf das Offensichtliche hin: dass vom Standpunkt der Natur aus betrachtet wir Menschen die Eindringlinge sind. Und da sie es nun einmal gewesen seien, die den Zuzug der Brombeersträucher heraufbeschworen hatten, sollten sie doch lieber friedlich mit ihnen zusammenleben, statt sie niederzuwalzen.

Die beiden folgten dem Ratschlag ihres Freundes und schnitten eine breite Schneise in Form einer Acht in das Dickicht, sodass ein Durchkommen war, der Großteil der Grünmasse jedoch unversehrt blieb. Anfänglich schnippelten die Besitzer noch regelmäßig alle Triebe zurück, die sich auf den freigelegten Weg vorwagten, doch das war schon nach wenigen Jahren gar nicht mehr nötig, weil die Pflanzen die Acht unberührt ließen. Jeder, der auf dem Symbol der Unendlichkeit spazieren ging, hatte seine Freude daran, besonders natürlich, wenn die Beeren reif waren. Und alle – Pflanzen wie Menschen – schienen's zufrieden.

Die Raum greifenden Brombeersträuche spiegelten dem Paar den Einfluss wider, den es auf die Natur genommen hatte. Dadurch, dass sie eine respektvolle Lösung fanden, übernahmen sie die Verantwortung und gewannen Verständnis für die überschäumende Reaktion der Pflanze auf den Kahlschlag, den sie bewirkt hatten.

Originelle Kompromisse wie dieser eröffnen ganz neue Möglichkeiten im Miteinander von Mensch und Natur; darüber hinaus vertiefen sie das Gefühl unserer Zusammengehörigkeit mit ihr. Den Pflanzen so nahe zu kommen wie dieses Paar und seine Freunde öffnet uns für ekstatisches Entzücken.

Hier noch ein Erlebnis, das ich selbst hatte: Eines Abends bin ich einmal in einen dichten, reich stachelbewehrten Brombeerstrauch eingedrungen, um mir für den nächsten Morgen meine Müslischüssel mit den herrlichen Spätsommerbeeren zu füllen. Wie ein Buschfeuer breiteten sich die Pflanzen an einem in den Hügel geschlagenen Pfad in der Nähe des Hauses aus, in dem ich mich aufhielt. Weil ich mir in den Kopf gesetzt hatte, unbedingt eine bestimmte, besonders dicke dunkel-saftige Beere zu pflücken, lehnte ich mich weit in den Strauch vor und streckte den Arm mitten in das stachelige Gestrüpp hinein.

Habe ich es mir nur eingebildet oder hat mich die Brombeere tatsächlich geneckt? »Lieb mich oder mach dich für einen Kampf bereit«, meinte ich sie nämlich sagen zu hören.

»Ich liebe dich«, flüsterte ich zurück.

Diese eine Beere zog mich an, als könnte sie es kaum mehr erwarten, von mir gepflückt zu werden. Vor lauter Begierde nach dem dunkelvioletten Juwel beugte ich mich noch weiter in das

Dickicht vor. Ich bewegte mich langsam und vorsichtig, ohne jede Angst vor den Stacheln. Die Zweige schienen sich zu entspannen, manche kamen mir geradezu sanft entgegen, als wollten sie mich locker umarmen.

Dass ich von den Stacheln unbehelligt blieb, kam einem kleinen Wunder gleich. Die Natur hatte mein Herz erobert. Der Brombeerstrauch war so schön und reagierte wie alle Geschöpfe in der Natur auf die Liebe, die ich ausstrahlte.

Während einer Visionssuche einige Jahre zuvor hatte ich eine ähnliche Interaktion mit der Honigbiene und der Klapperschlange. Am letzten Tag besuchte eine Honigbiene regelmäßig meinen Altar und krabbelte mir vorsichtig über die nackten Arme und Beine. Schlangen kommen bei Gesang zur Ruhe und so sang ich einer Klapperschlange einige Momente lang Auge in Auge etwas vor; sie blieb dabei ganz unbeweglich.

Wissenschaftliche Erkenntnisse bestätigen derlei Erfahrungen: Wasser, Pflanzen und Tiere legen messbare molekulare und oft sogar merkliche Reaktionen auf die Absichten und Empfindungen der Menschen an den Tag.

Welches Maß an freundschaftlichen Beziehungen zwischen uns und der Natur möglich sind? Jenseits dessen, was als wissenschaftlich anerkannt gilt, können wir uns alle dem Entzücken öffnen und es in einem gewissen Rahmen selbst herauszufinden versuchen.

Ob es sich nun um eine heimische oder eine eingewanderte Brombeere handelt, sie ist eine delikate Angelegenheit. Sobald die Beeren reif sind, lassen sie sich mit einem sanften Zupfen ernten, und wenn man den richtigen Moment erwischt, ist ihr Fruchtfleisch so zart, dass es praktisch im Mund zergeht. Muss man kräftiger ziehen, hat man vielleicht auch etwas in der Hand, aber die Süße ist noch nicht voll entwickelt. Andererseits darf man auch nicht zu lange warten, sonst wird der Geschmack bitter und das Fruchtfleisch breiig.

Als leidenschaftliche Hegerin und großmütige Lehrkraft führt uns die Brombeere auch zu den natürlichen Entwicklungsrhythmen zurück. Diesen Zyklen von Geburt, Wachstum und Reife – beziehungsweise der Transformation durch den Tod – ist alles unterworfen. Die Kelten verehrten die Brombeere, weil sie die drei Entwicklungsphasen der Göttin lehrte: Anfänglich sind ihre Früchte grün, während des Heranreifens dann rot und schließlich satt dunkelviolett, fast schwarz. Diese weiblichen Rhythmen waren so hoch verehrt, dass die saftigen Brombeeren oft den Feen als Nahrung hingestellt wurden.

Unwillkürlich vergleiche ich die Geduld der Brombeere gegenüber den Wachstumsprozessen mit unserem modernen Leben, in dem die natürlichen Kreisläufe allzu oft durchbrochen werden. Hierfür nur ein paar Beispiele: Aus Gründen der Wirtschaftlichkeit wird die Ernte eingebracht, bevor sie ganz herangereift ist; in den USA richtet sich die Geburt der meisten Babys nach den Schichtplänen der Krankenhausmitarbeiter; und obwohl jeder weiß, dass es Jahrhunderte dauert, bis ein Wäldchen herangewachsen ist, kommt es immer wieder zur Rodung alter Bäume.

Die sinnlichen Brombeeren, die glücklich im Sonnenlicht baden, scheinen uns sagen wollen: »Was soll die ganze Eile? Macht doch mal langsam! Lasst den Dingen die Zeit, die sie brauchen.«

Die Frucht des Brombeerstrauchs entwickelt sich ganz allmählich aus der Blüte zur saftigen Beere und lehrt uns dadurch, das natürliche Tempo zu schätzen – sei es beim Aufziehen eines Kindes, beim Schreiben eines Buches, beim Aufbau eines Unternehmens oder wenn es um die Zeit geht, die Böden, Gewässer und Wälder brauchen, deren Wachstumszyklen Hunderte oder gar Tausende von Jahren länger dauern als der des Menschen.

Im gemäßigten Regenwald, in dem ich lebe, kann man gut beobachten, wie in gerodete Wälder das Leben zurückkehrt, sobald man sie sich selbst überlässt. Manche Rhythmen kommen mir dabei extrem kurz vor, zum Beispiel der der Farne, des Krausen Ampfers, des Sauerklees, der Nesseln, der wilden Brombeeren, Lachsbeeren und zahlloser anderer Bodendecker, die praktisch über Nacht aufsprießen. Auch die Erlen, die ebenfalls der Erholung gerodeter Böden dienen, wachsen viel schneller als Fichten, die Jahrzehnte oder gar Jahrhunderte brauchen, um sich zu entwickeln. Jedes Naturwesen hat seinen eigenen Rhythmus. Das ganze Leben gedeiht im fruchtbaren Mysterium der Rhythmen.

Über Reifungsprozesse verrät uns der Brombeerstrauch ebenso viel wie über das Wachstum. Die reife Frucht fällt praktisch von selbst ab. Bleibt sie jedoch zu lang am Strauch hängen, wird ihr Geschmack bitter. Vergleichbar tut es auch uns Menschen nicht gut, wenn wir am Alten festhalten, obwohl wir eigentlich etwas verändern müssten. So wie wir uns aufgrund ihrer Farbe und Saftigkeit zu süßen Beeren hingezogen fühlen, signalisiert uns das Leben auch, wenn wir bereit sind, in eine neue Phase einzutreten.

Die Botschaft des Loslassens ist schmerzlich, denn die Zeichen, dass sich »das Leben, wie wir es kennen« verändert, sind unübersehbar. Die Menschen haben Wunderbares hervorgebracht, allerdings um den Preis der Abtrennung von der Erde und dem Geistigen. Die Herausforderungen, mit denen wir sowohl individuell als auch kollektiv konfrontiert werden, fordern uns zur Überwindung dieser Kluft und zu einem ganzheitlicheren Lebensstil auf.

Sehr viele von uns spüren diesen Anstoß zum Wandel, versuchen sich ihm aber entgegenzustemmen. Doch die Aufgeschlossenheit gegenüber der Weisheit des Brombeerstrauchs verhilft uns zu der Erkenntnis: »Die Zeit ist reif. Wir dürfen Vertrauen haben und loslassen, um eine neue Lebensweise zu finden.«

Alles Natürliche durchläuft den weiblichen Zyklus von Geburt, Reife, Transformation und Tod/Erneuerung. In dem Wald, in dem ich lebe, werden nicht nur abgestorbene Bäume, sondern auch abgefallene moosbewachsene Äste alter Ahornbäume zur Nahrung und Heimat für neues Leben.

So, wie Brombeeren die Farbe wechseln, verwandeln sie sich auch in die Vögel und kleinen Säuger, von denen sie gefressen werden. Dann fallen sie als Samen zu Boden und entwickeln sich schließlich zu einem neuen Brombeerstrauch.

Der Tod ist eine Tatsache. Die Natur macht es allerdings schwer, eine klare Trennungslinie zwischen Leben und Sterben zu ziehen. In dieser Unschärfe von Lebendigem und Vergangenem verwurzelt, sind die Bäume über Jahrhunderte (manche sogar jahrtausendelang) Zeugen der Zeit. Da ich inmitten solcher alten Bäume lebe, bekomme ich den Einfluss mit, den diese Lebewesen auf die Menschen ausüben, die kommen, um sie zu bestaunen. Angesichts dieser Riesen verliert die städtische Mentalität an Überzeugungskraft. Ohne die Ablenkung durch Computer, Handys, Fernsehen und andere Dinge lauschen die Menschen auf die Geräusche des Waldes. Sie genießen wunderbare Ausblicke und haben den süßlichen Geruch des Verfalls in der Nase. Das schwammige Moos unter ihren Füßen schaltet bei ihnen den Kopf aus und bringt sie in ihren Körper. Ihr Bedürfnis, sich von Terminplänen und Geräten fesseln zu lassen, weicht der Sehnsucht nach einem intensiveren, tiefgründigeren Leben.

Nach menschlichen Maßstäben sind Bäume eigentlich zeitlos. Sie und andere Pflanzen kennen keine fest definierten Zeitabschnitte. Uns führt die Würdigung der natürlichen Wachstumszyklen, zu der uns der Brombeerstrauch einlädt, zu unseren eingeborenen Rhythmen zurück und so mitten ins Leben hinein.

Übungen

Wenn etwas uns dem zutiefst Weiblichen näherbringen kann, dann der Brombeerstrauch: Sein Wachstum spiegelt uns die Schieflage, in der sich der Mensch in Bezug auf die Natur oft befindet; er demonstriert die aggressive Verteidigung des zarten Lebens; er lädt dazu ein, sich von der Pflanzenwelt verzücken zu lassen und das Leben in all seinen Phasen zu würdigen.

Um zum Kern der organischen Rhythmen vordringen zu können, sollten Sie sich mit der natürlichen Welt anfreunden und so oft wie möglich in die Natur eintauchen. Lassen Sie To-do-Listen und Terminpläne mal beiseite; vergessen Sie die lineare Zeit, wenn auch nur für eine Weile.

Lauschen Sie auf die Geräusche der Natur und nehmen Sie die Gerüche des Erdbodens wahr. Spüren Sie den Hauch des Windes und die Liebkosung der Pflanzen auf der Haut. Richten Sie den Blick Ihres Herzens auf die Prozesse von Geburt, Wachstum und Tod/Transformation, die überall in Ihrem Umfeld zu beobachten sind.

Lassen Sie sich intensiv auf die Rhythmen der natürlichen Welt ein. Denn die Rhythmen der Natur sind auch die Ihren. Und wenn Sie dann wieder zurückgehen und sich den normalen Aufgaben und Aktivitäten des modernen Lebens zuwenden, versuchen Sie, den angeborenen Puls zu erinnern, der das Leben durchdringt und über alle künstlichen Rhythmen hinausweist.

Die Welt, in der wir leben, ist relativ und widersprüchlich. Wir gehen täglich zur Arbeit, kümmern uns um Angehörige und Freunde und erledigen unsere gewöhnlichen Alltagsaufgaben. Trotzdem sind wir zeitlos. Denn wir sind der Rhythmus des Lebens.

Für den Fall, dass es Ihnen unmöglich ist, ins Freie zu gehen, habe ich hier eine Übung für Sie, die Ihnen helfen wird, sich für die zahlreichen Rhythmen zu öffnen und in Zeiten schneller Veränderungen Ihren Weg zu finden.

Suchen Sie sich einen bequemen Platz, an dem Sie eine Weile ungestört sind. Setzen oder legen Sie sich entspannt hin und atmen Sie zur Erfrischung ein paarmal tief durch. Lassen Sie den Ausatem ganz natürlich kommen und entspannen Sie sich dabei immer mehr.

Machen Sie sich den Rhythmus jedes einzelnen Atemzuges bewusst. Spüren Sie seinen Anfang, die Mitte und das Ende, wenn er in den nächsten übergeht. Wie fühlt sich das an?

Atmen Sie eine Weile so weiter.

Achten Sie nach einer Weile nun einfach auf die subtilen Körperbewegungen beim Ein- und Ausatmen und entspannen Sie sich dabei immer tiefer. Lassen Sie die sanften, natürlichen Bewegungen zu; genießen Sie die kleinen Wellen, die durch Ihren Körper ziehen. Der Atem ist ein physiologischer Rhythmus, zu dem Sie stets zurückkehren können. Dadurch, dass wir uns in den Atem hinein entspannen, kommen wir immer wieder in unsere Mitte, egal, wie groß der Trubel um uns herum auch sein mag.

Während Sie atmen und dabei immer ruhiger werden, denken Sie an Ihren Alltag. Wie Sie im Allgemeinen atmen, sich bewegen, schlafen und essen. Wie sich Ihre Beziehungen zu Freunden, Angehörigen, Ihrem Beruf oder Hobby Tag für Tag gestalten.

Der Brombeerstrauch lädt uns zu diesen Fragen ein: »Erfahre ich die ganze Fülle des Lebens? Lebe ich meine Rhythmen voll aus oder suche ich Abkürzungen und rase von einem Moment zum nächsten?«

Vielleicht möchten Sie sich auch diese Fragen stellen: »Drücke ich mich authentisch aus? Lasse ich meinen fürsorglichen Eigenschaften – der Beschützerin in mir – im Alltag genügend Raum? Fühle ich mich wohl dabei, notfalls auch stachelige, vielleicht sogar messerscharfe Grenzen zu setzen?«

Lassen Sie sich mit den Antworten genügend Zeit. Und was empfinden Sie eigentlich bei den Fragen?

Was würden Sie in Ihrem Leben vielleicht gern anders machen?

Nehmen Sie sich so viel Zeit, wie Sie brauchen, um über all das nachzudenken.

Sobald Sie so weit sind, atmen Sie tief durch. Lassen Sie den Ausatem ganz natürlich kommen und setzen Sie dabei auch alle Gedanken, Ideen oder Gefühle frei.

Holen Sie dann ein weiteres Mal tief Luft und lassen Sie beim Ausatmen alles los, was bereit ist, losgelassen zu werden.

Machen Sie eine Weile so weiter: Luft holen und beim Ausatmen loslassen, was losgelassen werden kann.

Es gibt in diesem Moment nichts, was Sie tun oder sein müssten. Gestatten Sie einfach allen Geräuschen, Gedanken und Gefühlen, mit dem Atem durch Sie hindurchzufließen.

Nehmen Sie sich Zeit.

Reisen Sie mit Ihrem Atem in die »Nicht-Zeit«.

Verschmelzen Sie mit Ihren Körperrhythmen oder schlüpfen Sie unter ihnen hindurch in den bedingungslosen Puls dessen, der Sie wirklich sind.

Lassen Sie in dieser Zeit alles zu, was aufsteigt, um einfach zu sein.

Gedanken kommen und gehen.

Gestatten Sie allem, sich in einem einzigen Rhythmus aufzulösen – dem des großen Ganzen.

Atmen Sie dann noch einmal tief ein und aus.

Fangen Sie anschließend ganz allmählich an, mit den Zehen und Fingern zu wackeln. Bewegen und dehnen Sie nach und nach den ganzen Körper, um mit Ihrer Aufmerksamkeit wieder vollends in den Raum zurückzukehren, in dem Sie sich aufhalten. Sobald Sie sich dazu bereit fühlen, öffnen Sie die Augen.

Schauen Sie sich um.

Was sehen Sie?

Wenn Ihnen danach ist, können Sie Ihre Erfahrungen aufschreiben oder über sie nachdenken.

Wie würden Sie die gewonnenen Erkenntnisse gern in Ihren Alltag integrieren?

Trinken Sie dann ein Glas frisches Wasser und machen Sie einen kleinen Spaziergang – entweder draußen oder in der Wohnung und vorzugsweise barfuß. Verankern und integrieren Sie dabei die tief greifenden inneren Rhythmen, denen Sie sich in dieser Übung geöffnet haben.

Heckenrose

Sandra

Die Heckenrose sagt: »Schreite leichten Fußes einher.«

Wilde Rosenhecken entstehen oft nach einer Feuersbrunst und blühen im Frühling. Von vielen wird die Rose als Symbol der Liebe wahrgenommen und mit der Kraft und Schönheit des Weiblichen assoziiert. Im Frühjahr berührt uns der Anblick der Blüten, die mit ihren zarten Farben Lichtpunkte setzen und deren süßer Duft die Luft erfüllt. Wenn wir jemandem als Zeichen unserer Liebe Blumen schicken wollen, fallen uns Rosen zumeist als Erstes ein.

Denken Sie kurz über die Rose nach. Schließen Sie die Augen und stellen Sie sich vor, wie die Blüte riecht. Der Duft verbindet Sie auf der Stelle mit der Göttin. Das süße Aroma und die Falten der farbigen Blütenblätter erinnern Sie womöglich an die Magie des Lebens und die herrliche Schönheit, von der wir auf dieser Erde überall umgeben sind. Mit geschlossenen Lidern nehmen Sie die Farbe Ihrer Lieblingsrose wahr. Während Sie ihren süßen Duft einsaugen, spüren Sie, wie sich Ihr Herz öffnet. Sie bemerken, dass sich Ihr Körper zu entspannen beginnt und ein Gefühl der Weite entsteht. Spüren Sie, wie mehr Energie durch Sie hindurchfließt und der Blick, mit dem Sie die zarte Blume betrachten, weicher wird.

Wenn Sie so weit sind, schlagen Sie im Gefühl der Weite Ihres Herzens die Augen wieder auf.

Wenn ich morgens meinen ersten Tee trinke, schaue ich durchs Fenster auf eine üppige, rosa blühende Rosenhecke. Das ist meine Zeit der Reflexion und Meditation, bevor ich richtig aufstehe und mich dem Tag mit all seinen Aufgaben und Pflichten stelle. In aller Ruhe nippe ich an meinem Tee, während ich in die Natur blicke und mich auf mich besinne, auf meine helfenden Geister und auf die Erde. Ich richte meine Dankbarkeit auf alles, das mich am Leben hält, sowie auf meine Lieben und Freunde. Dies ist der kostbarste Moment meines Tages. Ich lenke den Blick auch weiter in die Ferne, auf die hoch aufragenden Pinyonkiefern und Wacholderbäume, doch den größten Teil dieser Zeit starre ich nur richtungslos in das Gestrüpp der Heckenrose.

Die Heckenrose unterrichtet mich über den Wechsel der Jahreszeiten. Sie blüht im Frühjahr; wenn der Sommer in den Herbst übergeht, lässt sie ihre Blätter fallen; und zu Beginn des Winters wird das helle Rotbraun ihrer Zweige matter. Wie gern beobachte ich die Vögel, die im Frühjahr und Sommer die Blüten beziehungsweise Früchte fressen. Ebenso glücklich und begeistert bin ich auch immer, wenn die Bienen wiederkommen, um Pollen für ihren Stock zu sammeln.

Die Heckenrosen, die direkt vor meinem Fenster wachsen, gedeihen prächtig und sind gesund, denn an dieser Stelle ist genü-

gend Grundwasser vorhanden, sodass ich sie nicht mal zusätzlich gießen muss. Am liebsten ist mir immer die Zeit, wenn der zarte Duft der vielen, vielen kleinen Rosenblüten in der Luft liegt. Aber ich beobachte auch gern die Entwicklung der Hagebutten – der Früchte der Heckenrose, die die Blüten ablösen. Zu Beginn des Sommers hellrot, reifen sie bis Anfang Herbst heran. Hagebutten haben einen hohen Vitamin-C-Gehalt, und ich mag auch den würzigen Geschmack des Hagebuttentees, den ich immer trinke, sobald ich eine Erkältung heraufziehen spüre. Besonders im Winter bieten die Früchte der Heckenrose zahlreichen Tieren Nahrung.

Ich gehe hier in der Gegend oft und gern spazieren, aber die dichten, dornigen Rosenhecken sind undurchdringlich. Für mich stellen sie heiliges Gebiet dar, das nicht betreten werden kann. Die schöne Heckenrose hält die Menschen davon ab, die Erde zu stören.

Wie Llyn schon schrieb, gibt es eine Vielzahl von Bäumen und anderen Pflanzen, die auf gerodetem Gelände wachsen, um den Boden zu schützen, während er sich erholt. Hier in New Mexico scheinen nach einem Buschfeuer gewöhnlich Eichen und Espen als Erste wieder auf. Aber auch die Heckenrose vermag sich schnell zu regenerieren. Das Wachstum von Bäumen und anderen Pflanzen nach einem Brand ist Teil des Zyklus von Tod und Wiedergeburt des Landes.

Die Angehörigen indigener Kulturen haben verstanden, dass wir diese großartige Erde, unser Zuhause, würdigen und ihr Respekt entgegenbringen müssen. Für sie ist jeder Tag ein Tag der Erkenntlichkeit und des Dankes. Zu allen Zeiten drückten ihre Vorfahren mit jedem Schritt, den sie auf der Erde taten, und mit jedem Atemzug ihre Dankbarkeit aus. Sie sprachen Gebete und zeigten sich für alles erkenntlich, was ihnen die Erde bescherte, damit das Leben als Ganzes wuchs und gedieh. Die Erde gibt und nach dem Prinzip der Gegenseitigkeit geben wir ihr durch unsere Dankbarkeit etwas zurück. Nehmen wir uns ihrer an, erhält sie uns am Leben.

In indigenen Kulturen wissen die Menschen um die Intelligenz der Natur, die sie als helfenden Geist betrachten. Die Erde ist ein Lebewesen, in dem alle Informationen kodiert sind, die es braucht, um die erforderlichen Veränderungen einzuleiten, damit das Leben weitergehen kann.

Erde, Luft, Wasser und Feuer sind die Wesen, die zusammen den Körper der Erde bilden. Wir Menschen sind ebenfalls Erde, Luft, Wasser und Feuer. Unser Körper entspricht dem Element Erde, aus Wasser bestehen wir hauptsächlich und in unserem Blut zirkuliert Sauerstoff. In der Flamme unseres Geistes spiegelt sich die Kraft der Sonne wider und damit das Feuer, das in der Erde brennt.

Die Erde ist der Boden, auf dem wir leben und uns bewegen. Sie versorgt uns mit Nahrung in Fülle und umgibt uns zugleich mit

Schönheit, Farbe, Duft, den verschiedensten Geschmacksrichtungen und Eigenschaften. All ihre Reichtümer teilt die Erde mit uns.

Als wir im Mutterleib heranwuchsen, wurden wir vom Wasser gehalten, es beschützte uns und versorgte uns mit Nährstoffen. Nach dem Platzen der Fruchtblase wird das Baby vom Wasser in die Welt getragen. Ohne Wasser gäbe es auf Erden kein Leben. Wasser spiegelt die Schönheit unserer Seelen wider, außerdem brauchen wir es zum Trinken und es reinigt uns. Die Erde wird auch als »Blauer Planet« bezeichnet, und zwar weil sie zum größten Teil von Wasser bedeckt ist.

Auch ohne Luft gäbe es kein Leben. Sie ist das erste lebende Wesen, das uns nach der Geburt begrüßt und willkommen heißt, denn das Leben beginnt mit dem ersten und endet mit dem letzten Atemzug. Und auch in der Zeit dazwischen stehen wir durch den Atem ständig in Verbindung mit der Luft. Überdies werden wir oft von einer sanften Brise geküsst und erfahren Reinigung in starken Stürmen.

Auch das Feuer ist ein intelligentes Wesen. In Form der Sonne schenkt es uns die Energie, die wir brauchen. Das nämlich tut nicht etwa der Strom aus der Steckdose, sondern natürlich die Sonne. Dadurch, dass sie uns die dringend benötigte Energie verschafft, ohne irgendeine Gegenleistung dafür zu verlangen, lehrt uns die Sonne das bedingungslose Geben. Das Feuer spiegelt unsere innere Leidenschaft für das Leben wider, die grenzenlose Vitalität.

Wenn Landschaften der Regeneration bedürfen, tritt das Feuer auf den Plan, um das Erdreich zu heilen. Waldbrände entsetzen uns Menschen und wir empfinden großes Mitgefühl für all die Lebewesen, die darin Heimat und Leben verlieren. In Wirklichkeit aber benötigt die Erde das Feuer, um bei Gesundheit und in guter Verfassung zu bleiben. Es vernichtet Abgestorbenes, um Nährstoffe für neues Leben bereitzustellen. Und ganz so, wie das Feuer die äußere Landschaft verändert, wandelt sich im Laufe der Zeit auch unsere innere Landschaft.

Sobald ein Brand das Land gereinigt und geheilt hat, wird neues Leben geboren. Samen, die große Hitze brauchen, damit sie aufplatzen können, keimen und beginnen zu wachsen. Andere, die sich niederlassen, sind Samen, die der Wind herbeiträgt. Eine Vielzahl von Bäumen und anderen Pflanzen versorgen den Boden mit neuen Nährstoffen, beschützen ihn während der Phase seiner Heilung und Weiterentwicklung.

Im Gärtnereibedarf wird ein Pulver angeboten, das Chemikalien beinhaltet, die in Rauch enthalten sind. Diese chemischen Nachbildungen von Stoffen, die nach Bränden im Erdboden gefunden wurden, sollen die Samen davon »überzeugen«, dass sie tatsächlich ein Feuer durchgemacht haben. Das Rauchpulver wird dem Wasser hinzugefügt, in dem Samen bestimmter Arten eingeweicht werden, bevor sie ins Erdreich kommen, es dient dabei als Katalysator der Keimung. Die Samen von mehr als 1.200 Pflanzenspezies reagieren auf Rauch.

Die Natur lehrt uns, dass der Tod nicht das Ende, sondern ein Übergang ist. Wir Menschen machen im Laufe unseres Lebens viele kleine Tode durch, bevor wir den »großen Tod« sterben, unseren Körper verlassen, zur Quelle, dem Spirit, zurückkehren und wieder in den Zustand des Einsseins eintreten.

Bei diesen kleinen Toden handelt es sich um die vielen Veränderungen und Initiationen, denen wir zu Lebzeiten unterliegen. Angesichts dieser Einschnitte fühlen wir uns oft wund und verletzlich, kein Wunder: Werden wir dabei doch zu tiefgründigeren Wesen auf einer höheren Bewusstseinsebene geschliffen.

Genau wie die Erde sich schützt, müssen auch wir in Zeiten des Übergangs gut auf uns aufpassen – wie auf ein Neugeborenes –, denn während und nach einer größeren Veränderung ist man oft ausgesprochen dünnhäutig. Das Neugeborene halten wir mit all unserer Liebe im Arm, legen aber auch Wert darauf, es vor einem Übermaß an Energie zu schützen, die das junge, unentwickelte Bewusstsein überfordern könnte. Wir kümmern uns um das kostbare neue Leben und tragen dafür Sorge, dass es nicht von der Außenwelt überwältigt wird.

Was wir lieben, beschützen wir auch. Und so, wie wir Menschen unsere Neugeborenen umsorgen, beschützt auch die Erde nach einer größeren Veränderung das neue Leben. Denn sie ist eine meisterhafte Gärtnerin.

Der andere Aspekt dieses Schutzes ist unser angeborenes Bedürfnis nach dem Leben und die in uns tobende Leidenschaft dafür, welche uns die Natur ununterbrochen widerspiegelt.

In unserer Kultur zielt die Sozialisierung darauf ab, dass wir lernen, uns der Gesellschaft anzupassen. Schon in jungen Jahren erzählt man uns, dass es nur wenige kreative Genies gäbe und wir diesem erlauchten Kreis wahrscheinlich leider nicht angehören würden. Wir werden darauf konditioniert, uns mit anderen zu vergleichen und die Regeln zu befolgen. »Wer bist du denn schon?« oder »Gib mal nicht so an«, lauten die Botschaften, die so oder so ähnlich vielen von uns mit auf den Weg gegeben wurden; alles nach der Devise: bloß nicht auffallen! Konformität war – und ist auch heute noch – der Goldstandard.

In unserer heutigen Welt haben viele den Glanz ihrer Augen verloren, stattdessen starren sie blicklos vor sich hin, ohne Ausstrahlung, ohne Freude. Wenn aber das Leuchten in unseren Augen verblasst, geht auch auf der Erde das Licht aus. Das Leben, das die Menschen in der westlichen Welt führen, ist im Allgemeinen kein kreatives, keines voller Leidenschaft und Sinnhaftigkeit. Und dieser Mangel an Leidenschaft für das Leben spiegelt sich in der Vielzahl psychischer und körperlicher Erkrankungen wider, die uns ereilen.

Die Natur zeigt uns die Kraft, die daher rührt, dass wir es uns erlauben, ungestüm und leidenschaftlich zu sein. Sie lehrt uns die

Schönheit, die sich uns eröffnet, wenn wir an Strahlkraft und Vitalität hinzugewinnen, wie die Bäume und anderen Pflanzen in unserer Umgebung. Unser Licht muss so hell leuchten wie die Sonne an einem wolkenlosen Tag und so funkeln wie die Sterne am Nachthimmel. Auf diese Weise bestellen wir unseren inneren Garten und bereiten den Boden für ein mit Lachen, Freude, Frieden, Gesundheit und Wohlbefinden erfülltes Leben.

Unsere Aufgabe als Mensch besteht darin, dass wir uns um diese großartige Erde kümmern. Wir sind die Hüter und Gärtner unserer heiligen Erde – im Inneren wie im Außen.

Übungen

Gehen Sie raus und stecken Sie die Finger tief in den Boden. Sorgen Sie dafür, dass beide Hände in engem Kontakt mit der Erde sind. Spüren Sie die Energie, die dabei von den Fingerspitzen aus in Ihre Hände fließt. Spüren Sie die Konsistenz der Erde. Achten Sie auf etwaige Veränderungen Ihres körperlichen Empfindens, die sich bei dieser engen Verbundenheit mit der Erde einstellen können. Schließen Sie die Augen und wiederholen Sie die Sätze »Die Erde ist mein Zuhause. Mein Körper ist das Heim meines Geistes.« Je öfter Sie dies tun, desto intensiver werden Sie der Kostbarkeit des Lebens gewahr werden.

Nehmen Sie sich auch etwas Zeit für eine ganz einfache Meditationsübung: Stellen Sie sich einen wunderschönen Garten vor, der in Ihrem Inneren wächst und gedeiht. Das Leben besteht aus Veränderungen und im Einklang mit den wechselnden Lebenszyklen wandelt sich auch Ihr Garten. Alte Pflanzen, die für überkommene Überzeugungen und Verhaltensweisen stehen, welche Ihnen nicht mehr dienlich sind, müssen entfernt werden. Vielleicht hat das Leben aber auch so viele Veränderungen mit sich gebracht, dass sich der Erdboden in Ihrem Garten einfach mal erholen muss. Das können Sie spüren. Intuitiv wissen wir, wann ein Zyklus sein Ende erreicht hat und ein neuer heranreift, der es erforderlich macht, dass wir den Boden beschützen.

Stellen Sie sich selbst als Erde vor. Was würden Sie in Ihrem Garten anpflanzen, um sicherzustellen, dass er während dieser Regenerationsphase geschützt ist, bevor etwas Neues Form annehmen kann? Welche Grenzen müssen Sie ziehen? In dieser Zeit, in der neue Gedanken, Überzeugungen, Verhaltensweisen und Visionen entstehen, sollten Sie Fokus und Aufmerksamkeit ganz nach innen richten.

Die DNA, mit der wir geboren wurden, enthält das Wissen um alles, was wir brauchen, um gedeihen zu können, inklusive der nötigen Informationen zur Selbstheilung. Und genau dieses Wissen ist auch in jedem Samen enthalten, den wir in unserem inneren oder äußeren Garten ausbringen.

Wenn wir uns angesichts des Wandels in die Tiefe unseres inneren Wissens versenken und uns gestatten, einfach zu sein und uns auszuruhen, geben wir der Natur die Möglichkeit, ihre Intelligenz wirken zu lassen. Wir Menschen neigen dazu, sofort zu gucken, was wir tun können, um irgendetwas zu »reparieren«. Aber es gibt auch Zeiten, in denen wir zur Ruhe kommen und die Energie sich regenerieren lassen müssen, bevor etwas Neues entstehen kann.

In Form klimatischer Ereignisse wie Stürme, Feuersbrünste und Dürreperioden wird die Erde durch die Elemente gereinigt. So werden Wiedergeburt und Weiterentwicklung ermöglicht. Nicht nur die Erde, auf der wir leben, ist intelligent, sondern auch die in unserem Inneren. In den Prozess der Evolution dürfen wir jedoch nicht eingreifen. Tod, Veränderung, Wiedergeburt und Weiterentwicklung sind Bestandteile des Lebens. Wir müssen lernen, mit dem Strom zu schwimmen, statt uns dagegen zu wehren. Dem, was das Leben bringt, können wir uns nicht widersetzen. Und so, wie die Erde das neue Leben schützt, müssen auch wir lernen, uns in Phasen, in denen die inneren Lebensprozesse einen Zyklus neuer Schönheit einleiten, selbst zu schützen. Von der Natur können wir uns jederzeit abgucken, wie es geht: dem Wandel zu folgen und uns ihm nicht entgegenzustellen.

Überlegen Sie, was in Ihrem Leben Sie beschützen und bemuttern wollen. Stellen Sie Trommel- oder andere Musik an, die Sie in einen meditativen Bewusstseinszustand versetzt. Genauso gut können Sie aber auch selbst trommeln oder rasseln. Während Sie der Musik lauschen, stellen Sie sich die Frage: »Welche Aktivität oder welches kreative Projekt würde mich inspirieren und Freude in mein Leben bringen?«

Die folgende Schreibübung enthüllt Ihre inneren Wünsche. Während Sie meditativer Musik lauschen, halten Sie die Augen halb geöffnet. Schreiben Sie die Frage »Welche Aktivitäten würden meinem Leben wieder Leidenschaftlichkeit und Sinn verleihen?« nieder. Lassen Sie Ihr Schreibgerät wie von selbst – quasi »automatisch« – über das Blatt fliegen. Gestatten Sie allem, was in Ihrem Unbewussten am Keimen ist, aufzubrechen, Ihr inneres kreatives Feuer zu entfachen und Ihre Augen vor lauter Freude, Lebendigkeit und Leidenschaft erstrahlen zu lassen. Erblühen Sie zu der ganzen Schönheit, die in Ihnen steckt.

Und noch eine Anregung: Pflegen Sie ein Hobby, an dem Sie wirklich interessiert sind, oder gewöhnen Sie sich an, regelmäßig auf einer Parkbank Platz zu nehmen oder einen Spaziergang zu machen. Wie Sie feststellen werden, können Sie Ihr Leben um Aktivitäten und Freizeitbeschäftigungen bereichern, die die Flamme der Inspiration und Freude in Ihnen entzünden. Würden Sie vielleicht gern eine Fremdsprache lernen, gärtnern oder sich als Hobbyimkerin betätigen? Wollten Sie womöglich schon immer mal mit Wasserfarben herumspielen? Wann haben Sie zum letzten Mal getanzt? Oder hätten Sie eventuell Lust, mit etwas Kunsthandwerklichem anzufangen, wie Stricken, Häkeln, Schnitzen oder Bildhauern? Für Ihre Gesundheit und Ihr Wohlbefinden ist es wichtig, dass Sie sich Ihrer kreativen Kraft, Ihres inneren Feuers bewusst werden. Fangen Sie einfach an. Bereits mit den ersten Schritten begeben Sie sich auf einen Weg, der Sie Ihrem eigentlichen kreativen Wesen immer näher bringen wird.

ARTESISCHE QUELLE UND NEBEL

Artesische Quelle

Sandra

An einem schönen Tag schließe ich die Tür meines Lehmziegelhauses in der Hochwüste hinter mir. Der Himmel ist von einem hellen Blau und keine Wolke bedeckt die Sonne. Ich gehe einen von Pinyonkiefern und Wacholderbäumen gesäumten Weg und nehme die Wärme und das Licht in mich auf.

Nicht lang, und ich erreiche einen Sumpf. In der Wüste sind natürliche Wasservorkommen eine Seltenheit, aber ich genieße das Privileg, nahe bei einer tief in der Erde sprudelnden artesischen Quelle zu leben. Vom Wasser gespeist wachsen hier Schlickgräser, Rohrkolben und Weiden in Hülle und Fülle. Selbst in den Zeiten des Jahres, in denen man das Wasser an der Oberfläche nicht sehen kann, ist es noch reichlich vorhanden.

Sobald das Wasser aus dem Boden hervordringt, zieht es eine Vielzahl von Lebewesen an, zum Beispiel farbenprächtige Libel-

len, die es nur in der Nähe stehender Gewässer gibt. Vögel und andere Tiere, die in der Region Santa Fe normalerweise nicht vorkommen, stellen sich ein, um an diesem ehrwürdigen Ort ihren Durst zu stillen.

Ich lebe am Alten Santa Fe Trail. Mit etwas Fantasie kann ich noch die Pferdewagen an mir vorbeiziehen sehen und die Dankbarkeit der erschöpften Reisenden spüren, die so glücklich sind, endlich eine Quelle erreicht zu haben.

Wo immer Wasser natürlich fließen kann, ist heiliger Boden. Unser Planet besteht zum größten Teil aus Wasser und alles Leben hängt davon ab. Wasser ist eine Kostbarkeit, ein lebendiges Wesen, das wir zu würdigen haben. Wer an einem Gewässer sitzt, kann gar nicht anders, als seine Schönheit zu bewundern. Angesichts der Wellen des Meeres finden wir zu tiefem inneren Frieden; an Flüssen geraten wir in einen Zustand, der unsere innere Weisheit zum Vorschein kommen lässt, und wer den Blick konzentriert in das klare Wasser eines Sees richtet, wird vollkommen ruhig.

In extremen Dürreperioden, wie sie hier im Südwesten der USA vorkommen, bete ich, um mich für den Regen zu bedanken, der bald wiederkommen und das Gedeihen allen Lebens sicherstellen wird. Eine solche Dankbarkeit und das Wissen darum, dass der Geist, der Spirit, des Landes und der Elemente das fürs Leben Erforderliche bereitstellen wird, sind von entscheidender Bedeutung.

Wenn ich zu meiner spirituellen Lehrerin, der ägyptischen Göttin Isis, reise und sie zu der Dürre befrage, ist ihre Antwort immer die gleiche. Hegte ich die Überzeugung, dass der Regen ausbliebe, sagt sie als Erstes, bestünde an dieser kostbaren Ressource tatsächlich Mangel, da wir die Realität mit unseren Vorstellungen und Wahrnehmungen selbst erschaffen. An der praktischen Umsetzung dieser Erkenntnis muss ich allerdings immer noch etwas arbeiten. Denn die Ablösung von der kollektiven Trance, die den Glauben an den Mangel im Gegensatz zum Überfluss fördert, ist kein einfacher Prozess.

Dann sagt Isis noch, es sei an der Zeit, sich das weibliche Prinzip zu eigen zu machen, dem zufolge alles, was wir uns im Außen wünschen, in unserem Inneren bereits vorhanden ist: »Wenn ihr Menschen euch nach Regen sehnt, schaut ihr immer zum Himmel hoch«, sagt sie. »Dabei müsstet ihr eigentlich eher die Wasser tief in der Erde bitten, dass sie aufsteigen mögen, um die Bäume, Pflanzen und alles Leben zu speisen.«

Auch das ist – auf metaphorischer Ebene – eine wichtige Lektion. Denn in der westlichen Welt suchen wir alles, was wir brauchen, immer nur im Außen. Um uns reich fühlen zu können, versuchen wir materielle Güter und Geld anzuhäufen; dabei liegt wahrer Wohlstand im Inneren. Und sobald wir aufhören, nach außen zu schauen, um uns stattdessen auf das weibliche Prinzip zu besinnen, treten die wahren Kostbarkeiten zutage: inneres Wissen, innere Gesundheit, innerer Frieden, die für echte Freude sorgen. Dies ist eine Spiegelung der heiligen Quelle tief im Inneren der Erde, die nur darauf wartet, erfahren, akzeptiert und angerufen zu werden, um das Leben in seiner Gesamtheit zu nähren und zu erhalten.

Ende der 1980er-Jahre hatte ich bei einer Vision Quest in der Hochwüste im Norden von New Mexico ein entscheidendes Erlebnis mit Isis. In einer Vision erschien sie mir, um mich wissen zu lassen, dass sie bei meinen Reisen in die geistige Welt als meine Lehrerin fungieren und mir beibringen würde, der Erde zu Heilung und neuem Gleichgewicht zu verhelfen.

Ende der Neunzigerjahre fragte mich dann eine Schülerin von mir, ob ich bereit sei, mit ihr und ihrer Gruppe nach Ägypten zu fliegen, um die Tempel und heiligen Stätten dort zu besichtigen. Da ich mich schon immer eng mit Ägypten und seiner Geschichte verbunden gefühlt hatte, sagte mir die Idee zu. Und dass ich Isis als spirituelle Lehrerin an meiner Seite wusste, war für mich natürlich ein weiterer Grund, die Einladung anzunehmen.

Auf einer schamanischen Reise zu Isis bat ich sie um Führung, und sie antwortete mir in Metaphern – der gewöhnlichen Kommunikationsform der Spirits. Auf meine Frage »Soll ich mit einer Gruppe von Schülern nach Ägypten fliegen?« gab sie zurück: »Die Kraft des Landes ist das Wasser, das hindurchfließt.«

Meiner Interpretation zufolge bedeutete diese Äußerung, dass das Land Ägypten aufgrund des Nils, der es durchfließt, von großer Kraft sei, und das verstand ich als positive Antwort auf meine Frage. Also unternahmen wir die Gruppenreise und machten bei der Besichtigung der heiligen Stätten und Tempel ganz außergewöhnliche, tief gehende Erfahrungen.

Im Jahr darauf dachte ich viel über Isis' Antwort nach, die Kraft des Landes sei das Wasser, das hindurchfließe, und bezog sie auf die Orte, an denen ich bis dato gelebt hatte. Aufgewachsen bin ich in Brooklyn, New York, ganz nah am Meer; dann bin ich nach San Francisco gezogen, wo ich einige Jahre wohnte, bevor ich nach Santa Fe übersiedelte. Und in allen Küstenstädten, in denen ich gelebt habe, war ich auf die Energie des Wachstums und auf Menschen gestoßen, in deren Persönlichkeit sich das überschäumende Temperament des Meeres widerspiegelte.

Im Gegensatz dazu bedeutet Santa Fe Hochwüste. Hier wachsen schöne Bäume und eine Vielzahl anderer Pflanzen. Über dem Land liegt eine Stille, die dem Geist der Kreativität förderlich ist. In der Wüste geht jedes Wachstum langsam voran, reicht aber weit in die Tiefe, denn um an das so dringend benötigte Wasser zu kommen, müssen sich die Wurzeln weit in den Boden hinein erstrecken.

Ich begann, die Teilnehmer meiner Workshops dazu anzuhalten, sich in der Meditation oder auf schamanischen Reisen mit dem Landstrich zu verbinden, in dem sie leben, und auch das Wasser zu erfahren, das hindurchfließt. Außerdem bat ich sie, darauf zu achten, ob sich in den Menschen, die dort leben, die Eigenschaften des Wassers widerspiegeln. Auf diese Weise haben wir alle viel über die Gegend gelernt, in der wir jeweils leben.

Wasser reflektiert das Wesen unserer Seele. Es symbolisiert das Prinzip »Wie oben, so unten; wie innen, so außen«. Wenn wir erfahren wollen, wie sich unsere innere Toxizität in der Umwelt niederschlägt, ist Wasser ein gutes Beispiel.

Eine Lösung der gegenwärtigen ökologischen Krise bietet das weibliche Prinzip des *Seins* im Gegensatz zum *Tun*. Und eine der Lehren, die ich vermittle, lautet: Der, zu dem wir werden, verändert die Welt, denn allein durch unsere Präsenz können wir eine heilende Kraft sein.

Meine Liebe zum Wasser war es, die mich veranlasste, Meeresbiologie zu studieren. Damals dachte ich, dass ich mein ganzes Leben darauf verwenden würde, ein wissenschaftliches Modell zu entwickeln, das der Verschmutzung der Weltgewässer entgegenwirkte.

Das Schicksal führte mich in eine andere Richtung, 1980 kam ich mit dem Schamanismus in Kontakt. Je mehr ich über die Wirksamkeit des geistigen Heilens erfuhr, desto mehr konzentrierte ich mich auf die Frage, wie sich die spirituellen Methoden einsetzen ließen, um nicht nur die Weltgewässer zu heilen, sondern alle Formen von Umweltverschmutzung zu beheben. Spirituellen Traditionen zufolge spiegelt sich in allem Äußeren unsere Innenwelt. Das heißt, aus spiritueller Perspektive stellt all das Gift, das die Umwelt belastet, die Spiegelung der Toxizität in unserem Inneren dar. Die extremen Dürreperioden in einigen Teilen der Welt und die schweren Überflutungen, von denen andere Gebiete heimgesucht werden, zeigen, wie sehr unsere Innenwelt aus dem Gleichgewicht geraten ist. Um nun die ökologische Gesundheit wiederherstellen zu können, müssen wir dem weiblichen Prinzip folgen, das da lautet: »Der (oder die) zu dem (oder der) wir *werden*, verändert die Welt und keineswegs nur das, was wir *tun*.«

In der schamanischen Praxis geht man davon aus, dass Gedanken Substanz besitzen. Und auch davon, dass Worte Samen sind, denen Schöpfungskraft innewohnt. (Die berühmte Zauberformel »Abrakadabra« hat sich aus dem aramäischen *abraq ad habra* entwickelt und bedeutet in wörtlicher Übersetzung »Ich erschaffe, während ich spreche«.)

In indigenen Kulturen weiß man um den Zusammenhang zwischen der Äußerung problematischer Gedanken oder Emotionen und dem Aussenden der damit verbundenen Energien. In unserer westlichen Kultur, die die Geschehnisse im energetischen, unsichtbaren Bereich nicht zur Kenntnis nimmt, steckt man oft voller toxischer Gedanken und Emotionen, die auch ausgesandt werden. Und so kommt es oft vor, dass wir schließlich, ohne es auch nur zu merken, giftige, dichte beziehungsweise schwere Energien verbreiten, die andere Menschen sowie den Planeten erreichen und auch auf uns selbst zurückfallen. Da wir der Wirkung unserer Gedanken und Worte nicht gewahr sind, sind oft wir selbst es, die sowohl innerlich als auch im Außen die Verschmutzung der Gewässer verursachen.

Das Entscheidende ist, dass wir lernen, die Tiefe unserer Gefühle zu erkennen. Die ganze Bandbreite der Emotionen zwischen Freude und Ärger ist Teil des Menschseins. Wir wollen sie weder unterdrücken noch verleugnen. Aber wir müssen uns Klarheit darüber verschaffen, wie sich die Energie, die wir aussenden, auf unsere persönliche Gesundheit und die des Planeten auswirkt.

Wenn Sie diese Energie verändern wollen, können Sie damit anfangen, dass Sie sich etwas Zeit nehmen, um sich zu zentrieren und über die Beschaffenheit Ihres Denkens und Fühlens nachzusinnen. Sobald Sie ein Gefühl dank Ihrer Intention und kreativen Inspiration erst einmal erkannt haben, vermögen Sie die Energie hinter Ihren Gedanken und Worten in Liebe zu verwandeln. Dann können Sie sich, nahestehenden Menschen und der Welt mithilfe Ihrer Gedanken und Worte liebevolle Energie zukommen lassen. Auf diese Weise sind Sie in der Lage, Ihre Gefühle auszudrücken und zugleich sich selbst, andere und den Planeten mit Liebe und strahlendem Licht zu versorgen. Dies versetzt Sie in einen Zustand inneren Friedens und innerer Harmonie zurück, der Ihnen von der Außenwelt gespiegelt werden wird.

1997 hatte ich einen wichtigen Traum, in dem mir der ägyptische Gott Anubis erschien, um mir mitzuteilen: Das Entscheidende bei der spirituellen Behebung der Umweltverschmutzung ist die Transfiguration. Die Bedeutung dieses Wortes musste ich nach dem Aufwachen erst einmal nachschlagen. Ich erfuhr dabei, dass es sich um ein Synonym für den schamanischen Prozess des Shapeshiftings handelt, die Gestaltwandlung. Geschichten über Schamanen, die sich in einen Wolf, einen Raben oder dergleichen verwandeln, hatte ich schon einige gehört. Zunächst aber konnte ich mir nicht vorstellen, was das mit der Behebung von Umweltverschmutzungen zu tun haben sollte.

Eine wichtige Erkenntnis diesbezüglich verdanke ich meiner Nachbarin, die zugleich auch meine Klientin und unheilbar an Leberkrebs erkrankt war. Eines Tages saßen Kathy und ich einfach wie Freundinnen zusammen und unterhielten uns. Als ich ihr von meinem Traum erzählte, wurde sie sehr lebendig und revanchierte sich mit Geschichten aus dem Leben Jesu. Als christliche Fundamentalistin kannte sich Kathy bestens in der Bibel aus und wusste natürlich auch um die Verwandlungen Jesu, von denen darin die Rede ist, und dass er sich mit hellen Lichtstrahlen umgab. In diesem transfigurierten Zustand des göttlichen Lichts soll er Wunderheilungen vollbracht haben.

Jetzt verstand ich endlich die Botschaft, die Anubis mir hatte übermitteln wollen: Licht heilt und verwandelt. Bestätigt wird sie von verschiedenen spirituellen Traditionen, die über zahllose Schamanen, Heiler und geistige Meister berichten, die sich in göttliches Licht verwandelten und darin Wunderheilungen bewirkten. Da wir unserem Wesen nach spirituelles Licht und mit allem Leben verbunden sind, bestehen wir im Kern aus reinem Geist. Sobald wir alles loslassen, was uns von unserem göttlichen Licht trennt, spiegelt uns das Außen einen Zustand von Göttlichkeit, Licht und Vollendung wider.

Jahrelang habe ich mit Gruppen an einem kommunalen Experiment gearbeitet, in dem wir versuchten, eine bestimmte Form der Umweltverschmutzung zu neutralisieren. Dafür nahmen wir deionisiertes (reines) Wasser und verunreinigten es mit Salmiakgeist

(Ammoniumhydroxid), einem in Wasser häufig vorkommenden Schadstoff, der stark basisch reagiert und sich mit pH-Teststreifen, die den Laugengrad anzeigen, leicht nachweisen lässt.

Bei unserer Zeremonie ging es unter anderem darum, das Ego loszulassen, das uns von unserer Göttlichkeit trennt, und einen Zustand des Einsseins mit der Kraft des Universums, der göttlichen Quelle des Lichts und der universellen Liebe zu erreichen. Wir gingen davon aus, dass das Wasser den Grad unserer inneren Harmonie widerspiegeln würde. Wenn wir unser Licht ausstrahlen, reflektiert alles, was uns umgibt, einen Zustand der Gesundheit und des Leuchtens. Die entsprechende zwanzigminütige Zeremonie habe ich schon in vielen Gruppen demonstriert. Und immer ist der pH-Wert in dieser kurzen Zeit um ein bis drei Prozentpunkte gesunken, was aus naturwissenschaftlicher Sicht als unmöglich gilt.

Nach den ersten Experimenten begann ich mit einer Kamera für Gas discharge visualization (GDV) zu arbeiten, die die von Menschen, Pflanzen, Flüssigkeiten, Pulvern oder unbelebten Objekten ausgehenden physischen, emotionalen, mentalen und spirituellen Energien bildlich einfangen kann und sie in ein Computermodell überträgt. Anders ausgedrückt: Diese Diagnosekamera misst die Energie des Aurafeldes, wertet sie aus und integriert diese Informationen in einen mit Illustrationen versehenen computergenerierten Bericht.

Die Kamera ermöglichte es uns, die energetischen Veränderungen der Substanzen zu dokumentieren, zu denen es in unserem Kreis gekommen war. Wenn wir dieses Experiment durchführten und unser göttliches Licht ausstrahlten, konnten wir wiederholt beobachten, dass sich das Lichtfeld des Wassers inmitten unseres Kreises verstärkte.

Die Erkenntnis, zu deren Verbreitung ich von Isis und Anubis ermutigt wurde, besteht darin, dass wir allein durch unsere Präsenz heilen können. In den Kursen, die ich zu diesem Thema anbiete, beten wir weder für das Wasser noch schicken wir ihm Licht oder Heilenergie. Vielmehr strahlen wir unser spirituelles Licht aus wie die Sonne oder die Sterne. Denn sobald wir unser Licht scheinen lassen, wird unser göttliches Wesen von der Außenwelt reflektiert.

Der menschliche Körper besteht überwiegend aus Wasser. Und wenn wir nun unser göttliches Licht erfahren, wird das Wasser in unserem Inneren in einen Zustand der Harmonie und Gesundheit versetzt. Sobald wir unsere negative, defätistische Art zu denken verändern und im Alltag bewusst an unseren Gedanken und Worten arbeiten, heilen wir nicht nur das Wasser in unserem Inneren, sondern auch das in der Außenwelt.

Übungen

Nehmen Sie an einem Gewässer Platz - einem See, Teich oder Fluss in der freien Natur oder einem nahe gelegenen Park. Fließende Gewässer wie Flüsse, Bäche oder auch ein Wasserfall helfen, die Belange des Alltags hinter sich zu lassen, und erleichtern es der inneren Weisheit dadurch, an die Oberfläche vorzudringen. Die Wellen des Meeres zu beobachten vergrößert die Aufgeschlossenheit gegenüber den Botschaften der Seele. Wenn es Ihnen möglich ist, am Strand zu sitzen und aufs Meer zu schauen, spüren Sie die Wellen, die auch in Ihnen auf- und abwogen. An einem Fluss oder Bach richten Sie alle Ihre Sinne auf das Fließen Ihrer inneren Wässer aus. Und ein See oder Teich schließlich kann Sie in Kontakt mit der Stille bringen, die in Ihnen herrscht.

Eine weitere Übung: Hören Sie Musik, die Sie als entspannend und inspirierend empfinden, oder legen Sie eine

Trommel-CD ein. Legen oder setzen Sie sich hin, schließen Sie die Augen und lassen Sie sich von der Absicht leiten, das Wasser wahrzunehmen, das unter der und durch die Stadt oder den Ort fließt, in dem Sie wohnen. Erleben Sie dieses Wasser und machen Sie sich mit seinen Eigenschaften vertraut. Öffnen Sie sich Ihren Sinneswahrnehmungen und achten Sie auf die körperlichen Empfindungen, die sich dabei einstellen.

Denken Sie an die Menschen, Bäume und anderen Pflanzen, an die Tiere und übrigen Naturwesen, die in derselben Gegend leben wie Sie. Meditieren Sie darüber, inwiefern sich die Eigenschaften des Wassers in ihnen widerspiegeln.

Wenn Sie das Gefühl haben, zum Ende gekommen zu sein, beschließen Sie Ihre Meditation. Vielleicht möchten Sie sich jetzt etwas notieren? Machen Sie einen kleinen Spaziergang und stimmen Sie sich dabei auf das Wasser ein, das unter dem Erdboden fließt, über den Sie gehen. Grundwasser gibt es schließlich auch in Städten.

An manchen Orten ist der Fluss oder das Meer sehr präsent, beinahe dominant. An anderen fließt ein Bächlein oder ein ruhiger See bereichert das Land. Und Lebensformen, deren Wurzeln tief im Boden verankert sind, werden oft von unterirdischen Wasservorkommen gespeist.

Mit dem Wasser zu verschmelzen ist eine wunderbare Möglichkeit, eins zu werden mit dem Fluss des Lebens. Das Wasser, das so natürlich und anmutig fließt, spiegelt das göttliche Weibliche und das Wesen unserer Seele wider. Dadurch, dass wir mit dem Wasser verschmelzen, erfahren wir viel über seine Kraft und Natur. Die Erkenntnisse, die wir beim Verschmelzen mit einem Element gewinnen, gehen über das rein mentale Verständnis hinaus; auch körperlich wirkt sich die Verschmelzung mit einem anderen lebendigen Wesen aus.

Wenn das Wasser ganz natürlich fließen kann, ohne irgendwelche Beschränkungen, bewegt es sich wie eine Schlange. Schlangenmedizin unterrichtet uns über das Fließen und Einswerden mit dem Herzschlag der Erde, mit dem wir alle verbunden sind.

Hören Sie Trommel- oder andere entspannende, inspirierende Musik. Stellen Sie sich dabei vor, eins zu werden mit einer Wasserquelle, zum Beispiel einem ruhigen See, einem Wasserfall, dem Meer, Regen oder Nebel. Spüren Sie ganz tief in sich hinein und erleben Sie, wie Sie selbst alle Begrenzungen verlieren und mit der Wasserquelle eins werden. Lernen Sie das Wasser kennen, indem Sie zu Wasser werden. Seien Sie mit allen Sinnen bei der Sache und achten Sie auf die körperlichen Empfindungen, die sich dabei einstellen.

Entspannen Sie sich, um ganz Wasser zu sein. Diese Übung wirkt ausgesprochen regenerierend.

Sobald Sie so weit sind, lösen Sie sich von der Wasserquelle, mit der Sie verschmolzen waren, und kommen ganz allmählich wieder zu sich. Kehren Sie in den Raum zurück, in dem Sie sich körperlich aufhalten. Spüren Sie die Lebensgeister, die diese Übung in Ihnen wiedererweckt hat. Nehmen Sie wahr, wie geerdet und präsent Sie jetzt sind.

Sollte es Ihnen nach einer solchen bewusstseinserweiternden Übung schwerfallen, sich zu erden, können Sie sich vorstellen, dass aus Ihren Fußsohlen lange Wurzeln wachsen, bis tief in die Erde. Oder dass Sie an einen Baum gelehnt auf dem Boden sitzen.

Machen Sie es sich zur täglichen Gewohnheit, dem Wasser die Ehre zu erweisen. Wenn Sie sich waschen, das Geschirr spülen oder dergleichen, verbinden Sie sich mit dem Wasser und bedanken Sie sich dafür, dass es den Fortbestand des Lebens sichert. Außerdem heilt und reinigt es uns auch. Beim Trinken von Wasser erweisen Sie Ihre Dankbarkeit für die Nährstoffe, die in ihm sind, und dafür, dass es Sie am Leben hält. Wenn wir uns beim Wasser bedanken und es für alles segnen, was es für uns tut, wird es uns im Gegenzug seinerseits segnen.

Wir müssen ein Bewusstsein dafür entwickeln, was wir dem Wasser (hin)zufügen, und dürfen diesen Lebensspender keinesfalls verunreinigen. Dadurch, dass wir in seiner Gegenwart Liebe ausstrahlen, können wir alle anfangen, es zu säubern.

Hören Sie sich ein Musikstück an, das Sie in einen Zustand erweiterter Achtsamkeit versetzt. Fassen Sie die Absicht, tief in sich zu gehen, um Ihr inneres Licht, Ihre innere Sonne, zu erleben. Für manche ist auch die Vorstellung hilfreich, mit einem Stern zu verschmelzen. Ein Stern muss keine Anstrengungen unternehmen, um zu glänzen, für ihn geht das ganz mühelos. Sterne entscheiden auch nicht, wo ihr Licht hinfällt. Sie strahlen es einfach aus und erhellen das gesamte Leben. Genauso gut können Sie aber auch meditieren und sich vorstellen, den Körper wie einen Mantel abzulegen und ganz in Ihrem inneren Licht zu versinken.

Lassen Sie Ihr göttliches Licht alle Körperzellen erfassen. Nehmen Sie es tief in sich auf und schwelgen Sie darin.

Nachdem Sie das Bad in Ihrem göttlichen Licht etwa fünfzehn Minuten lang genossen haben, beenden Sie diese Erfahrung, ohne sich ganz von Ihrer wahren spirituellen Leuchtkraft zu lösen.

Danach trinken Sie ein Glas Wasser, und während Sie noch strahlen und sich Ihres Lichtes bewusst sind, achten Sie darauf, wie weich, frisch und süß es schmeckt. Es ist kein anderes Wasser als das, das Sie Tag für Tag zu sich nehmen, doch sobald Sie sich gestatten, Ihr Licht zu erfahren und diesen Zustand zu leben, wird das Wasser immer zurückstrahlen.

Bleiben Sie auch im Alltag mit Ihrem Licht verbunden und achten Sie darauf, ob sich Ihre Wahrnehmung anderer Menschen und der Welt verändert, wenn Sie es erstrahlen lassen. Gehen Sie raus, um sich zu vergewissern, dass alles im Leben seinen Glanz hat.

Zünden Sie zu Ehren Ihres inneren Lichts regelmäßig eine Kerze an. Die Flamme reflektiert Ihre Leuchtkraft.

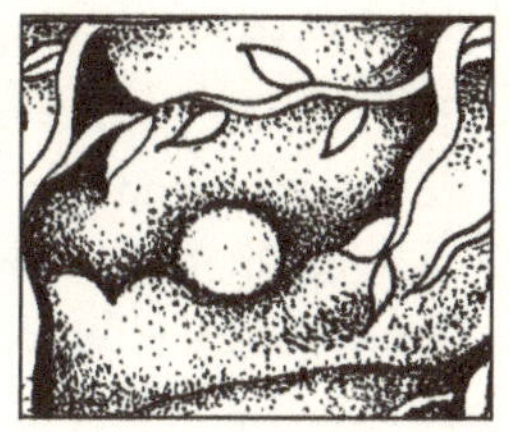

Nebel

Llyn

Verabschieden Sie sich jetzt von Sandras Wüstenlandschaft mit ihren verborgenen artesischen Quellen und reisen Sie gedanklich in ein Land, in dem es fast das ganze Jahr lang Wasser im Überfluss gibt. Sie sitzen auf dem kühlen, feuchten Erdboden und sind von lichten Grünpflanzen umgeben. Auf jedem Blatt und jedem Grashalm funkeln winzige Tautröpfchen, und Sie atmen dieselben reinen Dünste ein, aus denen diese Wasserjuwelen entstanden sind.

Es ist eine ganz eigene Welt. Stundenlang könnten Sie so dasitzen, die Nase auf Wanderschaft schicken und alle Feinheiten in sich aufnehmen. Vielleicht sogar tage- oder wochenlang. Doch diese grüne Insel ist eine Schwelle, hinter der sich kaum Wasser erstreckt, sondern im Wesentlichen Kies.

Der Fluss, der dieses Steinbett gemeißelt hat, führt nur wenig Wasser. Die Regenfälle des Frühjahrs sind vorbei, aber hoch in den Bergen steht die Schneeschmelze noch aus. Schauen Sie jetzt genau auf die ganzen Steine und den Sand, ein Stückchen Erde, das sich in ständigem Wandel befindet. Junge Pflänzchen – Weidenschösslinge, wilde Gebirgslupinen, Flussgräser – wurzeln in dem steinigen Bett, das noch vor Wochen der Fluss in seinem Besitz hatte. Im Hoh River Valley bleibt nichts gleich. Natur und Leben sind hier in ständiger Veränderung begriffen.

Lenken Sie den Blick jetzt auf die bewaldeten Hügel jenseits des Kiesstreifens, wo der alte Baumbestand geheimnisvoll in tief über dem Land liegenden Nebel gehüllt ist. Die zarten Schatten wirken surreal, wie in einem Traum. Je nach Temperatur, Tageszeit und Luftbewegung verändert sich das diffuse Licht. Die Formen im Blick zu behalten, die sich immerzu verwandeln und verdunsten, ist gar nicht so einfach. Beim Versuch, sich auf die Umrisse zu konzentrieren, verschmelzen Sie mit den weißlichen Phantomen, als würden Sie selbst schweben und sich auflösen. Eine euphorische Empfindung.

Für mich beschwören solche Momente die ehrwürdige weibliche Weisheit herauf: »Lehre mich. Lehre mich.«

Nebel ist das kondensierte Wasser der übersättigten Luft – das Schweben kleinster Wasserpartikel in der Atmosphäre. Er erinnert uns daran, dass auch wir hauptsächlich aus Wasser und leerem Raum bestehen und keineswegs massiv sind, sondern eins mit der Harmonie der Natur.

Nebel lehrt uns auch etwas über Nahrung. Täuschend durchscheinend enthält er doch Mengen von Nährstoffen, die den Naturwesen dieses Nebelwaldes zugutekommen – Säugetier-, Insekten-, Fisch- und Pflanzenarten, die sonst nirgendwo bekannt sind. Die dunstigen weißen Schwaden erfüllen sie alle reichlich mit Leben.

Mit Quechua-Schamanen, Abkömmlingen der alten Inkavölker, bin ich einmal durch die ähnlich verschleierten Nebelwälder

der Hochanden gewandert. Dort findet man an den Bäumen üppige Orchideen, die nur von der mit Feuchtigkeit und organischen Substanzen gesättigten Luft leben.

Solche Epiphyten wachsen auch im Amazonasbecken und hier auf der Olympic-Halbinsel im größten gemäßigten Regenwald der Welt. Im Hoh Forest gibt es fast einhundert Arten von Epiphyten – nicht parasitäre Pflanzen, die auf anderen, sogenannten Wirtspflanzen, leben und sich nur von den in der Luft enthaltenen Nährstoffen und dem darin befindlichen Wasser ernähren. Anstelle von Orchideen sind es hier im Nordwesten jedoch überwiegend Moose. Wasserschwer hängen sie an den Zweigen der Bäume. Anders, als die meisten zunächst denken, handelt es sich bei den Moosen nicht um Schmarotzer. Sie tun sich nicht an den Bäumen gütlich, sondern entnehmen tatsächlich alles, was sie zum Leben brauchen, den nährstoffreichen Nebelschwaden, die vom nahen Pazifik übers Land geweht werden. Und es ist sogar so, dass die Bäume in den Moosen wurzeln und deren organische Abfälle und Wasser absorbieren. Dies ermöglicht es ihnen, Wuchshöhen zu erreichen, die sonst undenkbar wären.

So, wie Regen- und Nebelwaldpflanzen dem Nebel Feuchtigkeit und Biostoffe entnehmen (unseren Sauerstoff beziehen wir ja ebenfalls aus der Luft und andere lebenswichtige Substanzen aus Lebensmitteln und Wasser), kann sich der Mensch auch der guten Einflüsse feinster Partikelchen bedienen, die in der Luft liegen. Diese bestehen eher aus Energie als aus Materie, ihre Dichte ist noch geringer als die von Sauerstoff. Nahrung bieten uns also nicht nur die bekannten Lebensmittel, sondern auch das Sonnenlicht, natürliches Quellwasser, frische Luft und feine unsichtbare Energien, die für unsere Gesundheit ebenfalls erforderlich sind.

In seinem Buch *Der altaiische Bilik: Alte Weisheitslehren aus dem sibirischen Altai* schreibt Nikolai A. Schodojew über das Auftreten solcher subtiler Phänomene im asiatischen Altai-Gebirge: »Oft kann man in den Bergen des Altai blauen Dunst oder blaue Färbung (ynaar, tüdüsek) beobachten, die offenbar dadurch entsteht, dass verschiedene natürliche Faktoren zusammenwirken – Sonnenlicht, ›Atmung‹ der Erde und der Pflanzen, Verdunstung und Luftbewegung. Solche Naturphänomene haben wohltuende Wirkung auf Seele und Körper des Menschen, sie lösen in ihm starke Energieschübe aus.«*

Schamanische Traditionen überall auf der Welt wissen die lebensspendenden Kräfte der Natur zu schätzen. In den spirituellen

* Deutsche Ausgabe August 2006, herausgegeben von Ursula Kallhammer, BoD

Mythen einiger Kulturen ist sogar von Wesen die Rede, die jahrhundertelang nur von den Substanzen lebten, die sie der Luft und dem Sonnenlicht entnahmen.

Im Einklang mit den alten schamanischen Traditionen und den zitierten aus dem Altai erinnert uns diese diaphane Bereicherung der ehrwürdigen weiblichen Weisheit des Nebels daran, dass wir uns von subtilen Kräften vitalisieren lassen können. Umkehrt sind auch wir selbst in der Lage, alles in der Umgebung mit unserer beinahe unsichtbaren Strahlkraft positiv zu beeinflussen, wie Sandra es am Beispiel ihrer Wasserarbeit anschaulich beschrieben hat.

Manche können diese lichten Energien sogar optisch wahrnehmen, denken wir nur an den »blauen Dunst oder blaue Färbung«, von der Nikolai Schodojew spricht. Nebel lehrt uns aber, dass es dank der feinstofflichen Kanäle zahlreiche verschiedene Modi gibt, die Natur wahrzunehmen und sogar auch mit ihr zu kommunizieren.

Ich zum Beispiel vernehme in den Ausläufern der Olympic Mountains Gesänge – bezaubernden Singsang, der hier durchs Tal kullert. Manchmal hören sich die Melodien an, als kämen sie aus weiblichen Kehlen, manchmal lassen sie mich mehr an Männerstimmen denken. Ich höre weder Instrumente noch Text, nur hinreißende Töne und Gesänge. So, wie im Hoh Valley alles Leben vom Nebel gespeist wird, hat das Tal auch seine ganz eigenen Rhythmen, und die geben meiner Seele Nahrung. Übrigens können auch manche der Besucher hier die Gesänge hören.

Jeder hat seine ganz eigene Beziehung zu den Mysterien der Natur. Und während ich die subtilen Einflüsse akustisch wahrnehme, ist es gut möglich, dass sie für andere sichtbar sind (wie etwa das Licht im Altai). Oder dass sie die Energie schmecken, riechen beziehungsweise spüren.

Als Mick Dodge, mein Waldführer, eines Morgens die Scheune unmittelbar neben meinem Wohnhaus betrat, verspürte er innerlich so ein gewisses Zupfen. Instinktiv drehte er sich zu einem abgefallenen Ast um, den er ein paar Tage zuvor in die Scheune gelegt hatte, um irgendwann einmal etwas daraus zu schnitzen. Zu der Zeit hatte der Ast noch vollkommen trocken, dürr und unbelebt gewirkt, doch nun war er mit einem Mal über und über mit Pilzen bedeckt. Und bei dem »Zupfen«, das Mick empfunden hatte, handelte es sich um die Lebensfunken dieser zarten jungen Wesen.

Die indigenen Weisheitswege können uns helfen, den leidenschaftlichen Austausch mit der Natur wiederzubeleben, der in allen Menschen angelegt ist. Nikolai Schodojew geht davon aus, dass das Überleben unserer Spezies von der Fähigkeit abhängt, uns auf diese Weise immer wieder mit der Welt der Natur zu verbinden.

»Die biologische Energie ist auch ein Informationskanal, eine Verbindung zwischen dem Menschen und der Tier- und Pflanzenwelt«, schreibt er. »Sie verleiht dem Menschen die Fähigkeit, mit Tieren und Pflanzen in einer gemeinsamen Sprache zu ›sprechen‹, sie zu fühlen und zu verstehen. Dieser Kanal ist ein verlässlicheres und effizienteres Mittel zur Herstellung der Einheit von Mensch und Natur (…) als die modernen technokratischen Versuche, die Umweltprobleme zu lösen.«*

Ich habe schon lange aufgehört, mich zu fragen, ob die Gesänge, die ich höre, nun von den Bergen oder den Bäumen, dem Wasser, den Steinen, dem Wind beziehungsweise anderen Aspekten der Natur stammen, von Menschen oder Geistern. Ich weiß es einfach nicht. Die Natur ist empfindungsfähig und manche Dinge kann man nur mit dem Herzen wahrnehmen oder durch eigene Erfahrung. Sobald ich nicht länger darüber nachdenke, höre ich einfach

* Ebenda, Seite 32.

den Spirit, die ganze Freude und Liebe der Erde – die dynamische Harmonie des Lebens. Die Stimmen berühren meine Seele und haben einen bedeutenden Einfluss auf meine Arbeit. Sie sind Teil des natürlichen Mysteriums des Lebens, das wir zum allergrößten Teil erst noch aufdecken müssen.

Interessanterweise wird das Singen des Landes und der Bäume nicht nur in indigenen Weisheitslehren erwähnt, sondern auch in der christlichen Bibel. Die folgenden Zeilen des Propheten Jesaia aus dem Alten Testament zeigen das sehr schön: »Nun hat Ruhe und Frieden alle Welt und jubelt fröhlich. Auch freuen sich die Zypressen über dich und die Zedern auf dem Libanon und sagen: ›Seit du daliegst, kommt niemand herauf, der uns abhaut.‹«

Wenn wir uns treiben lassen und in der Höhe schweben, berühren der Nebel und ich die Wipfel auf dem Bergzug oberhalb des Flusses. Durch die diesigen Dünste weht mir das Flüstern eines Baumes entgegen: »Diese verwunschene Welt der Bäume, Lande, Naturwesen – alles vereinigt in lebendiger Harmonie. Vergessen die Menschen ihren Platz in diesem Akkord, machen sie uns verwundbar; so empfindlich reagieren wir selbst auf eure Gedanken und Gefühle.«

Ich lebe auf einem kleinen Stück Land in Privatbesitz, das an den Nationalpark grenzt. Fünfzehn Hütten etwa befinden sich darauf, die die meiste Zeit leer stehen. Manche der Eigentümer sind nur während der Jagdsaison hier, andere kommen gelegentlich übers Wochenende. Sobald diese Leute auftauchen, lässt sich der Wapiti, der mich sonst oft besucht, plötzlich nicht mehr sehen, und auch die Gesänge verstummen. Sobald alle weg sind, stellt sich das Wild wieder ein. Sage und schreibe vierzig Wapitis waren einmal bei mir auf dem Grundstück, als wieder Ruhe herrschte. Diese Tiere haben ein geradezu unheimliches Wahrnehmungsvermögen. Und auch die Gesänge fangen wieder an.

Um die Leitbahnen für das Feinstoffliche zu öffnen, muss man ganz leer sein. Vergessen Sie Ihre Pläne für den Tag. Lassen Sie die Zeit Zeit sein. Gehen Sie barfuß, leichtfüßig und lauschen Sie mit dem Herzen. Schlafen und träumen Sie auf der Erde und lauschen Sie mit dem Herzen. Behandeln Sie unsere unsichtbaren Verwandten wie Ihre menschlichen Freunde: Schenken Sie ihnen Zeit und liebevolle Aufmerksamkeit. Dies und mehr lehrt der Nebel.

Wie mein zweiundachtzigjähriger Vater erzählt, der in New England lebt, hält er sich vor allem im Frühjahr gern am Rand einer abgelegenen Sumpflandschaft auf und lauscht ihrem rauschhaften Treiben. Nur schwer kann Dad der Versuchung widerstehen, hineinzugehen und sich all das wunderbare frische Leben auch anzuschauen; aber die Vorstellung, dass ein Mensch den Fuß in dieses Heiligtum setzt, kann er nicht ertragen. Instinktiv kennt er seinen Platz in der lebendigen Harmonie dieses Ökosystems.

Die tiefgründige weibliche Weisheit des Nebels öffnet uns für die Bereicherung durch das Feinstoffliche und für den sensiblen Austausch mit der Natur. Nebel erweckt das Mystische, das jede und jeder in sich hat.

Übungen

Lauschen wir der unberührten Natur, schützen wir sie und seien wir aufgeschlossen für unsere unsichtbare Verwandtschaft mit ihr. Die in diesem Kapitel bisher gegebenen Hinweise sind dafür hoffentlich hilfreich. Zudem können wir jederzeit und überall die Resonanz mit der Natur verstärken und uns für die feinstoffliche Kommunikation mit ihr öffnen. Eine einfache Möglichkeit dafür möchte ich Ihnen im Folgenden aufzeigen.

Unternehmen Sie, wenn möglich, bei Ihnen in der Gegend barfuß einen Spaziergang auf einem Flecken unberührter Natur. Sollte das nicht gehen, weil Sie in der Stadt wohnen, suchen Sie einen Park auf. Falls Sie nicht laufen können, setzen Sie sich in den Hof, betrachten eine Zimmerpflanze oder machen gedanklich einen kleinen Bummel.

Sobald es losgeht, atmen Sie ein paarmal tief durch. Mit jedem Ausatem, jedem Schritt und jeder Bewegung vertieft sich Ihre mentale Entspannung.

Haben Sie kein Ziel vor Augen, streifen Sie einfach umher wie ein Kind. Zu erreichen gibt es nichts, es geht einfach darum zu erkunden, der Natur das Herz und die Sinne zu öffnen.

Gehen Sie langsam, spüren Sie jeden Schritt, den Sie machen, und alle Ihre Körperbewegungen. Nehmen Sie, wie es ein Kind tun würde, alles um sich herum wahr. Was sehen Sie? Was riechen Sie?

Genießen Sie die Erfahrung.

Sollte irgendetwas Ihre Aufmerksamkeit erregen (sozusagen an Ihnen zupfen) - eine Blume, ein Baum, eine Wiese, ein Stein, der Himmel, ein Bach oder was auch sonst -, halten Sie sich eine Weile dabei auf. Nehmen Sie sich Zeit, dieses Naturwesen zu würdigen und sich darauf einzustellen, dass sich die feinstofflichen Kommunikationskanäle zwischen Ihnen beiden öffnen.

Studieren Sie die physische Beschaffenheit dieses Naturwesens. Sollten Sie es angebracht finden, bitten Sie um die Erlaubnis, es berühren und an ihm riechen zu dürfen. Sprechen Sie es an; sprechen Sie aus dem Herzen heraus. Oder teilen Sie sich ihm auf eine andere Art und Weise mit, durch Singen etwa, durch behutsame Bewegungen, ein Gebet oder einfach durch stilles Sein. Achten Sie auf die Gefühle, die in Ihnen entstehen, wenn Sie diesem Naturwesen positive Energie entgegenbringen. Welche körperlichen Empfindungen stellen sich dabei ein? Was nehmen Sie wahr, ohne dass Sie es in Worte fassen könnten?

Sobald Sie sich für den nächsten Schritt gerüstet fühlen, bereiten Sie sich darauf vor, diesem Naturwesen intensiv zu lauschen. Schließen Sie die Augen, wenn es sich richtig anfühlt. Oder machen Sie die Bewegungen, nach denen Ihnen ist. Haben Sie keine Erwartungen. Wünschen Sie sich nichts von diesem Wesen, außer Interesse, Wertschätzung und einfühlsame Präsenz. Hören Sie nicht nur mit den Ohren zu, öffnen Sie auch Ihr Herz und Ihr ganzes Wesen. Entspannen Sie sich und achten Sie auf die Feinheiten Ihrer körperlichen Wahrnehmung. Wird Ihnen warm, spüren Sie ein Kribbeln oder irgendetwas anderes?

Wo genau im Körper empfinden Sie das und wie würden Sie es beschreiben?

Was spüren Sie im Herzen? Was *fühlen* Sie?

Welche Empfindung Sie auch immer haben mögen: Entspannen Sie sich und überlassen Sie sich ihr. Bleiben Sie ruhig, öffnen Sie Ihr Herz und seien Sie ganz Körperbewusstsein.

Nehmen Sie sich so viel Zeit zum Lauschen, wie Sie mögen. Diese einfache Übung wird Sie regenerieren und vermehrt zugleich die guten Schwingungen in der Natur. Spüren Sie den Austausch, der zwischen Ihnen und dem Naturwesen entsteht. Achten Sie auf jedes konkrete Signal, das Sie von der Natur erhalten, zum Beispiel einen Luftzug, den Triller eines Vogels, einen plötzlichen Sonnenstrahl, das Summen eines Insekts, ein Blatt, das anmutig vom Baum fällt, oder was auch immer.

Sie können das Licht, die Schönheit oder alles andere Gute, von dem Sie das Gefühl haben, dass es direkt von dem betreffenden Naturwesen herrührt, bewusst genießen und beim Einatmen in sich aufnehmen. Lassen Sie sich ganz davon durchdringen. Im Gegenzug wäre es eine gute Idee, der jeweiligen Pflanze, dem Baum oder der anderen Gestalt mit dem Ausatmen Ihre Dankbarkeit zu schenken, Ihr inneres Leuchten, die Harmonie oder anderweitig gute Energien, die Sie in sich spüren. Je offener Sie sind, desto stärker werden die unsichtbaren Leitbahnen.

Nehmen Sie sich Zeit. Bleiben Sie in Ihrem Herzen und registrieren Sie auch weiterhin bewusst Ihre Körperempfindungen. Atmen Sie, seien und lauschen Sie. Und nehmen Sie neben Ihren Gefühlen auch alle subtilen Botschaften wahr, die Sie eventuell erhalten.

Räumen Sie sich so viel Zeit ein, wie Sie brauchen.

Sobald Sie das Gefühl haben, dass der Austausch zu einem Ende gekommen ist, drücken Sie Ihre Dankbarkeit aus und verabschieden Sie sich für den Moment von dem Naturwesen.

Auf dem Rückweg gehen und atmen Sie mit dieser lebenssprühenden Kraft der Natur. Sie können sich auch vornehmen, einen Teil der guten Energie, die von Ihnen ausgeht, auf Pflanzen, Steine, Winde, Gewässer, andere Aspekte der Natur oder auch auf Menschen auszudehnen, die davon profitieren können.

Mit jedem Mal, das Sie üben, werden sich Ihre Erfahrungen intensivieren. Und mit der Zeit wird der Austausch mit den feinstofflichen Aspekten der Natur zu einem ganz natürlichen, kraftvollen Teil Ihres Lebens werden.

SAME DER AMERIKANISCHEN WILDPFLAUME UND DIE ERDGÖTTIN NÚNKUI

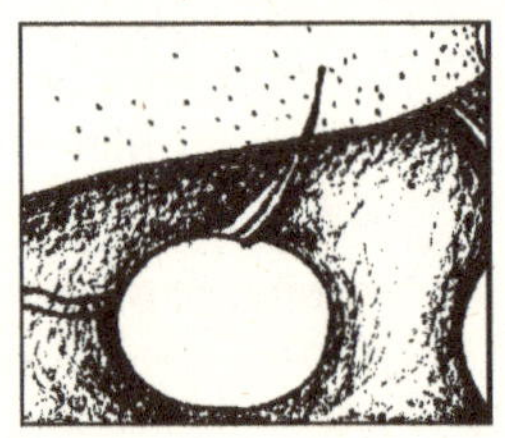

Same der Amerikanischen Wildpflaume

Sandra

Das Frühjahr markiert einen der Höhepunkte der ehrfurchtgebietenden Kreativität in der Natur. Zu dieser Zeit werden vom Wind Samen herbeigetragen, die die Erde bereitwillig aufnimmt, um sie zu hegen und zu nähren. Im Grunde aber ist alles Leben am Transport von Samen beteiligt. Bestimmte Tiere verbreiten sie mit den Ausscheidungen ihres Verdauungssystems, bei anderen setzt sich der Same in eine Pfote oder ins Fell und wird so von einem Ort zum anderen befördert. Vögel mit Samen im Schnabel oder im Gefieder lassen sie fallen, und auch der Insektenflug trägt zur Verbreitung bei. Manche Ameisenarten schleppen Samen sogar in ihre Nester. Und auch Bäche und Flüsse sind Teil des weit

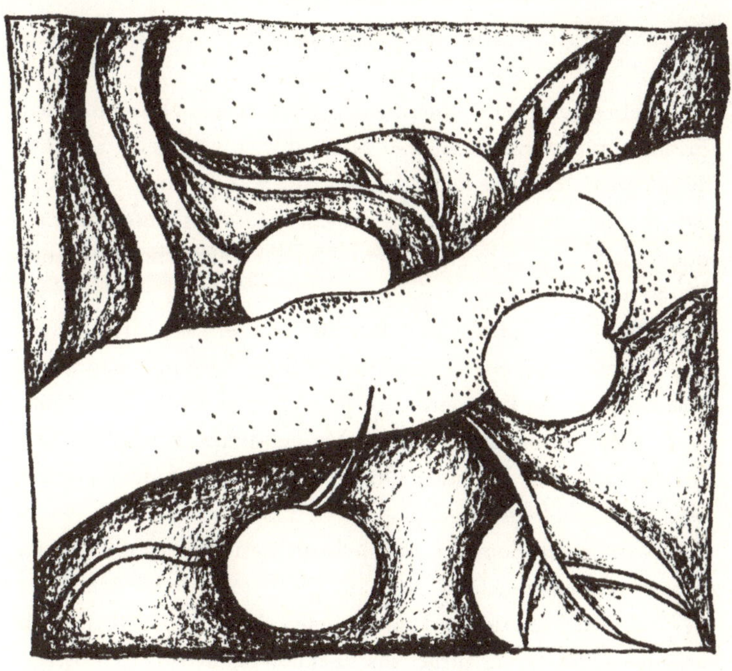

verzweigten Vertriebsapparates. Ganz zu schweigen von den Menschen, die im großen Garten unserer Erde ganz bewusst säen und pflanzen.

In aller Geduld wartet die Erde, bis sich diese Samen ihrem Boden einverleiben. Und dann nährt sie jeden Einzelnen, ungeachtet seines Inhalts, ohne zu unterscheiden, was sich daraus entwickelt. Sie versorgt und umhegt die Samen einfach mit ihrer bedingungslosen universellen Liebe.

Aufgrund der Trockenheit hier sind mein Mann und ich bei der Bewässerung des Gartens auf Regen- und Schneefälle angewiesen. Denn mit unserem Brunnenwasser müssen wir äußerst sparsam sein. Deshalb und weil zudem der Boden sehr mineralreich ist, gelingt es nur den widerstandsfähigsten Samen, genügend lange

Wurzeln zu entwickeln und zu gesunden Pflanzen heranzuwachsen.

Vor ein paar Jahren bemerkte ich plötzlich einen kleinen neuen Strauch im Garten. Quasi über Nacht war er wie aus dem Nichts aufgetaucht. Ich hatte keine Ahnung, um was für ein Gewächs es sich handelt, war aber überaus glücklich, dass auf diesem bislang öden Fleckchen unseres Gartens nunmehr ein schöner grüner Busch heranwuchs.

Im Sommer bildeten sich Früchte an ihm. Sie hatten einen Durchmesser von etwa zweieinhalb Zentimetern und waren von einem herrlichen Dunkelrot. Ich pflückte eine Frucht und traute mich, sie zu probieren. Zu meiner Verwunderung handelte es sich um eine Pflaume. Ein gutes Omen, wie ich fand, denn Pflaumen sind mein Lieblingsobst.

Je weiter der Sommer voranschritt, desto mehr von diesen Wildpflaumensträuchern entdeckte ich in unserem Garten, in jeder Ecke wuchsen sie. Und bald nahmen sie so überhand, dass ich anfangen musste, sie zurückzuschneiden, damit sie das Wurzelwerk unserer anderen Obstbäume nicht beeinträchtigten.

Die Amerikanische Wildpflaume ist ein trockenheitstoleranter Strauch, der seinen natürlichen Lebensraum mit dem süßen Duft zahlloser weißer Blütchen erfüllt. Ein sommergrüner Busch mit niedrigen, zarten Zweigen, die in rotbräunliche Rinde gekleidet sind. Im Frühjahr bildet er kleine dunkelgrüne Blätter aus, die sich zur Spitze hin verjüngen. Sobald der Herbst beginnt, nehmen sie eine gelb-goldene Färbung an, bevor sie schließlich abfallen. Der Versuch, mit dem Tempo Schritt zu halten, das die Pflaumensträucher bei der Produktion von Wurzeltrieben an den Tag legen, kostet allerdings viel Zeit und Mühe. Und ich schleiche immer äußerst vorsichtig um sie herum, weil sich die Zweige ziemlich kratzbürstig aufführen und Schrammen auf der Haut hinterlassen, wenn ich ihnen zu nahe komme.

Obwohl es in der Wüste doch nun wirklich kaum Wasser gibt, wachsen dort erstaunlich viele Pflanzen. Die Natur erteilt uns eben überall und immer wieder Lektionen über die Stärke und Leidenschaftlichkeit des Lebens.

Mitten im Sommer ist mein Grundstück voller Malven, Königskerzen, schöner purpurfarbener Astern, Flieder, Traubenhyazinthen und sogar Vertretern einer Glockenblumenart. Staunend schlendere ich zwischen ihnen umher und betrachte die Schönheit dieser Pflanzen, die trotz des Wassermangels so üppig wachsen und gedeihen.

Irgendwann wurde mir klar, dass ich von ihnen profitieren könnte, von ihrer Kraft und ihrem Überlebensgeschick in diesem brutalen, schwierigen Klima. Nach und nach bewog mich das dazu, Blütenessenzen aus diesen gesunden Pflanzen herzustellen. Und wenn ich jetzt in einer schwierigen Situation das Gefühl habe, mich auf meine eigene Kraft besinnen zu müssen und dafür ein bisschen Unterstützung zu brauchen, nehme ich ein paar Tropfen, je nachdem, welche der Pflanzen mich in diesem Moment am meisten als Verbündete anspricht.

In der Pflanzenwelt fängt alles mit einem Samen an. Denn der Same steckt voller Potenzial. In ihrer Intelligenz hat die Natur für alle Samen einen Bauplan erschaffen, der sie darauf programmiert, zu gedeihen und gesund zu sein. Wer sich über die Kraft, das Potenzial und die innere Weisheit informiert, die jeder Same besitzt, kann viel über sich selbst erfahren. Denn wir als Menschen sind ja auch ein Teil der Natur mit Leidenschaft fürs Leben und einem Bauplan, der uns darüber unterrichtet, wie wir gesund bleiben und gedeihen können.

Gerade was Gesundheit und Wohlbefinden betrifft, bietet sich die Metapher des Gartens an: Wir können einen reichen inneren Garten anlegen und als Samen Worte und Gedanken wählen, von denen wir möchten, dass sie groß und stark werden.

Dabei müssen wir aber auch auf einige der wilden Samen achten, die wir in unserem Garten verstreuen und säen, denn oft bringen wir Gedanken- und Wort-Samen aus, ohne es überhaupt zu wissen: abwertende Einstellungen und Äußerungen, die sich ausbreiten und schließlich unseren ganzen inneren Garten überwuchern. Wir nähren diese Pflanzen und unterstützen sie in ihrem Wachstum, weil uns das Bewusstsein dafür fehlt, was wir da eigentlich düngen und fördern. Weil wir nur allzu oft Worte verwenden und Dinge denken, die nicht im Einklang mit den positiven Visionen stehen, die wir für uns selbst und den Planeten haben.

Doch wenn wir stattdessen diese positiven Visionen hegen und pflegen, werden sich ihre Wurzeln immer tiefer im Boden unseres inneren Gartens verankern und uns zu einem Leben verhelfen, das voller innerer Freude, Gesundheit und innerem Wohlstand ist.

Wenn Sie einen Tannenzapfen in der Erde versenken und ihn gießen, erhalten Sie einen Tannenbaum und keine Eiche, so ist das nun mal. Trotzdem bringen wir oft abwertende Gedanken beziehungsweise Haltungen aus und rechnen fest damit, dass daraus positive Visionen erwachsen. So aber funktioniert die Natur nicht.

Auch von der Außenwelt erwarten wir oft, dass sich irgendetwas darin auf wundersame Weise verändert. Dabei vergessen wir aber den genuin weiblichen Prozess des Gebärens. Ein Baby ist nicht mit einem Mal da; vielmehr wächst der Fötus in der Gebärmutter allmählich heran, und das Kind wird genau dann geboren, wenn die Zeit dafür gekommen ist. Jede Pflanze, jeder Baum beginnt in einem Samen. Die Wurzeln erstrecken sich in die Erde, dann wächst mit der Zeit der Stängel beziehungsweise Stamm und bildet Zweige heraus, an denen sich später Blüten und Früchte entwickeln. Auch sie entstehen nicht von selbst.

Allem, was uns in der Außenwelt begegnet, liegt ein tief greifender innerer Prozess zugrunde. Der weibliche Prozess des Erzeugens, Heranreifens und Gebärens.

Wenn wir uns davon überzeugen wollen, welche inneren Prozesse sich in unserer Umwelt manifestieren und Raum greifen, können wir einen Blick in unseren inneren Garten werfen. Mithilfe der Samen-und-Garten-Metapher lässt sich gut herausfinden, was in unserem äußeren Leben gerade am Wachsen und Gedeihen ist.

Indigene Kulturen zeichnen sich durch die Kraft, Stärke und den Glanz aus, die in den Augen von Menschen zu erkennen sind, die im Einklang mit der Natur leben. Bei ihnen hängen innere Stärke und Freude nicht von den Geschehnissen in der Außenwelt ab. Die fest in ihnen verankerte Kraft und ihr Lachen entstammen der Tiefe einer inneren Quelle und fruchtbaren Landschaft, die bedingungslose Freude am Leben als solchem hervorrufen. Diese Freude ist die Folge der Kultivierung eines sehr reichen inneren Gartens.

Viele von uns verknüpfen das Erleben von Freude mit Geschehnissen in der Außenwelt, statt dass wir diese einfach durch uns hindurchfließen lassen. Wenn wir unsere Freude, Liebe oder welches Gefühl auch immer mit äußeren Ereignissen verbinden, machen wir unsere Verfassung von Dingen abhängig, die außerhalb unserer selbst stattfinden. Und da sich die Lebensumstände ständig verändern, werden unsere guten Gefühle wie Freude, Liebe, Staunen oder Harmonie zu flüchtigen Phänomenen. Das gilt auch für das Empfinden von Geborgenheit und Sicherheit, denn je nach den Verhältnissen, die im Außen gerade herrschen, fühlen wir uns mal geborgen und schon am nächsten Tag womöglich nicht mehr. Zum Beispiel im Beruf: Heute gehen Sie noch fest davon aus, dass Ihr Arbeitsplatz sicher ist, doch dann kommt es zu einer unvorhergesehenen wirtschaftlichen Veränderung und mit einem Mal müssen Sie um Ihre Stelle bangen. Da können Sie leicht das Gefühl bekommen, in einer emotionalen Achterbahn zu sitzen.

Während sich die Welt ständig verändert, wandelt und weiterentwickelt, müssen Sie Ihre Aufmerksamkeit nach innen richten und dort die Freude, Liebe, das Gefühl von Sicherheit, Geborgenheit und Frieden in Beständigkeit finden, die nicht von äußeren Umständen abhängen. Es kommt darauf an, dass Sie die Erfahrungen, die Sie mit Ihrer inneren Quelle und dem Garten von Freude, Liebe, Geborgenheit, Sicherheit und Frieden verbinden, Moment für Moment genau beobachten, mit ihnen arbeiten und sie vertiefen. Machen Sie einen Spaziergang und lassen Sie dabei einfach die Anmut der Natur auf sich wirken, unabhängig von den äußeren Umständen. Was auch immer geschieht, dieser Planet ist nach wie vor von großer Schönheit.

Denken Sie über die einfachen Freuden nach, die nicht davon abhängen, was in Ihrem Leben vorgeht. Meditieren Sie über dieses Prinzip, denken Sie darüber nach, auch während Ihrer Spaziergänge, und achten Sie darauf, ob Sie einen Zugang zu Ihrem inneren Wesenskern finden können, in dem Geborgenheit, Sicherheit, Freude, Liebe und Frieden herrschen – völlig unabhängig von allem, was sich in Ihrem Leben abspielt.

Da sowohl unser Alltag als auch der gesamte Planet ständig einem tief greifenden Wandel unterworfen sind, beginnen viele von uns, intensiver über den Sinn des Lebens nachzudenken. An einem bestimmten Punkt wird uns bewusst, dass die Konzentration auf die Außenwelt nicht glücklich macht. Dass es nicht die Anhäufung materieller Güter ist, die dem Leben Bedeutung verleiht. In dem Maße, in dem wir wachsen und uns persönlich weiterentwickeln, lernen wir zu erkennen, dass der wahre Sinn des Lebens und echter Wohlstand in uns selbst liegen.

Je mehr ich in mich gehe und den Reichtum meines inneren Gartens erfahre, desto deutlicher erkenne ich für mich den Sinn des Lebens darin, ein Kanal für Liebe und Licht zu werden. Denn was könnte man als Mensch wohl Höheres erreichen?

Wir neigen dazu, dass wir unseren Garten, und zwar sowohl den im Außen als auch den im Inneren, allzu sehr domestizieren wollen. Was wir aber brauchen, ist Ausgewogenheit. Das heißt, wir müssen einerseits den wilden Samen gestatten, Wurzeln zu schlagen und sich zu entwickeln, uns aber andererseits auch darum kümmern, dass aus allen Gewächsen starke, gesunde Pflanzen werden.

So, wie sich aus wilden Samen oft die prächtigsten Pflanzen entwickeln, wurzeln auch scheinbar verrückte, spontane Ideen häufig besonders tief und zeitigen die schönsten Ergebnisse. Und in jeder von uns ist für die wilde, spontane Frau ein Ehrenplatz reserviert.

Wenn Sie über Ihr Leben nachdenken, erinnern Sie sich vielleicht auch gern an Momente, in denen sich aus spontanen Ideen, die Ihnen gekommen sind, erfreuliche, sinnvolle Erfahrungen ergeben haben.

Fangen Sie also an, Ihre ungezügelte, spontane Seite zu stärken. Genießen Sie den wilden Aspekt des Weiblichen.

Wild wachsende Pflanzen sind vital, stark und gesund. Sie repräsentieren die nicht domestizierte Kraft des Weiblichen. Vielleicht ist es für Sie ja jetzt an der Zeit, sich etwas von Ihren gezähmten Anteilen zu lösen und die wilde Weiblichkeit in sich zu erkunden?

Zu guter Letzt dürfen wir auch nie vergessen, dass Samen immer genau zum richtigen Zeitpunkt keimen. Sie können Jahre darauf warten, dass die Umstände etwas schließlich zulassen. Denn dieses richtige Timing gilt auch für uns Menschen; selbst wenn wir das Gefühl haben, unser Wachstum gehe nicht schnell genug voran, dürfen wir die Geduld nicht verlieren. Wichtig ist, dass wir unseren Garten ständig düngen, pflegen und gießen, um so die besten Voraussetzungen für ein gesundes Wachstum zu schaffen.

Übungen

Stellen Sie Trommel- oder meditative Instrumentalmusik an. Sie wird Sie auf der Reise zu Ihrem inneren Garten unterstützen. Vielleicht möchten Sie auch die Vorhänge zuziehen oder die Fensterläden schließen, um den Raum abzudunkeln. Finden Sie einen Platz, an dem Sie etwa zwanzig Minuten lang nicht gestört werden können, legen Sie sich dort hin oder nehmen Sie auf einem Stuhl Platz. Während Sie der Musik lauschen, stellen Sie sich vor, eine Reise zu Ihrem inneren Garten zu unternehmen. Dies ist die Fortsetzung Ihrer Arbeit mit der Heckenrose.

Sie können um die Begegnung mit einem Meistergärtner bitten, der Ihnen bei Ihrer inneren Gartenschau behilflich sein kann.

Als Erstes untersuchen Sie die Erde in Ihrem inneren Garten. Prüfen Sie mit den Fingern die Fruchtbarkeit, die Beschaffenheit und den Feuchtigkeitsgehalt des Bodens, die darüber bestimmen, wie gesund er ist. Nehmen Sie etwas Erde in die Hand und führen Sie sie an die Nase, um herauszufinden, ob sie fruchtbar und feucht riecht. Untersuchen Sie im Anschluss daran Gesundheitszustand und Kraft der Blumen und anderen Pflanzen, die in Ihrem Garten wachsen. Richten Sie Ihr Augenmerk darauf, ob sie von intensiver Farbe sind und vital aussehen oder ob sie müde wirken und so, als würden sie ums Überleben kämpfen. Die erhaltenen Informationen geben Ihnen erste Hinweise auf die Pflege, die Ihr innerer Garten benötigt.

Betrachten Sie als Nächstes die wilden Samen, die Sie im Laufe Ihres bisherigen Lebens ausgebracht haben – die Gedanken, Worte, Einstellungen und Überzeugungen, die in Ihrem Garten zu starken Pflänzchen heranwachsen. Stellen

Sie fest, welche wild wuchernden Gewächse entfernt werden müssen. Und beginnen Sie, Samen der Liebe, Inspiration und Hoffnung für sich selbst und den ganzen Planeten in der Erde zu verstreuen. Stellen Sie sich Ihre täglichen Äußerungen und Gedanken als Samenkörner vor. Pflanzen Sie nur das an, was Sie nachher tatsächlich in der Welt sehen möchten. Säen Sie auch Körner aus, die Ihre Wünsche, Ihr Mitgefühl und Ihre Versöhnlichkeit enthalten.

Stellen Sie sich dann vor, dass Sie kleine Bereiche Ihres Gartens jeweils mit den Samen guter Erinnerungen und Dankbarkeit für alles, was Sie haben, bedenken. Begießen Sie den Boden mit Ihrer Liebe, damit die Samen auch keimen können.

Nach dem Erleben Ihres inneren Gartens bleiben Sie noch eine Weile still liegen oder sitzen, während Sie weiter der Musik lauschen. Überdenken Sie die Erfahrungen, die Sie soeben gemacht haben. Nehmen Sie sich vor, Ihrem inneren Garten künftig regelmäßig einen Besuch abzustatten, damit Sie den Boden auch weiterhin bestellen können. Beobachten Sie, wie fruchtbar und ergiebig der Boden im Laufe der Zeit wird. Nehmen Sie sich vor, auch künftig die positiven Samen auszubringen, die Sie zu starken, gesunden Pflanzen heranwachsen sehen möchten und die Ihnen zu innerer Kraft, zu Frieden, Harmonie und Lebensfreude verhelfen werden.

Setzen Sie Ihre ganze Fantasie ein, um in Ihrem inneren Garten auch einige wilde Samen auszubringen, im Vertrauen darauf, dass sie unter den richtigen Bedingungen Wurzeln schlagen und sich zu einem Quell allgemeiner Freude weiterentwickeln.

Sobald Sie so weit sind, lenken Sie Ihre bewusste Aufmerksamkeit wieder auf Ihr materielles Umfeld. Atmen Sie ein paarmal ein und aus. Genießen Sie Ihren inneren Frieden, lächeln Sie in sich hinein und lassen Sie sich von Ihrem inneren Licht durchfluten.

Das Leben wird auch weiterhin mit Veränderungen aufwarten. Der Anbau eines reichhaltigen inneren Gartens wird Ihnen dabei helfen, zentriert und im Gleichgewicht zu bleiben, was auch geschehen mag.

Die folgende Übung lässt Sie die Kraft eines Samenkorns erfahren. Und da auch wir Menschen Teil der Natur sind, verfügen wir über genau dasselbe Potenzial und dieselbe Kraft.

Gehen Sie in einen Park oder Garten und suchen Sie sich dort einen Baum oder eine andere Pflanze, von der Sie sich angezogen fühlen. Setzen Sie sich zu ihr. Schließen Sie die Augen und mobilisieren Sie Ihre Fantasie. Mit deren Hilfe reisen Sie ins Innere der Erde hinab, um dem Samen zu begegnen, aus dem dieser Baum beziehungsweise diese Pflanze ursprünglich hervorgegangen ist.

Spüren Sie in Ihrem eigenen Körper der noch nicht realisierten Energie und der leidenschaftlichen Lebenslust nach, die dieser Same enthält. Nehmen Sie den Bauplan wahr, der alle Handlungsanweisungen für ein gesundes Leben umfasst. Achten Sie auf den Strom von Stärke, Kraft und Energie, der durch Ihren Organismus fließt, sobald Sie sich auf den machtvollen Prozess einstellen, dem dieser Baum, diese Pflanze ihre Geburt verdankt. Nehmen Sie sich dann etwas Zeit, um sich selbst als Same des Lebens zu erfahren und die in Ihrem Inneren schlummernden Informationen zu spüren. Freuen Sie sich über das große Wissen, das Ihnen beim Erblühen helfen wird.

Wenn Sie so weit sind, nehmen Sie ein paar tiefe Atemzüge und bringen Ihre Dankbarkeit für das Leben, das Sie führen, zum Ausdruck. Die Samen der Erkenntlichkeit, die Sie in Ihrem inneren Garten hegen, kreieren eine Schönheit und Kraft, die Ihnen letztlich auf allen Ebenen Ihres Seins zugutekommen.

Öffnen Sie die Augen und betrachten die von Ihnen gewählte Pflanze. Spüren Sie die starke Verbindung, die Sie dadurch, dass Sie ihr Wachstum, ihre Intelligenz und Vitalität nachempfunden haben, zu ihr aufbauen konnten.

Nehmen Sie sich ganz fest vor, in Zukunft mehr auf die Samen zu achten, die Sie in Ihrem inneren Garten säen und aufziehen.

NÚNKUI, DIE ERDGÖTTIN

Llyn

Ich liebe Sandras Geschichte von den Samen der Amerikanischen Wildpflaume. Dass sie den Weg zu ihr, in ihren Garten gefunden und sich zu Bäumchen entwickelt haben, an denen ausgerechnet Sandras Lieblingsobst wächst, mutet mich geradezu magisch an.

Die Erdgöttin Núnkui ist die perfekte Ergänzung zur weisen Lehrerin Wildpflaume. Ich bin dem Waldgeist Núnkui schon vor vielen Jahren zum ersten Mal begegnet, als ich mit John Perkins Gruppenreisen nach Ecuador zu einem abgeschieden lebenden Stamm im Amazonastiefland leitete, der nur mit einem winzigen Flugzeug erreicht werden konnte, das auf einer mit der Machete aus dem Regenwald geschlagenen Landebahn aufsetzte. Die Shuar – weder Inkas noch Spanier vermochten sie niederzuringen – waren ursprünglich Kopfjäger und lebten harmonisch mit dem Wald zusammen.

Erst im 20. Jahrhundert veränderte sich der Lebensstil der Shuar unter dem Einfluss christlicher Missionare so, dass sie selbst in den abgelegensten Landesteilen begannen, die Erfüllung ihrer täglichen Bedürfnisse, wie etwa nach Kleidung und Schulbedarf für die Kinder, außerhalb des Waldes zu suchen. Außerdem wuchs die Bevölkerung rasant an – mit der Folge, dass der Wald nicht mehr in der Lage war, alle mit dem Nötigen zu versorgen.

Heutzutage bekämpfen die historisch unbesiegten Shuar-Krieger die Ölkonzerne, die das Land ihrer Ahnen bedrohen. Beistand erfahren sie sowohl in Bezug auf die Bewahrung ihrer traditionellen Sitten und Gepflogenheiten als auch wegen der Gefahr der Zerstörung der Regenwälder von Núnkui, der Erdgöttin, die alles Wachstum nähert.

Tagsüber lebt Núnkui unter der Erde und hütet dort die Sämlinge und Wurzeln der Pflanzen. Bei Einbruch der Nacht schraubt sie sich wie ein sich entwickelnder Keim oder eine Wasserquelle an die Oberfläche, um die bereits sprießenden Pflanzen zu umhegen.

Untertags entzieht sich die nimmermüde Núnkui den Blicken, weil der Schauplatz ihres segensreichen Wirkens in der Erde liegt, und später ist es dann bereits zu dunkel, um sie dabei zu beobachten. Núnkui braucht keinen Prunk und keine Lobpreisungen, denn ihre größte Wonne ist das Leben selbst.

Wenn ich hier im Pazifischen Nordwesten der Vereinigten Staaten bei Núnkui sitze, sehe ich ihr taillenlanges rotbraunes Haar von Tau befeuchtet, kleine Zweige und Ästchen kleben daran. Für mich riecht sie grün, wie die luftigen Waldmoose und die lichten Pflanzen an den Bächen.

Der dunkelhaarige Waldgeist Núnkui gehört zu den Shuar. Ich als Keltin fühle mich mehr mit einem anderen Wald verbunden.

Die Namen und Erscheinungsformen des weiblichen Erdgeistes sind so unterschiedlich wie die Landschaften und Gewässer, die

den Globus umspannen. Diese verehrte Göttin ist immer da und sie ist überall – jenseits aller Orte, Bezeichnungen und sogar der Zeit. Indem wir uns der Erde annehmen, können wir sie herbeilocken.

Der weibliche Archetyp Núnkui öffnet uns für die Fülle und das Mysterium all dessen, was im Dunkeln gedeiht – zum Beispiel können Kinder über Nacht einen Wachstumsschub von mehr als zweieinhalb Zentimetern haben; während des nächtlichen Schlafes regenerieren wir, und aus der dunklen Nacht der Seele, wie Depressionen auch genannt werden, können wir vollkommen verwandelt hervorgehen. Eine Tragödie, ja sogar der Tod, kann einen neuen Lebenszyklus einleiten. Meiner Erfahrung nach bereichert uns Núnkui nicht nur in eigenen Krisen, sondern unterstützt uns zudem, wenn wir Zeugen des Leids von anderen Menschen, Tieren oder heutzutage auch der Natur werden.

Ich möchte Ihnen jetzt von einer Situation erzählen, in der mir der Spirit des Waldes, mit welchem Namen wir ihn auch belegen möchten, einmal von großer Hilfe war. Auf dem Streifen privaten Landes im Hoh-Regenwald, auf dem ich lebe, habe ich das Glück, dass ganz nahe bei meiner Hütte viele alte Ahornbäume und Fichten stehen. Als ich hierherzog, ging ich oft in einem nahe gelegenen Sekundärwald spazieren, walken oder joggen, der an den verbliebenen unberührten Bestand alter Bäume angrenzte. Ich musste dort immer weinen. Reife, ausgewachsene Stümpfe hockten dort wie Riesenphantome inmitten der kümmerlichen neuen Bäume. Der ursprüngliche Wald musste einfach großartig gewesen sein. Und nun gab es ihn nicht mehr.

Ich sprach mit den Stümpfen, den Großmüttern und Großvätern, und zeigte ihnen sowohl Dankbarkeit als auch meine Trauer. Ich war verzweifelt, aber zugleich empört, weil immer noch so viele Bäume geschlagen werden, nicht nur hier, sondern auch anderswo. In vielen Regionen entfernt man jetzt sogar die alten Baumstümpfe, das genetische Vermächtnis des einstigen Waldes im Erdboden, aus dem neues Leben entsteht.

Die amazonischen Stämme führen einen engagierten Kampf für den Erhalt ihrer Bäume. Einige ihrer nordamerikanischen Unterstützer wären jedoch schockiert, wenn sie erführen, dass auch bei uns, direkt im Staate Washington, ein großer Teil des gemäßigten Nebelwaldes gerodet wird, hauptsächlich für Käufer aus dem Ausland.

Gefühle sind Wegweiser. Dessen war ich mir bewusst. Und trotzdem bin ich nicht über die Verzweiflung hinausgekommen.

Bei einem meiner Spaziergänge tauchte die Herrin des Waldes auf. In der bodenlosen Tiefe meiner Trauer nahm ich sie durch tränenverhangene Augen plötzlich wahr wie zum ersten Mal – in der fröhlichen, unaufhaltsamen Vegetation, von der ich umgeben war. Zahllose Bäume und andere Pflanzen – Farne, Sauerklee, Schierling, Kiefern, Moose und viele, viele mehr –, Brüder und Schwestern, schraubten sich aus der fruchtbaren dunklen

Erde empor, ernährten sich vom Tod, dem Erbgut des alten Baumbestandes. Verzücktes Leben überall, sicht- und spürbar. So sehr hatte ich mich in den Verlust hineingesteigert, dass mir die ganze Schönheit direkt vor meinen Augen vollkommen entgangen war.

Ich erinnerte mich an den Tod einer lieben Freundin vor vielen Jahren, als ich beim besten Willen nicht aufhören konnte zu weinen. Damals hatte ich die Erkenntnis gewonnen, dass beides, sowohl meine Tränen als auch die Trauer, die mir schier das Herz brach, Ausdruck der reinen Liebe waren, die ich für meine Freundin empfand. Im Wissen, dass es sich um Liebe handelte, ließ ich meine Traurigkeit jetzt zu und gab mir das Versprechen, noch mehr Liebe zu erzeugen und sie sowohl dem vorhandenen als auch dem künftigen Leben in diesem Wald zukommen zu lassen.

Beim Laufen schmetterte ich diese Liebe und Freude aus mir heraus, als ich mit meinen Baum-Brüdern und -Schwestern feierte, ihnen gute Energie schickte und meinen Vorsatz bekräftigte, »die Menschen mit der Natur zu vereinen«. So, wie man Essensreste kompostiert, um den Boden anzureichern, hatte die Erdgöttin meine schwierigen Gefühle recycelt. Sie hatte sie umgewandelt in den festen Entschluss, die Pflanzenwelt zu schützen, und in die Hoffnung, dass wir in der Lage sind, die alten Wälder wiederzubeleben.

Núnkui gibt uns Hoffnung und zeigt uns die Chancen, die sich in schwierigen, schmerzhaften Situationen eröffnen. Wenn vollkommene Dunkelheit zu herrschen scheint, lässt sie ihr Licht scheinen. Und sie ist unsere Begleiterin in problematischen Zeiten, die dem persönlichen Wachstum dienen können. Der Spirit der Erde ist wie eine alchemistische Hebamme, die das wahre Wesen nährt.

Núnkui ist mit der Nacht verbunden, und die Nacht vollendet den klassischen Zyklus des Übergangs von der Dunkelheit ins

Licht. Sie sagt: »Bleib entspannt, in Begierde wie in Angst. Finde Ruhe in meinen spiraligen Bewegungen und nimm die Dunkelheit als Licht wahr.«

Wir können uns Núnkuis Licht nutzbar machen, indem wir nachts auf unsere Träume achten und in den frühen Morgenstunden beim Aufwachen wahrnehmen, was da blüht oder sich regt. In der Abenddämmerung werden die aus persönlichen und kollektiven Hoffnungen, Ängsten und Konditionierungen gewebten Schleier der Wirklichkeit durchlässiger und das Heilige, das immer da ist, wird sichtbarer.

Alle indigenen schamanischen Völker, die mir bekannt sind, bringen der Kraft der Nacht gebührenden Respekt entgegen. Sowohl die Nomaden in der Weite der asiatischen Steppe, die für die Überfälle von Banditen bekannt ist, als auch die Bewohner des Amazonasgebiets, die sich inmitten wilder Tiere zur Nacht betten, achten zu ihrem Schutz auf mögliche Geräusche und Bewegungen. Die indigenen Völker im Amazonasbecken, in der Mongolei, in Tibet und anderswo richten ihr Augenmerk auf Träume und Geister und nutzen die Kraft der Nacht, um in andere Welten vorzustoßen.

Núnkui sagt: »Öffne dich für die fruchtbare Nacht. Stimme dich auf mich ein, die Muse spiraliger Bewegungen und der Fülle.«

Núnkui, die die Setzlinge dazu bringt, sich zu den Pflanzen zu entwickeln, die die Shuar verzehren, ist untrennbar mit Ernährung verbunden. Einer Legende zufolge schickte sie eines ihrer Kinder zu den Langhäusern der Shuar, als die Pflanzen, die sie bislang im Wald und am Flussufer gesammelt hatten, immer weniger wurden. Es sollte ihnen beim Anbau von Nahrungspflanzen helfen.

Wie in allen Ursprungskulturen singen auch die Shuar-Frauen den Pflanzen und der Erdgöttin noch heute ihre alten geheimen Lieder vor (die bei den Shuar Anent-Gesänge heißen), um für eine reiche Ernte zu bitten. Im Kapitel über Mais gibt Sandra spannende Einblicke in die Bittgesänge an die Naturwesen und die Erde.

Interessanterweise haben Wissenschaftler herausgefunden, dass beim Singen eine Extraportion Kohlendioxid freigesetzt wird, die das Wachstum der Pflanzen in der Nähe beschleunigt. Auch die beim Singen entstehenden Schallwellen wirken sich positiv auf ihr Wachstum aus. Und dass wohlklingende Musik sowohl Zimmer- als auch Nutzpflanzen förderlich ist, hat sich mittlerweile ja bereits herumgesprochen.

So wertvoll wissenschaftliche Erkenntnisse auch sein können, neigen sie doch dazu, das Mysterium des Lebens in seine Einzelteile zu zergliedern und andere Faktoren, die feinstofflichen, die ebenfalls Aspeke der natürlichen Wachstumsprozesse sind, zu ignorieren.

Bei den Shuar bekommen Sie den Sachverhalt in ganz einfachen Worten erklärt: »Wenn eine Frau bei der Pflege ihres Gartens die alten Anent-Gesänge anstimmt, macht das Núnkui glücklich, und deshalb wachsen die Pflanzen.«

Durch die heiligen Gesänge, mit denen sie Núnkui herbeirufen, und dadurch, dass die Shuar-Frauen die Pflanzen beim Singen liebevoll umhegen, erwecken und intensivieren sie die Lebenskraft der Nahrungsmittel, die sie anbauen. Ihre schönen durchdringenden hohen Stimmen versetzen die Frauen in einen erweiterten Bewusstseinszustand, in dem sie mit dem Geist des Waldes verschmelzen. Bei den Shuar weiß man eben, dass das Leben mehr benötigt als die vier Elemente und dass es am besten gedeiht, wenn die spirituelle Kraft stark ist – in Núnkuis Anwesenheit.

Während die Frauen Núnkui etwas vorsingen, *sind* sie Núnkui.

Wenn wir der Erde Liebe und Güte entgegenbringen, indem wir singen, die Pflanzen hegen, Opfergaben darbringen, Zeremonien abhalten, gute Gefühle verbreiten, feiern und friedlich mit der Natur zusammenleben, können auch wir mit diesem durch und durch weiblichen Spirit verschmelzen.

Verweigern die Frauen einer Shuar-Familie Núnkui, der Spiralbewegung des Lebens, die Ehrerbietung, zieht die Erdgöttin zum nächsten Stamm weiter. In der Folge leiden die Pflanzen und die Nahrung aller steht auf dem Spiel.

In alten Erzählungen heißt es, Núnkuis Kind sei es gewesen, das den Shuar beigebracht habe, Chicha zu brauen, ein schwach alkoholisches Getränk aus Maniokwurzeln (auch Yuca oder Cassava genannt), die von den Frauen ordentlich durchgekaut und dann in Flaschenkürbisse gespuckt werden. Bei den Shuar wird Chicha ausschließlich von Frauen serviert und ist *der* Trunk schlechthin. Den ganzen Tag über nehmen Menschen jeden Alters dieses dickflüssige, angenehm nach Bier schmeckende Getränk anstelle von Wasser zu sich, das dort, wo die Shuar leben, allzu viele Verunreinigungen organischen Ursprungs aufweist.

Núnkuis Kind brachte den Stämmen auch das Jagen und Kochen bei. Wie die Alten sagen, hätten sich die Shuar anfänglich über all das Neue gefreut, das sie lernen durften, dass sie dann aber den Hals nicht voll genug gekriegt hätten. Als Reaktion darauf holte Núnkui ihr Kind wieder zu sich zurück. Den Shuar war diese Tragödie eine Lehre. Fortan hielten die Mütter ihre Töchter an, sich liebevoll um den Garten zu kümmern und den Kontakt mit dem Spirit der Erde zu pflegen. Von den Männern wurde verlangt, dass sie nur so viele Tiere erlegten und Bäume schlugen, dass das Gleichgewicht der Natur nicht in Gefahr geriet. Mehr als nötig durften sie ihr nicht entnehmen.

In der Geschichte von Núnkui, die ihr Kind den Shuar wieder weggenommen hat, spiegelt sich die Situation wider, in der wir uns heute befinden – aufgrund unserer Habgier und mangelnden Reife abgeschnitten vom Samen des Lebens und von der Erde.

Um das Gleichgewicht wiederherzustellen, kümmern wir uns um die natürliche Umwelt, versuchen, die ökologische Balance zu halten, und respektieren ihr Mysterium. Dabei kehrt allmählich die Zuversicht zurück. Doch fühlen sich selbst diejenigen unter uns, die viel tun, um der Erde nahe zu bleiben, trotzdem oft noch von ihr abgeschnitten.

Als ich mit Schamanismus und Energieheilung anfing, wurden beide von vielen noch als Teufelswerk betrachtet. Inzwischen hat das Interesse an einer ganzheitlichen Weltsicht enorm zugenommen. Und in dem Maße, in dem Reiki und der Schamanismus an Anhängern gewannen, vermehrte ich meine Reisetätigkeit. Doch es holte mich irgendwann ein, dass ich partout jede Gelegenheit wahrnehmen wollte, Kurse zu leiten und Vorträge zu halten. Ich flog zu viel, aß zu oft in Restaurants und übernachtete weit häufiger in Hotels, als mir guttat. Und gut angefühlt hat es sich auch nicht. Es war im Grunde ein Witz. Schließlich wusste ich genau, dass alle Schamanen, die ich kannte, in der Erde verwurzelt waren und ihre ganze Kraft aus ihr bezogen, insbesondere aus dem Boden ihres jeweiligen Heimatlandes.

In dieser Zeit träumte ich immer wieder von der Erdgöttin. Sie erschien mir in verschiedenerlei Gestalt und unter vielfältigen Umständen, aber ihre Botschaft war immer die gleiche: »Finde zur Erde zurück; lass deine Füße tiefer in sie einsinken als je zuvor.«

Ich hörte auf sie und verankerte mich so tief in der Erde, wie es mir möglich war.

Nicht jeder muss am Rande der Wildnis leben, aber wir alle sollten den Kontakt mit den Resten der freien Natur suchen. Sie lehren uns, das Land wiederzubeleben, und das steigert auch unsere Vitalität.

Núnkui sagt: »Reifer Boden, reifes Wasser – und nicht zuletzt die Ehrfurcht vor den Ahnen – haben in eurer Wahrnehmung keinen Platz mehr. Erst wenn ihr selbst reifer werdet, gewinnt ihr auch den Blick für das Alte und Weise zurück.«

Sobald wir das Herz öffnen, vernehmen wir die Stimme des Waldgeistes. Mir erscheint er in einer Unzahl von Gestalten und er äußert sich auf tausenderlei Weise. Laut und deutlich fordert diese Mutter Erde ihre Kinder auf, nun zu ihr zurückzukommen.

Viele verstehen die Shuar so, als seien alle Frauen Núnkui. Andere meinen, Núnkui sei Mutter Erde beziehungsweise der Spirit der Erde oder der Waldgeist. Wieder andere vermuten, sie selbst sei im Grunde der Keimling.

All das ist Núnkui und sie ist alles zusammen. Aber sie ist auch noch viel mehr. Indigene Völker zergliedern die Dinge nicht so wie wir. Same und Lebenskraft genau wie der Spirit des Lebens, der Wald und die Erde, ebenso der Schoß der Erde und der Mutterschoß, die das Leben nähren, sie lassen sich nicht voneinander trennen. Das verehrungswürdige Weibliche umfasst sie alle.

Übungen

Núnkui übt ihr nährendes Wirken tagsüber im Boden und nachts an der Oberfläche aus. In Gärten können wir ihren Geist heraufbeschwören. Wenn Sie selbst nicht im Besitz eines Gartens sind, können Sie Bekannte fragen, ob Sie ihren nutzen dürfen, um zu erfahren, wie Bäume und andere Pflanzen zur vollen Reife heranwachsen, oder Sie begeben sich zu Ehren Núnkuis in die freie Natur.

Beobachten Sie die Wachstumsprozesse auch in Ihrem unmittelbaren Umfeld. Schauen Sie jeden Morgen, was sich verändert hat oder ob neues Leben entstanden ist. Welche Entwicklungen hat die Erdgöttin über Nacht angestoßen?

Schenken Sie den Pflanzen, denen Ihr Augenmerk gilt und die Sie anbauen, gute Energie. Spüren Sie, wie es sich anfühlt, Teil eines gedeihenden Gartens zu sein. Die Shuar-Frauen beschränken sich nicht darauf, Núnkui anzurufen, sondern kümmern sich auch rührend um ihre Pflanzen. Denn gute Energie ist sowohl Tun als auch Geisteshaltung.

So, wie Sandra empfiehlt, den Garten der Gedanken und Handlungen sorgsam zu pflegen, können Sie auch Menschen, Projekten, Leidenschaften und sogar Problemen Ihre gute Energie zukommen lassen. Wenn dann die Nacht kommt und Sie sich in der kreativen Pause erholen, im Reich der Erdgöttin des Potenziellen, lassen Sie diese Dinge ruhen. Unter Núnkuis Obhut werden sie weiterhin genährt. Überlassen Sie sich ganz ihrer Fürsorge. Beim Aufwachen sind Sie womöglich um eine Erkenntnis reicher oder können sich an einen Traum erinnern, der die Lösung Ihrer Probleme birgt.

Aber wie erscheint uns dieser archetypische Erdgeist? Woran können wir ihn erkennen?

Seien Sie neugierig, wenn Sie mitten in der Nacht aufwachen. Vielleicht möchten Sie auch ganz früh aufstehen, noch vor der Morgendämmerung, um den spiraligen Tanz der Muse nicht zu verpassen? Atmen Sie und bleiben Sie ganz klar, damit Sie sie spüren können. Das ist der weibliche Spirit der Erde, vital und strahlend. Sie lebt in der Leerstelle zwischen Dunkelheit und Helligkeit, am Rande des Bewusstseins. Entledigen Sie sich Ihrer Alltagsbelange und schaffen Sie Raum, um sie kennenzulernen.

Der Bewegung des Heiligen nähern wir uns mit unseren Herzen und feinstofflichen Wahrnehmungen. Núnkui ist eins mit dem Rhythmus der Nacht, der Dunkelheit und des Lebens, die alle Teil des Mysteriums der Erde sind.

Eine andere gute Möglichkeit, sich mit diesem Mysterium zu verbinden und sich auf den natürlichen Tag-Nacht-Rhythmus einzustimmen, besteht darin, einen Tag pro Woche ohne unnötigen Stromverbrauch auszukommen.

Statt das elektrische Licht einzuschalten, zünden Sie Kerzen an oder reduzieren Ihre Aktivitäten. Kochen Sie auf einem Holzofen oder veranstalten Sie ein Resteessen. Erzählen Sie Geschichten, statt fernzusehen oder sich an den Computer zu setzen. Genauso gut können Sie rausgehen und barfuß einen Spaziergang machen, den Sonnenuntergang beobachten und mit den Pflanzen, dem Wasser, dem Himmel, mit Tieren, dem Wind und Steinen sprechen; anschließend hören Sie darauf, was Ihnen die Tiere, zum Beispiel die Insekten, der Wind und die Bäume zu sagen haben.

Der Tag weicht der Abenddämmerung. Aus Halbdunkel wird Nacht. Nachdem diese ihren Tiefpunkt durchschritten hat, verwandelt sie sich in Morgendämmerung und ein neuer Tag bricht an.

Was erblüht in der Fruchtbarkeit der Nacht? Welche Gefühle oder Erfahrungen kommen in Ihnen hoch?

Diese einfachen Übungen erwecken das Leben in uns. Die Magie ist immer da.

In seelisch schwierigen Zeiten können Sie diese Erfahrungen nutzen, um den Spirit der Erde um Hilfe bei der Verwandlung von Leiden in Kraft und Liebe zu bitten. Núnkui kann Sie unterstützen. So, wie Kinder vor einem deutlichen Entwicklungsschub oft Fieber bekommen, können uns Erwachsene die härtesten Phasen im Leben, Verlust, Krankheit, Chaos, stärker, weiser und mitfühlender machen.

Rufen Sie den Waldgeist an, die Erdgöttin. Offerieren Sie ihr den reichhaltigen Humus Ihres Schmerzes und Ihrer

Verwirrung. Sie können sogar ein Loch in den Boden graben und ihr als Symbol Ihrer Angst Lebensmittel darbieten. Tun Sie dies von Herzen, spüren Sie Ihren Schmerz - weinen, schreien Sie ihn heraus. Bewegen Sie sich dabei und offerieren Sie der Großen Mutter Ihre Qual. Die Erde kann diese Energie gut kompostieren.

Danach ruhen Sie sich aus. Vertrauen Sie auf die unsichtbare Macht. Spüren Sie die Lebenskraft in sich zirkulieren.

Núnkui sagt: »Inmitten der Dunkelheit ist Licht.« Spüren Sie das, im Einklang mit der Erde, sobald wieder Helligkeit zu herrschen beginnt. Säen Sie etwas. Bieten Sie ihr Lebendiges an - im Gegenzug dafür, dass Sie von ihr revitalisiert wurden.

Chaos und Schmerz entstehen ständig, genau wie Leben und Liebe. Wenn wir uns auch unserer problematischeren Gefühle annehmen, können sie uns ins Zentrum der Dunkelheit führen, und das ist die Liebe. In diesem tiefen Brunnen finden wir Nahrung, welche wir auch anderen offerieren können, die ihrer ebenfalls bedürfen.

BANANENSCHNECKE UND REGENWURM

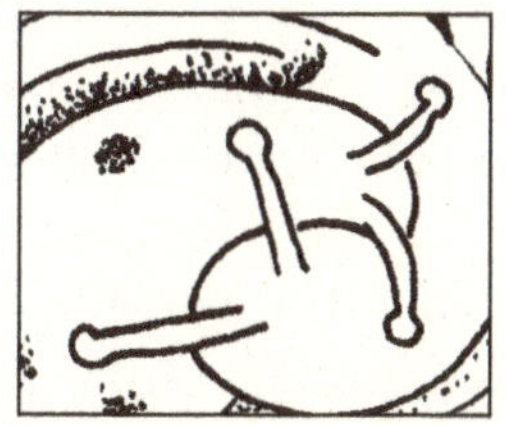

Bananenschnecke

Llyn

Stellen Sie sich vor, Sie schlendern in einem dichten, feuchten Wald durchs Moos. Tausende winziger Zugvögel landen über Ihrem Kopf in den Baumwipfeln, zwitschern gegen das Prasseln des Regens und reißende Gletscherbäche an.

Die frisch duftende Luft, die Sie einatmen, ist reich an Sauerstoff und negativ geladenen Ionen. Es herrscht Frühling im Regenwald. Alles ist grün, fließend und gedeiht prächtig. In einem Monat wird der Regen aufhören, im Moment aber ist die Erde noch wie ein Schwamm, das Wasser tropft von den moosbewachsenen Ästen.

Auf Ihrem Spaziergang den üppigen, wassertriefenden Pfad entlang scheint Sie ein pralles schneckenähnliches Geschöpf zu begleiten, das allerdings nicht über ein Haus verfügt und so langsam vorankommt, dass es praktisch unbewegt wirkt. Die Bananenschnecke, fruchtbar und faszinierend, eines der zahllosen Naturwesen, mit denen ich im Hoh River Valley zusammenlebe.

Warum Bananenschnecken Bananenschnecken heißen? Weil sie gelb sind und braune Flecken haben, genau wie reife Bananen. Doch während Sie deren voll entwickeltes, süßes Fruchtfleisch wahrscheinlich mögen, würden Sie bestimmt würgen müssen, sollte Ihnen jemand Bananenschnecken zum Nachtisch anbieten. In vielen indigenen Bevölkerungsgruppen werden sie allerdings als willkommene Proteinquelle geschätzt, sowohl roh genossen als auch gekocht.

Touristen, die den Hoh Rain Forest der Olympic Mountains besuchen, sind von Bananenschnecken hingerissen, ihr Abbild findet sich auf Kaffeebechern, Postern und T-Shirts. Für viele Bewohner des Nordwestens sind sie aufgrund der Verwüstungen, die sie in den Gärten anrichten, jedoch weit weniger reizvoll; oft vertilgen sie das Saatgut schon vor dem Keimen. Könnten die Schnecken sprechen, glaube ich, würden sie sagen: »Oh, ihr füttert uns! Wie überaus aufmerksam von euch!«

Aber auch wer keinen Garten hat, reagiert oft krass auf diese kleinen schleimigen Lebensformen. Manche Leute finden sie schlicht und ergreifend hässlich. Kürzlich erst habe ich von einem Mann gehört, der jede Bananenschnecke zertrat, die ihm unter die Augen kam.

In den auf Kommerz beruhenden Kulturen haben viele von uns ein allzu eng gefasstes Verständnis von dem, was sie als schön betrachten. Hinzu kommt, dass wir dazu neigen, Dinge, die wir an uns selbst ablehnen, auf die Natur zu projizieren.

Weich, fleischig und verletzlich, wie sie ist, verfügt die Bananenschnecke im Gegensatz zu ihren behausten Cousinen nicht über ein schützendes Gehäuse. Spiegelt sie deshalb unseren weichen

Bauch, unseren Unterleib wider? Das göttliche Weibliche weiß um die Macht der Verwundbarkeit.

Verletzlich wie das Herz eines liebenden Menschen, ist die Bananenschnecke genauso feucht und weich wie das weibliche Genital und das Innere der Mundhöhle. Gehen wir also darum so hoch, wenn wir dieses kleine Wesen erblicken, weil es an die Teile von uns erinnert, die wir verleugnen oder verschweigen?

Nach wie vor sind es die sinnlichen, empfindlichen Aspekte des heiligen Weiblichen, die wir nicht nur verbergen, sondern *vor denen* wir uns auch verstecken wollen; und tatsächlich wurden ebendiese sowohl zeit- als auch kulturübergreifend missbraucht und fehlinterpretiert.

Das Leben aller Naturwesen im Regenwald beruht auf dem Üppigen, Dunklen, Feuchten; Sonnenanbeter sind sie nun wirklich nicht. Die Bananenschnecke, die lange unter Wasser bleiben kann, braucht die Feuchtigkeit sogar zum Überleben. Im Winter können die Temperaturen im Hoh Forest in den Minusbereich absinken, es kann zu Schneefällen und Hagelschlag kommen. Während der heißen, trockenen Zeiten im August und September würde dagegen jede hygromorphe Lebensform austrocknen, sofern sie nicht geschützt ist. Die Bananenschnecke verkriecht sich in diesen Monaten unter einem Stück Holz, hüllt sich in Schleim und dämmert vor sich hin, bis es wieder angenehm warm und/oder feucht wird.

Liebend gern kuscheln sich Nacktschnecken in die feuchten, weichen dunklen Stellen des Waldes – alles Eigenschaftsworte, die auch die Umgebung beschreiben, in der Babys gezeugt werden und heranwachsen, bevor sie geboren werden. Für die Natur und das Leben ist die Sinnlichkeit mit das Wichtigste.

Die unendlich geduldige Bananenschnecke hilft uns, die Verzerrungen zurechtzurücken, die entstehen, sobald der Sex zu einer Ware degeneriert, virtuell wird und das erdige heilige Weibliche in Vergessenheit gerät. Und dies gelingt der Bananenschnecke, jenem zauberhaften Naturwesen, dadurch, dass sie uns zur Rückbesinnung auf die Dinge animiert, die ergiebig und handfest sind – den Körper und die Erde.

Wie aber können wir die Bananenschnecken-Medizin würdigen und zur greifbaren Erdigkeit zurückfinden?

Eine Möglichkeit besteht darin, von den kleinen Kindern zu lernen, die es lieben, im Gras zu liegen und in die Wolken oder Sterne am Himmel hochzuschauen, im Sommer durch den Regen zu laufen, mit den Zehen im Matsch zu spielen, auf grasbedeckten Hügeln Purzelbäume zu schlagen, sich das Gesicht bunt zu bemalen, Kuchen zu dekorieren oder von oben bis unten verdreckt herumzulaufen. Als meine Kinder noch klein waren, sind sie mir auch wahnsinnig gern mit den Fingern durch die Haare gefahren, genauso wie sie mit Vorliebe die Hände im klebrigen Kuchenteig hatten und sich am Strand die Beine mit feuchtem, körnigem Sand einrieben.

Diese einfachen, sinnlichen Erkundungen gesunder junger Menschen zeugen von ausgeprägter Neugier und einer unerschütterlichen Beziehung sowohl zu ihrem Körper als auch zur Erde. Diese Kinder stehen in Kontakt.

Hier in Nordamerika sagen wir einander: »Wir bleiben in Kontakt«, »Ich kontaktiere dich die Tage«, »Das ist ein wichtiger Kontakt«, »Da und da war ich in Kontakt mit der Natur«.

In den sogenannten Entwicklungsländern, ist mir aufgefallen, reden die Leute viel weniger darüber, sie *haben* den Kontakt einfach. Sie berühren einander. Indische Schulkinder halten Händchen – Jungen mit Jungen und Mädchen mit Mädchen. In den Anden nehmen Kinder und Frauen nicht nur Besucher in den Arm, sie halten sich auch untereinander bei den Händen, streicheln sich gegenseitig die Arme oder übers Haar. Auf einem Ecuadortrip vor vielen Jahren sagte mir einmal eine Teilnehmerin, unsere schamanischen Rituale hätten zwar durchaus ihre Kraft entwickelt, doch der heilsamste Aspekt der Reise sei für sie die bedingungslose Liebe gewesen, die sie verspürt habe, als sie in den Anden von den Quechua-Frauen und -Kindern gestreichelt wurde. Diese unschuldigen Berührungen hatten ihr Leben verändert.

Auch in meiner eigenen Praxis gibt es immer wieder Momente, in denen ich die Erfahrung mache, dass eine ausgiebige, nicht übergriffige Umarmung heilen und Blockaden lösen kann. Dabei bete ich weder noch chante, betreue oder plane ich, ich sende auch keine Energie aus, sondern spüre einfach die Güte, die mit jedem Atemzug wächst. Und die Wirkung davon ist oft sehr tief greifend.

Geist und Körper sind nicht voneinander zu trennen. Und genauso eins sind wir mit dem Körper unseres Planeten. Das Bedürfnis nach Kontakt, nach Berührung ist uns angeboren. Durch sie erkennen wir uns selbst und die Welt. Die Bananenschnecke nun lädt uns ein, den Kontakt wiederaufzunehmen, untereinander und mit der Erde.

Wie wir selbst und unser Planet besteht auch der Körper der Nacktschnecke hauptsächlich aus Wasser. Sie atmet durch ihre feuchte, poröse Haut und bewegt sich auf der Sohle ihres muskulösen Fußes ganz, ganz langsam fort, am leichtesten bei Regen, auf einer schützenden Schleimschicht. Die alten Leute hier in der Region behaupten, dieser Schleim habe antiseptische Wirkung, und borgen sich bei den Schnecken ein wenig davon aus, um ihn auf kleine Schürfwunden aufzutragen.

Wenn man sie beobachtet, bringen Bananenschnecken es fertig, die ganze Zeit über keinen Mucks zu machen. Doch man braucht sich nur abzuwenden und schon scheinen sie in kürzester Zeit eine große Entfernung hinter sich gelegt zu haben. Bevor ich mich nach einem etwa halbstündigen Spaziergang einmal am Fluss hingelegte, um mir ein kurzes Nickerchen zu gönnen, vergewisserte ich mich, dass auch ja keine Schnecke in der Nähe war, denn ich wollte weder im Schlaf eine zerdrücken noch den Schleim abbekommen. Als ich zwanzig Minuten später wieder aufwachte, lag friedlich schlummernd neben mir auf der Wolldecke eine Bananenschnecke.

Das Leben könnte eine ganz andere Wendung nehmen, würden auch wir die Erde so liebkosen wie die vertrauensvolle, zarte Bananenschnecke. Bereitwillig teilt die ungeschützte Schnecke ihre tiefgründige Weisheit mit uns: »Vergesst nicht die Sinnlichkeit und die Macht der kleinen Dinge.«

Die Verköstigung unserer Kinder und Freunde, die Zubereitung einer schmackhaften Mahlzeit und vieles andere Gute im

Leben hat mit einfachen Handgriffen und Interaktionen zu tun, von denen aber alles abhängt. Es sind nun einmal die kleinen Dinge, auf die es am meisten ankommt.

Meine Kinder Sayre und Eben sind jetzt sechsundzwanzig und dreiundzwanzig Jahre alt. Als sie noch klein waren, hatte ich schrecklich viel zu tun, aber die Kindheit ist kostbar und kurz. Also war mir sehr daran gelegen, ihnen so oft wie möglich eine kleine Freude zu machen: ihnen Geschichten vorzulesen, Spiele für sie zu erfinden, Beeren mit ihnen zu pflücken, an ihren Lieblingsplätzen im Wald nach Frauenschuhorchideen zu suchen oder wenn es schneite ein Picknick unter dem Esstisch zu veranstalten. Bei Kindern stehen die kleinen Dinge ganz vorn an. Und sie sorgen dafür, dass Eltern die Erdung nicht verlieren.

Nun, da Sayre und Eben längst aus dem Haus sind und ich im Hoh-Regenwald lebe, versuche ich mich auch wieder mehr auf die kleinen Dinge zu konzentrieren. Um all die aufs Sorgfältigste getarnten winzigen Wesen wahrnehmen und vor allem: *würdigen* zu können, die in den Ökosystemen des Waldes eine so große Rolle spielen, muss man wie eine Bananenschnecke sein – vielleicht sogar ähnlich träge wie sie.

Bananenschnecken spielen eine entscheidende Rolle bei der Zersetzung von Pflanzen und bei der Verbreitung von Samen und Sporen auf dem Waldboden. Außerdem sind sie unglaublich empfindsam. Gehen Sie in böser Absicht auf eine zu, schnurrt sie sich zusammen und stellt sich tot oder schlafend. Sprechen Sie sie dagegen mit sanfter Stimme an, kann es sein, dass dieses unser Mit-Lebewesen den Kopf hebt und sich umdreht, um Sie anzuschauen. Ich muss oft weinen, wenn ich mich mit einer Bananenschnecke unterhalte.

Während der Arbeit an diesem Kapitel habe ich auswärts einen Workshop abgehalten und auf dem Rückflug nach Seattle still vergnügt über die Bananenschnecke geschrieben. Nach meiner

Rückkehr hielt ich mich noch eine Nacht in dem äußerst einfachen Häuschen meiner Freundin Ryanne auf Whidbey Island auf, das elf Quadratmeter misst und über einen Schlafboden verfügt. Ich kletterte die Leiter hoch und dachte an Bananenschnecken, beim Aufstehen dachte ich wieder an Bananenschnecken. So geht es mir beim Schreiben immer.

Ich kletterte also am Morgen die Leiter wieder runter und ging barfuß die knapp hundert Schritte durch taufeuchtes Gras zum Küchenhäuschen meiner Freundin, das an die Sommerküchen in New England erinnert. Zu drei Seiten hin hat die Küche Fenster, durch die man auf große Bäume und ein Bächlein sehen kann. An den hinteren Teil schließt sich ein winziges Badezimmer an.

Das Nachdenken über die Bananenschnecke und der Aufenthalt in diesem Elfenhäuschen verliehen meiner Rückkehr eine herrliche Schlichtheit. Ich machte mir Tee, setzte mich auf die kleine Veranda vor der Küche und genoss die Düfte und Gerüche des Morgens.

Später wusch ich mein Gesicht und putzte mir die Zähne über dem winzigsten Waschbecken, das ich je gesehen habe, in einem äußerst kleinen Badezimmer, das dennoch alles bot, was man brauchte, inklusive einer Dusche.

In Zeiten, in denen das Hoarding einerseits als Krankheit erkannt wurde, andererseits aber auch Gegenstand von Unterhaltungsshows zur Hauptsendezeit geworden ist, stellt die Lehre der Bananenschnecke in Sachen Macht der kleinen Dinge etwas ganz Großes dar. Unsere Wohnungen, Keller und Dachböden sind vollgepackt mit Zeug, derweil verarmt die Erde und unsere Herzen sind leer.

In einem Wasserritual, das ich einmal mit Schamanen an der Grenze zur Mongolei abgehalten habe und zu dem auch eine stumme Zeremonie bei Sonnenaufgang gehörte, kam die Macht des Kleinen sehr deutlich zum Ausdruck. Nichts zu erzwingen –

still zu sein und sich nur sparsam zu bewegen, dem zarten Schein der Morgendämmerung Raum zu geben – fühlte sich sehr machtvoll an. Kein Wort fiel, als ein Wesen, das die Natur geformt hatte, von Hand zu Hand gereicht und dem See übergeben wurde, sobald die Sonne vollends aufgegangen war. Nachdem das Geschenk im Wasser gelandet war, beobachteten wir die sanften Wellen im See, wissend, dass unsere Liebe auch seine Ufer erreichen würde.

Zwar wurden wir dazu konditioniert, dass wir eine große Nummer sein wollen, dass wir laut, rücksichtslos, noch größer und noch lauter sein sollten und uns mehr von allem zusteht, aber das heilige Weibliche lebt und gedeiht im Schlichten, Stillen und Kleinen. Sogar im Unsichtbaren.

Die Bananenschnecke erklärt: »Der Spirit des Weiblichen weckt euch; achtet auf euer Herz, wenn ihr seine Liebkosung spüren wollt.«

Als ich an jenem kühlen Morgen auf der Insel Ryannes Bad verließ, blickte ich aus einem Impuls heraus nach rechts. Und in einem kleinen Liebesnest aus glitzernden Grashalmen erblickte ich doch tatsächlich das erste Nacktschneckenpärchen, das ich in meinen bis dato vier Jahren im Nordwesten gesehen habe. Ein Leckerbissen für die Augen: ein von zwei der braun gefleckten gelben Wesen gebildeter fast herzförmiger Bogen, in dessen Mittelpunkt sich zwei durchscheinende zapfenartige Strukturen vereinigten.

Die beiden kleinen Liebenden so nahe an diesem bescheidenen Heim zu sehen empfand ich als glückverheißend. Dessen leichtfüßige Bewohnerin ist zweiunddreißig Jahre alt. Als ich in Ryannes Alter war, vor einem Vierteljahrhundert, sah die Welt noch ganz anders aus. Statt nun jedoch die Lage der Dinge zu ignorieren oder in apokalyptischem Trübsinn zu schwelgen, versteht Ryanne die Bedeutung des Kleinen und geht mit gutem Beispiel voran. Heute gibt es viele wie sie, die den Traum von einer neuen Gesellschaft nicht vor sich hertragen, diesbezüglich wilde Pläne schmieden und damit angeben, sondern ihn leben. Und das ist von ebenso weitgreifender Wirkung wie unser Wassersegen am See.

An dem Abend, als ich im Haus von Ryanne ankam, war ein Streifenkauz über unsere Köpfe geflogen, und jetzt spielte sich vor meinen Augen ein Schauspiel der reinen Bananenschneckenverzückung ab. An diesem Ort war das Verhältnis von Mensch und Natur vollkommen im Lot.

Was ist es eigentlich, das diejenigen von uns, die immer noch Angst haben oder ewig dabei sind, einen neuen Traum auszutüfteln, an den alten Paradigmen festhalten lässt und sie davon abhält, zu lebenden Beispielen für Verzückung und Harmonie zu werden?

»Etwas gibt es, das euch befreien wird, etwas ganz Kleines«, sagt die Bananenschnecke und kriecht näher heran, um mit uns zu sprechen. »Ihr müsst euch klarmachen, dass ihr ausreicht, genau so, wie ihr seid.«

Obwohl so bescheiden und klein, leistet die Bananenschnecke durch die Düngung des Bodens, die sie bewirkt, einen Beitrag dazu, dass wir eines Tages wieder alten Waldbestand haben werden. Das ist allerdings ein Tausend-Jahre-Investment und setzt die Geduld einer Bananenschnecke voraus. Es hängt aber auch davon ab, ob wir Menschen in der Lage sind, das Kleine zu würdigen, und der Natur die Möglichkeit geben, sich zu erholen.

Für die Bananenschnecke, die ist, was sie ist, und tut, was sie tut, sogar ohne den Schutz eines Gehäuses, ist Geduld etwas ganz Natürliches. So unkompliziert können auch wir sein – indem wir ganz bei uns selbst bleiben und Gutes für den Planeten tun.

Um sich fortzupflanzen, ist die Bananenschnecke, dieses kleine Geschöpf, nicht einmal auf einen Partner angewiesen. Allerdings kann es gut sein, dass sie sich trotzdem einen sucht und nach dem Koitus wird das Sexualorgan gefressen. Die Bananenschnecke ist definitiv eine Welt für sich!

Auch wir haben alles, wonach wir suchen, bereits in uns, selbst wenn es nicht immer danach aussieht. Wir brauchen keine ausgeklügelten Strategien, um zur Ganzheit zurückzufinden, denn wir haben sie ja längst in uns.

Der Spiegel, den uns die Bananenschnecke vorhält, gibt allen Anlass zur Hoffnung: »Wir unterscheiden uns gar nicht so sehr voneinander, ihr und ich. Wir müssen einfach nur sein, wie wir sind, und alles ist gut.«

Übungen

Anhand der obigen Geschichten und Vorschläge können wir uns die Weisheit der Bananenschnecke zu eigen machen, wieder in Kontakt kommen und den kleinen Dingen mehr Gewicht verleihen.

Denken Sie an Kleinigkeiten, die sich im Moment besonders positiv auf Ihr Leben auswirken. Stellen Sie sie sich genau vor und würdigen Sie sie. Geben Sie dem Kleinen Energie.

Die Bananenschnecke hilft uns, zu kindlicher Neugier und Sinnlichkeit zurückzufinden. Das kann sich in so einfachen Dingen ausdrücken wie darin, die Hand in ein kühles Bächlein oder unter den Wasserhahn zu halten. Sich am Strand oder auf dem Spielplatz den Sand durch die Finger rieseln zu lassen, die seidigen Bäckchen eines Babys oder das weiche Fell eines Tieres zu streicheln, an unseren Lieblingsgewürzen oder an duftenden Blüten zu schnuppern. Öffnen Sie Herz und Sinne und spüren Sie, wie lebendig diese kleinen Dinge Sie machen.

Wir alle wissen, wie wichtig es ist, in Kontakt zu sein, aber wir wissen auch, wie sich Panik, Stress und Überforderung anfühlen – den Kontakt zu verlieren, keinen Bezug mehr zu haben und die Bedeutung der kleinen Dinge zu vergessen.

Gehen Sie in solchen Momenten sanft mit sich um, legen Sie sich zum Beispiel auf einen kuscheligen Teppich oder draußen auf weichen Boden; dabei atmen Sie langsam, aber ausgiebig ein und aus und bewegen sich in diesem gemächlichen Rhythmus ganz, ganz behutsam, wie um der Erde näher zu kommen, zärtlich den Boden liebkosend nach Art der Bananenschnecke.

Genießen Sie den Kontakt, rekeln und dehnen Sie sich, solange Sie mögen. Lassen Sie sich von Ihrem Körper zeigen, wie er sich bewegen möchte; geben Sie sich ganz der Sinnlichkeit hin.

Lassen Sie mit dem Atem alle Gefühle hochkommen und durch sich hindurchfließen, während Sie sich weiterhin bewegen.

Der Körper weiß instinktiv, wie er entspannen, unausgedrückte Emotionen herauslassen und sich gute Energie aus der Erde holen kann. Richten wir uns nach ihm, finden wir auch den Weg zu uns selbst, zum richtigen Atemrhythmus und unseren wahren Gefühlen.

Die kleinen Dinge sind es, die Sie zu sich zurückbringen. Bei den natürlichen Heilmethoden ist ihre Kraft von entscheidender Bedeutung. Das Ayurveda zum Beispiel regt zu kleinen Veränderungen an, um das allgemeine Wohlbefinden zu erhöhen. Und in der Homöopathie genügen winzigste Mengen eines Mittels, um eine starke Heilreaktion hervorzurufen.

Dadurch, dass Sie sich wie die sinnliche Bananenschnecke bewegen, werden Sie nach und nach wieder rundum glücklich, in Ihrem Körper und auf dieser Erde.

Ohh, wie gut sich das anfühlt!

Dies scheint mir auch der richtige Zeitpunkt für die Analyse der Verhaltensmuster zu sein, die dafür verantwortlich sind, dass Sie den Kontakt überhaupt verloren haben.

Nach der Lektüre dieses Kapitels könnten Sie überlegen und sich vielleicht auch notieren, auf welche Weise Sie dem Kleinen im Leben sonst noch größeres Gewicht geben und sich Ihre Sinnlichkeit zurückerobern können.

Was fühlt sich für Sie richtig an? Was empfinden Sie als glückverheißend?

Die Devise lautet: Stück für Stück - ein Schritt nach dem anderen. Ihre Mitmenschen werden es bemerken und staunen: »Wow, du strahlst ja richtig! Wie kommt das?«

Im täglichen Leben bleiben die kleinen Schritte oft unsichtbar, doch die Wirkung, die sie haben, ist mitunter immens.

Nacktschnecken sind verletzlich. Manche werden zertreten. Und auch Menschen können kaputtgehen, wenn alles um sie herum zusammenbricht. Wenn sie zum Beispiel durch Brand oder Hochwasser ihr Zuhause, ihre Familie verlieren, wenn ein geliebter Mensch im Krieg fällt oder aufgrund einer posttraumatischen Belastungsstörung Selbstmord begeht.

Erinnern Sie sich an die kleine Bananenschnecke, die ist, was sie ist, und tut, was sie tut, die die Erde nährt und befruchtet - dem Kahlschlag des Waldes, in dem sie lebt, zum Trotz.

Auch wir können in Krisenzeiten sein, wer wir sind, und uns an die kleinen Dinge halten. Spüren Sie sie auf. Konzentrieren Sie sich auf das Unscheinbare, Greifbare. Handeln und verhalten Sie sich so, dass es die Herzen berührt, und erledigen Sie alles, was getan werden muss. In unbeständigen Zeiten hilft uns Bananenschnecken-Medizin, demütig und fokussiert zu bleiben, damit wir wieder in Kontakt kommen und den Sinn erkennen, den das Leben hat.

Die Welt steht an einem Wendepunkt, sie steht vor großen Veränderungen. Weder Menschen noch Bananenschnecken können ihrer Verwundbarkeit entkommen. Aber so unangenehm das Gefühl der Schutzlosigkeit auch ist, lehrt es uns doch, offen und fließend zu bleiben, wenn alles durcheinandergewirbelt wird.

Egal unter welchen Umständen, die Bananenschnecke spricht uns immer Mut zu: »Bleibt bloß unkompliziert und verliert den Kontakt nicht. Ihr Menschen und ich – so, wie wir sind, sind wir gut genug.«

Regenwurm

Sandra

»Wir brauchen Regenwürmer!«

Diesen Satz hört mein Mann immer von mir, wenn wir den Boden in unserem Garten begutachten.

Als wir unser Haus ursprünglich bezogen, war der Garten direkt vor unserer Tür eine wahre Pracht, voller fröhlich bunt blühender Pflanzen und Obstbäume – Apfel-, Pfirsich-, Birnen-Kirsch- und Aprikosenbäume. Da es Wasser genug für alle gab, war der Garten gesund, vital und florierend.

Aufgrund der zunehmenden Trockenheit konnten wir jedoch irgendwann nicht mehr ausreichend gießen. Die widerstandsfähigen Wüstengewächse, die wir im Garten hatten, gediehen weiterhin, doch die Pflanzen, die auf ihre tägliche Wasserration angewiesen sind, gingen ein. Auch unsere Obstbäume haben überlebt, allerdings sind sie längst nicht mehr so kräftig wie in früheren Jahren.

In unserem Garten gibt es ein Teilstück, auf dem sehr wenig wächst. Aber der große Apfelbaum, der darauf steht, ist gesund und trägt alljährlich eine große Menge sehr saurer Früchte. Da seine Freigebigkeit in manchen Jahren enorm ist, bringe ich mitunter kiloweise Äpfel in meine Kurse mit, damit auch andere ihre Freude daran haben. Sie sind von einem herrlichen Rot und überhaupt rundum perfekt, aber von Tieren werden sie verschmäht. Selbst für mich sind sie in manchen Jahren fast schon zu sauer, um mich aber dem Baum für die reiche Ernte erkenntlich zu zeigen, die er uns beschert, esse ich sie trotzdem – als Dank für das viele Obst. Denn in anderen Jahren gibt es aufgrund späten Bodenfrostes und großer Trockenheit nur ganz wenige Äpfel.

Unser dunkelbrauner Kirschbaum hat die Dürre nicht überstanden. Er hatte bereits ein hohes Alter erreicht, seine Rinde war an vielen Stellen geborsten, und so produzierte er Jahr für Jahr weniger Früchte, bis er schließlich einging. Der Gedanke, ihn zu fällen, schien mir zunächst unerträglich, weil ich immer noch dachte, dass er sich vielleicht wieder erholt, aber schließlich gab ich doch nach.

Wir haben dieses Teilstück unseres Gartens gemulcht und gedüngt, aber ohne Erfolg. Schließlich haben wir auch viele Profis um Rat gefragt. Demnach muss sich irgendetwas an der chemischen Zusammensetzung des Bodens verändert haben, was dazu führte, dass jetzt nur noch die strapazierfähigsten Pflanzen darin gedeihen können. Allem Anschein nach ist nicht allein der Wassermangel das Problem.

Ich habe sogar das verborgene Volk angerufen, über das ich im letzten Kapitel schreibe, aber bislang haben auch sie mir nicht geholfen. Deshalb ist mir jetzt klar, dass ich mich diesem Thema allein stellen muss, und weiß auch, dass ich dabei etwas für mich sehr Wichtiges lernen werde.

Aufgrund seines hohen Mineralgehalts und der großen Trockenheit glaube ich, dass der Boden an der betreffenden Stelle so hart geworden ist, dass die einzige Lösung in einer Armee von Regenwürmern besteht.

Nun kann ich bestimmt nicht behaupten, dass ich den Anblick von Bananenschnecken oder Regenwürmern besonders »anziehend« finde. Um ehrlich zu sein, bin ich bislang bei jeder Begegnung mit diesen Naturwesen, die von vielen als glibberig, wuselig und schleimig beschrieben werden, zurückgeschreckt.

Wie Llyn bereits schrieb, ist das Spektrum dessen, was wir als schön empfinden, nicht gerade breit. Regenwürmer sind röhrenförmig und bestehen aus zahlreichen Segmenten. Es handelt sich bei ihnen um Zwitter, das heißt, jedes Exemplar verfügt über männliche *und* weibliche Geschlechtsorgane. Regenwürmer sind sowohl blind als auch taub, mithilfe bestimmter Sinneszellen auf

der Körperoberfläche können sie sich jedoch auf dem und im Boden orientieren sowie Hell von Dunkel unterscheiden. Regenwürmer leben auf verschiedenen Ebenen unterhalb der Erdoberfläche in unterirdischen Wohnhöhlen, die das natürliche Eindringen von Sauerstoff ermöglichen, was dem Pflanzenwachstum förderlich ist. Blätter, Abfälle und alles andere, was sich abbauen lässt, verwandeln sie in Dünger. Ihre Atmung erfolgt durch die Haut, und nahe am Kopf haben sie fünf Paar »Herzen«.

Im Jahr 1881 schrieb Charles Darwin: »Ob es viele andere Tiere gibt, die in der Weltgeschichte eine so wichtige Rolle gespielt haben wie diese gering organisierten Geschöpfe, mag bezweifelt werden.«

In unserer modernen Welt neigen wir dazu, sowohl die Natur als auch unseren Körper nicht in ihrer Gesamtheit zu betrachten, sondern Teil für Teil. So legen wir beispielsweise einen Garten an und pflanzen darin Bäume und sonstige Gewächse aus der ganzen Welt, die überhaupt nicht in die örtliche Fauna passen. Wenn wir ein gesundheitliches Problem haben, suchen wir Spezialisten auf, mitunter so viele verschiedene, dass die richtige Diagnose verfehlt wird, weil der Organismus nie in seiner Gesamtheit wahrgenommen wurde. Wir kaufen Lebensmittel, Möbel, Kleidung und andere Waren, ohne uns auch nur im Geringsten dafür zu interessieren, woraus sie im Einzelnen gefertigt sind.

Vor vielen Jahren hatte ich einmal eine Vision, in der ich einer Nachfahrin von mir aus einer Zeit begegnete, die tausend Jahre in der Zukunft lag. Sie war klein, hatte einen zarten Körperbau und schönes, schulterlanges schwarzes Haar. Auch ihre Augen waren sehr dunkel, voller Frieden, Licht und Freude. Die Frau überbrachte mir eine bedeutsame Nachricht: In der heutigen Welt, sagte sie, verhielten wir uns wie die Finger einer Hand, die zu Boden gefallen sind, weil wir denken, dass jeder ein Eigenleben habe. Das fand sie lächerlich. Wenn wir ein ganzheitliches Leben führen wollten, müssten wir die Hand wieder mit dem Körper verbinden und begreifen, dass jeder Teil des Körpers von allen anderen abhängt.

Das können wir wörtlich nehmen – der Körper ist tatsächlich ein Ganzes, in dem Blut, Zellen, Organe, Körperteile, Mikroorganismen und nützliche Bakterien perfekt zusammenarbeiten. Wir können die Aussage aber auch als Metapher verstehen und sie auf den Garten Erde beziehen: Jedes einzelne Lebewesen ist mit der Erde verbunden und von entscheidender Bedeutung für die Gesundheit und das Wohlbefinden des gesamten Gartens.

Die Schöpfung ist derart von Mysterien durchwoben, dass uns die Magie des Zusammenwirkens aller Kreaturen und deren jeweilige Rollen bei der Entstehung, Aufrechterhaltung und Reproduktion des Lebens oft entgehen. Zur Erschaffung eines gesunden Gartens Erde aber hat alles, was dem Netz des Lebens angehört, etwas Bedeutendes beizutragen. Jede Lebensform ist auf die anderen angewiesen.

In einer halben Tasse fruchtbarer Erde keimen mehr Mikroorganismen, als es auf unserem Planeten Menschen gibt. Jeder Morgen gut kultivierten Bodens enthält bis zu einer halben Tonne aktiver Mikroorganismen – und bis zu einer ganzen Tonne Regenwürmer. Diese bringen große Mengen Wurmhumus hervor, der für einen gesunden Boden von entscheidender Bedeutung ist, weil er ihm die für gutes Pflanzenwachstum notwendigen Nährstoffe zuführt. Zusammen mit dem Humus fördert auch der Schleim, den Regenwürmer produzieren, das Wachstum hilfreicher Bakterien und Pilze.

Nutzen Sie die Fantasie, um Ihr gewöhnliches Leben hinter sich zu lassen und mich in die Welt des Regenwurms, dieser besonderen Kostbarkeit, zu begleiten.

Schließen Sie die Augen und stellen sich vor, Sie stünden in einem üppigen, fruchtbaren Garten. Sie begutachten die

Bodenbeschaffenheit, und das führt Sie zu den kleinen Lebensformen, den Versorgern des Erdreichs.

Mit Ihren feinstofflichen Sinnesorganen registrieren Sie die Mikroorganismen, die den Boden in seinen jetzigen Zustand versetzt haben. Doch den eigentlichen Gartenbauer stellen die Regenwürmer dar. Beobachten Sie, wie eifrig die kleinen blinden Wesen am Graben sind, wie viel Erde sie bewegen. Knapp einen halben Meter können sie sich in die Tiefe buddeln. Sehen Sie die Tunnel, die die Regenwürmer bauen, und fällt Ihnen auch auf, wie viel Luft dabei ins Erdreich kommt? Ist es nicht staunenswert: Wie sie wühlen und belüften, den Boden aufmischen, Klümpchen lockern und Steine verscharren? Schauen Sie: Die einen schleppen Blätter und sonstiges organisches Material nach unten, während andere mit Nährstoffen und Humus der Oberfläche entgegenstreben. Ohne enorme Mengen vermodernder organischer Substanzen könnten sie nämlich überhaupt nicht leben.

Empfinden Sie Dankbarkeit gegenüber den Regenwürmern, die gesunden Mutterboden erzeugen und das Wachstum unserer Nahrungspflanzen fördern, während Sie allmählich in Ihr Alltagsbewusstsein zurückkehren.

Die Regenwürmer, die wir heute kennen, lebten noch vor zehntausend Jahren nur in ganz bestimmten Regionen unseres Planeten, so etwa in den Tälern dreier großer Zivilisationen – am Indus, am Euphrat und am Nil. Alles Stellen, an denen Pflanzen wuchsen und gediehen – in einer Erde, zu deren Qualität gerade auch die Regenwürmer das Ihre beitrugen.

In ihrem Buch *Sacred Medicine of Bee, Butterfly, Earthworm, and Spider* (»Die heilige Medizin von Biene, Schmetterling, Regenwurm und Spinne«) berichten Linda Star Wolf und Anna Cariad-Barrett, Kleopatra und überhaupt die alten Ägypter hätten Regenwürmer als heilig betrachtet. Und zwar wahrscheinlich, fügen sie hinzu, aufgrund des Beitrages der Tierchen zur Landwirtschaft an den Ufern des Nils.

Im Zuge meiner Recherchen habe ich auch das wunderbare Buch *Das geheime Leben der Pflanzen* von Peter Tompkins und Christopher Bird gelesen. Darin habe ich erfahren, dass es im alten Ägypten verboten war, Regenwürmer zu töten, und die Bauern ermahnt wurden, die emsigen Bereiter fruchtbaren Erdbodens bloß nicht bei der Arbeit zu stören.

Auch andernorts lässt sich das Vorkommen üppiger Wiesen auf das Auftreten des Regenwurms zurückführen. Denn Regenwürmer produzieren in kürzerer Zeit und mit weniger Aufwand mehr Kompost, als es auf irgendeinem anderen Weg möglich wäre.

In den Vierzigerjahren des vergangenen Jahrhunderts schrieb der deutsche Forscher C. Merkel, Regenwürmer hätten Stimmen und könnten sogar singen. Beim Öffnen und Schließen des Mundes, erklärte er, würden sie Klänge mit wechselnden Rhythmen erzeugen.

Diese Äußerung traf auf Erstaunen, denn Regenwürmer besitzen keine Lunge, sondern atmen über die Körperoberfläche; mich aber hat Merkers Erkenntnis keineswegs überrascht. Denn meine eigenen, sowohl mit den »normalen« als auch den feinstofflichen Sinnen in der Natur gewonnenen Erfahrungen haben mich davon überzeugt, dass *alles* Leben singt.

Mithilfe moderner Technologie können wir die Gurgelgeräusche hören, die Regenwürmer von sich geben, wenn sie auf irgendeine Weise beim Graben gestört werden. Offenbar beschweren sich alle Lebewesen, wenn man sie belästigt.

Dass Pestizide und chemische Düngemittel den Regenwurm, diese verblüffende Kreatur, in Massen töten, finde ich furchtbar traurig. Doch solange es noch Erde und organisches Material gibt, wird er nicht aufhören, sich zu vermehren und uns mit dem Wunder seiner Existenz zu beschenken.

Wenn wir uns vor Augen führen, dass alles, was dem Netz des Lebens angehört, zum Wohl des Ganzen beiträgt, können wir so einiges daraus lernen. Wenn Sie im Folgenden gleich einige der Botschaften lesen, die ich vom Regenwurm empfangen habe, sollten Sie einen Moment darüber nachdenken und schauen, was aus der tiefen Quelle in Ihrem Inneren aufsteigt.

Wir erlauben uns oft ein Urteil über die Bedeutung bestimmter Menschen oder Naturwesen und neigen dazu, die einzelnen Lebensformen nach ihrer Größe, Farbigkeit oder Lautstärke zu bewerten. Llyn aber hat völlig recht, wenn sie uns einschärft, die Macht des Kleinen nicht zu vergessen.

Sobald Sie anfangen, den kleinen Lebewesen Wertschätzung entgegenzubringen, werden Sie die auf Äußerlichkeiten beruhenden Urteile und Vergleiche allmählich aufgeben. Dann können Sie sich auch ohne jegliche Bewertung auf sich selbst besinnen und erkennen, was Sie persönlich zum Netz des Lebens beitragen. Dabei werden Sie auf zellularer Ebene das Gefühl bekommen, dass Sie vollauf genügen, so, wie Sie sind.

Manche Leute streben nach Beachtung; und wir zollen Rednern, Autoren oder Lehrern Beifall, vergessen dabei aber all die Millionen Menschen überall auf der Welt, die anonym, ganz im Stillen ihr spirituelles Werk tun und auf diese Weise einen Beitrag zur Gesundheit ihrer Gemeinden und des ganzen Planeten leisten.

So viele beten für den Frieden und das Wohl des Lebens. In Supermärkten, Banken, Restaurants und anderen Geschäften habe ich schon ganz außergewöhnliche Frauen und Männer kennengelernt, die oft in ihrer Arbeit innehalten und mit dem, dem sie begegnen, das Gespräch suchen. Ihr Lächeln, ihre Umsicht, ihr Lachen heitern die Mitmenschen auf und entlocken auch ihnen ein Lächeln. Berühmt sind diese Leute nicht und sie haben auch weder das Bedürfnis noch den Wunsch, bekannt oder wiedererkannt zu werden.

Im Spiel des Lebens kommt jedem Menschen seine Rolle zu, und die hängt nicht von öffentlicher Anerkennung ab. Millionen Männer und Frauen gehen ihrer Arbeit nach und streben dabei keinen Ruhm an, sondern wollen dem Leben dienen und es unterstützen. Geleitet werden sie von ihrem Herzen und ihrer Seele, nicht von dem Wunsch nach Anerkennung oder davon, wie andere sie wahrnehmen.

Wenn wir uns auf die Kraft der Regenwurmmedizin zurückbesinnen, begreifen wir, dass sich die Erde nicht allein auf eine Handvoll mächtiger Regenwürmer verlassen kann, die superwichtig an der Produktion nährstoffreichen Mutterbodens werkeln, um das Leben aufrechtzuerhalten. Nein, reichhaltiger Erdboden entsteht durch die Zusammenarbeit einer ganzen Community von Regenwürmern. Und als solche Gemeinschaften sind sie verehrungswürdig.

Der Prozess der Individuation wird heutzutage großgeschrieben. Und natürlich ist es wichtig, dass wir uns zu uns selbst bekennen, uns als Individuen weiterentwickeln und unsere einzigartigen Talente und Begabungen zu schätzen lernen. Auf diese Weise werden wir zu gesunden Mitgliedern unserer Gemeinschaft. In den Ursprungskulturen hängt die Gesundheit der einzelnen Gemeinschaften davon ab, dass jedes ihrer Mitglieder seinen Beitrag zum Wohlergehen des Ganzen kennt. Die speziellen Anlagen des beziehungsweise der Einzelnen werden von Geburt an gewürdigt.

Oft suchen wir nach »Führern«, die die Welt für uns verändern sollen. Wir wollen, dass irgendjemand »da oben« uns ein besseres Leben verschafft und alle Probleme löst, sowohl die ökologischen als auch die auf politischem und wirtschaftlichem Gebiet.

Entscheidend für die Einleitung eines dringend erforderlichen Wandels aber ist in Wahrheit die Gemeinschaft. Deren Macht können wir bereits erkennen – wenn sich Menschen etwa zusammenfinden, um nach einer Naturkatastrophe ganze Dörfer wiederaufzubauen oder um kommunale Gärten anzulegen, die vielen Nahrung bieten; wenn sie sich gegen Missbrauch wehren und in ökologischen und anderen alles Leben betreffenden Fragen eine Änderung der Politik bewirken. Viele treffen sich auch zum Gebet und anderen spirituellen Praktiken; die Wirkung davon ist im gesamten Netz des Lebens spürbar.

Auf einer schamanischen Reise habe ich in den 1990er-Jahren einmal eine bedeutsame Botschaft erhalten. Dabei wurde mir gezeigt, dass die Kinder der Zukunft keine Märchen mehr lesen, in denen ein einzelner Held oder eine Heldin allein die Welt rettet. Vielmehr werden sie Geschichten über Gemeinschaften lesen, die zusammenkommen, um einen Wandel zum Positiven einzuleiten. Künftige Generationen werden die Macht von Gemeinschaften anerkennen, die einträchtig für das Leben als Ganzes eintreten.

Regenwürmer verfügen über die bewundernswerte Fähigkeit, Erde zu futtern und Abfälle so zu verarbeiten, dass der Boden gedüngt wird, um die Grundlage für einen gesunden Garten zu erschaffen.

Wann immer ich eine Apotheke betrete, bin ich schockiert, wie viel Raum all die Pillen, Tinkturen und Elixiere einnehmen, die gegen Verdauungsstörungen helfen sollen. Als Kultur haben wir mit vielerlei Problemen zu kämpfen, die alle darauf zurückgehen, dass wir nicht in der Lage sind, das Verzehrte auch zu verarbeiten. Zum Teil hat das natürlich mit den Lebensmitteln zu tun, die wir konsumieren, und der Art ihrer Zubereitung. Hinzu kommt, dass wir viel zu viele Antibiotika und Nahrungsmittel, die Antibiotika enthalten, zu uns nehmen. Dabei werden nämlich auch viele der Mikroorganismen und nützlichen Bakterien getötet, die wir zur Gesunderhaltung unseres inneren Erdbodens dringend brauchen.

Auf einer höheren Ebene stellt sich allerdings die Frage: Können wir womöglich das Leben nicht mehr verdauen? Und wem das Leben nicht bekommt, der wird auch sein Essen nur schwer verdauen können. Darüber sollten wir vielleicht mal nachdenken.

Übungen

Würdigen und schätzen Sie die verschiedenen Aspekte, aus denen Sie sich zusammensetzen, und das schöne, strahlende Lebewesen, das Sie sind.

Gönnen Sie sich einen Moment der Dankbarkeit gegenüber Ihren Zellen, dem Blut, Ihren Organen und allen Körperteilen. Ihr Körper ist ein einziger großer Organismus, der als solcher genährt, gehegt und gepflegt werden muss. Versuchen Sie, sich nicht auf ein einzelnes Symptom zu konzentrieren. Sehen Sie darin eher eine Aussage über den Gesamtzustand Ihres Organismus - Körper, Geist und Seele.

Würdigen Sie auch die Mikroorganismen und nützlichen Bakterien, die den Boden Ihres inneren Gartens bereiten und zu Ihrer Gesundheit und Ihrem Wohlbefinden beitragen.

Achten Sie im Alltag auf all die Menschen, die der Gemeinschaft und unserem Planeten ihre Dienste erweisen und dafür keinerlei Anerkennung erwarten. Gedenken Sie bei Ihrer spirituellen Arbeit und bei den Praktiken, die dem Leben als Ganzem zugutekommen, auch der Macht des Anonymen.

Lassen Sie eine geeignete Musik spielen und meditieren Sie über die Ihnen angeborenen Talente, Begabungen und Stärken, die zur Gesundheit Ihrer Familie und Ihrer Gemeinschaft beitragen. Oder aber Sie gehen im Freien spazieren, denken über die Schönheit Ihres persönlichen Beitrags nach und sind sich dabei der Bedeutung allen Lebens, jeder Lebensform bewusst.

Alles, was Sie erleben, ist ein Geschenk. Das Leben stößt Ihnen nicht zu - vielmehr hat es so allerlei zu bieten. Je mehr Sie lernen, dem Fluss des Lebens zu folgen und die persönlichen oder globalen Veränderungen, die es mit sich bringt, zu akzeptieren, desto besser werden Sie es auch »verdauen« können. Und dabei merken Sie, dass sich dies nicht zuletzt auf Ihre körperliche Gesundheit und Ihr allgemeines Wohlbefinden positiv auswirkt.

SCHWARZBÄR

Schwarzbär

Llyn

Das dichte Waldgebiet auf der wilderen Seite des Hoh River, wo ich lebe, ist als Bärenland bekannt. Zum nächsten Städtchen fährt man mit dem Auto vierzig Minuten, vorausgesetzt, kein umgestürzter Baum oder ein über die Ufer getretener Bach versperrt den Weg. Manchmal stranden hier Leute, die eigentlich nur ein paar ruhige Tage in der Wildnis verbringen möchten, und kommen eine Woche lang nicht weg. Den Schwarzbären aber geht es hier ziemlich gut.

Als ich kürzlich in die Stadt wollte, kam einer aus dem Wald geprescht und lief vor mir die Straße entlang. Stellen Sie sich vor: ein hundert Kilo schweres Tier, das vor Ihnen her rennt – und schnell kann so ein Schwarzbär sein! Und stark ist er.

»Schwarzbär, warum fasziniert uns deine Kraft eigentlich so sehr?«

Jeder, der schon einmal einem Schwarzbären in der Wildnis begegnet ist, kennt die Antwort auf diese Frage.

Schwarzbären leben sehr ruhig und zurückgezogen – es sei denn, es handelt sich um eine Mutter mit ihren Jungen. Sobald ein säugendes Weibchen eine Bedrohung für ihre Kleinen spürt, tut sie alles, um sie zu verteidigen.

Auch als ich früher noch in New England lebte, bin ich hin und wieder mal auf einen Bären gestoßen. Einmal war ich auf einer Art Feldweg unterwegs, als sich eine Mama mit ihren zwei Jungen aus dem Wald traute. Glück für mich: Obwohl ich nur wenige Meter von der Schwarzbärenfamilie entfernt war, sind sie einfach an mir vorbeigegangen, haben den Weg überquert und sind wieder im Wald verschwunden.

Ein anderes Mal hörte ich, wie Waschbären meinen Müll durchwühlten, und rannte vor die Tür, um sie zu vertreiben. Doch draußen war kein Waschbär, vielmehr fand ich mich Auge in Auge mit einem Schwarzbären wieder. Ohne zu überlegen nahm ich die Beine in die Hand – und bin heute noch dankbar, dass er sich für die entgegengesetzte Richtung entschied.

Viele von uns kennen das Gefühl der Ehrfurcht, das einen in der Gegenwart eines großen, wilden Naturwesens beschleicht. Oder vielleicht haben Sie Ähnliches empfunden, wenn Ihre Füße am Meer von den Wellen berührt wurden; in einem starken Hagelschauer; als nicht weit von Ihnen der Blitz einschlug oder bei einer anderen Gelegenheit, die Sie die Macht der Natur spüren ließ.

Wenn man über den Schwarzbären sinniert, offenbart das heilige Weibliche: »Diese Urkraft, die bist *du*.«

Die altnordischen Krieger aktivierten diese natürliche, oft aber schlummernde Kraft, indem sie sogenannte Bärenhemden trugen (in Kräutern und Ölen getränkte Westen aus Bärenfell), um bei ihren Kämpfen keine Angst zu haben; ein möglicher Ursprung des Wortes »Berserker«. Wahrscheinlich verzehrten diese Männer auch Pflanzen, die ihnen »Bärenkräfte« verliehen. Oder bemalten sich die Haut damit.

Wenn es nicht anders geht, wird die einzelgängerische, sanfte Schwarzbärenmutter, Nährerin par excellence, grausam. Und bei Futterknappheit können auch die männlichen Tiere aggressiv werden, denn in puncto Stärke dreht sich bei ihnen alles um Beschützen und Überleben. Die Menschen tragen vielleicht keine Bärenhemden, kämpfen aber ebenfalls ums Überleben und versuchen Einflüsse fernzuhalten, die sie fürchten, ganz so, wie Mutter Bär es für ihre Kleinen tut.

Der Schwarzbär zeigt uns einen mühelosen, unzensierten Fluss des Selbstausdrucks: von wild, intensiv und stark bis friedlich und sanftmütig, die ganze Bandbreite. Genauso facettenreich sind gesunde Kleinkinder, die spielen, weinen, lachen, einen Wutanfall kriegen und im nächsten Augenblick in Tiefschlaf fallen können.

Heftige Energie kann die Kreativität stärken und anregen. Ich zum Beispiel brauche meine Ruhe zum Schreiben, lege aber oft auch Pausen ein, die ich im Freien verbringe. Ein paar Schritte barfuß im Schnee oder im eiskalten Fluss zu gehen, mich vom Regen durchnässen zu lassen oder bei starkem Wind zu joggen, inspiriert mich.

Wie arglose Kinder sieht auch das göttliche Weibliche alles als eins. Und alle Aspekte von uns, ob wir sie nun als gut oder schlecht, aufgewühlt oder friedvoll empfinden, machen die Ganzheit dessen aus, was wir sind. Die Verspieltheit und Beweglichkeit des agilen Schwarzbären, der sich aus der reinen Lust am Vergnügen am Boden herumrollt, hilft uns, authentisch zu bleiben.

»Um in Kontakt mit eurer natürlichen Kraft zu kommen, genießt alles an euch«, sagt der Schwarzbär. »Habt Vertrauen und entspannt euch. Spielt.«

Als der Schwarzbär in den Olympic Mountains vor meinem Wagen landete, war Jagdsaison. Und im ernüchternden Kontrast zu diesem Brocken von Lebendigkeit, der da vor mir die Straße entlanggetobt war, fiel einige Tage später ein Artgenosse von ihm der Flinte eines meiner Wochenend-Nachbarn zum Opfer.

Zu den wenigen Feinden, die Schwarzbären in der Natur haben, gehört der Mensch. Hier in den Bergen geht die Jagd auf sie bis zum ursprünglichen Stamm der Hoh-Indianer zurück, deren Nachfahren noch in der Gegend leben. Doch in der Praxis hat sich inzwischen vieles verändert. Bärenfelle erzielen heutzutage einen hohen Preis, und seit nicht mehr Pfeil und Bogen verwendet werden, sondern Gewehre, ist das Gleichgewicht von Natur, Mensch und Tierwelt empfindlich gestört. Die Alten verehrten das Revier, in dem die Bären umherstreiften, und ernährten sich vom Fleisch der Tiere; ihr Fett nutzten sie, um Dinge wasserfest zu machen, die Felle als Unterlage und warme Kleidung; Zähne, Klauen und Knochen wurden ihrer Totemenergie wegen oder auch zu Schmuckzwecken geschätzt. Und so weiter.

Da die Jagd auf Schwarzbären hier in den Wäldern aber nun einmal zum Leben dazugehört und einer erlegt wurde, als ich gerade an diesem Kapitel schrieb, ging ich zu meinem Nachbarn und schaute mir das frisch getötete Tier an, das auf der Ladefläche seines Vans lag.

Stellen Sie sich vor, mit den Fingern durch die ganze Üppigkeit des dicken, rabenschwarzen Herbstpelzes eines soeben erschossenen Schwarzbären zu fahren. Genau das habe ich getan. Ich habe ihm den Kopf gestreichelt und seine langen, geschwungenen Klauen berührt. Ich hielt eine schwere Tatze in der Hand und habe die ledrige Fußsohle des Bären betastet.

Der Jäger, mein Freund Monty, schaute mir neugierig zu.

»Du trauerst um den Bären, oder?«

Ich suchte vergeblich nach Worten. Ja, das Herz war mir schwer, gab ich schließlich zu. Der Schwarzbär hatte sein Leben gegeben und würde bald gehäutet werden. In diesem Moment wollte ich ihn einfach nur bewundern.

Stellen Sie sich vor, mit der Hand über das pelzige Bein eines Schwarzbären zu streichen, der fast einen Meter achtzig groß war. Auch jetzt noch erinnern meine Finger und Handflächen sein raues Fell und darunter die pralle Muskulatur. Ich war dankbar, ihm so kurz nach seinem Tod die Ehre erweisen und seinem Geist alles alles Gute wünschen zu können.

Monty aber fragte weiter: »Du fühlst dich schlecht wegen des Bären, stimmt doch, oder?«

Ich musste lächeln, so sehr berührte mich die Sensibilität meines Freundes. Vielleicht empfand auch er Mitgefühl mit dem Bären, den er erlegt hatte.

Als Monty und sein Sohn ihn häuteten, konnte ich auch die innere Körperlandschaft des Bären betrachten. Am meisten beeindruckten mich der intensive Geruch und das reine weiße Fett zwischen Haut und Muskeln. Aber eigentlich gab es überhaupt nichts an diesem Naturwesen, das mir nicht imponiert hätte.

Früher bin ich im Angesicht des Todes erschauert und fand derartige Situationen beängstigend. Bis ich mit meinem Freund und Kollegen Bill Pfeiffer in die asiatische Steppe gereist bin und beobachten konnte, welchen Bezug die indigenen Völker Sibiriens zu den Tieren haben, die sie töten. Vor einigen Jahren haben Bill und ich im Altaigebirge miterlebt, wie eine ganze Gemeinde von Schoren eine Kuh getötet und zerlegt hat. Alle Bewohner legten Hand an und nutzten jedes einzelne Teil des Tieres. Es war Mitte November und mehr als zwanzig Grad unter Null. In dieser Region, in der im Winter die Temperaturen bis auf fünfzig Grad minus fallen können, kommt es darauf an, viel Fleisch vorrätig zu haben. Auch die Tiere sind auf große Futter- und Fettmengen angewiesen, um die lange kalte Jahreszeit überstehen zu können.

Viele sibirische Schamanen praktizieren heute noch Tieropfer. Und manche, deren Zeugen Bill Pfeiffer und ich wurden, waren schrecklich und brutal. In der Republik Tuwa jedoch wurden die Schafe schnell getötet. Ein kleiner Schnitt in Höhe des Brustkorbs und schon griff der Schamane nach dem Herzen des Tieres. Man erwies dem Schaf die Ehre und verwendete alles von ihm, inklusive der Innereien. Ich konnte beobachten, wie geschickt die Frauen die Därme mit Wasser auswuschen, Blut hineinfüllten und die Enden verknoteten, um Würste herzustellen. Der Tötung eines Schafs beizuwohnen fällt einem (aus gutem Grund) schwer. Aber nirgendwo sonst habe ich diesen Akt in einer solchen Schönheit und Würde vollzogen gesehen.

Nichts konnte dem Bären, der da vor meinen Augen enthäutet wurde, sein Leben zurückgeben. Doch obwohl ich gewöhnlich nur sehr selten Fleisch zu mir nehme, habe ich das köstliche Schmorgericht, das Monty zwei Tage später auftischte, gegessen – sehr bewusst und voller Dankbarkeit. Ich sollte immer so achtsam sein. Da ich aber den Bären, aus dem dieser Braten bestand, ebenso kannte wie seinen Jäger, war in diesem Fall die Verbindung der

Speise mit ihrer Quelle besonders stark. Und das machte ihren Verzehr zu einer vollkommen anderen Erfahrung.

Dass das Leben vom Leben lebt, von der »allgemeinen Jagd«, wie es der renommierte Mythologe Joseph Campbell einmal ausdrückte, ist in der Wildnis nicht zu übersehen. Sterben und Töten sind Teil des Lebenszyklus, obwohl sich – was einer gewissen Ironie nicht entbehrt – gerade der mächtige Schwarzbär hauptsächlich von Pflanzen und Beeren und nur ausnahmsweise von Fleisch ernährt. Was uns einiges zu denken geben sollte. In unserer heutigen Zeit des Jagens aus Prestigegründen, des zu kommerziellen Zwecken gezüchteten und geschlachteten Viehs und des immer schneller schwindenden natürlichen Lebensraumes für Tiere wäre es weise, uns daran zu orientieren, wie die Hoh das Leben ehren, und uns die wilden Beschützerqualitäten des Schwarzbären zu eigen zu machen, damit die Gesundheit unserer Erde und der natürlichen Ökosysteme nicht in noch größere Gefahr gerät.

Die Faszination von Bären erfahren die Menschen seit Jahrhunderten und sie äußert sich auf mannigfaltige Weise. In den Märchen zum Beispiel wimmelt es geradezu von Bären. Seit langer, langer Zeit inspirieren diese Tiere Stämme und Kulte überall auf der Welt und auch heute noch können wir von der Kraft des Bären profitieren.

Den größten Teil des Winters verbringen sie schlafend im Zustand der Winterruhe, was sie zu einem natürlichen Verbündeten für die Traumzeit macht. Die Teddybären, die unsere Kinder seit dem 20. Jahrhundert in ihre Träume begleiten, sind nur ein kleiner Hinweis darauf. Ihren Namen verdanken sie übrigens dem US-Präsidenten Theodore Roosevelt, der mit Spott überhäuft wurde, als er sich weigerte, einen alten Bären zu erschießen, der in eine Falle geraten war.

Wie die Winterruhe haltenden Bären träumen auch die Schamanen und inkubieren (»brüten«) die Mystiker in Höhlen,

Wäldern und der Wüste – um heilen, in die Zukunft sehen und sich Rat von den Spirits holen zu können. Indigene Kulturen halten die Traumkammer in Ehren und beschützen den Träumenden in seiner Einsamkeit entschieden.

Wohl nur die wenigsten von uns werden je in einer Höhle oder als Eremit im Wald leben, wir alle aber müssen uns mitunter zurückziehen, um zur Ruhe zu kommen und uns zu erholen. Auch wir müssen träumen und im engen Kontakt mit der Erde sein.

Im Unterschied zu den alten Sehern, die sinnierten wie der Bär, mit dem Bauch auf der Erde, ist die Schwarzbärin weder Visionärin noch Heilerin. Ebenso wenig unterscheidet sie Göttinnen, Führer, Gott oder Gottheiten. Und sie unterteilt die Rhythmen des Lebens auch nicht nach Zeiten, wie wir Menschen es tun. Für den Bären gibt es nur die Wahrnehmung, die Bewegung und die Struktur des Jetzt.

Sobald die Bärin im Schoß des Winters ruht, verlangsamt sich ihre Physiologie und sie schwingt sich auf das Herz von Mutter Erde ein. Wenn wir es ihr gleichtun und das Tempo ebenfalls reduzieren, können wir unsere Gewohnheiten sowie die Vorstellungen von uns selbst etwas lockern und uns in aller Bescheidenheit dem Herzen unserer Mutter Erde anvertrauen.

In unserer Zeit mit ihren mordsmäßigen Veränderungen geleitet uns der Schwarzbär zu tiefgründigerem Wissen und Sein.

»Der Träumende ist die Erde. Sie ist der Weisheitsflüsterer«, sagt der Bär.

Das, was der Schwarzbär kann – sich dieser träumenden Mutter zu überlassen –, das können wir auch.

Übungen

Ziel dieser Übung ist es, die uralte Kunst der Inkubation wiederzubeleben, um sich zu erneuern, zu träumen und mit der Erde zu verbinden. Sie können sie allein durchführen oder sich eine Vertrauensperson suchen, die Ihren Traumraum beschützt. Anschließend wechseln Sie dann die Rollen.

Ob Sie die Übung im Haus machen oder im Freien: Sorgen Sie dafür, dass Sie sich sicher und wohl fühlen und nicht gestört werden.

Sollten Sie im Haus bleiben, erschaffen Sie sich einen dunklen, gemütlichen Raum, der ideal ist für die Winterruhe eines menschlichen Bären. Wenn Sie mögen, können Sie ein Plätzchen bei sich zu Hause ausschließlich diesem Zweck widmen. Seien Sie bereit, die Zeit Ihres Rückzugs notfalls auch mit Zähnen und Klauen zu verteidigen.

Halten Sie sich im Freien auf, suchen Sie sich eine besondere Stelle und inkubieren (»brüten«) Sie beim Reisen. Indem wir die Augen schließen oder sogar nur einmal tief durchatmen, können wir überall in Kontakt mit der Erde kommen, selbst in einer geschäftigen Umgebung. Inkubieren Sie, wenn möglich, direkt auf dem Erdboden oder auf einer Decke aus Naturfasern, damit der Energiefluss der Erde Sie störungsfrei erreichen kann. Erspüren Sie, wo Sie hingerufen werden, und bitten Sie um die Erlaubnis, dort sein zu dürfen. Registrieren Sie die Naturwesen, die Sie umgeben und einen heiligen Kreis um Sie herum bilden, um Ihre Erfahrung zu unterstützen. Bringen Sie ihnen und dem Spirit der Erde Gaben dar: ein Gebet oder ein Lied, ein paar Brotkrumen beziehungsweise Tabakkrümel. Oder berühren Sie einfach den Boden mit Ihren liebenden Händen.

In Innenräumen können Sie ein schlichtes Eröffnungsritual durchführen, indem Sie etwa mit den Fingern einen Lichtkreis um sich ziehen, damit die Stelle, an der Sie ruhen, zu einem heiligen Ort wird, und dem Spirit der Erde ein Gedicht oder ein spontanes, von Herzen kommendes Gebet widmen.

Als Nächstes strecken Sie sich, atmen und laden die Schwarzbärin zu sich ein. Rufen Sie ihre alterslose Körperweisheit an. Rekeln und entspannen Sie sich wie die stille Schwarzbärin, um zur Ruhe der inneren Balance zu finden.

Sobald Sie ganz relaxt und vollkommen präsent sind, setzen Sie sich oder Sie legen sich leicht zur Seite gekrümmt in der Fötusposition hin. Die Handflächen liegen flach auf der Stirn, um das Portal zum inneren Sehen mit dem dritten Auge zu öffnen. Sie können sich aber auch auf den Bauch oder den Rücken legen, je nachdem, was sich für Sie am besten anfühlt.

Atmen Sie ein paarmal tief und reinigend ein und aus; dabei entspannen Sie sich mit jedem Ausatmen mehr. Keine Sorge: Die Erde kommt mit allen Emotionen oder Energien klar, die beim Ausatmen freigesetzt werden. Lassen Sie sich richtig fallen. Entspannen Sie sich ganz in die liebende Umarmung der Mutter.

Ob Sie sich im Freien oder drinnen aufhalten: Spüren Sie nun die Natur, die Sie umgibt. Spüren Sie die Landschaft, die sich weit bis zum Horizont erstreckt. Stellen Sie sich Tiere, Bäume, Sand und Erde vor; Insekten, Vögel, Steine, Minerale und Wurzeln. Malen Sie sich Berge oder Ebenen aus, Flüsse, Winde und Seen. Und das Wichtigste: Spüren Sie durch all ihre Schichten bis tief in die Erde hinein. Spüren Sie ihr Herz.

Während Sie diese Reise in Ihrer Fantasie unternehmen, fühlen Sie den Spirit der Erde – die strahlende Intelligenz, die in jedem Naturwesen fließt. So auch in Ihnen.

Beschreiben werden Sie Ihre Erfahrungen wahrscheinlich nicht können; ja, Worte sind Ihnen womöglich sogar hinderlich. Also entspannen Sie einfach. Fühlen Sie. Atmen Sie mit der Erde. Atmen Sie Liebe aus und atmen Sie Liebe ein. Bringen Sie sich in Einklang mit diesem erweiterten Energiefeld; seien Sie es.

Nehmen Sie sich so viel Zeit, wie Sie mögen.

Zivilisationen kommen und gehen, doch die Erde bleibt bestehen. Gebäude, Menschen, Pläne und Projekte kehren unweigerlich wieder zur Mutter zurück. Denn mit dieser mächtigen intelligenten Kraft sind wir alle eins. Fühlen Sie sich jenseits der Gegebenheiten unserer Zeit - und jenseits der Zeit selbst - tief in die Mutter hinein.

Sobald dieses Empfinden sehr stark geworden ist, bleiben Sie dabei. Die Erde ist Sie. Spüren Sie, wer Sie sind. Während Sie sich intensiv mit den Rhythmen der Erde verflechten, entspannen Sie sich vielleicht so, dass Sie einschlafen.

Nehmen Sie sich alle Zeit, die Sie sich wünschen.

Sobald Sie zurückkehren möchten, rekeln und strecken Sie sich ganz nach Gusto, genau wie die Schwarzbären, wenn sie aus ihrem Schlummer aufwachen. Verbleiben Sie den Rest des Tages in dem Gefühl, dass Sie die Kraft der Erde sind.

Anschließend können Sie sich Ihre Visionen beziehungsweise Einsichten gern notieren. Was aber noch viel wichtiger ist: Spüren Sie die Erde, sowohl im Wachzustand als auch beim Einschlummern.

So, wie der Schwarzbär eine innige Beziehung zu den (momentan rasant dezimierten) großen Gebieten unterhält, die er durchstreift, können auch Sie die Landschaft kennenlernen, in der Sie leben beziehungsweise in die Sie reisen. Machen Sie Spaziergänge. Seien Sie neugierig. Wenn Sie nicht umhergehen können, öffnen Sie Ihr Herz, um die Landschaft zu erfühlen. Achten Sie darauf, was geschieht, während Sie es tun. Die Vertrautheit mit dem Land könnte Sie dazu inspirieren, die entschiedenen Beschützerqualitäten des Schwarzbären in sich zu aktivieren, um es vor Schaden zu bewahren.

Spüren Sie die Erde, und nehmen Sie ihren Spirit wahr, wann immer Sie sich hin- und hergerissen fühlen, ängstlich sind oder sonst wie durcheinander. Stimmen Sie sich auf sie ein, bis sich ein Gefühl der Zugehörigkeit einstellt. Und geben Sie dieser Mutter im Gegenzug so viel wie möglich zurück. Ihr Leben wird sich verändern. Die Mutter wird ihre Träume durch Sie manifestieren.

Der Schwarzbär lehrt das Einssein mit unserem fühlenden Planeten. Er erinnert uns daran, den Tod nicht weniger zu ehren als das Leben. Und bringt uns bei, dass Gegensätze Teil eines größeren Ganzen sind.

Vergegenwärtigen Sie sich Ihre widersprüchlichen Persönlichkeitszüge oder die Anteile, die Sie an sich erfreulich finden (Klugheit, Fröhlichkeit, Schönheit), und die Aspekte, die Sie weniger gern mögen (Schüchternheit, Jähzorn, fehlende Disziplin). Bitten Sie den Schwarzbären dabei um Hilfe, und vergessen Sie nicht, dass alle Persönlichkeitsmerkmale gleichermaßen begrüßenswert sind.

Auf dieselbe Weise können Sie sich auch mit scheinbaren Entweder-oder-Fragen befassen wie etwa:

»Soll ich meine Stelle kündigen oder lieber bleiben?« oder »Sollte ich mich mehr auf die Beziehung einlassen oder besser Schluss machen?«

Schauen Sie sich die unterschiedlichen Persönlichkeitszüge oder Möglichkeiten an, dann konzentrieren Sie sich auf eine Frage.

Stellen Sie sich an einer Stelle, an der Sie nicht gestört werden, ruhig hin, entspannen Sie sich und atmen Sie ein paarmal tief ein und aus. Rufen Sie dann die Schwarzbärin an und bitten Sie darum, dass ihr Leib mit dem Ihren verschmilzt. Nehmen Sie sich dafür so viel Zeit, wie Sie mögen.

Halten Sie Ihre Bärentatzen in Schulterhöhe nahe am Körper vor der Brust, und zwar so, dass sie mit der Innenseite nach außen zeigen. Belegen Sie jede Tatze mit einer der widerstreitenden Eigenschaften, zum Beispiel: »Linke Tatze für meine ruhigere Seite und die rechte für meine innere Wildheit« oder »Links für ›Ich bleibe im Job‹ und rechts für ›Kündigen‹.«

Schieben Sie nun Ihre linke Tatze langsam und sanft von der Brust weg nach vorn und ziehen Sie sie dann genauso allmählich wieder zurück. Die Linke bleibt nahe an Ihrer Brust, während Sie jetzt die rechte Tatze langsam und sanft vor- und zurückschieben. Bei all dem atmen Sie im Rhythmus Ihrer Bewegungen.

Machen Sie so weiter: Schieben Sie in aller Ruhe mehrmals beide Tatzen abwechselnd vor und zurück. Lassen Sie die Gefühle aufsteigen, die mit den beiden Möglichkeiten beziehungsweise Eigenschaften jeweils verbunden sind, während Sie Ihre Tatzen weiterhin gemächlich vorschieben und zurückziehen.

Hören Sie dabei auf Ihren Körper. Achten Sie auf Ihre Gefühle.

Sobald es sich richtig anfühlt, können Sie anfangen, mit diesen Spannungen zu spielen wie ein Bär, der sich in der Sonne rekelt. Setzen Sie Ihren Körper ein. Treten Sie auf der Stelle, bewegen Sie sich; Sie dürfen sogar tanzen, während Sie die linke Tatze vorschieben und zurückziehen. Dann kommt die rechte dran. Lassen Sie Ihre Bewegungen aus dem Inneren kommen. Fangen Sie langsam an und finden Sie dann Ihr eigenes Tempo.

Nach einiger Zeit können Sie die eine Tatze vorschieben und gleichzeitig die andere zurückziehen.

Sehen Sie zu, dass Ihre Bewegungen flüssig bleiben und Sie einen festen Stand behalten. (Die Füße von Bären erinnern im Aufbau an den menschlichen Fuß.) Lassen Sie sich vom Mysterium bewegen.

Die Bärin fordert Sie auf: »Versuch doch mal, das Wort ›oder‹ durch ein ›und‹ zu ersetzen.« Erwecken Sie die Energie und schauen Sie, was passiert.

Die Schwarzbärin sagt: »Tanz mit mir. Die Dinge sind nicht voneinander getrennt; jeder Moment ist ganz frisch und neu. Lade deine Urkraft auf; bitte deinen Körper, dass er dir zeigt, wie du alle Anteile von dir integrieren kannst, die dich ausmachen.«

Tanzen Sie mit der Bärin, solange Sie Lust haben oder bis Sie das Interesse verlieren. Machen Sie dann einen kleinen Spaziergang. Gehen Sie jeden Schritt in Dankbarkeit gegenüber der Bärin und verabschieden Sie sich allmählich von ihr.

Achten Sie beim Gehen darauf, wie Sie sich körperlich, seelisch und geistig fühlen.

Stellen Sie auch fest, wie es Ihnen in Bezug auf das Thema geht, das Sie ausgelotet haben. Hat sich irgendetwas daran verändert? Und wenn ja, was?

Später möchten Sie sich vielleicht Notizen machen oder eingehender darüber nachdenken, wie Sie die Weisheit des Schwarzbären in Ihren Alltag integrieren können.

Schwarzbär

Sandra

Als ich vier war, verbrachte ich den Sommer mit meiner Mutter und meinem Bruder in einer Ferienhaussiedlung im Norden des Staates New York. Ich fand es toll, der Hitze und der Enge der Stadt zu entkommen. Durch die üppigen Bergwälder streifen zu können und nur von Natur umgeben zu sein, empfand ich wie eine Befreiung. Doch dann bekam ich die Windpocken; in dem rustikalen Häuschen musste ich das Bett hüten und konnte die Schönheit der hohen Bäume nur noch durchs Fenster betrachten. Während der Krankheit war es ganz so, als würde ich von einem inneren Wissen geleitet, das mir half, die Ruhe zu finden, die ich brauchte, um mich vollständig und schnell erholen zu können.

Freitags fuhr mein Vater immer von Brooklyn aus nordwärts, um uns zu besuchen. So auch am verlängerten Wochenende rund um den 4. Juli, den amerikanischen Nationalfeiertag. Ich lag im Bett und schaute durchs Fenster, als davor das breit lächelnde

Gesicht meines Vaters erschien. In den Armen hatte er etwas sehr Großes.

Als er mein Zimmer betrat, erkannte ich, dass es sich um einen riesigen Stoffbären handelte, der fast so groß war wie ich. Ich verliebte mich sofort in den Teddy und gab ihm den Namen Brownie. Vor einer Reihe anderer geliebter Stofftiere sitzt er noch heute in meinem Büro. Man sieht Brownie an, dass er in die Jahre gekommen ist, und er altert nicht gerade besonders vorteilhaft. Aber an jedem Unabhängigkeitstag feiere ich seinen Geburtstag mit Kerzen auf einem Cupcake und bringe ihm ein Ständchen. Schon mein ganzes Leben lang begleitet mich Brownie auf vielen meiner Reisen in die verschiedenen Städte. Wir haben schon eine Menge Abenteuer zusammen erlebt und ich halte ihn wirklich in Ehren.

Als Kinder fanden viele von uns Trost bei ihrem Teddybär. Nachts lag er mit im Bett, wir fühlten uns von ihm beschützt und wussten, dass er jedes Geheimnis, das wir ihm ins Ohr flüsterten, für sich behielt. Wenn wir an unsere liebsten Stofftiere zurückdenken, fällt vielen als Erstes die Verbundenheit mit ihrem Bären ein.

In den 1970ern arbeitete ich neun Monate im Jahr an der San Francisco State University. Doch für die Sommerzeit, wenn an der Uni unterrichtsfrei war, musste ich mir immer einen anderen Job suchen. Damals hatte ich eine liebe Freundin, die in Tiller, einem kleinen gemeindefreien Bezirk in Oregon, wohnte und stets dafür sorgte, dass ich beim Forstservice oder einem Privatunternehmen unterkam. Auf diese Weise konnte ich jeweils drei Monate in der freien Natur arbeiten.

Viele der Menschen dort waren nach Tiller gezogen, um den Zwängen der Gesellschaft zu entgehen, und manche lebten auf dem Land, meilenweit von der Zivilisation entfernt. Freunde von mir wohnten so isoliert, dass man einen Fluss überqueren und dann noch einige Kilometer durch einen dichten Wald wandern

musste, um zu ihnen nach Hause zu kommen. Da der funkelnde South Umpqua River recht breit ist, verlangte einem diese Reise schon eine ziemliche Anstrengung ab.

Eines Tages machte ich mich nach der Arbeit auf, um meine Freunde zu besuchen. Ich war müde und nicht mehr sehr konzentrationsfähig. Den breiten Fluss mit seinem klaren türkisfarbenen Wasser hatte ich bereits durchschwommen und auch schon eine gehörige Strecke auf dem Pfad durch den Wald hinter mich gelegt. Wie es bei Menschen, die in einer Großstadt aufgewachsen sind, oft der Fall ist, richtete ich den Blick eher auf den Boden, als dass ich mich umschaute. Anderen Lebewesen, die eventuell auch auf dem Pfad unterwegs sein konnten, widmete ich nicht die Spur eines Gedanken.

Doch dann bemerkte ich aus dem Augenwinkel eine Bewegung und schaute hoch. Etwa sechs Meter vor mir stand ein kleiner Schwarzbär. Was als Nächstes geschah, hätte einem Cartoon entsprungen sein können: Der Schwarzbär hatte mich genauso wenig gesehen wie ich ihn. Wir schauten beide exakt im selben Moment auf, nahmen einander wahr, rissen erschreckt die Hände/Tatzen hoch, machten kehrt, suchten das Weite und sahen zurück, um uns zu versichern, dass der andere tatsächlich in die entgegengesetzte Richtung rannte. Das muss vielleicht ein Anblick gewesen sein! Wenn ich daran denke, kann ich mir auch heute noch ein Lächeln nicht verkneifen.

Eine andere sehr lustige Begegnung mit einem Bären hatte ich in den Neunzigern, als ich in einem Retreatcenter in Phoenicia, New York, vierzig bis fünfzig Personen fünf Tage lang in Soul Retrieval (Seelenrückholung) ausbildete. Darunter versteht man eine Heilzeremonie, die Menschen, Tieren, aber auch dem Land behilflich sein kann, die Folgen eines Traumas zu überwinden.

Bei der ersten Vorübung bat ich die Teilnehmer(innen), in die unsichtbaren Bereiche zu reisen, um sich mit einem Krafttier oder einem hilfreichen Schutzgeist zu treffen, das beziehungsweise der ihnen beim Soul Retrieval helfen würde. Wir arbeiteten im Haus. Während die anderen ihre Reise unternahmen, stand ich zusammen mit meiner Assistentin in der Mitte des Raums und wir schlugen die Trommel. Als wir den Rhythmus veränderten, um das Signal zur Rückkehr zu geben, öffneten die Leute nach und nach die Augen und fingen an zu lachen. Alle hatten den Blick zum Fenster gerichtet, durch das ein Schwarzbär die Gruppe beobachtete. Ein wundervolles Omen für unsere Arbeit.

Der Bär wird in der Praxis des Schamanismus als ausgesprochen ehrwürdiges Lebewesen betrachtet. In seiner Winterruhe sehen die Eingeborenenkulturen den Prozess von Tod und Wiedergeburt. Tod und Wiedergeburt des Bären gelten als Prozess des Wunderbaren. Manche schamanischen Kulturen gehen auch davon aus, dass der Bär über die unglaubliche Fähigkeit verfügt, sich selbst zu heilen.

In den indigenen Traditionen des amerikanischen Südwestens wird der Bär als Heiler verehrt. Von einem Hopi-Freund von mir weiß ich, dass die Schamanen bei ihrer Heilarbeit mit dem Geist des Bären zusammenarbeiten und dass die Zuñi Bärenfetische herstellen, die sowohl heilen als auch schützen. Auf verschiedenen sakralen Objekten wie zum Beispiel Rasseln und Zeremonialgegenständen sieht man oft auch gemalte Bärentatzen. Und in vielen indigenen Traditionen gilt der Bär sogar selbst als Schamane.

Der alljährliche Bärenzyklus von »Sterben« und »Wiedergeboren werden« steht mit der schamanischen Initiationspraxis der Zerstückelung (»Dismemberment«) in Verbindung. Dabei wird man im Traum oder in einer Vision von einem Tier gefressen, zerschnitten, auseinandergerissen oder sogar zu Asche verbrannt. Dieser Prozess führt einen zum Spirit zurück und erinnert daran, dass wir mehr sind als Körper und Verstand. Die zerstückelte Person erlebt einen Zustand der Einheit mit der Quelle und macht oft die tief greifende Erfahrung, eins mit dem universellen Licht zu sein.

In den schamanischen Kulturen markiert die Zerstückelung eine Initiation, die man auch als »Tod des Schamanen« bezeichnen könnte. Mit keiner Technik oder Übung kann man sich darauf vorbereiten. Diese Initiation bringt uns das Leben, und wenn sie sich während einer schamanischen Reise oder im Traum einstellt, dann in aller Regel spontan. Eine solche Erfahrung lässt sich nicht planen und kennt kein Sicherheitsnetz. Bei dieser Initiation verliert man die Identität, an der man auf der Ebene des Egos oder der Persönlichkeit so hängt. Und mit der Zeit kommt es dann zum »Rememberment« und an die Stelle der alten Identität tritt das authentische Selbst.

Die Lebensumstände, die eine solche Todeserfahrung hervorbringen, können äußerst brutal sein. Doch am Ende, wenn wir uns unserer neuen Identität überlassen, gehen wir wiedergeboren und erfrischt daraus hervor. Wie ich auch schon in meinem Aufsatz über den Sand geschrieben habe, wird unser Ego richtiggehend behauen, sodass der Spirit zum Vorschein kommt. Nach diesen Initiationen werden wir nicht mehr allein vom Ego geleitet, sondern folgen dem Pfad der Seele. Eine Initiation durchzumachen, erinnert an eine sich häutende Schlange; wir lassen dabei das Alte gehen und bringen neue Aspekte unserer selbst hervor.

Ich persönlich habe im Laufe meines Lebens viele brutale Initiationen durchgemacht. Die Botschaften, die ich dabei empfangen habe, bestehen darin, nicht in der Finsternis zu verbleiben; zu wissen, dass mich die Stärke meines Spirits trägt; und dass der einzige Ausweg der ist, mich diesem Prozess auszuliefern.

Gleichzeitig kann einem der Tod des Schamanen auch wunderbare Erfahrungen bescheren, die uns lehren, wie wertvoll das Leben ist. Dadurch, dass wir eine solche Initiation überleben, lernen wir zu leben. Wir wachen auf und werden uns der Kraft unseres Inneren bewusst.

Ein Teil der Initiation zum Schamanen besteht in der Erfahrung einer lebensbedrohlichen Erkrankung oder eines Nahtoderlebnisses, in denen der Initiand jeglichen Sinn für sein Ego beziehungsweise das Gefühl der Trennung von der Quelle verliert. In diesem numinosen Zustand werden wir daran erinnert, dass wir alle eins mit allem sind.

Bei den Eskimo-Schamanen beschert diese Art von Initiationserfahrung den Einzuweihenden das Gefühl und die Vision eines erneuerten Körpers; oft gehen sie mit magischen und Heilkräften daraus hervor. In der östlichen Tradition gilt die Lehre, dass ein Erwachen nur möglich ist, wenn wir die Anhaftungen an unsere materielle Natur aufgeben. Identität, Ego und Überzeugungen opfern wir dem Göttlichen. Der Tod ist kein Ende, sondern der Zugang zum Ewigen.

Wenn in einer schamanischen Kultur jemand von einer Zerstückelung berichtet, die er beziehungsweise sie im Traum oder in einer Vision hatte, wird diese Person von der Gemeinschaft als Schamane erkannt, der von den Spirits auserkoren wurde. Dieses Verständnis spiegelt sich auch in der modernen Psychologie wider: So schrieb etwa C. G. Jung, dass Kinder oft Zerstückelungsträume haben, die sie auf einen spirituellen Weg führen oder einen neuen Lebenszyklus einleiten.

In meinen Workshops machen viele der Teilnehmer schon bei ihrer allerersten schamanischen Reise spontan eine Zerstückelungserfahrung und berichten, sie seien von einem Tier, wie etwa einem Bären oder einem Raubvogel, entzweigerissen und bis auf den Spirit zerlegt worden. Nach der Rekonstruktion waren ihre Knochen und Organe gereinigt und jeder Krankheit enthoben. Zudem erklären sie immer, dass sie mit einem solchen Erlebnis zwar nicht gerechnet hätten, es aber friedvoll gewesen sei und sie sich nach ihrer Rückkehr durch den Prozess regeneriert fühlten. Einige meiner Schüler unternehmen ihre Reise auch eigens mit dem Ziel, eine Zerstückelung zu erfahren, um geheilt zu werden oder Fortschritte auf ihrem spirituellen Weg zu machen.

Bei einer Zerstückelung geht es uns ähnlich wie dem Bären, der einmal im Jahr stirbt und wiedergeboren wird. Wenn wir zerstückelt werden oder eine der Initiationen durchmachen, vor die uns das Leben stellt, werden auch wir wiedergeboren und gehen erquickt aus dieser Erfahrung hervor, befreit von Unreinheiten auf körperlicher, mentaler und emotionaler Ebene. Wir fangen noch einmal von vorn an, treten mit neuer Achtsamkeit und neuem Bewusstsein in einen anderen Lebenszyklus ein. Ganz wie der Bär, der im Frühjahr erfrischt aus seiner langen Winterruhe erwacht.

Was Fluss und Bewegung angeht, ist die Natur die beste Lehrerin. Die Jahreszeiten gehen ebenso fließend ineinander über wie die einzelnen Mondphasen. Tag für Tag geht die Sonne auf und unter. Der Bär döst allmählich in die Winterruhe und wacht danach langsam wieder auf, um die nächste Phase seines Lebens zu begrüßen. Zeiten des Lichts werden fließend zu Zeiten der Dunkelheit. All das bringt die Natur mit sich.

Wir neigen dazu, uns Wechsel, Veränderungen und Übergänge linear vorzustellen statt ringförmig, wie die Erde es lehrt. Sowohl innerlich als auch in der Natur bewerten wir die Dunkelheit und ziehen ihr die »sonnigen Tage« vor. In der Natur aber verändert sich alles. Auch Tod und Wiedergeburt sind Bestandteil ihres Flusses.

Hier in New Mexico haben wir viele Schwarzbären, und wenn sie nach ihrem langen Schlaf aufwachen, streifen sie durch die Wohngebiete, um nach Futter zu suchen. Deshalb müssen wir abends die Vogelhäuschen reinholen, denn sie sind zwar an dicken Metallstangen befestigt, die aber verbiegen die Bären wie dünnstes Plastik, um an die Körner heranzukommen.

Wenn die Pfirsiche in meinem Garten reif sind, pflücke ich sie und lege sie auf den Boden, damit die Bären nicht vor Hunger auf den Baum klettern und dabei die Äste abbrechen.

Aufgrund der fortgesetzten Dürre in New Mexico stellt die Natur in den Bergen, dem Habitat der Bären, immer weniger Futter bereit. Deshalb dringen sie auf der Suche nach Nahrung weiter in die bevölkerten Regionen vor, wo sie zum Schutz der Bewohner gefangen oder umgesetzt und manchmal auch getötet werden. Flächenentwicklungspläne und der ökologische Wandel verdrängen sie und mit ihnen Tausende anderer Naturwesen auf der ganzen Welt. Dazu gehören nicht zuletzt auch Menschen in bestimmten Gegenden, die ihr Zuhause an Veränderungen der Umwelt verlieren, die das Leben nicht länger unterstützen.

Wir müssen verantwortungsbewusster werden, wenn es darum geht, Wälder zu roden und Fabriken, Geschäfte oder Wohnraum auf bislang unbebauten Flächen zu planen. Wir müssen verantwortungsbewusster werden und Sorge dafür tragen, dass wir dabei nicht ganze Tierarten ausrotten oder verdrängen. Denn wir teilen uns die Erde mit anderen Lebensformen, die das gleiche Existenzrecht besitzen wie wir Menschen. In unserer Verantwortung liegt es, künftig Entscheidungen zu treffen, die unseren negativen Einfluss auf die Umwelt reduzieren, denn unsere Entscheidungen sind es, die bereits zur Zerstörung vieler schöner Landschaften geführt haben, in denen einst unzählige Lebewesen zu Hause waren.

Das ist ein trauriges Thema, aber es *muss* angesprochen werden. Wir sind die Hüter unseres Planeten und des Netzes, in dem alles Leben miteinander verbunden ist. Die Verdrängung oder Ausrottung einer einzigen Tierart wirkt sich auf das gesamte Leben aus. Unsere mangelnde Fürsorge für die Umwelt bleibt nicht ohne Folgen.

Als Kollektiv tritt die Menschheit, wie ich glaube, in eine neue Phase eines Initiationsprozesses ein, in dem unser alter Lebensstil durch ein Handeln ersetzt wird, das der Erde und allem Leben Rechnung trägt.

Zugleich unterweist uns das Weibliche in den natürlichen Prozessen der Evolution. Das Gesicht der Erde verändert sich und wird es mit zunehmendem Alter auch weiterhin tun. Arten sterben aus und neue entstehen. Das Leben passt sich den Veränderungen an. Das Weibliche lehrt uns den Kreislauf von Tod und Wiedergeburt.

Übungen

Llyn hat uns bereits eine Reihe schöner, wirkmächtiger Übungen vorgestellt, denen ich nur eine hinzufügen möchte.

Bären können nicht gut sehen, aber sie haben einen hoch entwickelten Geruchssinn, der ihnen beim Aufspüren von Futter hilft.

Die Oshawurzel, von den Ureinwohnern Amerikas auch »Bärenwurzel« genannt, ist ein bekanntes Heilmittel gegen Erkältungen, das sich durch einen intensiv erdigen, bitteren Duft auszeichnet.

Meine Freundin Ann Drucker, die in Colorado ganz hervorragende Kräuterkurse anbietet, führt ihre Schüler einmal im Jahr in den Wald, um Oshawurzeln zu suchen, aber nach Bärenart: auf allen vieren. Die Leute erschnuppern die Pflanzen also mit der Nase auf dem Boden und folgen ihrer Duftfährte. Das ist eine wunderbare Möglichkeit, sich mit der Erde zu verbinden.

Suchen auch Sie sich einen Flecken in der Natur, auf dem Sie allein sind und nicht gestört werden. Gehen Sie in den Vierfüßerstand, schließen Sie die Augen und lassen Sie sich von Ihrem Geruchssinn leiten. Erkunden Sie Ihre Umgebung. Haben Sie Spaß mit dieser Übung und erschnuppern Sie die herrlichen Aromen der Natur, während Sie sich zugleich Ihrer engen Verbundenheit mit dem Weiblichen bewusst werden, der Erde selbst.

MAIS

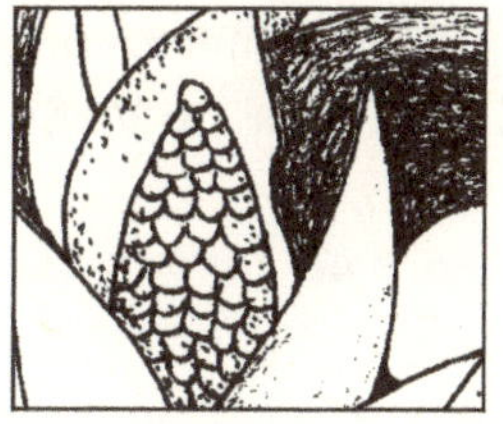

Mais

Sandra

Das Naturwesen Mais erfreut sich bereits eines sehr langen Lebens auf unserer großartigen Erde. In New Mexico fanden Wissenschaftler versteinerten Blütenstaub dieser Pflanze, der 80.000 Jahre alt war. Sie stammt von einheimischen Wildgräsern ab, die unter der Bezeichnung Teosinte zusammengefasst werden.

Vor etwa 7.000 Jahren begannen die Indianer Mesoamerikas mit dem Anbau von Mais – heute gibt es verschiedene Sorten, doch zum Kochen und Grillen verwenden wir ausschließlich Zucker- beziehungsweise Speise- oder Gemüsemais.

Der Genuss von Maiskolben ist eine ebenso handfeste wie köstliche Erfahrung. Meine Mutter lehnte es noch im Alter von 98 Jahren ab, sich die Kolben abpuhlen zu lassen, obwohl der Mais dadurch viel leichter zu essen gewesen wäre. Aber auf das Erlebnis, die Körner einzeln abzuknabbern und zu kauen, wollte sie partout nicht verzichten.

Wenn ich mir all die Maiskörner in vielen Zeremonialgefäßen anschaue, die bei mir zu Hause stehen, empfinde ich das Licht, das jedes von ihnen ausstrahlt. Ich bin mir der Schönheit der einzelnen Körner bewusst und ich habe das Gefühl, dass sie den genetischen Bauplan perfekter Gesundheit enthalten. An vielen Stellen meines Zuhauses liegen auch ganze Maiskolben, die mich an die Fülle des Universums erinnern und daran, dass uns das, was wir zum Gedeihen benötigen, immer zur Verfügung steht.

Denken Sie an eine sommerliche Grillparty zurück. Lassen Sie sich ganz auf diese Erinnerung ein. Stellen Sie sich die warme Luft vor, die vielleicht sogar ein wenig schwül ist, je nachdem, wo Sie sich aufhalten. Nehmen Sie die Aromen der Lebensmittel wahr, die auf dem Grill liegen. Lauschen Sie dem Lachen Ihrer Freunde und Angehörigen. Viele von Ihnen erinnern sich vermutlich auch an die Maiskolben, die es bei solchen Gelegenheiten gab. Stellen Sie sich die hellgelben oder weißlichen Körner vor, die geradezu darauf warten, zwischen Ihren Zähnen zu zerplatzen. Spüren Sie, wie Sie den heißen Kolben in den Händen halten und zum ersten Mal hineinbeißen. Nehmen Sie beim Kauen die Süße jedes einzelnen Maiskorns wahr.

Verlagern Sie nun Ihre Aufmerksamkeit und stellen sich vor, in der Wüste zu sein, im Südwesten der USA. Sie schauen sich um und bemerken, wie trocken das Land wirkt. Was wohl an einem Ort wachsen mag, an dem es so wenig Wasser gibt?

Wenn Sie den Blick in die Ferne richten, sehen Sie einen Garten voller Maisstängel. Sie gehen darauf zu und sobald Sie dem Garten ganz nahe sind, nehmen Sie Leute wahr, die rasseln und dem Mais ein Ständchen bringen. Was Sie da beobachten, ist ein uraltes Ritual: Menschen, die den Pflanzen etwas vorsingen – eine spirituelle Übung zu Ehren des Maises, die seinem Wachstum förderlich ist.

Die moderne Agrarindustrie hat unser Verhältnis zum Mais verändert. Heute halten viele den Spirit der Naturwesen, die wir verzehren, nicht mehr in Ehren, sondern nehmen sie nur noch als »Nahrungsmittelprodukte« wahr, die man im Supermarkt kauft. Es ist also an der Zeit, über die Heiligkeit des Maises und aller anderen Pflanzen nachzudenken, die uns am Leben halten.

Als ich gerade erst nach Santa Fe gezogen war, empfing ich auf einer schamanischen Reise eine Botschaft, die mir intellektuell nicht einleuchtete. Ich bekam nämlich gesagt, die heiligste aller Pflanzen sei der Mais. Zu der Zeit konnte ich mir noch nicht vorstellen, warum das so sein mochte.

Die Uramerikaner im Südwesten der USA bezeichnen den Mais als die Mutter (»Mutter Mais«), was auf einen Ursprungsmythos zurückgeht, dem zufolge er der Urmutter, der Erde, entstammt. Zugleich stellt Mais ihre wichtigste Nahrungsquelle dar. Darüber hinaus werden Maisgrieß und -pollen in Zeremonien und Gebeten verwendet, um die Verbindung zwischen der Erde und allem Leben zu bekräftigen.

Bei den Stämmen der Hopi, Navajo, Apachen und Zuñi genießt der Mais einen kulturell hohen Status. Die Navajo halten ihn für ein Geschenk der Heiligen. Bei diesen handelt es sich um Götter, die in einer Welt unterhalb der Erdoberfläche leben (in anderen Kulturen spricht man auch von den »Unteren Welten«). Die Hopi haben eine Methode des Trockenfeldbaus für den Mais entwickelt, die auf den Kreisläufen der Erde beruht, die auch in ihren religiösen Ritualen eine bedeutende Rolle spielen.

In der Mythologie der Pueblo-Indianer repräsentiert die Maismutter den femininen Aspekt des Universums. Ihr und ihrem

Blütenstaub zu Ehren werden in vielen Pueblos wunderschöne, kraftvolle Maistänze (»Corn Dances«) aufgeführt.

Seit ich in Santa Fe lebe, hatte ich schon oft Gelegenheit, ganz verschiedenen Maistänzen beizuwohnen. Dabei herrschen immer große Aufregung und Freude, wenn die Teilnehmer und Teilnehmerinnen in ihren farbenfrohen Kostümen herauskommen und ihre seit Generationen überlieferten Tänze zu Ehren jenes heiligen Lebewesens vorführen, das wir Mais nennen. Von Trommlern begleitet, ist die Kraft, die sie ausstrahlen, greifbar und zeitlos.

Das Volk der Zuñi ist für die Fetische bekannt, die es herstellt, um bestimmten Tier- und Pflanzenwesen seine Hochachtung zu bekunden. Fetische teilen ihre Kraft mit denen, die ihnen Nahrung geben, sie ehren und sich um sie kümmern. Eine Art des Respekts besteht in Maisspeisen, die den Fetischen dargebracht werden. Den Zuñi zufolge bringt es Segen, wenn man die Fetische, die unter anderem aus Perlmutt, Koralle, Türkisen, versteinertem Elfenbein oder Hirsch- und Wapitigeweihen bestehen können, mit Maismehl bestäubt.

Es gibt bei den Zuñi auch Fetische, die die Kraft des Maises selbst enthalten – Maisjungfern und Maismutter. Die sechs Maisjungfern haben die Aufgabe, die Versorgung der Menschen mit Mais zu sichern – die blaue Maisjungfer, die rote, die gelbe, die weiße und die schwarze Maisjungfer. Die sechste Maisjungfer ist gemischtfarbig. In diesen Farben gibt es Maissorten.

Mais bietet Nahrung und wird auch als Same beziehungsweise Symbol des Lebens angesehen. Deshalb bringen die sechs Maisjungfern den Menschen die Lebenskraft. Und der Mais selbst erhält sein Leben von der Sonne. Mithin bringen uns die Jungfern das Leben durch die Kraft der Sonne und schenken uns die Gesundheit, die der Schöpfer für uns vorgesehen hat.

In der Tradition der Ureinwohner des Südwestens der Vereinigten Staaten gibt es eine Menge von Schöpfungsgeschichten über die Entstehung des Maises. Diese Legenden sind so zahlreich und enthalten einen derart reichhaltigen Schatz an Symbolen, dass man ein ganzes Buch schreiben müsste, wollte man sie alle nacherzählen.

In der Tradition der Hopi repräsentiert der blaue Mais die aufgehende Sonne sowie den Anfang des Lebens, der Weisheit und der Erkenntnis. Außerdem symbolisiert er für sie ein langes Leben. Und den Acoma-Indianern zufolge wohnt dem Maissamen das Potenzial inne, Leben zu erzeugen.

Maissamen sind buchstäblich Körner voller uralter Weisheit. Sie lassen sich viele Jahre lagern und bleiben vital, bis sie schließlich ausgesät werden. Dann keimen sie und bringen neues Leben hervor, ein junges Pflänzchen, das seinerseits das Leben nährt.

Wie schwer es ist, Nutzpflanzen in der Wüste anzubauen, wo oftmals große Dürre herrscht und das Wetter eine echte Herausforderung darstellt, werden Sie sich allenfalls vorstellen können. Die Menschen, die das Land hier bewohnen, ehren die Spirits des pflanzlichen und tierischen Lebens, das ihnen Nahrung gibt, schon immer.

Mais wächst in der Wüste keineswegs von selbst, sondern braucht sehr viel Aufmerksamkeit. Ich selbst habe einmal versucht, blauen Mais anzubauen – Blau ist nämlich meine Lieblingsfarbe –, habe die Körner in meinem Garten ausgebracht, wo der Boden rappeltrocken und knochenhart war. Da die Erdschicht unmittelbar unter der Oberfläche praktisch nur aus Gestein besteht, erforderte es ein Höchstmaß an Anstrengung, um Löcher zu graben, in die ich die Samen legen konnte. Ich empfand es als große Bereicherung, meine Aufmerksamkeit dem Anbau des blauen Maises zu widmen und meine eigenen, mir direkt offenbarten Zeremonien abzuhalten, in denen ich der Pflanze meinen Respekt erwies und für ihr Gedeihen dankte. Die Gesänge der Zuñi an den Mais hatten mich so inspiriert, dass ich es diesen Menschen gleichtat. Und wie ich mich erst über das Wachstum in meinem Garten freute! Wegen des ungünstigen Bodens wurden die Pflanzen zwar nicht besonders groß, aber immerhin trugen sie Früchte.

Ich erinnere mich noch gut, wie ich im Hochsommer meinen ersten selbst angebauten blauen Maiskolben gegrillt habe. Ich biss in die kleinen garen Körner und war hin und weg von ihrer Süße. Während ich mir den blauen Mais einverleibte, empfand ich die ganze Kraft, die in dieser uralten Pflanze steckt. Ich nahm die gesamte Fülle ihrer Nährstoffe in mich auf, die dafür bekannt sind, dass sie die Gesundheit und ein langes Leben fördern.

Bei jeder Sonnenwende und Tagundnachtgleiche gehe ich auf dem Grund und Boden in meiner Gegend umher und bringe den Vorfahren des Landes, dem Geist von Santa Fe, dem Verborgenen Volk, all meinen helfenden Geistern und dem Spirit, der allen Dingen innewohnt, Opfergaben dar. Dabei verbinde ich mich von Herzen mit ihnen, um die neue Jahreszeit zu begrüßen und zugleich Dank zu sagen für all den Schutz und die Hilfe, die mir in meinem Leben zuteilwerden. Ich verstreue grob gemahlenes Maismehl, stimme währenddessen Sprechgesänge voller Dankbarkeit und Segensformeln für das gesamte Leben an und heiße die Ablösung der vergangenen Jahreszeit durch die nächste willkommen. Ich danke der Erde, der Luft, dem Wasser und der Sonne. Abschließend zeige ich mich bei meinen Vorfahren und auch für mein Leben erkenntlich. Voller Dankbarkeit dafür, dass ich die Gelegenheit habe, Hüterin des Landstrichs zu sein, in dem ich lebe.

Abgesehen von den Maiskörnern in den Zeremonialgefäßen, die ich überall im Haus stehen habe, liegen auf einem meiner Altäre noch ein Maispüppchen sowie eine Maisjungfer und -mutter, Zuñi-Fetische, die mich an die Kraft des Lebens und die Fülle der schöpferischen Kraft des Universums erinnern.

In den verschiedenen Traditionen des Südwestens gibt es ein paar Sprüche, die ich sehr mag. Wenn zum Beispiel jemand ein

Geschäft eröffnet, fragt man ihn oft, ob es wohl »den Mais wachsen lässt«. Was bedeutet: »Bringt es auch genügend ein?«

In meinen Workshops gebe ich auch gern eine Erkenntnis weiter, die ich von den amerikanischen Ureinwohnern habe. Sie lautet: Solange man noch zwei Maiskolben hat, wird man niemals Hunger leiden, und zwar weder körperlich noch emotional oder seelisch. Meinen Kursteilnehmern schenke ich oft zwei blaue Maiskörner, die sie in einem Medizinbeutel mit sich tragen oder einpflanzen können. Später habe ich dann schon mehr als einmal blaue Kolben zurückbekommen, die daraus gewachsen waren. Sie stellen den heiligen Segen dar, den ich empfange.

Übungen

Besorgen Sie sich einen kleinen Blumentopf, etwas Blumenerde und Kräutersamen. Petersilie zum Beispiel wächst gut und die Samen fangen schnell an zu keimen.

Legen Sie die Samen in die Erde und singen Sie ihnen täglich etwas vor. Achten Sie darauf, wie Sie sich fühlen, wenn Sie dem entstehenden Pflänzchen ein wenig von Ihrer Energie abgeben: Was spüren Sie, während sich eine intensive Beziehung zu ihm entwickelt?

Bringen Sie dem Kraut weiterhin täglich ein Ständchen. Nähren Sie Ihre Pflanze mit liebevollen Worten und Gedanken. Schließen Sie von Zeit zu Zeit die Augen, öffnen Sie Ihre unsichtbaren Ohren, die seelischen Sinne und nehmen Sie die Botschaften wahr, die Ihnen die Pflanze übermittelt. Dabei sehen Sie womöglich ein Bild, vernehmen telepathisch eine Nachricht oder empfinden ein gewisses Bauchgefühl.

Anfangs haben Sie vielleicht noch den Eindruck, Sie würden die Kommunikation mit der Pflanze zu erzwingen versuchen. Sobald sich die Beziehung zu dem Kraut erst einmal gefestigt hat, werden Sie eine Art Konversationsfluss wahrnehmen. Kindern fällt die Kommunikation mit den Naturwesen noch sehr leicht. Genau für diese medialen Fähigkeiten, die wir als Kinder hatten, sollten Sie sich nun wieder öffnen.

Übrigens: Sie können diese Übung auch mit einer Ihrer Zimmerpflanzen machen. Oder Gewächsen aus dem Garten.

Und ich würde mir wünschen, dass sie Sie darüber hinaus dazu inspiriert, dasselbe mit den Wort- und Gedankensamen in Ihrem *inneren* Garten zu versuchen.

Diese Übung wird in Ihnen den Wunsch erwecken, sich der Energien bewusst zu werden, die Sie in Form von Gedanken und Worten ausstrahlen. Denn wir wollen doch alle sowohl unseren inneren Garten mit Liebe erfüllen als auch den großen Garten Erde.

In schamanischen Kulturen sangen und trommelten die Menschen oft zu Ehren der Sonne, um sich dafür zu bedanken, dass sie morgens immer wieder aufgeht und das gesamte Leben mit der Energie versorgt, die es zu seinem Gedeihen benötigt.

Suchen Sie Gelegenheiten, die auf- und untergehende Sonne, den Mond, die Sterne, das Land, die Träume und den Spirit aller Dinge anzusingen. Achten Sie darauf, ob Ihnen diese Übung nicht das Gefühl einer engeren Verbindung mit der Natur und den Kreisläufen des Lebens gibt.

In den Traditionen der Ureinwohner Amerikas gibt es viele Schöpfungsmythen und oft spielt der Mais darin eine große Rolle. Denn er wird als heiliges Nahrungsmittel und Geschenk der Götter und Göttinnen betrachtet, die die Erde und alles Leben erschaffen haben.

Nehmen Sie sich Zeit zur Meditation über das Zusammenwirken der Schöpfungskräfte des Universums mit der Erde. Es bündelt die Energien, die dem Geist einst Form verliehen. Denken Sie daran, dass auch Sie als Spirit erschaffen wurden, der eine Gestalt annahm. Spüren Sie die Kraft, die Intention und die Liebe, die alle zusammentrafen, um eine Gestalt zu kreieren, die über Kraft, Absichten und Liebe verfügt.

Suchen Sie nach Möglichkeiten, der Energie des Zusammenwirkens zwischen Himmel und Erde Ausdruck zu verleihen, jener Alchemie, die die Elemente des Lebens hervorbrachte.

Sie könnten zum Beispiel Wasser- oder Akrylfarben beziehungsweise Buntstifte verwenden, um das rein Rationale hintanzustellen und nur Farben und Formen durch sich hindurch aufs Papier fließen zu lassen. Oder Sie legen Musik auf und bringen den Fluss der schöpferischen Energie, dem Sie Ihre Gestalt verdanken, tänzerisch zum Ausdruck. Sie können sich auch eine Geschichte ausdenken und aufschreiben, in der es um die liebevolle Vereinigung von Himmel und Erde geht, aus der Sie sowie die anderen Naturwesen hervorgegangen sind. Sollte Ihnen keine dieser Möglichkeiten zusagen, lassen Sie sich von meinen Vorschlägen vielleicht dazu anregen, Ihre ganz eigene kreative Ausdrucksmöglichkeit zu finden.

Gehen Sie anschließend ins Freie und legen Sie sich dort entweder auf den Boden oder nehmen Sie so auf einem Stuhl Platz, dass Sie die Füße flach auf der Erde haben. Schließen Sie die Augen und atmen Sie ein paarmal tief ein und aus. Öffnen Sie sich, um die Schwingungen der Erde wahrnehmen zu können. Vielleicht spüren Sie sogar die Kraft des Feuers in ihrem Inneren. Empfinden Sie die Liebe der Erde, die durch Sie hindurchfließt. Lassen Sie sich ganz davon durchdringen.

Die spirituellen Lehren beruhen auf der Erkenntnis, dass alle und alles in einem Netz des Lebens verbunden sind. Im Schamanismus geht es zu einem großen Teil darum, Übungen anzubieten, mit denen wir den »Spirit, der alles belebt« ehren und ihm Respekt erweisen können. Deshalb ist es wichtig, dass Sie die Bäume und anderen Pflanzen in Ihrem Lebensumfeld würdigen. Ebenso auch die Säugetiere, Insekten, Fische, Reptilien, Vögel, Felsen und Mineralien, die harmonisch mit Ihnen zusammenleben.

In meinem Beitrag über die Heckenrose habe ich es bereits erwähnt: Je größer der Respekt ist, den wir der Natur entgegenbringen, desto mehr werden umgekehrt wir von ihr respektiert. Dies geht auf das schamanische Prinzip der Wechselseitigkeit zurück. In den indigenen Kulturen gilt: Wenn wir im Einklang mit der Natur leben, segnet sie uns und zeigt sich ebenfalls im Zustand der Ausgewogenheit.

Machen Sie einfache Übungen, die Ihre Energie ausrichten und Sie in Harmonie mit der Natur bringen. Entdecken Sie unkomplizierte Möglichkeiten, den Naturwesen in Ihrem persönlichen Umfeld die Ehre zu erweisen. Sollte Ihnen danach sein, dürfen Sie den Spirits der Natur gern auch kleine Gaben darbieten. Und zwar in der Absicht, der Erde, der Luft, dem Wasser und dem Feuer (also der Sonne) auf diesem Wege Ihre Dankbarkeit dafür zu erweisen, dass sie Sie am Leben erhalten. Dehnen Sie diese Dankbarkeit auf alle Lebewesen in Ihrem Umfeld aus. Und vielleicht möchten Sie sich auch den helfenden Geistern der Ahnen des Landes sowie Ihren persönlichen Vorfahren erkenntlich zeigen, denen Sie Ihre Existenz verdanken. Bedanken Sie sich bei den Spirits des Landes, beim verborgenen Volk und bei Ihren eigenen helfenden Geistern. Überlegen Sie, ob es darüber hinaus noch andere Naturwesen gibt, denen Sie dankbar sind.

Vielleicht verspüren Sie den Wunsch, die in Ihrem Umfeld heimischen essbaren Pflanzen zu erforschen. Welche haben die Heiligen Ihnen zum Geschenk gemacht? Bedanken Sie sich bei den Gewächsen, die zu Ihrer Ernährung beitragen.

Ich persönlich bringe, wie schon gesagt, bei jeder Sonnenwende und jeder Tagundnachtgleiche Opfergaben dar, weil ich es liebe, in diesen kraftvollen Zeiten des Wechsels der Jahreszeiten Zeremonien abzuhalten. Aber vielleicht ziehen Sie andere Gelegenheiten vor, den Naturwesen Ihren Dank zu erweisen.

Wo Sie wohnen, ob in der Stadt oder in einer eher ländlichen Gegend, spielt keine Rolle. Bäume und andere Pflanzen gibt es überall. Vielleicht leben Sie ja am Meer und können an den Strand gehen, um sich mit der Kraft der See zu verbinden und Ihre Gaben darzubringen. Oder es gibt in Ihrer Gegend einen Park beziehungsweise einen Garten, den Sie zu diesem Zweck besuchen können. Suchen Sie sich einfach Stellen in der Natur, wo Sie umhergehen und Ihre Dankbarkeit genau so ausdrücken können, wie es sich für Sie richtig anfühlt.

Was die Gaben selbst betrifft, gibt es kein Richtig oder Falsch. Meine Wahl fällt meistens auf blauen Maisgrieß, weil er für mich eine große Bedeutung hat, aber genauso gut dürfen Sie Häppchen Ihrer Lieblingsspeise, Blumen, Wasser, ein wenig Alkohol oder dergleichen als Gabe hinterlassen. Aber denken Sie bitte daran, dass sich eventuell Tiere darüber hermachen. Seien Sie sich dessen bewusst und achten Sie darauf, dass nichts von dem, was Sie opfern, für die Naturwesen unbekömmlich ist. Entscheidend ist die tief empfundene Absicht, Dankbarkeit zu erweisen und der Erde Ihre Liebe zu zeigen. Denn die Natur schert sich nicht um Ihren Intellekt, sondern interessiert sich nur für Ihr Herz.

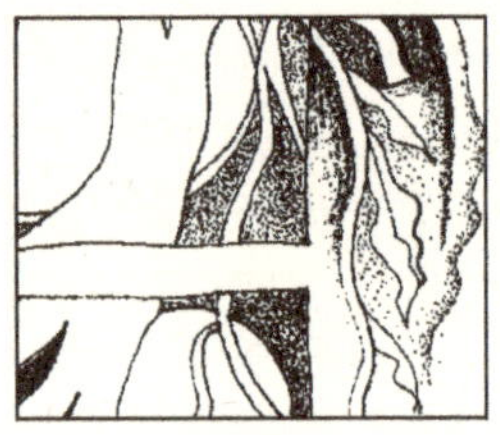

Mais

Llyn

Wenn ich lese, was Sandra über Maiskolben und sommerliche Grillpartys schreibt, läuft mir das Wasser im Mund zusammen. Ich habe den salzig-buttrigen Geschmack der weißlichen und gelben Körner auf der Zunge, schmecke die fetttriefende Süße meiner Kindheit. Auf den Maisfeldern in New Hampshire, durch die mein Bruder Steve und ich für unser Leben gern tobten, wuchsen die Halme so hoch, dass wir das Gefühl hatten, in einer geheimnisvollen Welt verloren zu sein. Ein Labyrinth, in dem wir Kinder uns nur zu gern versteckt haben.

Sandras Text brachte mir auch den leicht verbrannten Duft und den Geschmack der über offenem Feuer gegrillten Maiskolben in Indien wieder deutlich in Erinnerung, wo ich in meinen Zwanzigern eine Zeit lang gelebt habe. Die Menschen überall auf der Welt scheinen ein großes sinnliches Vergnügen an den köstlichen Aromen des Maises zu finden.

Sandra schreibt auch über das Licht, das von den in ihrem Haus verteilten Maiskolben und -körnern ausgeht; zudem weiß sie von der Verehrung zu berichten, die die indigenen Völker des Südwestens der Vereinigten Staaten dieser Pflanze entgegenbringen. Erfüllt von der Kraft der Sonne hält sie die Menschen seit Urzeiten am Leben. Und angesichts der Tatsache, dass es sich um ein verehrungswürdiges Grundnahrungsmittel handelt, fühlt sich die genetische Veränderung des Maises (wie auch die jeder anderen Nahrungspflanze) absolut falsch an. In Mexiko, dem Land, das den Mais als Erstes kultivierte und in dem die Menschen zu jeder Mahlzeit schmackhafte Tortillas aus frisch gemahlenem Maismehl essen, sind Anbau und Verkauf genetisch modifizierten Maises deshalb auch verboten.

Erstmals bin ich mir der Kraft des Maises vor vielen Jahren nach einer Arizonareise bewusst geworden, auf der ich zusammen mit John Perkins Ländereien der Hopi besuchte, wo der Mais nur ein anderes Wort für Leben ist. Wir trafen uns dort mit dem Hopi-Ältesten Großvater Martin Gashweseoma, der uns jedem zwei blaue Maiskolben schenkte. Nachdem wir uns von ihm verabschiedet hatten, flog ich nach Hause zurück. In der Nacht darauf hatte ich einen merkwürdigen Traum. Vor mir sah ich eine riesige Maispflanze, deren Hüllblätter und Halm bis in den Himmel reichten. Sie war so gigantisch, dass sie mir Angst einjagte. Der Mais sagte zu mir: »Ich möchte mit zu deinen Workshops.«

Solche Erlebnisse, in denen mir eine Pflanze klarmacht, dass sie durchaus ihre eigenen Pläne verfolgt, hatte ich schon öfter. Und dabei waren sie immer ziemlich geduldig, wenn ich etwas länger brauchte, um zu verstehen, was sie vorhatten. In diesem Fall hatte ich vor meinem nächsten Kurs keine Zeit, über den Traum nachzudenken, aber der Mais nahm sich der Angelegenheit an – eine Teilnehmerin schenkte mir ein Säckchen mit Maisgrieß. Davon schüttete ich eine kleine Menge in einen Seidenbeutel aus Nepal und nahm ihn zu meinem nächsten Workshop mit. Dort bekam ich von einer anderen Teilnehmerin einen winzigen Maiskolben mit goldgelben Körnern und samtweichen Hüllblättern geschenkt, den ich zu dem Maisgrieß in den Seidenbeutel legte.

Seither begleitet mich der Mais zu jedem Workshop. In meinem Beutelchen befindet sich neben Maiskölbchen und -grieß inzwischen auch noch eine kleine Maisjungfer, die ich ebenfalls unverhofft geschenkt bekommen habe. Während ich etwas Maisgrieß auf den Altären verteile, sehe ich die Großmütter von Pflanzen, Menschen und Steinen vor mir, die der Gewässer und Winde, des Bodens und der Tiere sowie die Großmütter der Sterne. Inmitten all dieser spirituellen Matriarchinnen fühle ich mich demütig und klein, denn ich habe das Gefühl, dass auch sie mich sehen. Der Zauber ist ganz simpel: Die Gaben, die wir zu Ehren des heiligen Weiblichen darbringen, richten uns ihrerseits auf die archetypischen Kräfte aus, die dafür da sind, uns zu unterstützen. Etwas Kraftvolleres als Maisopfer gibt es kaum.

Auch der Erde bringe ich Maisgrieß dar. Ganz so, wie es sich die Pflanze von mir erbeten hat, ist der Mais jetzt bei meiner Arbeit immer mit dabei.

Die herrlichen Geschichten aus den Kosmologien verschiedener Traditionen, die Sandra erzählt hat, bringen den Mais alle mit dem Leben und der Schöpfung in Verbindung. Sie spricht auch davon, dass wir lernen müssen, das Land, die Naturwesen und Spirits zu ehren. In meinen eigenen Betrachtungen geht es vor allem darum, dass mich diese Pflanze lehrt, etwas von mir zu geben.

Haben Sie sich schon einmal ausgemalt, wie Kinder es vielleicht tun, was ein Maisohr wohl hören würde, wenn es tatsächlich dazu in der Lage wäre? (Im Englischen werden Maiskolben als *ears* bezeichnet, A. d. Ü.) Wie würde es die menschlichen Aktivitäten akustisch wahrnehmen? Ich glaube, der Großteil unseres täglichen

Geplappers ließe sich auf das einfache Mantra »Ich brauche, ich möchte« reduzieren.

Sich nicht von den Äußerlichkeiten der modernen Welt vereinnahmen zu lassen, ist gar nicht so einfach. Selbst die Menschen aus Entwicklungsländern, die ich zu Veranstaltungen in den Vereinigten Staaten einlade, haben mit den Verführungen des Materiellen zu kämpfen. Der Konsumismus ist wie eine kollektive Hypnose, die unsere Kultur in einem Zustand der Unreife belässt, da er bewirkt, dass wir uns allzu sehr auf uns selbst und unsere materiellen Wünsche konzentrieren statt auf die Vergrößerung unseres seelischen Reichtums.

Der Mais lehrt uns, dass alles, was zur vollen Reife gelangt ist, etwas von sich hergibt. Die reifen männlichen Ähren der Pflanzen erzeugen Pollen, die sich hingeben, vom Wind verweht werden und in die weiblichen Ähren eindringen, sodass sich die saftigen Körner bilden können. Das reife Land speist Tier und Mensch;

sein schwerer Boden nährt alles Wachsende. Reifes Wasser gibt Feuchtigkeit ab und steckt voller Mineralien, die dem Land, den Tieren und Menschen guttun. Reife Wälder bieten Schatten, Schutz, Schönheit, Nahrung und Liebe sowie Weisheiten, die wir erst noch erforschen müssen.

Wohlstand bedeutet für jeden etwas anderes. Ein denkwürdiges Beispiel ist eine mexikanische Volksheilerin, eine *curandera*, mit der ich vor Jahrzehnten einmal in einer psychiatrischen Einrichtung in Colorado zusammengearbeitet habe. Diese Frau bedachte jeden, dem sie begegnete, mit ihrer Fürsorge. Sie kümmerte sich auch um mexikanische Kinder. Wenn ihre Familie in der Heimat Geld brauchte, pflegte die Curandera ein Einkaufszentrum aufzusuchen und einen notleidenden Fremden anzusprechen. Sie lud ihn zu einem nahrhaften Essen ein und verbrachte Zeit mit ihm. Mir gegenüber sagte sie: »Innerhalb einer Woche erhalte ich dann unverhofft eine Summe, die genau dem Betrag entspricht, den wir zu Hause benötigen. Menschen, die es wirklich brauchen, gebe ich mein Geld von Herzen. Und diese Energie kommt unweigerlich zu mir zurück.«

Dass wir für uns und unsere Familien etwas möchten und erstreben, ist vollkommen normal. Jeder will glücklich und wohlhabend sein. Würden wir aber immer nur ein- und niemals ausatmen beziehungsweise nur essen und nichts ausscheiden, wären wir bald tot. So ist es auch mit der Seele: Sie gedeiht durch Geben.

Der von den Mexikanern und vielen anderen Ursprungsvölkern verehrte Mais sagt uns: »Gebt, denn die Fülle liebt diese Bewegung nach außen hin, die wie ein Strudel wirkt und Gutes anzieht. Und vergesst nie: Der nachhaltigste Wohlstand ist innerer Reichtum.«

Um meine Gaben wirksamer teilen zu können, musste ich persönlich zunächst etwas über meine eigenen Bedürfnisse und

Wünsche lernen. Diese Lektion wurde mir besonders nachdrücklich erteilt, als ich aufgrund eines inoperablen Hämagioms, das auf meinen Sehnerv drückte, rechts das Augenlicht verlor. Daraufhin suchte ich den Rat einer Unzahl von Schul- und Naturmedizinern, Schamanen und Geistheilern und rieb mich dabei vollkommen auf. So sehr wollte ich wieder gesund werden.

In dieser Zeit bat ich meinen tibetischen Lehrer um eine Prophezeiung hinsichtlich meines Auges und bekam einen fürchterlichen Schrecken, als ich ihn sagen hörte: »Im nächsten Jahr, 2012, sieht es gar nicht gut aus.«

Doch dann fügte er noch hinzu: »Aber du kannst etwas dagegen tun.«

Und das, was Rinpoche (wörtlich: »Kostbarer«), als Nächstes sagte, war ebenso schockierend wie naheliegend: »Denk an andere Menschen mit Augenproblemen und an das Leid der Tiere. Spende an Organisationen, die diesen Menschen und den Tieren helfen. Auch kleine Beträge bewirken schon Gutes; was zählt, ist die Absicht zu helfen. Und kleine Tiere solltest du befreien.«

Der Vorschlag, anderen etwas zu geben, statt mich in meinem Elend zu suhlen, erinnerte mich an die Taten der Curandera. An Blinde zu denken und Geld für Menschen zu spenden, die ebenfalls sehbehindert waren, linderte meine Ängste sofort; denn von da an beschäftigte ich mich nicht mehr nur mit mir selbst.

Aber wie war es mit der Befreiung der kleinen Tiere?

Seit ich mich als Teenager für den Buddhismus geöffnet hatte, tötete ich keines der Insekten mehr, die sich in mein Zuhause verirrt hatten, sondern brachte sie wieder ins Freie; jetzt aber schenkte ich diesen Tierchen noch weit größere Aufmerksamkeit. Auch Mäuse, die in die Lebendfalle gegangen waren, ließ ich wieder frei. Bald bekam ich verstörende Träume von sterbenden Robbenbabys und investierte viel grüne Energie – Dollars – in ihre Rettung. Die Not der Tiere ging mir sehr nah.

Zu der Zeit lebte ich an der Salish Sea (Puget Sound). Eines Morgens ging ich am Strand spazieren, wie immer barfuß. Meine Füße kribbelten und zitterten vor Kälte – ein Gefühl, das ich zu lieben gelernt habe. Mein Blick fiel in einen Gezeitentümpel. Im Wasser tummelten sich drei süße Entchen mit ihrer Mutter.

Während ich noch die Entenfamilie betrachtete, bemerkte ich zwei Adler, die auf den Gezeitentümpel zuflogen. Als sie näherkamen, schwamm die Entenmutter ans Ufer und raste über den Strand, wohl um die Raubvögel zu vertreiben, wie ich vermute.

Die Adler ignorierten das Muttertier, das jetzt weit von seinen Kleinen entfernt war. Einer schoss herab, schnappte sich ein Entenküken und flog mit ihm davon. Der andere schwebte über den beiden verbliebenen, dann fuhr er die Klauen aus, legte sie den Entchen auf den Kopf und tauchte mit ihnen unter. Als der große Vogel Sekunden später wieder an der Oberfläche erschien, nahm ich inmitten seines Gefieders zwei Köpfchen wahr. Der Adler griff sich eine der kleinen Enten und flog mit ihr davon.

Was für ein ergreifender, dramatischer Anblick! Obwohl mir klar war, dass da irgendwo in der Gegend Adlerbabys in ihrem Nest hockten und ungeduldig auf frisches Futter, die kleinen Entchen, warteten – so ist es eben in der Natur –, wusste ich vom Herzen her doch, dass das Schicksal des überlebenden Kükens ein anderes war. Aus der Ferne beobachtete ich, dass auch der zweite Adler wegflog. Das letzte Entenjunge hätte direkt an meiner Brust liegen können, so stark waren die Gefühle, die ich für es empfand.

Während ich hilflos so dastand, schwamm das Tierchen von der Mitte des Gezeitentümpels an den Rand. Bis das dunkle flaumige Wesen das Ufer erreicht hatte, dauerte es eine Weile. Doch sobald es seine winzigen Latschen mit den Schwimmhäutchen auf den Sand gesetzt hatte, fing es an zu laufen – mit vollem Tempo in meine Richtung.

Einer der beiden Adler kam zurückgeflogen. Ich stand da, während das Entchen auf mich zu rannte. Und der Adler sich uns beiden näherte.

Bald war die Ente nur noch fünf, sechs Meter von mir entfernt. Instinktiv ging ich auf die Knie und streckte die Arme auf dem Sand aus. Das Entchen raste direkt auf mich zu und sprang in meine Hände. Ich griff zu und stand auf, hielt die japsende Kreatur an meine Brust, in der das Herz nicht weniger heftig pochte.

Der Adler legte an Höhe zu. Wie ich dachte, um sich auf uns zu stürzen. Aber nichts dergleichen geschah.

Unglaublich! Und doch wahr.

Was sollte ich nun tun – mit einem wilden, mutterlosen Entenküken und zwei Adlern, die auf ihre Chance warteten?

Mit dem Vögelchen im Arm ging ich barfuß nach Hause. Dort angekommen, rief ich beim Tierschutz an. Ein kleines Geschöpf war gerettet. Die Erde hatte mich beim Wort genommen – oder, besser gesagt, bei meinen guten Absichten.

Mein Augenlicht retteten diese Abenteuer nicht, aber sie sorgten dafür, dass ich seelisch gesund blieb und sich mein Sehvermögen nicht verschlechterte. Davon bin ich jedenfalls überzeugt. Aber was noch viel wichtiger war: Sie läuteten ein neues Kapitel meines Lebens ein, in dem ich tiefer unter die Oberfläche blicken und mehr von mir hergeben konnte.

In wilder Freigebigkeit verbreitet die Natur ihre Samen, Sporen und Pollen – wie die Quasten des Maises, die sich im Wind rekeln, um Millionen von Pollen auszustoßen, die sich vom seidigen, weiblichen Teil der Pflanze anlocken lassen, um schließlich zu Körnern heranzuwachsen. Auch wir können voller Leidenschaft geben und leben, uns mit ganzer Kraft den Menschen, Spirits und Tieren widmen. Wir können die Natur nähren und bereichern, wie es die traditionellen Völker seit Urzeiten tun. Oder wie der

Volksheld Johnny Appleseed, der aufgrund seiner Inbrunst für Mensch und Erde zur Legende wurde.

Von Johnny Appleseed wird erzählt, er habe wild und voller Hingabe mit Apfelkernen um sich geworfen, ganz wie es in der Natur der Fall ist: an Straßenrändern und auf Brachflächen. Wissenschaftler verweisen dies in das Reich der Legende. Ihren Erkenntnissen zufolge legte Jonathan Chapman (so der richtige Name Johnny Appleseeds) mehr als fünfzig Jahre lang fleißig Obstgärten an und verwaltete sie. Aber genau wissen wir es nicht.

Die Forschung versucht die Fakten zu klären. Geschichten dagegen berühren die Seele, weil sie unser unzähmbares Wesen widerspiegeln. Sie bewahren auch einen erstaunlichen Schatz alter Weisheiten, die den Konventionen widersprechen und Spuren hinterlassen, die nicht linearer Natur sind. Unsere gegenwärtige Kultur steht vor der Aufgabe, diese scheinbar divergenten Welten miteinander in Verbindung zu bringen. Mythos und Person, Wildheit und Methodik, das Männliche und das zutiefst Weibliche. Von Johnny Appleseed heißt es, er habe viel grüne Energie empfangen und die habe er nicht auf die Bank gebracht, sondern angepflanzt. Er war der Legende nach ärmlich gekleidet, lebte in der Natur und trug keine Schuhe, sondern ging barfuß, selbst bei Schnee. Mit anderen Worten: Johnny Appleseed wurde von dem, was er mit seiner großen Liebe für Mensch und Natur gab, genährt, gewärmt und bereichert.

Die lichterfüllten Maiskörner, die uns, wie auch schon unsere Vorfahren, daran erinnern, dass alles Leben mit der Sonne beginnt und von ihr gespeist wird, können uns innerlich reich und licht machen wie Johnny Appleseed. Der Mais lehrt uns, dass wir in dem Maße vom Leben beschenkt werden, wie wir uns ihm hingeben. Das Feuer lodert nur so, wie wir es schüren. Die Erde zeigt sich allen ihren Kindern gegenüber großzügig; geben wir etwas zurück, und zwar von Herzen, so werden wir eins mit der Mutter und leben in Harmonie mit all ihren Geschöpfen. Dann gliedern wir uns der Natur ein, weil uns bewusst ist, dass wir alle dasselbe Licht und dieselbe Liebe sind.

Übungen

Sandra hat bereits großartige Vorschläge für Gaben gemacht, die Sie darbringen können, um die Schönheit, Magie und Balance im Verhältnis von Mensch und Natur zu fördern.

Ich habe auch noch eine Idee: Gehen Sie doch einmal mit einer Maispflanze spazieren. Ein Beutelchen Maisgrieß oder -mehl bei sich zu haben, stellt die Mahnung dar, nicht nur an sich selbst zu denken, sondern auch zu überlegen, was man zu geben hat.

Bringen Sie dem Land, den Bäumen und dem Wasser Gaben dar, selbst wenn Sie in der Stadt wohnen. Auch dort gibt es Bäume, Land und Wasser. Für Städter ist es eine wichtige Erfahrung, wenn sie die Natur bewusst wahrnehmen, von der sie umgeben sind. Und die Natur ihrerseits ist darauf angewiesen, dass sie - wo immer es auch sein mag - erinnert und geliebt wird.

Die Wirkung des Gebens verstärkt sich mit der Zeit. Wann und wo immer Sie das Bedürfnis empfinden, Maismehl oder -grieß zu verstreuen, sprechen Sie mit diesem Naturwesen. Beziehungen zu Menschen vertiefen sich aufgrund dessen, was wir einander geben, und im Verhältnis zur Natur ist das nicht anders. Unterhalten Sie sich mit ihren Lebewesen wie mit Ihren Freunden. Sich besonders spirituell oder seriös zu geben, ist dabei gar nicht nötig. Seien Sie einfach ganz Sie selbst.

Scheuen Sie, wenn Sie mit der Natur sprechen und Sie gerade eine schwere Zeit durchmachen, nicht davor zurück, um Hilfe oder Führung zu bitten. Halten Sie generell nichts zurück. Sie können auch weinen, wenn nötig. Sprechen Sie alles aus, was Sie keinem Menschen anvertrauen möchten. Pflanzen, Hunde oder Flüsse beurteilen Sie nicht. Lassen Sie alles raus. In Anwesenheit der Natur werden Sie sich gleich viel besser fühlen.

Atmen Sie ein paarmal ein und aus und lassen Sie dann Ausgeglichenheit und Weisheit zu sich zurückfließen.

Sie können der Erde auch Ihre Unterstützung anbieten. Die Natur hört Ihnen zu und antwortet. Vielleicht nicht gleich heute oder morgen, aber der Baum, Stein, Vogel oder auch jedes andere Wesen wird den Empfang Ihrer Gaben und guten Wünsche bestätigen. Seien Sie also darauf vorbereitet, dass Ihre Absichten auf fruchtbaren Boden fallen.

Hier ein oder zwei Beispiele für Dinge, die wir der Erde sagen können:

»Wie kann ich bei der Wiederaufforstung behilflich sein? Ihr jungen Tannen seid so schön – dabei wird es euch in dreißig Jahren vermutlich gar nicht mehr geben. Ich aber sehe eine andere Zukunft für euch. Ich sehe euch wachsen und gedeihen, und zwar in einem üppigen Mischwald. Diese Vision möchte ich gern realisieren. Lasst mich euch helfen.«

Vielleicht möchten Sie Ihr Angebot aber auch umfassender formulieren, etwa so: »Mutter, ich bin für dich da. Wie ein hohles Schilfrohr biete ich dir meine Dienste an. Bitte führe mich.«

Was Sie auch sagen mögen, werfen Sie dabei Ihr Herz in die Waagschale. Gefühle sind eine sehr starke Kraft.

Wenn Sie in der Stadt wohnen, sprechen Sie mit dem Wasser, das aus der Leitung kommt, mit den Bäumen am Straßenrand, dem Stückchen Himmel, das zwischen den Hochhäusern hervorlugt, oder den Pflanzen in Ihren Blumenkästen.

Der Natur etwas zu geben, eröffnet uns einen kraftvollen Kanal, der es uns ermöglicht, zu ihrem Mitschöpfer zu werden. Der Schlüssel ist die Absicht - unter Führung der Erde.

Bei den folgenden beiden Gaben, die ich sehr schön finde, handelt es sich um Abwandlungen von Ritualen, die mir meine Quechua-Freunde, die Tamayos, beigebracht haben, eine mächtige Schamanenfamilie aus den Hochanden.

Erste Gabe:

Legen Sie gelbe Blumen oder auch Maiskolben, -hülsen beziehungsweise -körner zu einem Kreis zusammen.

Stellen Sie in allen vier Himmelsrichtungen je eine Kerze aus Bienenwachs auf. Wie der Mais steht auch Bienenwachs für inneren Reichtum und die Farbe Gelb symbolisiert das Feuer der Erde, der Sonne und der Sterne - Mutter Erde, Mutter Zeit und Mutter Universum - *Pachamama*.

Nehmen Sie in der Mitte des Kreises Platz und meditieren Sie über die heiligen Pflanzen und Tiere sowie über alles, was sonst noch heilig ist in der Natur.

Zweite Gabe:

Legen Sie einen Kreis aus gelben Blumen oder Maiskolben, -hülsen beziehungsweise -körnern. Stellen Sie eine Bienenwachskerze und ein Glas frisches Wasser in die Mitte. Setzen Sie sich dann daneben in den Kreis.

Sprechen Sie ein Gebet für die Krisengebiete dieser Welt und strahlen Sie in Richtung Pachamama Liebe aus.

Besonders wirksam ist diese hübsche Meditation, wenn Sie sie unter dem prallen gelben Vollmond oder bei aufgehender beziehungsweise untergehender Sonne durchführen.

WACHOLDERBAUM UND HERRIN DER PLATANE

Wacholderbaum

Sandra

Als ich eines Morgens vor zwei oder drei Jahren meinen Frühstückstee trank, brachten mir die Wanderdrosseln, die sich vor dem Fenster an einer Fülle tief blau-violetter Wacholderbeeren gütlich taten, ein Ständchen. Typisch für Santa Fe war der Himmel klar und blau, was einen schönen Kontrast zu der hellen, fluffigen Schneeschicht auf den Zweigen der Pinyonkiefern und Wacholderbäume bildete. In Letzteren saßen Unmengen von Wanderdrosseln, schlugen sich die roten Bäuchlein mit den blauen Beeren voll und nahmen statt Wasser den Schnee zu sich.

In jenem Jahr trugen die Obstbäume hier bedeutend mehr Früchte als seit vielen Jahren. Aprikosen, Pfirsiche, Äpfel und Pflaumen hingen schwer an den Zweigen. Der Aprikosenbaum in meinem Garten, der in den vorangegangenen siebzehn Jahren keine Früchte mehr hervorgebracht hatte, bot nunmehr reiche Ausbeute.

Die Pinyonkiefern waren voller Zapfen, und Wacholderbeeren gab es mehr als in den gesamten dreißig Jahren, die ich zu diesem Zeitpunkt in Santa Fe gelebt hatte. An manchen der Zweige hingen so viele kleine, harte Beeren, dass sie von deren Gewicht fast bis zum Boden hinabgezogen wurden.

Von einer indianischen Freundin hatte ich viele Jahre zuvor erfahren, dass eine große Obst-, Nuss- und Beerenernte im Sommer ein klarer Hinweis auf einen harten Winter ist. In ihrer Intelligenz stellt die Natur eben alles bereit, was das Leben zum Gedeihen braucht.

Angesichts der Überfülle an Nahrung, für die die Natur in jenem Sommer sorgte, war ich nicht auf den Wetterbericht angewiesen, um mit einem strengen Winter zu rechnen. Ob es viel Schnee geben würde, wusste ich zwar nicht, doch ich ahnte, dass die Temperaturen sehr niedrig sein und die Tiere mehr Futter brauchen würden als in anderen Jahren.

Der folgende Winter erwies sich tatsächlich als ausgesprochen hart. In dem Maße, in dem die Witterungsbedingungen aufgrund des Klimawandels extremer werden, weichen die Temperaturen hier insgesamt erheblich von den Normalwerten ab, doch in jenem Jahr herrschte tatsächlich extreme Kälte.

Wanderdrosseln futtern schrecklich gern Wacholderbeeren. Und zu beobachten, dass die Population dieser Zugvögel aufgrund des reichen Nahrungsangebots wuchs wie selten zuvor, hat richtig Spaß gemacht, zumal sie wegen des vielen Schnees auch genügend zu trinken hatten.

Sowohl Wacholderbäume als auch Pinien sind immergrüne Pflanzen. Der Wacholder ist im Südwesten der Vereinigten Staaten heimisch und die Ureinwohner verwenden seine reifen blauen Beeren und die dunkelgrünen Nadeln in der Kräutermedizin.

Beide Bestandteile der Pflanze sind bekannt dafür, dass sie gegen eine Vielzahl von Beschwerden helfen. Auch Räucherwerk wird aus Wacholder hergestellt. Man benutzt es, um vor Zeremonien seine Energie zu klären.

Hier in der Gegend ist der Wacholder mit seinen beerenförmigen Zapfen heimisch. Er wächst in Höhen von 1.500 bis 2.100 Metern, ist extrem dürrefest und ein wunderbares Beispiel für einen Baum, der sich den langen Trockenperioden in seinem angestammten Umfeld angepasst hat.

Über Tage wächst der Wacholder außerordentlich langsam, höchstens siebeneinhalb bis fünfzehn Zentimeter pro Jahr, je nach Niederschlagsmenge. Unterirdisch jedoch entwickelt er lange, tiefe Wurzeln. Wacholderbäume, die anderthalb bis einen Meter achtzig hoch sind, haben Pfahlwurzeln, die bis zu sechzig Metern lang werden können.

Die Krümmung des Wacholders sowie die Beschaffenheit seiner knorrigen Äste verleihen diesen Bäumen etwas Altertümliches. Sie überstehen extreme Temperaturen, grelles Sonnenlicht und heftige Schneefälle. Eine tiefgründige Weisheit scheint ihnen innezuwohnen. Und sie erweisen sich als Überlebenskünstler, die mit den unterschiedlichsten Bedingungen klarkommen.

Da, wo ich lebe, stehen die niedrigeren Wacholderbäume zwischen den Pinyonpinien. Ich gehe dort gern umher und atme den charakteristischen, süßen und frischen Geruch ihrer Nadeln ein, der meine Energien reinigt. Wenn Grün ein Duft wäre, würde ich sagen, dass sie grün riechen. Im Sommer bilden die Nadeln einen Teppich, der meine nackten Füße kitzelt. Sie an den Fußsohlen zu spüren, gibt mir ein Gefühl von Stärke, Geborgenheit und Frieden, das meinen ganzen Körper erfasst. Und dabei muss ich immer wieder über das Alter der Wacholderbäume staunen.

Was mich auch verwundert, ist, wie schnell ihr Pollenflug einsetzt. Wochen- oder gar monatelang kann es bei uns sehr kalt sein und heftig schneien. Doch dann kommt eines Tages die Sonne raus, die Temperaturen steigen und plötzlich sieht man überall an den Bäumen die feinen orange-roten Pollen, die jeder Bewohner von Santa Fe irgendwann zu fürchten lernt. Sobald sich dann die Frühjahrs-Tagundnachtgleiche nähert, schwebt der Blütenstaub durch die Luft und legt sich auf Autos und Häuser.

Wenn sich der »Wacholderschnupfen« einstellt, der alle Bewohner früher oder später befällt, beginnen die Augen zu tränen und das große Niesen hebt an. Wir lieben den Frühling, doch auf die Wacholderpollen reagieren die meisten Bürger Santa Fes stark allergisch. Im Allgemeinen heißt es, man habe fünf Jahre Gnadenfrist, bevor die Allergie zuschlägt. Danach allerdings stellt sie sich bei den meisten pünktlich mit Beginn des Pollenfluges ein.

Doch obwohl es auch bei mir in manchen Jahren ziemlich heftig wird, kann ich nicht anders, als mich an der gewaltigen Zeugungskraft des Wacholders zu erfreuen. Während die tiefroten Pollen durch die Luft fliegen, mir die Nase läuft, die Augen tränen und ich gar nicht aufhören kann zu niesen, werde ich von einem großen Entzücken erfasst, das tief in mir brodelt.

Der Pollenflug des Wacholders führt mir die Fülle vor Augen, die die Natur stets für uns bereithält. Wie ich schon in meinem Beitrag über die artesische Quelle geschrieben habe, konzentrieren wir uns in der modernen Welt ja hauptsächlich auf den Mangel. Und da können die Lektionen der Natur in Sachen Überfluss sehr heilsam sein.

Bei vielen indigenen Völkern gelten Bäume auch als »die Beständigen«. Und alle haben großen Respekt vor den »Baumleuten«. In Sibirien hält man Bäume für die heiligsten Wesen überhaupt, weil sie mit ihren Zweigen und Wurzeln eine Brücke zwischen Himmel und Erde schlagen. Dort gibt es auch die großartige schamanische Tradition der Errichtung von »Gebetsbäumen«. Dafür wird meistens ein Wacholderbaum verwendet, manchmal aber auch ein anderer immergrüner Nadelbaum. Traditionelle Speisen und Getränke werden ihm hingestellt. Der Schamane der Gemeinschaft stimmt Sprechgesänge an und dankt den helfenden Geistern, weil sie die Gebete der Menschen ins Universum hinaustragen, sodass ihre Träume auf Erden in Erfüllung gehen können. Diese Zeremonie des Singens, Betens und Darbringens von Opfergaben dauert manchmal viele Tage lang.

An die Zweige des Gebetsbaumes werden farbige Stoffbänder gehängt, die im Wind wehen und die Gebete der Menschen für die Gemeinschaft und die ganze Welt weitertragen. Die Bänder werden nur lose an den Zweigen befestigt, damit sie sie, wenn der Baum wächst, nicht einschnüren. Manche Gebetsbäume in Sibirien sind so schwer mit diesen bunten Stoffstreifen beladen, dass die Zweige beinahe den Boden berühren.

Von einem burjatischen Schamanen hat meine Kollegin Melissa Reading gelernt, »Friedensbäume« zu gestalten, an die Bänder mit Friedensgebeten gehängt werden. Der Friedensbaum symbolisiert den Weltenbaum, »axis mundi«, die Mittelachse des Kosmos. Er repräsentiert das Zentrum unserer Welt und die Verbindung von Himmel und Erde.

Melissa hatte sich erboten, im Rahmen eines Workshops, den ich im Sunrise Springs Retreat Center in Santa Fe abhielt, einen solchen Friedensbaum zu gestalten. Sie kam früher, um das Gelände zu erkunden und den richtigen Wacholderbaum zu suchen. Schließlich fand sie ihn am Rand des Grundstücks. Den Eigentümern versicherte Melissa, dass ihre Aktivitäten dem Baum nichts anhaben würden. Sobald die Bänder mit den Friedensgebeten einmal an den Ästen und Zweigen befestigt sind, können sie nicht mehr entfernt werden.

Melissa begann mit ihren Sprechgesängen und leitete die mehrstündige Zeremonie, während derer der Baum traditionsgemäß geehrt und für die Friedensgebete vorbereitet wurde. Die Menschen brachten ihm traditionelle Speisen sowie Wodka dar und verteilten schimmernde Perlchen auf dem Boden um ihn herum.

Da Wacholder aufgrund seiner stark reinigenden und schützenden Kraft zudem das heilige Räucherkraut der Burjaten ist, wurde ein wenig davon auch entzündet. Es war herrlich, Teil einer so intensiven Anrufung der spirituellen Kräfte zu sein, die helfen sollten, unsere Gebete für den Frieden in die Welt zu tragen. An die dreißig Menschen waren zugegen.

Diese Ehrung des Wacholderbaums fand im Jahr 2006 statt, und er steht noch heute. Bei all den vielen Workshops, die ich in diesem Retreat Center abgehalten habe, sind immer neue Bänder und Garne hinzugekommen. Weitere Gebete für die Frieden.

Zusammen mit meiner Freundin Kappy Strahan habe ich auch Spinnkurse im Sunrise Springs Retreat Center abgehalten. Dabei ging es darum, mithilfe von Spinnrädern und Handspindeln aus Fasern Garne und Fäden herzustellen. Schamanen weben bei ihrer Arbeit den Stoff der Wirklichkeit. Nichts anderes tun Spinnerinnen auch. Ein mystischer Prozess kommt beim Spinnen in Gang, wenn man sich des Umstands bewusst wird, dass sich die Energien, die dabei entstehen, auf das gesamte Gewebe des Lebens auswirken. Während des Spinnens werden Sie eins mit dem Spirit, der allen Dingen innewohnt, und es öffnet sich Ihnen eine Tür, die in die Bereiche des Unsichtbaren führt. Dies ermöglicht es Ihnen, Visionen, bedeutende Erkenntnisse und Heilung in die Arbeit einfließen zu lassen. In dem entstehenden Faden verbinden sich die körperlichen und spirituellen Aspekte des Lebens.

Im Mittelpunkt dieses Spinnkurses stand die Frage, wie wir unsere Erzeugnisse spirituell bereichern können, um unser Zuhause und die Welt durch Kleidung, Tücher und andere textile Gewebe mit guten Absichten, Kraft und Schönheit zu versehen. In die Anziehsachen, die wir herstellen, die Pflanzen, die wir anbauen, das Essen, das wir zubereiten, in unsere Einrichtungen, die Häuser und anderen Gebäude, die wir errichten, Spirit und Heiligkeit einzubringen ist von großer Wichtigkeit.

Garn zu spinnen, das mit Friedensgebeten getränkt war, und dann in der Gruppe zu dem Wacholderbaum zu ziehen und es in bester Absicht an seine Zweige zu binden, habe ich als ausgesprochen stärkend empfunden.

Sunrise Springs wurde 2012 geschlossen, aber der Gebetsbaum steht immer noch und übermittelt den schöpferischen Kräften des Universums unsere Gebete für den Frieden. Durch die intensive Sonneneinwirkung und heftige Winde sind die Farben der Bänder und Fäden inzwischen verblasst, der Wacholderbaum aber wirkt immer noch majestätisch und strahlt enorme spirituelle Kraft aus.

Als ich einmal in Schottland unterrichtete, besuchte ich auch ein Wäldchen im Trossachstal, das als Märchenwald bekannt ist. Menschen aus der ganzen Welt hatten dort Briefe, Zeichnungen, Fotos, Geschenke und Gebete hinterlassen, in und mit denen sie um ihre persönliche Heilung und die des Planeten baten. All diese Dinge lagen unter den Bäumen oder waren an Zweigen befestigt. Dieses Wäldchen mit all den bunten Bändern, Fotos, Geschenken und einer Vielzahl anderer schöner Gegenstände, die Liebe und Hoffnung ausdrückten, war ein ganz außergewöhnlicher Anblick.

Von Simin Uysal, einer hervorragenden türkischen Lehrerin für Schamanismus und Traumarbeit, weiß ich, dass auf dem Gebirgszug Göbekli Tepe, einem prähistorischen archäologischen Fundort in Südostanatolien, ein Wunschbaum steht. Obwohl diese Stätte bereits 12.000 Jahre alt ist, suchen die einheimischen Frauen sie auch heute noch auf, um dort zu beten und Bänder an den Baum zu hängen.

Manchmal stelle ich mir vor, wie es wohl wäre, wenn es überall auf der Welt Gebets-, Wunsch- und Segensbäume gäbe …

Übungen

Ich ermutige die Leute gern, auch bei sich in der Gegend einen Gebetsbaum zu gestalten. Als ausgesprochene »Baumfrau« kann ich die starke energetische Verbindung zwischen einem Gebetsbaum und den schöpferischen Kräften des Universums geradezu spüren.

Schließen Sie die Augen, und malen Sie sich die ganze Kraft und Schönheit eines Baumes aus, dessen Zweige locker mit bunten Bändern behängt sind und unter dem eine Menge der verschiedensten Gaben liegen.

Spüren Sie, wie sich Ihr Herz für die Kraft der Natur öffnet, für die Erde unter Ihren Füßen und den Himmel über Ihrem Kopf. Nehmen Sie sich vom Herzen her als Brücke zwischen Himmel und Erde wahr. Spüren Sie, wie Ihr Mitgefühl wächst, während Sie sich Menschen vorstellen, die auf den Baum zugehen und ein Gebetsband an ihm befestigen, in dem Wünsche für sich selbst, einen Angehörigen, die Gemeinschaft oder auch für unseren Planeten und das gesamte Leben enthalten sind.

Auch Sie können, vielleicht bei sich im Hof, einen solchen Gebetsbaum erschaffen, indem Sie Bänder oder Fäden hineinhängen, die mit Gebeten, guten Gedanken und Segenswünschen für sich, Ihre Verwandten und Freunde, für die Naturwesen und den Planeten getränkt sind. Solch ein Gebetsbaum lässt sich auch gut in Gemeinschaftsarbeit gestalten, zum Beispiel mit den Nachbarn, und stellt dann eine hervorragende Möglichkeit dar, Zusammenhalt und eine Atmosphäre gegenseitiger Unterstützung zu erschaffen. Laden Sie auch die Kinder zu dieser Aktivität ein. Sie können dabei vieles lernen über die Kraft gemeinsamen Tuns, über Hilfsbereitschaft, das Leben und den Planeten.

Suchen Sie sich einen frei stehenden Baum in der Natur, der sich als künftiger Gebetsbaum eignet. Danken Sie ihm von Herzen. Dabei sind Ihre Absichten von entscheidender Bedeutung. Segnen Sie den Baum mit Ihrer ganzen Liebe, denn von nun an werden Sie beide partnerschaftlich daran arbeiten, den schöpferischen Kräften des Universums Ihre Gebete zu übermitteln.

Laden Sie die Menschen aus Ihrer Umgebung ein, ihre Bänder locker an die Zweige zu hängen, oder schlagen Sie ihnen vor, Gebetsobjekte zu stricken, zu häkeln oder zu schnitzen, die ihre Gebete für sich, ihre Angehörigen, andere Menschen, Naturwesen beziehungsweise den Planeten enthalten. Vergessen Sie aber nicht, dass die Zweige wachsen. Sorgen Sie also dafür, dass die Bänder nicht zu fest sitzen. Bitten Sie die Leute, durch eine liebevolle Gabe wie etwa einen guten Gedanken dem Baum ihre Dankbarkeit zum Ausdruck zu bringen. Oder vielleicht möchten Sie auch etwas Maismehl, Blumen oder Wasser dalassen. Stellen Sie sich nur die guten Empfindungen und das Zusammengehörigkeitsgefühl vor, das Sie bei den Menschen erzeugen, die Sie auf diese Weise zusammenbringen. Wann immer wir uns treffen, um füreinander zu beten und uns gegenseitig zu segnen, bewirken die dabei entstehenden positiven Energien Heilung für den ganzen Planeten.

Einen Gebets-, Wunsch- oder Segensbaum können Sie zu Weihnachten oder an jedem anderen Feiertag gestalten. Und statt ihn einfach festlich zu dekorieren, laden Sie Leute aus Ihrer Nachbarschaft ein, Bänder, Briefe, Zeichnungen und andere Dinge daran zu hängen, die Gebete enthalten.

Wenn Sie in der Natur keinen Baum finden, den Sie zum Gebetsbaum machen können, nutzen Sie Ihre Fantasie, um aus natürlichen Materialien einen zu basteln. Die Dinge müssen im Gleichgewicht bleiben: Die Ausdünnung von Wäldern um der Gesundheit der Bäume wegen ist das eine; sie nur zu roden, um Weihnachtsbäume verkaufen zu können, ein ganz anderes Paar Schuhe. Darüber sollten wir alle einmal nachdenken, wenn wir in Harmonie mit der Natur leben wollen. Wir müssen die Bäume ehren, die sich die Erde mit uns teilen. Denn auch sie sind Lebewesen und im Netz des Lebens unverzichtbar.

Wenn nichts dagegen spricht, können Sie sogar an Ihrem Arbeitsplatz einen Gebetsbaum gestalten. Es stellt eine wunderbare Möglichkeit dar, die Kolleginnen und Kollegen zusammenzubringen, damit sie sich gegenseitig in ihren Gebeten unterstützen, einander ihre Wertschätzung zeigen und das Leben in seiner Gesamtheit segnen können.

Nutzen Sie Ihre Fantasie, wenn Sie eine solche Zeremonie planen. Entscheidend sind Ihre Absichten und die Liebe, die Sie in die Vorbereitungen stecken.

Wenn wir unsere Dankbarkeit für das Leben zum Ausdruck bringen, verändert sich unsere Wahrnehmung dessen, was bei uns persönlich und auf dem Planeten vorgeht. Denn wenn wir dankbar sind, richtet sich unser Bewusstsein auf das Schöne und nicht auf Schmerzliches. Natürlich wollen wir an die Menschen denken, denen es schlecht geht, und Mitgefühl für sie entwickeln. Zugleich aber wollen wir auch all das Schöne im Leben sehen und die Geschenke wahrnehmen, die es für uns bereithält. Eine alte Erkenntnis, die in vielen Kulturen seit Generationen weitergegeben wird.

Entwickeln wir gemeinsam eine positive Vision für unseren Planeten. Und verneigen wir uns in Liebe vor uns selbst, vor den Menschen, die uns am Herzen liegen, und vor dem Leben in seiner Gesamtheit.

Die Herrin der Platane

Llyn

Was Sandra über den Wacholderbaum geschrieben hat, weckt bei mir Erinnerungen an den reinen Duft des virginischen Wacholders meiner Kindheit in New Hampshire und inspiriert mich zur näheren Beschäftigung mit dem Wacholder des pazifischen Nordwestens, der ebenfalls so frisch riecht.

Sandra schreibt zudem über die Gebetsbaum-Zeremonien, die auch mir sehr am Herzen liegen. Seit ich sie zum ersten Mal mit Schamanen in der Eurasischen Steppe durchgeführt habe, biete ich diese Rituale nun schon seit einigen Jahren in den Vereinigten Staaten an.

In Sibirien und der Mongolei sind manche Schamanenbäume so dicht mit Gebetstüchern bedeckt, dass man darunter das Astwerk kaum mehr sieht. Die Gebete in den Stoffstreifen aus abgetragener Kleidung werden von dem Baum selbst, aber auch vom Regen, der Sonne und den Spirits des Landes energetisiert. Wie es bei den tibetischen Gebetsfahnen der Fall ist, verbreitet der Wind auch die Gebete und guten Wünsche in den Tüchern in alle Himmelsrichtungen.

Stellen Sie sich einen eurasischen Stech-Wacholder (*Juniperus oxycedrus*) als Gebetsbaum vor, an dem eine Vielzahl bunter Bänder hängt. Und in der Nase haben Sie den intensiven, frischen Duft seiner Beeren und Nadeln. Ein solcher Baum lässt uns unweigerlich an die Wintersonnenwende denken oder auch an Weihnachten.

Als ich noch ein Kind war, hatten wir über Weihnachten immer einen Baum im Haus. Das fand ich ganz toll. Abends lag ich im Wohnzimmer auf dem Boden, habe zu seiner Lichterpracht hochgeschaut und den Duft in mich aufgesogen. Heute verzichte ich auf dieses Vergnügen. Denn ein Baum zu Hause ist natürlich etwas ganz Besonderes. Aber den Gedanken, dass nur dafür, dass ich zwei Wochen lang meinen Spaß habe, ein Baum geschlagen werden muss, finde ich unerträglich. Stattdessen suche ich mir lieber abgefallene Äste oder gehe in den Wald und frage die Nadelhölzer in meiner Umgebung, ob ich mir ein paar Zweige abschneiden darf, um meine Hütte mit der Baumenergie zu veredeln.

Sich in der »toten« Zeit des Winters, wenn die Tage am kürzesten sind, Bäume und Grünes ins Haus zu holen, entspricht einem alten Brauch; er dient der energetischen Reinigung des Raumes und erinnert daran, dass Leben und Licht wiederkommen werden.

Von meiner Freundin Ludmila weiß ich, dass sich die Leute in der Ukraine auch im Frühling frisches Grün ins Haus holen. Sobald es draußen wieder heller wird und die ersten Pflanzen zu sprießen beginnen, verteilen sie Gras und knospende Zweige auf dem Fußboden. Und bei allem, was sie daheim so tun, laufen sie barfuß über das zarte Grün.

Nehmen Sie sich doch einen Moment Zeit, um es sich auszumalen. So eine wunderbare Tradition! Vielleicht mögen Sie ja die

Naturwesen in Ihrem Umfeld fragen, ob sie Ihnen im kommenden Frühjahr nicht ein bisschen Grün spendieren wollen, damit Sie barfuß oder nur mit Socken darauf umhergehen können, wie es die Menschen in der Ukraine seit Jahrhunderten tun?

Sich barfuß auf frischen Pflanzen zu bewegen und ihren Duft in sich aufzunehmen, wirkt belebend und ist heilsam. Denken Sie nur daran, wie Sie sich fühlen, wenn Sie mit nackten Füßen im Freien spazieren gehen, das frisch gemähte Gras riechen oder an einem Heckenröschen schnuppern. Vielleicht hatten Sie ja als Kind das Glück, dass Sie unbeschwert über den Erdboden krabbeln durften, und können sich heute noch an den süßen Duft der Erneuerung erinnern?

Dass in so vielen Kulturen Bäume mit Reinigung gleichgesetzt werden, ist nicht weiter verwunderlich, schließlich versorgen sie das gesamte Leben auf unserem Planeten ständig mit lebenspendendem Sauerstoff und reinigendem Wasser.

Mit Nährstoffen angereichert steigt das Wasser über die Wurzeln und den Stamm des Baumes in seine Äste, Zweige und Blätter. Dort wird ein Großteil davon – bis zu Hunderten von Litern täglich – wieder abgegeben. Durch diese Transpiration und den Schatten, den Bäume spenden, wird der Planet gekühlt und Regen angezogen, denn Bäume sind wahrhaftige Wolkenproduzenten.

Ein erhöhter Kohlendioxidgehalt der Luft hat zur Folge, dass die Bäume weniger Wasser abgeben, was in Kombination mit der Kahlschlagrodung von Wäldern dazu führt, dass die Bildung von Wolken erschwert wird. Konsequenz: zunehmende Trockenheit.

Gehen Sie auf Ihrem Grundstück, im Hof oder in einem nahe gelegenen Park zu einem Baum, den Sie verehren.

Stellen Sie sich, möglichst barfuß, vor ihn. Schauen Sie ihn sich an und schnuppern Sie die Luft. Versuchen Sie die neblige, nährstoffreiche Feuchtigkeit wahrzunehmen, die dieses Baumwesen ausschwitzt. Für Ihre Augen ist sie zwar unsichtbar, aber Sie können sich vorstellen, wie sie freigesetzt wird.

Atmen Sie die reichhaltigen Wasserdämpfe ein, die der Baum aussendet wie eine Quelle.

Beim Ausatmen geben Sie dem Baum etwas von Ihren lebenserhaltenden Energien ab.

Bei fortgesetzter »Baum-Atmung« schwingen Sie sich auf seine Essenz ein. Nehmen Sie seinen Spirit wahr.

Danken Sie dem Naturwesen auf telepathischem Weg oder auch akustisch vernehmbar für seine Schönheit und alles andere, das es zu bieten hat. Wichtig: Sie müssen diese Dankbarkeit tatsächlich empfinden. So, wie Sie von dem für Sie unsichtbaren Wasser und dem Sauerstoff leben, die der Baum Ihnen schenkt, stellt für ihn die Liebe, die Sie ihm mit jedem Ausatmen zukommen lassen, Nahrung dar. Denn Wertschätzung ist auch ein Nährstoff.

Unter der Zeugenschaft des Baumes bietet sich Ihnen jetzt eine hervorragende Gelegenheit, den Vorsatz zu fassen, dass Sie alles tun werden, was in Ihrer Macht steht, um sich für die Gesundheit der Bäume und die Reinheit der Luft einzusetzen.

Das Wasser, das aus der Erde in die Bäume und zu uns fließt, erinnert mich an die Muttermilch, die das Baby zu sich nimmt. An die Liebe, die die alten Muttergöttinnen verströmen, um den Menschen durch alle Phasen ihres Lebens – auch das Sterben – hindurchzuhelfen.

Eine solche Muttergöttin, die uns durch die Pforte des Todes geleitet, ist auch die ägyptische Herrin der Platane. Sie regeneriert die Sterbenden und erfrischt die Seelen nach dem Tod mithilfe des Wassers aus den Zweigen des ihr geweihten Baumes.

Auch die ebenso gefürchtete wie verehrte nordische Göttin Freya nimmt sich der Seelen der Toten und der Sterbenden an. Als nomadisierende Seherin und Begleiterin ins Jenseits ist sie eine Völva (das altnorwegische Wort für Schamanin). »Haltet es nicht für Zufall, dass ›Völva‹ an die ›Vulva‹ denken lässt«, lässt sie uns wissen.

Göttinnensagen drehen sich zu einem großen Teil um Sinnlichkeit und die Themen Erneuerung, Schöpfung und Gebären. Auch an der schöpferischen Schwelle zum Tod, die in vielerlei Hinsicht an das Portal der Geburt erinnert, läutert und nährt das tiefgründig Weibliche.

Weder Erde noch Göttinnen fürchten den Tod; die Natur lebt von dahingeschiedener Materie. Die Tibeter zerteilen ihre Leichen sogar und verfüttern sie häppchenweise an die Vögel. Wir können uns das nur schwer vorstellen, für uns stellt es eine Untat dar. Aber die alten Völker glaubten, dass das Bewusstsein erhalten bleibt, wenn der Körper der Erde wieder überantwortet wird. Menschen, die in solchen Kulturen aufgewachsen sind, bewahren sich als Erwachsene ein eher vertrautes Verhältnis zum Sterben.

Geburt, Leben und Tod finden bei ihnen nicht hinter geschlossenen Türen statt, sondern sind für jedermann zugänglich, inklusive der damit verbundenen Gerüche und Anblicke. Noch zu Lebzeiten meiner Großeltern wurde in New England zu Hause geboren und gestorben, und das ist noch gar nicht so lange her. Den Leichnam bahrte man üblicherweise im Salon auf, sodass die Freunde und Bekannten des Verstorbenen ihm ihren Respekt erweisen konnten. Aber als ich geboren wurde, gehörte dieser Brauch schon der Vergangenheit an. Die einzigen Toten, mit denen ich als Kind direkt in Kontakt kam, waren Tiere.

Ich war schon immer sehr tierlieb und wenn ich einen kleinen Kadaver fand, brachte ich ihn nicht selten mit nach Hause, um ihm eine feierliche Beerdigung angedeihen zu lassen, bei der manchmal auch die Nachbarskinder zugegen waren.

Auf dem Weg zur Schule fand ich einmal ein aus dem Nest gefallenes Vogelküken. Ich holte mein Brot aus der Frühstücksdose und entnahm es der Fettpapiertüte, in der es zusätzlich verpackt war. Das Brot kam wieder in die Dose und den Leichnam des Kükens steckte ich in die Tüte. In der Schule legte ich diese dann in mein Pult, damit ich sie nach dem Unterricht mit nach Hause nehmen und den Vogel in einer kleinen Zeremonie beisetzen konnte.

In der katholischen Schule, die ich besuchte, ließen sich die Pulte nicht von oben öffnen. Um sie einsehen zu können, mussten wir uns deshalb weit vorbeugen. Und alles, was weiter hinten lag, war mitunter wochenlang verschollen. Genau das geschah mit dem toten Vogeljungen. Ich möchte nicht ausschließen, dass es sein Gestank war, der die Nonnen dazu inspirierte, alle Pulte einer sorgfältigen Reinigung zu unterziehen. Und nun raten Sie mal, was sie wohl in meinem fanden.

Nachdem die Schwestern vom Heiligen Kreuz »versteckt« in einer Frühstückstüte ganz hinten in meinem Pult den verwesenden Vogelleib entdeckt hatten, wehte mir in der Schule eine Zeit lang der Wind recht scharf ins Gesicht. Trotzdem ließ ich mir von diesem Vorfall meine natürliche Neugier und mein Mitgefühl nicht austreiben.

Als Erwachsene habe ich schon viele sterbende Tiere in den Tod begleitet. Manche hatte ich sogar selbst ums Leben gebracht – mit dem Auto überfahren. Als ich vor nicht allzu langer Zeit meine Tochter in meine Hütte kutschiert habe, erwischte ich einen Hasen, der unversehens auf die Fahrbahn gehoppelt kam. Das fühlte sich vielleicht furchtbar an! Sofort wendete ich den Wagen, um nachzuschauen, ob das Häschen möglicherweise noch am Leben war. Und da lag es, japsend und aus dem rechten Auge blutend.

Unter Zuhilfenahme eines Tuches bugsierten Sayre und ich das Tier vorsichtig in einen Stoffbeutel. Mit dem gingen wir ein Stück, legten ihn dann behutsam auf den Boden und öffneten ihn. Mich schauderte, als ich sah, wie der verletzte Hase versuchte sich aufzurappeln – wohl um sich in Sicherheit bringen zu können.

Ich ging auf die Knie, entleerte meinen Geist und stimmte ruhig ein buddhistisches Mantra an. In diesem Moment, als ich dem Hasen den Sprechgesang widmete, war ich Freya. Ich war die Frau aus längst vergangenen Zeiten, das Wasser der Platane und zugleich der Baum, den das erneuernde Wasser durchfließt. In diesem Moment fühlte ich mich untrennbar mit den alchemischen Göttinnen-Hebammen verbunden und verströmte nährende Energie, genau wie die Herrin der Platane den Toten und Sterbenden Wasser von ihrem heiligen Baum darbot.

Beim Klang meiner Stimme wurde das Tier ganz ruhig. Es drehte sich sogar um und versuchte mit aller ihm noch zur Verfügung stehenden Kraft, näher zu mir herzukommen, dann saß es in aller Stille da. Eine Weile lang sahen der Hase und ich einander an, bis er schließlich zur Seite fiel und bewegungslos liegen blieb.

Erst als Sayre und ich das Gefühl hatten, es sei genug, stellte ich meinen Sprechgesang ein. Nach einem letzten langen Blick auf die

Schönheit dieses Lebewesens beließen wir den Leichnam an Ort und Stelle. Andere Tiere würden sich darum kümmern, dass er der Erde zurückgegeben wurde.

Als ich die Stelle, an der das Häschen gestorben war, ein paar Tage später noch einmal besuchte, fand ich nur noch ein abgefressenes Skelett vor; das Fell lag in Fetzen überall verstreut.

Alle, die das Auto benutzen, sehen verletzte oder sterbende Tiere auf den Straßen. Freya wäre nie an ihnen vorbeigegangen oder -gefahren, ohne anzuhalten. Die Herrin der Platane hätte sich zu der Kreatur gesetzt und erquickendes Wasser bereitgestellt, um sie auf seine nächste Reise vorzubereiten.

In der Zeit, als mein Waldführer Mick Dodge noch in der Natur umherstreifte, war er auch auf den Fern- und Nebenstraßen im Bundesstaat Washington unterwegs. Einmal raste ein Auto an ihm vorbei und erfasste einen Wapiti, der ihm vor die Kühlerhaube gelaufen war. Die Fahrerin, deren Wagen mit Pro-Umwelt-Aufklebern versehen war, schämte sich sehr, dass sie das unschuldige Tier überfahren hatte. Andere Autofahrer hielten an, um sich zu vergewissern, dass ihr nichts passiert war. Derweil lag der Wapiti röchelnd auf der Straße.

Aber für Tiere rufen wir keinen Krankenwagen.

Mehrere Leute packten mit an und halfen, den Wapiti von der Straße zu ziehen. Anschließend saßen Freya, die Herrin der Platane und Mick bei ihm, bis er drei Tage später starb.

Für uns nicht sichtbar leiten und verteilen Bäume Wasser. Die meisten von uns verbinden allerlei Ängste, Vorstellungen und feste Ansichten mit dem Sterben. Von den Bäumen und Göttinnen können wir den Umgang mit dem Portal des Todes lernen, indem wir uns in der Erde verankern und einfach präsent sind. Wenn wir den Geist zur Ruhe bringen und das Herz öffnen, fließen uns nährende Energien zu, ganz wie das Wasser aus dem heiligen Baum der Göttin – die natürliche Kraft der Liebe.

»Ehrt den Tod wie das Leben und vergesst nicht, wer ihr seid«, mahnt uns Freya. »Dann werden auch die alten Pfade der Göttin – Fäden von Licht und Weisheit – für euch sichtbar.«

Ob es von Mitgefühl zeugt, wenn man einem Tier, das leidet und im Sterben liegt, den Gnadenschuss gibt? Mit dieser Frage habe ich mich lange herumgeschlagen. Der Buddhismus lehrt, selbst im Sterben achtsam zu bleiben. Das gilt auch für Tiere. Und zu dieser Erfahrung gehören oft auch Schmerzen. In der Begleitung von Lebewesen, die ihre letzten Atemzüge getan haben, wurde ich häufig Zeugin reiner Anmut. Sich während des langen, ausgedehnten Sterbeprozesses um ein geliebtes Wesen, sei es Mensch oder Tier, zu kümmern, stellt eine Erfahrung dar, die ebenso machtvoll wie schwierig ist. Helfen können dabei die Schwellengöttinnen – Freya und die Herrin der Platane.

Beide alchemischen Göttinnen ermutigen uns, Platz im Herzen (und im Terminkalender) zu schaffen, um die archetypische Todeshebamme in uns wiederzuerwecken.

Die tränkende Göttin, die uns das nährende Wasser der Platane darbietet, um die Toten und Sterbenden zu erneuern, ruft uns zu: »Um jemanden zu begleiten, der an der Pforte des Todes steht, müsst ihr den Raum heilig halten, indem ihr in den letzten Augenblicken einen ruhigen Geist und ein offenes Herz bewahrt. Leichter fällt das, wenn ihr das Sterben als Geburt betrachtet – als den Übergang von einer Erfahrung zur nächsten. Unterstützt den Sterbenden – Mensch oder Tier – darin, achtsam zu bleiben, und alle Beteiligten werden gesegnet sein.«

Übungen

Im Einklang mit dem reinigenden Wasser der Bäume, dem säubernden Duft des Wacholders und der läuternden Energie von frischem Grün aus der Natur, das die Wiederkehr von Licht und Leben verheißt, ist die Herrin der Platane eine tränkende Muttergöttin, die alle Menschen und Tiere auf ihre nächste Reise vorbereitet.

Von der Herrin der Platane und von Freya können wir heutzutage lernen, präsent und offen für unsere Lieben zu bleiben, wenn sie im Sterben liegen, und der Macht des Übergangs, den der Tod darstellt, wieder Bedeutung zu verleihen. Darüber hinaus sind Freya, die Gefürchtete, und die Herrin der Platane, die Wassergöttin, aber auch in der Lage, bestimmte kraftvolle Eigenschaften wiederzubeleben, die bei uns eher brachliegen. So können sich die Schwellengöttinnen zum Beispiel unserer zornigen, verletzten und ängstlichen Anteile annehmen, um uns ein furchtloseres Leben zu ermöglichen. Gehen Sie doch mal an einem dunklen, stürmischen Abend in den Wald und achten Sie darauf, was Sie empfinden. Die Intensität der Natur löst bei vielen große Angst aus und mobilisiert alles, was bei uns im Schatten liegt oder ungeklärt ist.

Auch ich hatte früher Angst vor der Dunkelheit.

Ich hatte Angst vor *mir*.

Von Freya, der schamanischen Nomadin, können wir erfahren, dass der Wald eine Art alchemischer Spiegel ist. Die Bäume und die Göttinnen nehmen sich des Todes genauso an wie des Lebens. Daher spiegelt uns die Natur all unsere bedrohlichen, verletzten oder unzähmbaren Anteile wider – unsere Leuchtkraft, die wir zurückdrängen.

Kümmern Sie sich um die Bäume und setzen Sie sich auch zu ihnen. Legen Sie sich auf den Boden und schauen Sie zu ihnen hoch. Schlafen Sie auf ihrem stummen Wurzelwerk, an einen dicken oder auch dünnen Stamm gelehnt, unter dem Blätter- oder Nadelwerk. Erkunden Sie das Geheimnis der Bäume, um dem Ihren auf die Spur zu kommen. Das weibliche Weisheitswasser, das die Bäume durchströmt und von ihnen abgegeben wird, wird Ihr Wasser-Bewusstsein transformieren. Sie werden entdecken, wer Sie sind. Heißen Sie das Machtpotenzial willkommen, das in Ihnen steckt. Alles von uns und der Welt Verdrängte sehnt sich danach, wieder ans Licht zu kommen und lebendig zu werden.

Sorgen Sie dafür, dass Sie eine Zeit lang nicht gestört werden können. Setzen Sie sich zu Hause oder in der Nähe eines kräftigen Baumes hin. Schließen Sie einen Moment die Augen und atmen Sie ein paarmal tief durch.

Sobald Sie sich entspannt haben, denken Sie an die Herrin der Platane, die Beschützerin und Ratgeberin, die heilige Hebamme, die entbindet und wiederbelebt.

Spüren Sie die Energie der Herrin; sie blickt Sie an. Betrachten Sie das türkisfarbene Wasser, mit dem sie alles erneuert. Nehmen Sie die heilige Platane oder Ihren persönlichen Lieblingsbaum in der Nähe wahr.

Lassen Sie sich genügend Zeit, um sich die Herrin der Platane und den Baum wirklich vorzustellen; schauen Sie sich an, wie sie aussehen. Oder spüren Sie sie einfach.

Sobald Sie so weit sind, blicken Sie der Göttin in die Augen. Welche Farbe haben sie?

Was spüren oder fühlen Sie, wenn Sie der Göttin in die Augen schauen?

Lassen Sie sich Zeit.

Sobald Sie so weit sind, achten Sie auf den alten Spiegel, den die Herrin in der Hand hält. Sie bietet Ihnen an, einen

Blick auf Ihr Leben zu werfen. Falls Sie dazu bereit sind, nehmen Sie sich ausreichend Zeit, in den Spiegel zu schauen und über das nachzudenken, was Sie darin sehen. Schauen Sie genau hin.

Was sehen Sie?

Was empfinden Sie?

Etwas, das Sie verloren oder vergessen haben, möchte wieder in Ihr Leben kommen? Vielleicht die Freude. Albernheit. Ein Hobby oder Kunsthandwerk.

Womöglich auch Tanzen oder Ruhe. Beten.

Mehr Zeit in der Natur. Mit Freunden.

All das sind nur Beispiele; es kann alles sein, etwas sehr Kleines oder auch etwas Ausgefalleneres.

Schauen Sie ganz genau hin. Und spüren Sie, während Sie den Blick noch in den Spiegel gerichtet haben, den die Herrin Ihnen vorhält, dass sie Sie voller Mitgefühl beobachtet. Was haben Sie vernachlässigt?

Unterdrücken Sie keines Ihrer hochkommenden Gefühle, sondern lassen Sie sie mit jedem Atemzug durch sich hindurchfließen. Kehren Sie immer wieder zu den Dingen zurück, die Sie hintangestellt haben – und die jetzt wieder in Ihr Leben kommen. Nehmen Sie sich dafür so lange Zeit, wie Sie brauchen.

Sobald Sie das Gefühl haben, Sie hätten genug gesehen, lassen Sie Ihre inneren Bilder, den Spiegel und die Herrin wieder in den Hintergrund treten.

Konzentrieren Sie sich anschließend auf den heiligen Baum – die Platane oder einen Baum in Ihrem Umfeld. Stellen Sie sich das erfrischend klare türkisfarbene Wasser vor, das sich daraus ergießt.

Malen Sie sich aus, dass Sie ganz nahe an diesem Baum stehen und tief in sein Wasser eintauchen. Nehmen Sie den

Spirit des Baumes und seine erneuernde Kraft wahr. Stellen Sie sich das Wasser vor und spüren Sie es wie flüssiges, nahrhaftes Licht, in dem Sie stehen.

Gehen Sie ganz in diesem Erleben auf. Spüren Sie Ihren eigenen Spirit. Ihre so lange vergessene Vitalität. Lassen Sie sie durch sich hindurchfließen und jeden Teil Ihres Seins erfassen.

Lassen Sie sich genügend Zeit dafür.

Sobald es sich für Sie richtig anfühlt, können Sie diese Übung ausweiten. Spüren Sie all die Bäume, die es auf der Erde gibt. Stark und gesund. Beobachten Sie, wie ihre Ausdünstungen die Erde erquicken und erneuern. Und seien Sie gewiss, dass sie darüber hinaus der Menschheit die Begeisterung für ein Leben in Harmonie mit der Natur zurückgeben.

Nehmen Sie sich auch für diesen Teil der Übung so viel Zeit wie nötig. Lassen Sie Ihre Vorstellung ganz real werden.

Sobald Sie das Gefühl haben, es sei genug, kommen Sie zum Schluss. Bewegen und dehnen Sie sich ein bisschen, um sich den Übergang in Ihr Alltagsbewusstsein zu erleichtern. Wenn Sie dann wieder ganz im Hier und Jetzt angekommen sind, trinken Sie ein Glas frisches Wasser und schließen Sie dabei die Augen. Spüren Sie, dass das Wasser jeden Teil von Ihnen erreicht; gut tut es auch den Aspekten, die jetzt wieder neu zu Ihrem Leben gehören. Wenn Sie mögen, können Sie die eben gemachten Erfahrungen gern schriftlich festhalten. Konzentrieren Sie sich dabei auch auf Dinge, die Sie konkret tun können, um das Wiederentdeckte zu realisieren, um Ihren Alltag und den der Erde »aufzumöbeln«. Alles neu Geborene muss gehegt und gepflegt werden. Dabei können Sie ruhig klein anfangen. Wichtig ist nur, dass Sie sich selbst darauf verpflichten, genügend Energie in Ihre Träume zu investieren. Bekennen Sie sich zu Ihrer Leuchtkraft. Und tun Sie jeden Tag etwas, um sie zu verstärken.

Gehen Sie raus und bringen Sie dem Land oder Ihrem Lieblingsbaum eine Gabe dar. Spüren Sie die tränkenden Kräfte, das Nährende und das Licht der Bäume und der Erde. Verleihen Sie Ihrer Dankbarkeit freimütig Ausdruck, sie gehört ebenfalls zu den nährenden Kräften der Liebe. Danken Sie auch den Schwellengöttinnen. Sagen Sie ja zur Natur und ja zum Leben.

WAPITI UND SCHLANGE

Wapiti

Llyn

Stellen Sie sich vor, Sie würden durch einen prächtigen dunklen Wald gehen und hätten den frischen Duft der Nadelhölzer in der Nase. Dicht beieinanderstehende Hemlocktannen, Fichten, Zedern und Tannen bilden das grüne Dach über Ihrem Kopf.

Ich liebe die Waldspaziergänge hier im pazifischen Nordwesten, nicht zuletzt wegen der vielen Tiere, die überall ihre Spuren hinterlassen. Wenn ich zum Beispiel Sträucher mit abgeknabberten Spitzen sehe, blicke ich immer gleich zu Boden und entdecke dort oft die Abdrücke von Hirsch- oder Wapitihufen.

Stellen Sie sich das lohfarbene Fell eines Wapitis mit seinem büscheligen dunkelbraunen Kopf, dem Widerrist und dem weißen Hinterteil vor. Können Sie sich einen Wapitibullen ausmalen, dessen Geweih rund zwanzig Kilogramm wiegt? Spüren Sie einen Moment lang, wie es wohl wäre, ein so schweres Knochengebilde auf dem Kopf zu tragen.

Von einer meiner Lieblingsrouten im Hoh Rain Forest geht ein holpriger, schmaler Weg ab. Wenn ich ihn nehmen will, muss ich über einen beachtlichen Baumstamm klettern. An den Stellen, an denen die Hufe zahlloser Wapitis gekratzt haben, fehlt ihm die Rinde.

Gehe ich den Weg weiter, gelange ich an eine Lichtung mit Baumriesen und prähistorisch wirkenden Farnen. Wo immer es den Sonnenstrahlen gelingt, das dichte grüne Dach zu durchdringen und den Boden zu erwärmen, liegt der herrliche Duft von Erde in der Luft. Hier ermöglichen sie zudem einen Blick auf die Schlafstätten der Wapitis – Stellen, an denen das Gras zwischen den Farnen plattgedrückt ist. Diese Betten der Wapitis oder sogar die imposanten Tiere selbst in der Wildnis zu sehen ist eine unbeschreiblich inspirierende Erfahrung.

Die Olympic Mountains sind Heimat der größten unbeaufsichtigten Wapitiherde im pazifischen Nordwesten. Und auch die größten Wapitis Nordamerikas sind in dieser wilden Region zu Hause. Zehntausend Besucher passieren alljährlich in ihren Autos die Tore des Olympic Nationalparks im äußersten Nordwesten der Vereinigten Staaten. Während der regenfreien Monate August und September können es bis zu zweitausend am Tag sein.

Nach Schätzungen von Umweltschützern gibt es in den USA heute außerhalb der Grenzen von Nationalparks höchstens noch drei bis fünf Prozent ursprünglichen alten Waldbestand.

Andererseits habe ich Einheimische oft auch sagen hören: »Die Wapitis lieben diese gerodeten Flächen; für sie sind das herrliche Weideplätze.«

Wapitis grasen tatsächlich oft auf Wiesen, die dadurch entstanden sind, dass ein Wald gerodet wurde. Wenn die Herde so vor sich hin schnabuliert, haben immer einige der Tiere, deren größte Bedrohung Menschen, Bären und Pumas sind, den Kopf in Bodennähe, während andere aufrecht stehen und Wache halten. Das sieht aus wie eine gut einstudierte La-Ola-Welle auf- und ab wogender Köpfe. Ein unvergesslicher Anblick!

Wapitis sind die Gärtner des Waldes. Mit ihren Hufen belüften sie den Boden und der gesundheitliche Nutzen, der die Leute bewegt, nach abgefallenen Geweihen zu suchen (sofern sie sie nicht dem Hund als Kauknochen anbieten wollen), sollte eigentlich dem Erdreich zugutekommen.

Im Prozess ihrer Zersetzung reichern die Geweihe von Wapitis den Boden an. Aufgrund ihrer Nahrungsgewohnheiten trägt der Kot zur Vermehrung von Bäumen bei, sodass letzten Endes gerade die Tiere, die sich besonders von baumlosen Wiesen angezogen fühlen, bei der Wiederaufforstung helfen. Die Natur weiß eben genau, was sie tut.

Auch uns Menschen ist es gegeben, die eigenen Wünsche mit denen der Erde in Übereinstimmung zu bringen. Dafür brauchen wir nur die Natur und unsere eigene innere Wildheit zu unterstützen.

Was die Bäume betrifft, so ist ein großer Teil des alten Bestandes in den Vereinigten Staaten entweder zerstört worden oder steht unter Schutz. In den 1930er- und 1940er-Jahren bestand in den westlichen Küstenstaaten – inklusive Washingtons – noch die Hälfte der Wälder aus altem Baumbestand. Heute sind es weniger als 20 Prozent, von denen sich wiederum 80 Prozent in öffentlichem Besitz befinden. Da jedoch viele der abgeholzten Flächen wiederaufgeforstet werden, fragen sich die Leute natürlich: »Was soll denn schlecht sein an diesen Rodungen, wenn die Reste des alten Bestandes unter Schutz gestellt und neue Bäume anstelle der ursprünglichen angepflanzt werden?«

Was dabei vergessen wird (und auch ich habe es erst verstanden, als ich auf die Olympic-Halbinsel gezogen bin): Bei dieser »Wiederaufforstung« handelt es sich um dicht gepackte Reihen ein und derselben Baumart zum Zwecke des erneuten Abholzens ein, zwei Jahrzehnte später. Baumplantagen aber sind keine Wälder, denn die zeichnen sich durch Vielfalt aus.

Beim Umlegen von Bäumen werden Tiere getötet oder vertrieben, und Monokulturen fallen oft Krankheiten wie der Braunfäule zum Opfer. Zudem würde sich schon ein Hund schwertun, zwischen den eng stehenden Bäumen hindurchzukommen, ganz zu schweigen von den Wapitiherden (und den riesigen Geweihen ihrer Bullen im Winter), die auf Pfaden unterwegs sind, die ihre Ahnen schon vor Hunderten von Jahren in den Wald geschlagen haben – Pfaden übrigens, die dieses Habitat auch anderen Tierarten eröffnet haben, die darin umherstreifen und deren Kot wiederum zur Vermehrung von Bäumen und anderen Pflanzen beiträgt.

Für den Boden sind die Samen, die frisches Wachstum ermöglichen, genauso wichtig wie für die menschlichen Gesellschaften neue Träume, die wir in ihnen zum Keimen bringen.

In unseren heutigen Zeiten des Umbruchs hat die Erde vieles zu reinigen und zu erneuern, und genau das tut sie. Als Menschen sind wir Teil der Evolution des Planeten und müssen auch so einiges zurechtrücken. Wir werden geradezu gezwungen, mehr in die Tiefe zu gehen; ein neuer Lebensstil drängt sich uns auf. Genau wie die Wapitis, die kargen Landflächen zu neuem Leben verhelfen und deren Exkremente die Keime neuen Waldes verbreiten, treten auch in unserem menschlichen Leben günstige Umstände, Ereignisse und andere Menschen auf, die uns zu unserer wahren Natur zurückführen.

»Atmet mal durch«, fordert uns der Wapiti auf. »Entspannt euch, hebt den Blick. Und schaut, was sich auf der Lebenswiese, eurem Erfahrungsfeld, so alles zu euch gesellt.«

Und zur Demontage des Lebens, wie wir es kennen, gesellen sich glückliche Umstände, der Zauber einer Existenz, die wir erst noch zu führen haben – der des Lebens, das uns träumt.

»Seid aufgeschlossen«, ermutigt uns der Wapiti, »und erkundet eure Wiesen.«

Was sich zu uns gesellt, kann ein Mensch, ein Tier oder auch etwas Spirituelles sein: provokative Gedanken oder Erinnerungen; ein aufwühlendes Buch oder Musikstück; eine Botschaft, die uns im Traum übermittelt wird, durch den Wind oder von einem Baum, den wir mögen; eine Begegnung oder ein Ereignis – oder auch irgendetwas anderes.

Seelisch bietet die aktuelle Ära des Wandels vielfältige Möglichkeiten. Wir müssen uns nur dafür öffnen und sie wahrnehmen. Vielleicht stellt sich ja auch Gnade in Form eines Wunders ein. Denn wenn wir uns daran erinnern, wer wir in Wirklichkeit sind, werden wir für Wunder viel leichter zugänglich. Und Wunder sind unser Geburtsrecht.

Die Gnade kann sich aber auch als Erkenntnis oder Wachstumsimpuls zeigen. Ein einfaches Beispiel: Im vergangenen Dezember tauchte aus heiterem Himmel ein Hundewelpe in meinem Leben auf. Drei Tage nachdem ich ihn in meine Hütte mitgenommen hatte, starb unerwartet meine neunzehnjährige Angorakatze. Dieses Timing kam mir geradezu unheimlich vor – ganz so, als hätte meine schöne kleine Katie das weiche dunkle Fellknäuel herbeigerufen, damit es ihren Platz einnahm.

Aber Gabu-San war nicht Katie. Die verspielte Huskie-Australischer-Schäferhund-Mischung fing sehr schnell an, nach mir zu schnappen. Aber wie! Gaby beizubringen, dass es sich bei mir nicht um ein Tier handelte, das sie hüten konnte, war ein – gelinde gesagt – schwieriges Unterfangen, umso mehr, als ich ja nach beinahe zwanzig Jahren gerade erst Katie verloren hatte, die Sanftmut auf vier Pfoten. Aber die Gnade hat ihr eigenes Timing, und das ist auch vollkommen in Ordnung.

Heute sind Gaby und ich auf eine ganz spezielle Weise in Liebe miteinander verbunden. Sie zwingt mich, härter und zäher zu werden und damit Eigenschaften zu entwickeln, die ich für das Leben in der Wildnis, das ich gerade näher erkunde, gut gebrauchen kann.

Die Segnungen, die uns derzeit zuteilwerden, sind vielgestaltig und zahlreich. Da ich das weiß, sehe ich sie heute an allen Ecken und Enden und nicht nur, wenn ich das Gefühl habe, eine zu benötigen. Wie die kleine Gabu-San nehmen sie oft Formen an, mit denen ich nie gerechnet und die ich mir auch nicht unbedingt gewünscht hätte.

Letztlich ist alles ein Segen.

Dessen sollte man sich bewusst sein und auch andere dabei unterstützen, dass sie sich der Gnade öffnen und auf sie vertrauen. Bitten Sie den Wapiti, sich zu Ihnen zu gesellen, wann immer Sie ein neues Erfahrungsfeld zu beackern beginnen.

»Aber was ist mit den schmerzlichen Dingen, die den Menschen von der Natur zugefügt werden oder aus Konflikten mit ihren Zeitgenossen resultieren und in denen es partout keine Segnungen zu erkennen gibt?«, fragen Sie sich vielleicht.

In der heutigen Zeit ist es an uns, zu segnen und die Gnade dadurch zu aktivieren. Bitten Sie den Wapiti, der auf seinen Streifzügen über gerodete Landstriche den Samen für neue Wälder legt, dass er Ihnen dabei hilft, auch die kahlen Flächen des Lebens wieder zu bereichern und mit allen Situationen, in die Sie geraten können, klarzukommen.

Im Vergleich zu den hundertköpfigen Wapitiherden, die ich im Rocky-Mountains-Nationalpark gesehen habe, in dessen Nähe ich viele Jahre lebte, sind die Wapitiverbände in den Olympics mit ihren etwa zwanzig Angehörigen eher klein. Allerdings kommt es durchaus vor, dass sich zwei solche Gruppen zeitweise zusammenschließen. Vor meiner Hütte im Hoh fand ich so einmal ganze achtunddreißig Exemplare vor. Ein Beispiel dafür, dass der Wald im Winter genauso voller Leben ist wie im Frühling.

Jetzt haben wir gerade Juni und vorgestern Abend hielt sich ein riesiger Schwarzbär auf der Wiese hinter meiner Scheune auf. Die kleine Gaby und ich standen draußen und haben zugeschaut, wie er Löwenzahnblätter futterte.

Als ich heute Morgen aus dem Wald herausfuhr, sprang ein anderer großer Bär (vielleicht aber sogar auch derselbe) aus dem Wald und mir direkt vors Auto. Dort vollführte er eine extravagante Drehung und sah zu, dass er schleunigst in den Wald zurückkam.

Nur einige hundert Meter vor der Begegnung mit dem Bären war ich auf das Ende einer kleinen Kolonne von Wapitis gestoßen. Zwölf der eleganten wilden Kreaturen aus der Familie der Hirsche traten aus dem Blattdickicht hervor, darunter auch eine Wapitikuh, die ein dunkles, flauschiges Baby im Schlepptau hatte.

Obwohl die Fenster meines Wagens heruntergelassen waren, vernahm ich kaum einen Laut, als die halbe Herde über die Straße sprang und im Wald verschwand.

Nach wenigen Metern hielt eine andere Wapitikuh, womöglich die Großmutter, inne und drehte sich zu mir um. Der lange Blick, mit dem sie mich bedachte, ließ mein Herz schneller schlagen.

Die Großmutter, das Baby und die anderen Kühe waren von drei Bullen umgeben. Aus ihren noch nicht ausgewachsenen stumpfen, samtigen Geweihen werden harte knochige Spiralen in einer Länge von mindestens neunzig Zentimetern in den Himmel gesprossen sein, wenn mit Beginn des Winters der erste Schnee fällt.

Der Wapiti führt uns in eines der ältesten Symbole des Weiblichen ein – eben die Spirale. Geweihe stellen, wie Haare auch, spirituelle Antennen dar. Während ihrer Kämpfe in der Brunftzeit beschreiben die Wapitibullen mit ihren verzweigten Geweihen achtförmige Spiralen in der Luft. Dieses Muster baut unglaubliche Kraft auf und setzt sie frei.

Diese Ekstase teilt sich auch der Herde mit. Die ehrfurchtgebietende Präsenz der alten Hirsche zeugt von der jahrelangen Nutzung der Spiralkraft. Wie alle Mütter zu allen Zeiten überall auf der Welt entfalten die Kühe diese spiralige Lebenskraft in der Schwangerschaft. Bei der Niederkunft dann nimmt sie sichtbare Gestalt an – in diesem Fall die von Wapitijungen. Kein Wunder also, dass die frühen Völker die Gehörnten mit Fruchtbarkeit und Stärke gleichsetzten. Diese regenerative Kraft, die keineswegs ausschließlich sexueller Natur ist, durchdringt uns und alles Lebendige.

Den Wapiti treibt diese Lebenskraft an, sich fortzupflanzen. Sie ist so gewaltig, dass ein Bulle den anderen gegen einen Baum schleudern und diesen dabei zerstören kann. Mein Freund Monty hat mir einmal von einem seiner Nachbarn erzählt, dessen Pferd einen schrecklichen Tod starb, als es von einem brünftigen Wapitibullen erwischt wurde.

Menschen sehen in diesen Brunftkämpfen die Zurschaustellung überlegener Macht. Und das trifft zwar durchaus den Kern der Sache, stellt aber doch nur die halbe Wahrheit dar. Der Wapiti lädt uns ein, die erstaunlichen Energien, die Tiere mobilisieren können, wertzuschätzen und ihre Rhythmen zu übernehmen – uns die Spirale zurückzuerobern.

In Kurven und an Stellen, an denen größere Felsbrocken oder Baumstämme liegen, bilden sich im Wasser des Hoh River Wirbel. Diese Strudel können sich wie Elektrobohrer in Stein und Sand drillen, und an einigen dieser Stellen würde man in null Komma nichts unter Wasser gezogen, wenn man so unvorsichtig wäre, in den Fluss zu springen.

Oft spült der Hoh River kegelförmige Holzstücke an die Ufer. Dabei handelt es sich um Teile von Ästen, die ursprünglich wie Schrauben mit den Bäumen verbunden waren und sich nun spiralförmig herausgedreht hatten. Fallen die mitunter tausend Jahre alten Bäume in den Fluss, werden sie von ihm davongetragen und ihre Stämme, so massiv sie auch sein mögen, zerfallen oft schneller als die kompakten Äste.

Die Spirale ist leidenschaftlich und stark. In allen Kulturen gibt es alte Rituale, die ihre Kraft feiern und heraufbeschwören. Auch energetische Drehübungen sind in vielen Traditionen bekannt, zum Beispiel bei den Tibetern und im Sufismus. Unsere DNA besteht aus der Doppelhelix, zwei schlangenartigen Spiralen, wie sie auch den Äskulapstab umranken, *das* Symbol der allopathischen Medizin. Spiralen finden sich überall in der Natur und auch in uns selbst.

Die Wapitis nun folgen denselben Pfaden, die auch schon ihre Vorfahren vor Hunderten von Jahren genutzt haben. Was es bedeutet, ein Wapiti zu sein, ist dem Land eingeschrieben; die Energie ihres kollektiven und ererbten Gedächtnisses kann schamanisch anhand der Pfade aufgespürt werden, die die Tiere auf der Erde hinterlassen.

Wenn ich die Pfade der Gehörnten einschlage, schraube ich mich in das Bewusstsein der Wapitis hinein, nehme über die Füße die Atmosphäre des Jagens und Gejagtwerdens wahr und spüre im ganzen Körper die uralten Rhythmen ihrer Fortbewegung.

Seit Jahrtausenden gehen, krabbeln, rennen Menschen und Tiere übers Land, um zu flüchten, zu kämpfen, nach Nahrung zu suchen, Wasser und Obdach zu finden. Den ursprünglichen Nomaden aller Kulturen lag das Umherwandern im Blut. Anthropologen und Historiker behaupten, viele der frühen Völker hätten sich die ganze Welt erwandert. Hier nur zwei Beispiele gehender Kulturen, die es heute noch gibt: die Beduinen in der Wüste und die Waliser, die sowohl im Tiefland als auch in den höher gelegenen Regionen unterwegs sind. Beim Gehen und Laufen verkörpern diese Volksgruppen die Kraft der Spirale und setzen sie zugleich frei, genau wie der Wapiti.

Das Wort *walk* (für Zufußgehen) ist anglokeltischen Ursprungs und bedeutet auch »Wasser«. Und tatsächlich werden sich die Menschen seinerzeit bei der Suche nach Wasser ihres Körpers als natürlicher Wünschelrute bedient haben. Wir bestehen zu 70 bis 90 Prozent aus Wasser – *laufendem* Wasser. Wandern Sie doch einmal ziellos umher und schauen Sie, ob Sie das Land nicht womöglich in Form einer Spirale durchstreifen (»wassern«). Da sich sowohl das Wasser als auch das gesamte Leben spiralförmig bewegen, macht es durchaus Sinn, dass immer ein Auge, Ohr, Fuß und so weiter größer ist als der oder das andere und dass auch die Beine bei den meisten Menschen unterschiedlich lang sind.

Im Innenohr gibt es ein sogenanntes häutiges Labyrinth, das mit Flüssigkeit gefüllt und Teil unseres Gleichgewichtssinns ist. Es steht in Verbindung mit der spiralförmigen Cochlea, der Hörschnecke, die aussieht wie eine weiche Nautilusmuschel.

Alles an uns schreit »Spirale«. Und der Wapiti erinnert uns daran, dass wir selbst die Spiralkraft *sind*.

Muscheln und Galaxien bewegen sich spiralförmig, das Pflanzenwachstum verläuft spiralförmig, Rauch verwirbelt spiralförmig, wie auch die Atemluft spiralig in die Nase eindringt, durch den Körper fließt und ihn wieder verlässt; desgleichen der Wind, wenn er die Form von Tornados oder Wirbelwinden annimmt. Im Ozean bilden sich spiralige Wasserstrudel, Steine werden vom Meer zu Sandkörnern gedrillt, in Flüssen kommt es aufgrund von Verwirbelungen des Wassers zur Entstehung von Habitaten für allerlei Lebewesen und so weiter.

Beim Umherlaufen (»Wassern«) nehmen wir Spiralkraft auf und setzen sie gleichzeitig frei, was sowohl uns selbst als auch die Erde bereichert. Das, was uns beim Barfußgehen so gute Gefühle bereitet, ist die Natur, die uns nach Hause ruft.

Übungen

Wie erläutert werden wir vom Wapiti ermutigt, das Feld unserer Erfahrungen zu erkunden und von der Gnade und den Wachstumschancen zu profitieren, die sich auf der Wiese unseres Lebens eröffnen. Zudem lädt uns der Wapiti zur Rückeroberung der Spirale ein. Ganz so, wie die Wäsche aufgrund von spiralförmigen Bewegungen in der Maschine sauber wird, reinigt sich das Wasser in natürlichen Vorkommen durch Verwirbelung, die Luft durch quirlige Wirbelwinde und der Wald durch strudelige Feuersbrünste.

Hier ein paar einfache Vorschläge, wie Sie mit der heiligen weiblichen Spirale arbeiten können:

- Schauen Sie in die Sterne und denken Sie über die Milchstraße und andere Spiralgalaxien nach. Überlegen Sie, inwiefern sich darin Ihre eigene Spiralnatur widerspiegelt.

Betrachten Sie die spiralförmigen Muster von Wasser, Wind und Feuer, den kreisförmigen Aufbau der Pflanzen, Pinienäpfel und die Jahresringe von Bäumen, die Bewegungen eines Vogelschwarms, den spiraligen Bienenflug und dergleichen. Spielen Sie damit und bewegen Sie sich entsprechend.

Gehen Sie in einem Labyrinth umher oder zeichnen Sie mit dem Finger eines nach.

Stellen Sie sich das Labyrinth und die Schnecke in Ihrem Innenohr vor oder schauen Sie sie sich auf Fotos an.

Nehmen Sie ein Glas Wasser in die Hand und rühren mit einem Holzstäbchen darin herum. Wenn Sie das Wasser danach trinken, spüren Sie der Spiralbewegung nach, in der sich die Flüssigkeit durch alle Ihre Körperzellen - das Wasser in Ihrem Inneren - bewegt und sie mit Licht erfüllt. (Sollten Sie nichts spüren, stellen Sie sich den Vorgang einfach vor.)

Gehen Sie. Aber nicht geradeaus, sondern wie ein Kind: indem Sie Kreise und Spiralen auf dem Boden beschreiben. Tun Sie dies auch in der Stadt, um den scharfen Kanten und geraden Linien des Urbanen etwas Weicheres, Kurviges, Fließendes entgegenzusetzen. Es besteht die Chance, dass Menschen, die Sie bei diesem »Wassern« beobachten, etwas davon aufnehmen und die Kraft der Spirale erfassen. Sollte das der Fall sein, werden Sie es an ihrem Lächeln erkennen, dass Ihnen geschenkt wird.

Bekritzeln Sie Papier mit Kreisen und Spiralen - und vor allem: Haben Sie Spaß dabei.

Achten Sie darauf, wie sich die Spirale in Ihrem Lebensumfeld manifestiert, sobald Sie sich ihrer bewusst geworden sind. Ein Beispiel: Als ich dieses Kapitel zu Ende schrieb, befand ich mich in einer Hütte oberhalb eines Gletscherflusses. Unter dem Balkon erschien mit einem Mal eine Art Schaumkugel aus Schluff in der Größe eines menschlichen Kopfes im Wasser. Entstanden war sie in einem Strudel, der sich inmitten großer Steine gebildet hatte. Es war verrückt zu beobachten, wie der weiße Schaumkopf im Wasser herumwirbelte und anscheinend gar nicht mehr aufhören wollte.

Ziehen Sie die Spirale in Ihr Leben, indem Sie - gern auch autobiografische - Geschichten schreiben, erzählen oder sich einfallen lassen. Tun Sie dies ohne bestimmte Absicht. Lassen Sie sich einfach in die Geschichte hineinfallen, die Sie ersinnen, und schauen Sie, wohin die Spirale Sie führt.

Bei mir etwa ist es so, dass ich meinen Alltag nicht bis ins letzte Detail plane. Vielmehr ergehe ich mich in Gedankenspielen, lasse mich von den Dingen, die auf der Wiese meines Erlebens auftauchen, überraschen und tanze mit allem, was sich einstellt.

Wenn Sie Ihre Geschichte erzählen, kann es sein, dass sie sich immer im Kreis dreht, dabei aber nie an ein und denselben Punkt zurückkehrt. So ist das eben mit Spiralen. Und mit dem Leben. Bei den indigenen Völkern etwa spricht und lehrt man ganz natürlich in Form von Geschichten, spiral- und kreisförmig. Folgen wir ihrem Beispiel, so kann es ausgesprochen erhellend sein zu schauen, was dabei herauskommt.

Abgestandenes Wasser wird wieder frisch, sobald es spiralig durchgerührt wird. Und wenn wir unseren alten Geschichten einen neuen Dreh geben, erstrahlen wir, genau wie die sich schlängelnde Kundalinienergie und die elektrischen Informationen in unseren spiralförmigen DNA-Strängen den Geistkörper zum Leuchten bringen. Dazu kann es urplötzlich kommen, da die Spirale eben - anders als wir es vermuten und gelernt haben - nicht linear ist und unsere Geschichten nicht in Stein gemeißelt sind (ebenso wenig wie wir selbst).

Geben Sie Ihren Geschichten genügend Raum, gerade auch denen, die Sie zum Weinen bringen. Lassen Sie die Wasser in Ihrem Inneren ruhig hochsprudeln und Emotionen freisetzen, damit sie und die mit ihnen verbundenen Tränen zu Ihrer Reinigung beitragen können. Weinen müssen wir unter Umständen auch, wenn wir uns auf die beseelten Geschichten der Erde einlassen - und sie dabei zugleich läutern -, die auch die unsrigen sind. Denn in ihren tiefen Wassern finden wir uns wieder. In der Beschäftigung mit der Erde entdecken wir, wer wir in Wahrheit sind.

Erforschen Sie sich. Nehmen Sie an allem Anteil, was in Ihrem Lebensumfeld auftaucht, und sprudeln Sie Ihr Wesen in die Welt hinaus, um sie zu erhellen und zu erfrischen.

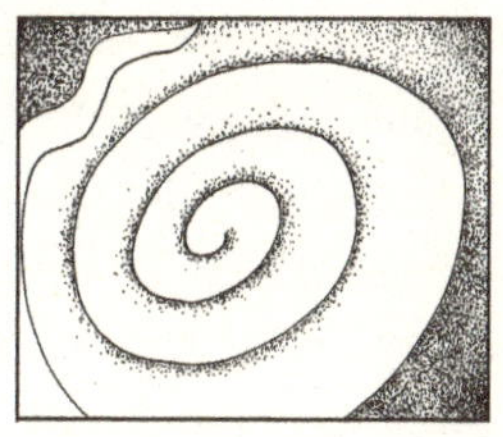

Schlange

Sandra

Lenken Sie Ihre Aufmerksamkeit nun vom üppigen Hoh-Regenwald und dem Wapiti, der darin umherstreift, auf die Hochwüste von New Mexico. Stellen Sie sich vor, Sie würden in einem Wäldchen spazieren gehen, in dem es nach Wacholderbäumen und Pinyonkiefern riecht. Die gleißende Sonne erwärmt den Boden und Sie lassen sich nicht nur von ihrer Hitze durchdringen, sondern auch von der Erde. Keine Wolke steht am Himmel und plötzlich wird Ihnen klar, warum sich so viele Menschen von den einzigartigen Lichtverhältnissen dieser Gegend angezogen fühlen. Nachdem Sie eine Weile durch das Wäldchen gestreift sind, gelangen Sie an einen sandigen *arroyo*, der von roten Felsen und kratzigen, niedrigen Hasenpinselsträuchern (*Ericameria nauseosa*) umgeben ist.

In dem sandigen Flussbett gehen Sie gedankenverloren weiter, so allerlei schwirrt Ihnen im Kopf umher. Aus dem Augenwinkel nehmen Sie eine Bewegung wahr. Irgendetwas huscht da doch durch den Strauch, oder? Ein diffuses Gefühl der Angst vertreibt die Tagträume, die Sie eben noch hatten, Ihr Herz schlägt schneller. Mit einem Mal sind Sie hellwach. Ihre Furcht wird zu Neugier und Erstaunen.

Reglos bleiben Sie stehen, gucken, was sich da wohl bewegt haben mag. Und vielleicht erschrecken Sie sich ein weiteres Mal, wenn Sie die schöne Bullennatter erblicken, die ruhig und voller Anmut Ihren Weg kreuzt. In all ihrer Pracht und Herrlichkeit gleitet eine Schlange – jenes Wesen ohne Augenlider und Beine – über den Erdboden. Äußere Hörorgane besitzt sie nicht, aber ein Innenohr. Und zwei Augenpaare. Bei dem einen handelt es sich um »normale« Augen, mit denen es Farben unterscheidet, die beiden anderen dienen der Wahrnehmung von Temperaturausstrahlungen und helfen beim Anvisieren von Beutetieren. Zur Ausstattung von Schlangen gehören auch Nasenlöcher, allerdings riechen sie mit der Zunge.

Die scheue, nicht giftige Bullennatter aus der Familie der Gophernattern ist eine Menschenfreundin, oft von gelber Farbe mit braunen oder schwarzen Flecken. Sie erreicht im Durchschnitt eine Länge von einem Meter achtzig. Es heißt oft, dass es im Lebensraum der Bullennattern keine Klapperschlangen gäbe, aber das ist ein Mythos. Uns Einheimischen geben die Bullennattern trotzdem ein gewisses Gefühl der Sicherheit.

Sie stehen da und werden dabei von der Schlange entdeckt, die sofort kehrtmacht und sich so schnell entfernt, wie Sie es vermutlich auch am liebsten tun würden. Aber Sie können sich nicht rühren. Ein Teil von Ihnen möchte die Flucht ergreifen, aber der andere ist wie hypnotisiert von den anmutigen Bewegungen der Schlange.

In vielen Menschen schlummert eine tiefe Urangst vor Schlangen, die mobilisiert wird, sobald sie eine sehen. Aber es gibt natür-

lich auch ausgesprochene Schlangenfans, die sich an ihrem Anblick erfreuen und überall in der Natur Ausschau nach dieser Reptilienart halten.

Schlangen sind auch Gegenstand zahlreicher Mythen und Symbole. Schon in der Bibel heißt es, Adam und Eva seien aus dem Paradies vertrieben worden, nachdem die Schlange sie ausgetrickst und dazu verführt habe, in den Apfel zu beißen, der ihnen Zugang zu Weisheit und Wissen verschaffen sollte. Von den alten Geschichten über Schlangenmedizin und die Schlangengöttin sind allerdings die meisten verloren gegangen. Wir wissen so gut wie nichts über die Anwendungsgebiete der alten Schlangenmedizin, ihre Wirksamkeit aber erweist sich auch heute noch häufig. Das Gift der Klapperschlange wird sogar auf die Entwicklung eines möglichen Medikaments gegen Krebs hin untersucht. Und dann gibt es natürlich noch den Äskulapstab, um den sich die Schlange windet, worauf auch Llyn in ihrem Beitrag bereits hingewiesen hat.

Insofern, als die Schlange unter anderem für die heilige Sexualität steht, ist auch eine Reihe psychologischer Symbole mit ihr verbunden. Der Uroboros (wörtlich: »Schwanzverehrer«) etwa, eine Schlange, die sich in den Schwanz beißt und auf diese Weise die Form eines Kreises annimmt, repräsentiert den Lebenszyklus. Was uns daran erinnert, dass zu jedem dieser Zyklen sowohl die Geburt gehört als auch der Tod; im ewigen Kreislauf der Erneuerung erschaffen wir uns immer, immer wieder.

Im Mittelpunkt dieses Unterkapitels soll jedoch die Frage stehen, inwiefern Ihnen die Schlange helfen kann, sich wieder mehr mit Ihrem Körper, dem Weiblichen und der Erde zu verbinden. Denn sobald Sie begreifen, wie und wodurch Sie Ihre Sinne beleben können, werden die spirituellen Übungen, die Llyn Ihnen in Ihrem Beitrag über den Wapiti vorschlägt, noch größere Wirksamkeit entfalten.

Unsere Wahrnehmung erschafft die Wirklichkeit. Und diese können wir beeinflussen, indem wir unsere Wahrnehmung verändern. Hier nur zwei einfache Beispiele: An einer Person, die Sie als schön empfinden, sehen andere vielleicht nur die Makel. Die Atmosphäre eines Meetings, die Ihnen fröhlich und freudvoll vorkommt, mag für eine Freundin von Ihnen, die auch zugegen ist, angespannt und negativ wirken. Es ist also tatsächlich Ihre Sicht der Dinge, auf der Ihre Wirklichkeit beruht.

In der westlichen Welt neigen wir dazu, Mitleid für Menschen zu empfinden, die wir als leidend wahrnehmen. Doch alles Existierende ist lebendig und hat einen Spirit mit einem bestimmten Schicksal. Und dadurch, dass wir unsere Wahrnehmung verändern, können wir die Wirklichkeit verändern und uns auf die Stärke und Schönheit unserer Mitmenschen und der Erde konzentrieren. Wenn wir ihre Stärken in den Mittelpunkt rücken und nicht ihre Probleme, stellt das eine wahre Unterstützung dar: kein Mitleid, sondern Mit*gefühl*.

Um diese Erkenntnis noch zu vertiefen, müssen wir lernen, mehr auf unsere Sinneswahrnehmungen zu vertrauen – auf das, was wir sehen, hören, riechen, fühlen und schmecken. Denn nur auf diese Weise können wir die kostbaren Wonnen des Lebens erfahren. Wer sich ernsthaft mit der Natur verbinden möchte, muss sich für seine Sinneswahrnehmungen öffnen und auf sie vertrauen. Und auch um die Unterstützung erkennen zu können, die uns allenthalben zuteilwird, müssen wir jeden unserer Sinne einsetzen, die sichtbaren wie die unsichtbaren.

Obwohl jeder von uns in einem Körper und damit in der materiellen Welt lebt, versuchen viele, sich der physischen Realität zu entziehen. Aus vielerlei Gründen, etwa wegen eines alten Traumas oder einer Krankheit, ist der Umstand, dass sie einen Körper haben, für sie eher schmerz- als freudvoll. Und diese Entfremdung bezieht sich oft nicht nur auf den eigenen Leib, sondern auch auf die Natur als Ganze. In dem Maße aber, in dem wir uns (wieder) mit der Natur verbinden, werden wir uns auch (wieder) der Kraft und Schönheit unserer physischen Existenz bewusst.

Wir teilen uns diese Erde mit ganz außergewöhnlichen Naturwesen, die auf ihre jeweiligen Sinnesorgane bauen, um die Welt wahrzunehmen. Die Schlange ist dafür ein gutes Beispiel: Obwohl sie keine Beine hat, steht sie stets in engstem Kontakt mit der Erde, nimmt jede Bewegung auf dem Boden wahr und alle seine Schwingungen. Wie es sein mag, der Erde immerzu so nahe zu sein, können wir uns höchstens vorstellen.

Schlangen sind auf die Erdwärme angewiesen, um ihre Temperatur aufrechterhalten und damit aktiv sein und sich so graziös bewegen zu können, wie sie es tun. Auch Wasser, dessen Lauf nicht künstlich eingeschränkt wird, »schlängelt« sich durch die Natur, wie man leicht erkennt, wenn man im Flugzeug sitzt und auf die Landschaft herabblickt.

Als Menschen sind wir im Besitz innerer und äußerer Sinnesorgane. Doch in dieser unserer westlichen Kultur schneiden wir uns, was unsere Weltsicht angeht, nur allzu oft von ihnen ab. Auf nicht wenige prasselt im Alltag so viel Lärm von außen ein, dass sie kaum mehr in der Lage sind, den Gesang der Vögel wahrzunehmen, die Melodien einer sanften Brise oder eines starken Sturms, die der Flüsse, Bäche und des Regens.

Oft belasten wir uns mit so vielen materiellen Dingen, dass uns die Schönheit der Natur vollkommen entgeht. Schon dem eigenen Körper entfremdet, gelingt der intensive Kontakt mit der Umgebung umso weniger. Der Geschmack unserer Lebensmittel wird von so vielen künstlichen Verstärkern und Süßungsmitteln überdeckt, dass wir die köstliche Frische der von der Erde hervorgebrachten Früchte praktisch kaum mehr zu schätzen wissen.

Mit anderen Worten: Vieles von dem, was das Leben zu bieten hat, geht uns einfach durch die Lappen. Und solange wir unsere Sinne nicht wiederbeleben, wird sich daran auch nichts ändern.

Den Teil des Gehirns, von dem angenommen wird, dass er für die Organisation unseres Denkens, Tuns, des rationalen Verhaltens, der Persönlichkeitsentwicklung und unserer Entscheidungen verantwortlich ist, bezeichnet man als präfrontalen Cortex. Obwohl er prozentual nur ein winziges Areal im Gehirn einnimmt, beziehen wir in unserer modernen Gesellschaft aus ihm den Hauptteil unserer Informationen. Den kognitiven Prozessen aber eine so große Bedeutung zu verleihen hat zur Folge, dass wir uns von der Tiefgründigkeit und dem Reichtum des Lebens vieles entgehen lassen.

Um unsere Wahrnehmung der Wirklichkeit verändern und ein erfüllteres, schöneres Leben führen zu können, müssen wir zusehen, dass wir an Bodenhaftung gewinnen – wie die Schlange sie hat. Wir müssen uns neu mit der Erde verbinden und die Sinne schärfen, damit wir in Kontakt mit all dem Schönen und Kraftvollen kommen, von dem wir umgeben sind. Erst dadurch versetzen wir uns in die Lage, das Leben in all seinen prachtvollen Facetten wahrzunehmen.

Wir können uns auch unserer nicht gewöhnlichen Sinne bedienen – unseres schamanischen, medialen und intuitiven Wissens. Aber auch das haben sehr viele in sich zum Schweigen gebracht.

Unmittelbar vor einem Erdbeben oder einer anderen Naturkatastrophe verändern Tiere ihr Verhalten dramatisch. Als etwa in Südostasien die große Welle drohte, suchten die Tiere die Höhe und brachten sich dadurch in Sicherheit, lange bevor die Menschen der Gefahr gewahr wurden.

Die meisten Tiere, Vögel, Hunde, Katzen und auch Schlangen, werden vor einem Erdbeben nervös. Ganz anders die Menschen, die sich in der Mehrzahl von ihren medialen Sinnen abgeschnitten haben, die uns die gleiche Informationen vermitteln könnten wie den Tieren. Im Unterschied zu uns sind die Sinne bei diesen Naturwesen so hoch entwickelt, dass sie Veränderungen der Erde frühzeitig erkennen.

Was ich bei meinen Kursen über das schamanische Reisen immer etwas frustrierend finde, ist die Fixierung der Teilnehmer auf das visuelle Erleben – als ob es sich dabei um eine Fernsehsendung oder einen Spielfilm handeln würde. Ich versuche den Leuten klarzumachen, dass sie sich mit all ihren Sinnen auf die Erfahrungen einlassen sollen, die sie machen, auch mit den nicht gewöhnlichen, was jedoch gar nicht so einfach ist. Aber die Spirits kommunizieren nun einmal nicht ausschließlich in Bildern. Schamanen begeben sich in die Traumzeit und setzen auf ihren Reisen in die unsichtbaren Welten alle ihre Sinne ein.

Aber auch im Alltag können wir uns für unsere nicht gewöhnlichen Sinne öffnen, um eine köstliche, magische Welt wahrzunehmen, von der wir umgeben sind. Vielleicht lässt uns auf dem Weg zur Arbeit der Wind eine Botschaft zukommen oder wir lesen sie in den Wolken. Der Kontakt mit unserem inneren Wissen verbessert sich, sobald unsere gewöhnlichen Sinne nicht länger so überlastet sind. Und dann spüren wir einfach fraglos die Führung, die uns zuteilwird, und auch unsere innere Weisheit.

Von den Naturwesen mit all ihren inneren und äußeren Sinnesorganen können wir lernen, wieder in Kontakt mit unserer internen und externen Landschaft zu kommen. Dabei werden wir feststellen, dass sich unsere Wahrnehmung bestimmter Ereignisse und Wandlungen in unserem Leben verändert. Dieses nimmt eine tiefere Bedeutung an und wir werden in die Lage versetzt, all das Schöne wahrzunehmen, das es zu bieten hat. Überdies kommt uns zu Bewusstsein, wie wertvoll es ist, einen Körper zu haben.

Dass der Körper ein kostbares Geschenk darstellt, habe ich persönlich von meiner Mutter gelernt. Wir sollten ihn schätzen und nicht ablehnen oder schlecht machen. Wenn wir unseren gesamten Sinnesapparat einsetzen, können wir alles, was uns die Natur bietet, sehen, hören, fühlen, schmecken und riechen. Und damit eröffnet sich uns ein Universum, das sich im Moment die wenigsten auch nur vorstellen können.

Wenn ich mich mit einer Entscheidung plage, weist mir eines der Naturwesen, denen ich bei meinen Spaziergängen im *arroyo* begegne, den Weg. Und oft ist es eine Schlange. Inzwischen habe ich gelernt, darauf zu vertrauen, dass sie mir die richtige Richtung zeigt.

Mein Vater hat mich zeit seines Lebens bedingungslos geliebt und mir so einiges beigebracht. Wir hatten eine schöne Beziehung zueinander, und wie meine Mutter auch hat er auf vieles verzichtet, damit ich in einem sicheren, liebevollen Umfeld aufwachsen konnte. Mit siebenundneunzig erkrankte mein Vater vor einigen Jahren schwer, und am Ende seines Lebens wollte ich mich so gut um ihn kümmern wie er sich früher um mich. Ich pflegte ihn und hatte dabei auch einige schwere Entscheidungen zu treffen, von denen ich mich vollkommen überfordert fühlte.

Eines Tages war ich wie am Boden zerstört, weil ich wieder einmal nicht wusste, was für meinen Vater das Beste wäre.

Ich ging ins Freie und rief Gott, der großen Göttin und meinen helfenden Geistern zu: »Bitte helft mir doch! Gebt mir irgendein Zeichen, an dem ich erkenne, welcher Weg der richtige ist.«

Es war im Oktober. Ein kalter, regnerischer Tag. Ich machte einen langen Spaziergang im *arroyo*, weinte und betete. Nachdem ich den Kopf freibekommen hatte, wusste ich mit einem Mal, welchen Schritt ich in der Pflege meines Vaters als nächsten unternehmen würde. In diesem Moment krabbelte mir ein Schlangenbaby über die Spitze eines meiner Laufschuhe. Ich konnte es kaum glauben, denn eigentlich war es gar nicht die Zeit, in der Schlangen normalerweise auf die Welt kommen. Der Winter stand vor der Tür und es herrschte schon eine ziemliche Kälte. Als das Tierchen schnell das Weite suchte, beugte ich mich herab, um mich zu vergewissern, dass es sich nicht etwa um einen großen Wurm oder Tausendfüßler handelte. Aber nein, es war eindeutig ein Schlangenbaby.

In meinen Augen bedeutete dieses Omen sowohl eine Neugeburt als auch eine Veränderung für mich und meine Familie. Jetzt wusste ich, dass mein Leben eine andere Richtung einschlagen würde. Und tatsächlich: Kurz nachdem mir die Schlange begegnet war, starb mein Vater. Sein Verlust machte mich unsagbar traurig, andererseits aber war ich auch glücklich, dass er nun endlich frei war und seinen Frieden gefunden hatte.

Schlangen zeigen sich mir, wann immer ich zu vergessen drohe, dass jeder Tod zu neuem Leben führt und die bevorstehende Veränderung mir dabei helfen wird, mich selbst neu zu erschaffen. Wenn ich daran erinnert werden muss, dass ich geführt werde und über ein Heer unsichtbarer Helfer verfüge, zeigt sich mir eine Schlange. Und auch wenn ich ein Zeichen brauche, dass ich auf dem richtigen Weg bin.

Schlangen erfinden sich immer, immer wieder neu. Sie häuten sich und sind anschließend – einem Bären nach der Winterruhe vergleichbar – wie neu geboren, erfrischt und regeneriert. Von ihnen können wir lernen, uns ebenfalls neu zu erfinden und nicht nur unsere gewöhnlichen Sinne zu schärfen, sondern auch die nicht gewöhnlichen, um in eine tiefschürfende, ergiebige Kommunikation mit dem Spirit eintreten zu können, der allem Lebendigem innewohnt.

Wir können uns, wenn man so will, in eine Spirale begeben, die uns allmählich zu den Segnungen unserer gewöhnlichen und nicht gewöhnlichen Sinne zurückführt, welche uns ihrerseits an der Aufwärtsspirale von Wachstum und Weiterentwicklung teilhaben lassen.

Auf alten Petroglyphen gehört die Spirale mit zu den auffallendsten Symbolen. Sie steht sowohl für Wachstum und Evolution als auch für den Ursprung des Lebens, des Wassers und der Schlangen. Die Spirale unterweist uns in den Rhythmen der Natur, der Jahreszeiten und der Kreisläufe von Tod und Wiedergeburt.

In der freien Natur liegen Schlangen oft spiralförmig aufgerollt, wenn sie sich ausruhen oder schlafen. Und sobald wir uns aus dem Tiefschlaf emporschrauben, in dem wir uns momentan noch befinden, erwecken wir zugleich unsere Sinne, die uns all das Schöne, Starke und Wissenswerte in uns und unserer Umgebung erkennen lassen.

Übungen

Die Schlange steht zu jeder Zeit ihres Lebens in Verbindung mit den Schwingungen der Erde. Und eine Möglichkeit, wieder in engeren Kontakt mit Ihrem Körper zu kommen, besteht darin, dass Sie Ihre Verbundenheit mit der Erde intensivieren. Lassen Sie die Kopfhörer zu Hause und suchen Sie einen Park beziehungsweise Ihr Lieblingsplätzchen im Freien auf. Legen Sie sich auf die Erde, bringen Sie Ihren eigenen Herzschlag mit dem von ihr überein. Nehmen Sie die Schwingungen der Erde wahr und zugleich Ihre persönlichen Vibrationen, die nicht nur im Körper stattfinden, sondern auch im Einklang mit der Erde.

Stellen Sie sich vor, Sie seien eine Schlange, die sich in der Wärme und Liebe der Erde sonnt. Spüren Sie, wie diese Wärme, Liebe und die damit verbundenen Schwingungen von jeder Ihrer Körperzellen aufgesogen werden.

Anschließend kommen Sie wieder mehr zu sich und öffnen sich mit all Ihren Sinnen für die Schönheit der Natur. Sobald Sie so weit sind, stehen Sie langsam auf und machen ein paar Schritte vorwärts. Im Gehen halten Sie immer wieder inne und achten auf die Düfte der Erde, der Luft, der Bäume und anderen Pflanzen. Nehmen Sie ein Häufchen Erde in die Hand, spüren Sie ihre Temperatur, die Feuchtigkeit und Beschaffenheit. Legen Sie danach die Hand an einen Baum und spüren Sie der Struktur seiner Rinde nach. Berühren Sie sanft die Blätter einer Pflanze, bei der kein Allergie- oder Vergiftungsrisiko besteht. Fahren Sie mit den Fingern durchs Gras und streichen Sie über ein Moospolster. Ziehen Sie Schuhe und Strümpfe aus, um den Erdboden an den Fußsohlen zu spüren. Sollten Sie sich am Strand befinden, nehmen Sie eine Hand voll Sand. Wie fühlt er sich an? Und wie ist es, ihn zwischen den Zehen zu spüren? Riechen beziehungsweise schmecken Sie das Salz in der Luft und auf Ihren Lippen.

Wenn Sie am Wasser sind, schließen Sie die Augen und tauchen Ihre Hand hinein. Achten Sie dabei auf Ihre körperlichen Empfindungen.

Lauschen Sie den herrlichen Klängen der Natur, ihrer wunderbaren Musik. Spüren Sie bei geschlossenen Augen den Wind in Ihren Haaren.

Nehmen Sie Nahrungsmittel ohne künstliche Aromastoffe zu sich. Essen Sie ganz langsam und genießen Sie den frischen, natürlichen Geschmack. Beim Trinken von Wasser konzentrieren Sie sich auf seine süße Frische und darauf, wie es Sie erquickt, während es Ihnen die Kehle hinabrinnt.

Werden Sie sich der sichtbaren und unsichtbaren Sinne bewusst, die Sie nicht mehr voll nutzen. Welche haben Sie verkümmern lassen?

Gehen Sie all das aber langsam und geduldig an: Wenn Sie zu viele Sinneswahrnehmungen auf einmal mobilisieren wollen, kann es Sie leicht überfordern.

Setzen Sie sich im Freien zu einer Pflanze oder einem bestimmten Stein. Bleiben Sie eine halbe Stunde lang ganz still sitzen und beobachten Sie das von Ihnen gewählte Naturwesen, hellwach und hochkonzentriert. Achten Sie darauf, wie sich das Spektrum Ihrer Sinneswahrnehmungen erweitert hat, wenn Sie die Übung abschließen.

Zu Hause stellen Sie meditative Musik an oder ein Trommelstück und fassen die feste Absicht, der alten Schlangengöttin zu begegnen. Mit allen medialen Sinnen, die Ihnen zur Verfügung stehen, achten Sie darauf, was sie Ihnen über die Schlangenmedizin mitteilen möchte. Bitten Sie sie auch um

Tipps, wie Sie die Verbindung zwischen Ihrem Körper und der Erde intensivieren können.

Wann immer Sie im Freien auf dem Boden sitzen, vielleicht im Sand, können Sie spielerisch Spiralen zeichnen, ohne aber größer darüber nachzudenken. Achten Sie einfach auf die Gefühle, die entstehen, wenn Sie es tun. Und auf die Einsichten, die sich dabei einstellen.

Der Schamanismus ist eine Praxis der direkten Enthüllung. Das bedeutet, dass wir alle Zugang zu jener spiraligen Weisheit haben, die wir brauchen, um aufblühen und die Schönheiten des Lebens erfahren zu können. Und es bedeutet, dass uns auch allen die Erkenntnisse zugänglich sind, die uns befähigen, mit der Anmut und Eleganz einer Schlange durchs Leben zu gleiten.

Gesellschaftlich wurden wir darauf konditioniert, uns vom eigenen Körper und der Erde zu entfremden. Für die Heilung des Planeten und der eigenen Person ist es deshalb entscheidend, dass wir lernen, wieder Zugang zu unserem medialen Wissen und zu unseren medialen Sinnesorganen zu finden, wodurch das Abenteuer des Lebens intensiviert wird – das Abenteuer, ein spirituelles Wesen in einem materiellen Körper zu sein.

Llyn hat über den Wapiti geschrieben und ich über die Schlange – zwei offensichtlich sehr unterschiedliche Naturwesen, von denen wir uns jeweils auf spiritueller Ebene besonders angesprochen fühlen. Nehmen Sie sich ein wenig Zeit, um über die ungezähmte Natur bei sich in der Gegend nachzudenken. Und achten Sie dabei darauf, ob es irgendwo da draußen ein Naturwesen gibt, das jetzt gerade, in diesem Moment, um Ihre Aufmerksamkeit bittet.

WALDSAUERKLEE UND PILZ

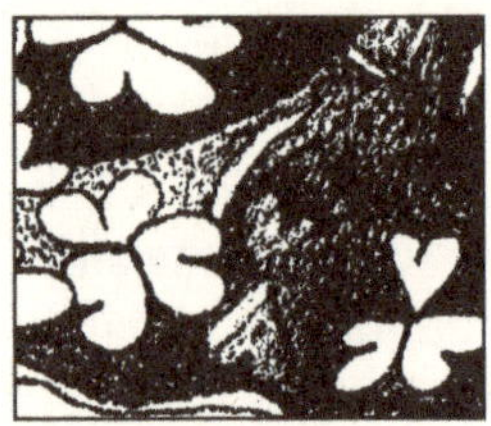

Waldsauerklee

Llyn

Stellen Sie sich vor, Sie würden sich völlig unerwartet inmitten Tausender Sauerkleepflanzen befinden, die sich über den fetten, vermodernden Boden eines Regenwaldes kräuseln.

Solche Stellen voller Sauerklee haben einen Zauber an sich, der Visionen von Feen heraufbeschwört. Regen, der durch das grüne Dach des Waldes fällt, landet wahllos auf den dreiblättrigen Pflanzen. Allenthalben neigen sich die zarten herzförmigen Blätter unter den segensreichen Tröpfchen. Aber nur, um sofort wieder zurückzuschnellen wie ein kurz angeschlagenes Glöckchen. Kein Wunder also, dass der Sauerklee im Amerikanischen oft auch als Feenglöckchen bezeichnet wird.

Oxalis oregana, eine Sauerkleesorte, die im Pazifischen Nordwesten häufig zu finden ist, wächst am besten in schattig-feuchten Waldgebieten. Ihre oben hellgrünen Blättchen sind an der

Unterseite pflaumenfarben und am Ansatz leicht rötlich getönt. Im späten Frühling bildet *Oxalis oregana* zarte weiße Blütchen aus.

Oxalispflanzen strahlen die reine Freude aus. Die kleinen Feenglöckchen zaubern einem ein Lächeln aufs Gesicht und vertreiben alle Sorgen. Wie herrlich, dass es im Pazifischen Nordwesten so viele davon gibt, sie sind absolut zauberhaft.

Ich jedenfalls finde diese »Liebespflanze« so faszinierend, dass ich Besucher oft dazu bringe, sich im Wald auf den Boden zu legen, damit sie ihr ganz nahe sein können. Stellen Sie sich doch bloß einmal vor, wie es ist, auf einem Bett aus weichem Moos zu liegen und unmittelbar neben einem satten Fleckchen Sauerklee ein Nickerchen zu halten. Erinnern Sie sich noch, was mit Dorothy und Toto geschah, als sie auf dem Weg in die Smaragdstadt in dem Mohnfeld lagen und schliefen?

Der mohninduzierte Schlummer der in Kansas aufgewachsenen Dorothy hat für einigen Gesprächsstoff gesorgt. Die Leute fragten sich, ob es wohl am Rot des Mohnes gelegen haben mag, dass ihr so schwummrig wurde, oder doch eher an den Opiaten, die er enthält. Wenn Sie aber auf der grünen Decke aus Liebespflanzen liegen und Ihren Mittagsschlaf halten, wird es Ihnen völlig gleichgültig sein, was es ist, das Sie so verträumt macht.

Für Christen symbolisieren die drei herzförmigen Blätter des Sauerklees angeblich das Mysterium der Dreifaltigkeit – weshalb manche sie auch als »Hallelujapflanze« bezeichnen. Diese Pflanze fasziniert eben in jeder Hinsicht. Was wohl auch der Grund dafür ist, dass sie so viele Kosenamen hat.

Feenglöckchen öffnen uns die Tür zu den Mysterien des Lebens. Sie wachsen auf fettem, feuchtem Humus, in dem sich die fruchtbare, empfängliche Leere des Weiblichen widerspiegelt. Als Erinnerung an alles, was möglich ist – Schöpfungskraft im Verbund mit Spirit und Natur –, spricht der Sauerklee jedem Reduktionis-

mus hohn. Er lässt sich ja nicht einmal auf einen bestimmten Namen festlegen.

Ebenso weise wie fröhlich fordert der Sauerklee zu einem erfinderischen Umgang mit dem Leben auf und macht uns klar, dass etwas nicht zu wissen mitunter viel mehr bringen kann, als wir gemeinhin vermuten würden. Feenglöckchen sind Expertinnen, wenn es darum geht, unbefangen im sich ständig neu entfaltenden Strom des Lebens herumzutollen. Denn wenn wir es auf die Dinge reduzieren, die wir glauben, wollen, fürchten oder erwarten, verlieren wir nur allzu leicht den Kontakt zu diesem wundervollen Fluss.

Dazu ein Beispiel aus meinem Leben: Ich ging immer fest davon aus, und das kam mir auch vollkommen logisch vor, dass Katie, meine süße schwarze Angorakatze (die neunzehn Jahre alt wurde), am Ende ihrer Lebenszeit sehr viel Pflege von mir brauchen würde. Und deshalb machte ich mir ständig Sorgen, ob ich dieser Aufgabe, von der ich überzeugt war, dass sie irgendwann unweigerlich auf mich zukam, auch gewachsen sein würde.

Katie erwies sich für mich als eine großartige Lehrerin, denn nichts von dem, was ich befürchtet hatte, traf ein. Lebendig bis ganz zuletzt ging sie eines Abends einfach in den Wald und überantwortete ihren Geist einer riesigen Tanne.

Wohl schon jede(r) von uns hat sich mal den Kopf über Dinge zerbrochen, die nie eintraten. Denken wir also lieber an die vielen unterschiedlich verspielten Namen des Waldsauerklees und lernen daraus, dass wir uns weder allzu ernst nehmen noch die Zukunft in Stein meißeln sollten.

Eine bestimmte in den USA heimische Sauerkleesorte nennt man im Amerikanischen auch »Cuckoo Sorrell« (»Kuckucksklee«, mit der gleichnamigen europäischen Variante ist dieser jedoch nicht identisch, A. d. Ü.). Und der Kuckuck zeigt, dass man sich nur zum Narren macht, wenn man auf Biegen und Brechen an vorgefassten Ansichten festhält. Sich ständig an alles klammern zu wollen, ist in Wahrheit der vergebliche Versuch, das Leben zu steuern. Und mit dem wahren Leben hat das wenig zu tun.

Diese Botschaft ist überaus zeitgemäß. Warum ignorieren wir die Chancen, die in einer Situation liegen, oder gehen gar vom Schlimmsten aus? Stimmen wir uns lieber auf unsere erhabensten Träume ein – auf die Sehnsüchte unseres Herzens und unserer Seele –, wenn sich alles um uns herum verändert und jeder seinen Weg neu finden muss.

Der Sauerklee, die kleine Liebespflanze, macht uns Mut, in Zeiten des Wandels so zentriert, so aufgeschlossen zu bleiben wie irgend möglich und das Leben sich entfalten zu lassen. Meine süße Katie hat sich diesem unergründlichen Potenzial bereits überlassen. Buchstäblich und ganz bewusst ist sie gegangen – in die schöpferische Leere. Voller Eleganz hatten sie und der Wald geplant, wie ihr kostbares Leben zum Abschluss kommen sollte. Und wäre ich nicht so ängstlich und voller Befürchtungen gewesen, hätte auch ich mich schon früher darauf einstellen können, glaube ich. Weil wir Menschen uns aber ständig so viele Gedanken über alles Mögliche machen, lassen wir uns das Flüstern der Spirits nur allzu oft entgehen.

Während unserer heiligen Expeditionen zu indigenen Kulturen übe ich mich darin – und versuche es auch den anderen Teilnehmern beizubringen –, die Kamera wegzulegen, das ständige Geplapper einzustellen, alles zu vergessen, was wir zu wissen glauben oder meinen, sagen, tun, essen beziehungsweise kaufen zu müssen. Ich rege an, dem üppigen Teppich des gegenwärtigen Augenblicks genügend Raum zu lassen. Denn das ermöglicht die Verschmelzung unseres Geistes mit der schöpferischen Kraft des Lebens.

Ein hervorragendes Beispiel für einen Menschen, bei dem sich Intellekt und Inspiration, Geist und Seele eng verknüpften, um Gutes zu bewirken, war mein lieber Freund John Mack, Professor für Psychiatrie an der Harvard University, der für seine T.-E.-Lawrence-Biografie *A Prince of Our Disorder* mit dem Pulitzer-Preis ausgezeichnet wurde.

Dr. Macks beeindruckende Karriere umspannte ganz unterschiedliche Wissensgebiete: traditionelle Psychiatrie, die Analyse sozialer Bewegungen, die transformativen Folgen angeblicher Entführungen durch Außerirdische und das Leben nach dem Tod. Er war ein überaus geistreicher Mann, der allem, was er tat, von ganzem Herzen nachging.

Einmal fragte ich ihn: »John, du befasst dich mit so vielen unterschiedlichen Dingen. Wie entscheidest du eigentlich, womit du dich als Nächstes beschäftigst?«

Daraufhin überzog ein breites Grinsen Dr. Macks Gesicht und seine blauen Augen funkelten, als er antwortete: »Entscheiden tue ich mich nie. Der nächste Schritt stellt sich immer ganz von selbst ein. Ich folge nur meiner Leidenschaft.«

Diese Äußerung erinnert an die Philosophie des klassischen Mythologen Joseph Campbell, dessen Aufforderung zum heiligen Abenteuer des Lebens – dem Streben nach Glück – unserer Kultur längst nicht mehr fremd ist. In einem legendären Interview, das Michael Toms für das *New Dimensions Radio* mit ihm führte, stellte Professor Campbell klar: »Abergläubisch bin ich nicht, aber ich glaube an den Zauber des Spirituellen ... Wenn man wirklich seinem Bauchgefühl folgt, gehen überall Türen auf.«

Bei aller Kritik und trotz der Schwierigkeiten, denen er begegnete, war auch die spirituelle Richtung, die Dr. Mack einschlug, eindeutig. Er genoss es, Mitschöpfer im fruchtbaren Reich des Potenziellen zu sein.

Von den Feenglöckchen geht dieselbe Ermutigung aus: »Möge die Macht auch mit euch sein!« Allein wachsen sie nie; und man kann sich gut vorstellen, dass diese zarten Pflänzchen eng miteinander verbunden sind und sogar kommunizieren.

Von Ameisen und Tierrudeln weiß man, dass sie ein Kollektivbewusstsein besitzen. Warum sollte das bei Pflanzen anders sein? Womöglich stellen die scheinbar aus Millionen von Einzelexemplaren bestehenden Sauerkleevorkommen auf dem Waldboden ja in Wahrheit auch einen einzigen Organismus dar wie Espen oder Pilze?

Und verständigen sie sich – obwohl es mit den Methoden der Naturwissenschaft nicht feststellbar ist – womöglich auch mit den anderen pflanzlichen Bewohnern des Waldes? Besitzen also tatsächlich auch Bäume und andere Pflanzen ein kollektives Bewusstsein? Und wenn ja, könnte es vielleicht sein, dass dieses gemeinsame Energiefeld über die individuellen Ökosysteme hinausweist und Pflanzen und Tiere an ganz unterschiedlichen Stellen der Welt miteinander verbindet?

Aber sicher.

Ob auch wir Menschen Teil dieser Einheit sind?

Ein bisschen dämlich finden uns die Feenglöckchen ja schon.

Denn: »Klar doch, natürlich, zweifellos, was denn sonst«, tönen sie uns entgegen.

Stellen Sie sich nur mal die nach Tausenden zählenden grünen Blättchen vor, die sich ausschütten vor Kichern wie Schulkinder bei einem kollektiven Lachflash. Alles ist lebendig und kommuniziert untereinander, ein Bewusstseinsfeld, das uns nachdrücklich auffordert, daran teilzuhaben.

»Erforscht die Natur und lasst uns gemeinsam kreativ sein«, fordern uns zig Millionen Liebespflanzen auf.

Je nach Temperatur, Lichteinfall und Wetter öffnet oder schließt der Sauerklee seine hauchdünnen Blättchen. In geschlossenem Zustand bilden sie eine Art winziger Pyramide, die die Pflanze schützt und ihren Wasserhaushalt reguliert.

Menschen reagieren ebenfalls auf die Verhältnisse in ihrer Umgebung; wie die Feenglöckchen öffnen und verschließen auch wir uns. Manche ziehen sich lieber zurück, andere suchen mehr das Rampenlicht.

Dieses rhythmische Öffnen und Verschließen – mal nach außen und mal eher nach innen zu gehen – ist Teil des Lebens. Ob wir nun eher extro- oder introvertiert sind: Zeiten, in denen wir kontaktfreudiger sind, wechseln sich bei uns allen mit Momenten ab, in denen wir uns nach Ruhe sehnen. Genauso, wie wir alle ein- und ausatmen. Im Jahreskreis entsprechen Frühling und Sommer dem Ausatmen, während die Naturwesen im Herbst/Winter neue Energien sammeln. Auch in Seen und Meeren kann man diesen Rhythmus beobachten: Die Wogen fließen aufs Ufer zu, um sich anschließend wieder zurückzuziehen.

Mitunter verläuft das An- und Abschwellen des Wassers auch in längeren Zyklen. Am Lago Atitlán, einem Vulkansee in Guatemala, zum Beispiel sind Häuser überschwemmt worden. Der heilige See fordert das Land zurück und alles, was sich darauf befindet. Den im Einklang mit den Rhythmen der Erde lebenden Maya-Ältesten zufolge dehnt sich dieses Lebewesen sechzig Jahre lang aus, um sich danach für denselben Zeitraum zurückzuziehen. In diesem dramatischen Auf- und Abschwellen sehen die Ältesten den natürlichen Atemprozess des Sees – ein und aus.

Die Mayas früher waren wahre Meister der Naturbeobachtung und achteten sogar darauf, dass die Rhythmen des Alltagslebens mit den heiligen Kreisläufen der Zeit in Einklang standen.

Das Kommen und Gehen der Wapitis, die regelmäßig auftretenden Regenzeiten, das sanfte Sichöffnen und -schließen des Sauerklees im Hoh-Regenwald sind alles Rhythmen, die auch wir Menschen in uns haben.

Versuchen Sie, ihnen nachzuspüren, indem Sie diese Rhythmen durch körperliche Bewegungen überspitzen:

Fangen Sie damit an, dass Sie sich die Arme um die Brust schlingen und die Beine fest anziehen wie eine Schnecke, die sich in ihr Haus zurückzieht, oder als wären Sie ein Sauerkleepflänzchen, das sich in seinem kleinen grünen Tipi verschanzt.

Wie fühlt sich dieser Rückzug für Sie an?

Als Nächstes dehnen Sie sich aus, indem Sie Arme, Beine, Hände und Finger weit von sich strecken. Öffnen und schließen Sie Augen und Mund und gähnen Sie dabei wie ein Löwe, der sich in der Sonne rekelt.

Wie fühlt es sich an, so offen zu sein?

Vom Sauerklee, der sich im Schatten am wohlsten fühlt und sich zurückzieht, sobald die Sonne scheint, können wir lernen, uns ohne jedes schlechte Gewissen zurückzuziehen. Aber auch, uns rückhaltlos zu öffnen.

»Hopp oder topp: Öffnet oder verschließt euch voller Überschwang«, ruft uns die befreite Liebespflanze zu. »Dafür braucht ihr auch keine Entschuldigungen oder Vorwände. Seid am besten einfach genau so, wie ihr seid.«

Sollte Ihnen danach sein, können Sie gern auch weiterhin mit diesen Bewegungen des Öffnens und (Ver-)Schließens spielen. So freundet sich Ihr Körper zunehmend mit diesen Rhythmen an, was Ihnen helfen wird, stets geerdet zu bleiben, ob Sie sich nun gerade ausdehnen oder zurückziehen möchten.

Üben Sie darüber hinaus, das Spannungsverhältnis zwischen Ihren extro- und introvertierten Tendenzen zu verringern und auch das der anderen Ein- und Aus-Rhythmen, die zu vereinbaren Ihnen schwerfällt. Das könnte zum Beispiel der Schritt ins Licht der öffentlichen Aufmerksamkeit einerseits sein und andererseits die Konzentration auf sich selbst, die Sie brauchen, um im Alltag funktionieren zu können.

Die kleinen Feenglöckchen erinnern uns daran, dass Ausdehnen und Sichzusammenziehen, nach außen und nach innen Gehen, nichts ist, was man voneinander trennen könnte, sondern dass es sich dabei nur um unterschiedliche Ausdrucksformen des breiten Spektrums unseres ganzen Erfahrungsbereichs handelt.

Die »Leerstellen« etwa zwischen Ein- und Ausatmen, Sonnigem und Mondbetontem, Intellekt und Instinkt zu überbrücken, hilft uns dabei, ganz die zu werden, die wir sind.

Es gibt viele herrliche Möglichkeiten, sich dem Sauerklee anzunähern und sich für sein Wesen zu öffnen. Eine besteht darin, seine herb schmeckenden Blättchen zu verspeisen.

Einem frischen Frühlingssalat verleihen sie eine zitronige, leicht prickelnde Note. Nehmen Sie aber nicht zu viel davon, denn einige Sorten enthalten Oxalsäure (die sich zum Beispiel auch in Spinat, Rhabarberblättern, Roter Bete, Mangold, Erdnüssen und Schokolade findet). Größere Mengen davon sind nicht gesund. Da in diesem Fall aber keiner genau sagen kann, wann zu viel zu viel ist, fragen Sie am besten den Sauerklee selbst und verwenden zunächst einmal nur ganz wenige Blättchen.

Sowohl frisch als auch getrocknet stellen die aromatischen Blätter der Liebespflanze mit ihrem hohen Vitamin-C-Gehalt darüber hinaus eine gute Medizin dar, die zum Fiebersenken, gegen Halsschmerzen, Schwellungen oder Magenbeschwerden verwendet wird, aber auch zum Stillen von Blutungen sowie bei anderen Beschwerden.

Obwohl der Sauerklee eine magische, schöne, geschmackvolle und heilende Pflanze ist, sehen viele in ihm ein fieses Unkraut. Denn die Feenglöckchen sind widerstandsfähiger, als sie aussehen, und ihre Wurzeln stellen richtiggehende Energiespeicher dar. Weshalb Sauerklee auch ebenso fruchtbar ist wie schwer auszurotten. Die robusten Wurzeln, die für Gärtner der reine Horror sind, dienen jedoch einem höheren Zweck. Denn die stark verzweigten Rhizome ermöglichen es der Pflanze – klein, aber oho! –, dem Boden Schwermetalle zu entziehen und auf diese Weise einen erheblichen Beitrag zur Reinigung der Umwelt zu leisten. Dieser und anderer biologischer Säuberungsmechanismen der Natur können wir Menschen uns bedienen, um unsere Ökosysteme wieder auf Vordermann zu bringen – wie es die Phytosanierung zum Beispiel auch mithilfe von Oxalispflanzen bereits tut.

Sauerklee kann aber auch noch auf andere Weise transformierend wirken. Sie müssen nur einmal darauf achten, wie Sie sich fühlen, wenn Sie während eines Waldspaziergangs plötzlich unversehens auf Tausende und Abertausende dieser Liebespflanzen stoßen. Gehen Sie nicht einfach an ihnen vorbei. Denn die kleinen Wesen sind keineswegs nur in der Lage, dem Erdboden Giftstoffe zu entziehen, nein: Für uns Menschen tun sie etwas vergleichbar

Positives. Sie befreien uns nämlich in null Komma nichts von unseren Ängsten.

Wann immer ich auf sie treffe, kann ich beim besten Willen nichts Problematisches mehr empfinden. Denn dann fühle ich mich auf der Stelle so frisch wie die Luft des Waldes, die mich umgibt. Und so leicht, wie ich mich vom Liebeszauber des Sauerklees verführen lasse, geht mir jedes Mal schon das Herz auf, sobald ich der Pflanzen auch nur ansichtig werde.

Oft fragt man mich, wie ich überhaupt auf einem derart düsteren und isolierten Fleckchen Erde mit seiner jährlichen Niederschlagsmenge von sage und schreibe 426 Zentimetern leben kann. Und in der Tat machen mir die Feuchtigkeit und Dunkelheit hier mitunter schon arg zu schaffen. Andererseits aber geht von all dem sprühenden Leben in dieser Gegend auch eine unermessliche Energie aus. Dieses grüne Paradies erzeugt dermaßen viel Sauerstoff und Licht – es strahlt eine Kraft aus, die ich bis in die Knochen spüre.

Darüber hinaus zwingt mich die große Dunkelheit, das Licht in meinem Inneren zu suchen. Äußerlich spiegelt es sich im Sauerklee der unberührten Wälder wider, der uns lehrt, dass das ganze Leben nichts anderes ist als ein fließender Traum. Er hilft uns, die unterschiedlichen Rhythmen zu integrieren und mit der kreativen Kraft des Weiblichen zu verschmelzen.

Die kleinen Feenglöckchen lehren zu lieben und erinnern uns daran, dass wir eins mit der Natur sind. Und sobald wir mit der natürlichen Welt zusammenarbeiten, transformieren wir nicht nur unser Lebensumfeld, sondern tun auch unserer Seele etwas Gutes.

Übungen

Denken Sie an den Waldsauerklee und vertiefen Sie sich in seine Weisheit. Sollte bei Ihnen in der Gegend keiner wachsen, beschäftigen Sie sich mit anderen Naturwesen, die über ähnliche Eigenschaften verfügen: mit in Ihrem Umfeld heimischen Kleearten, mit Gräsern oder Blumen, einem Wäldchen, einem vorbeifliegenden Vogelschwarm oder wovon Sie sich sonst angesprochen fühlen.

Suchen Sie sich zu Hause oder auch im Freien ein bequemes Plätzchen zum Sitzen oder Liegen, an dem Sie eine Weile nicht gestört werden können. Sollten Sie nicht rausgehen wollen, können Sie gern etwas Trommel- oder andere Entspannungsmusik auflegen.

Atmen Sie ein paarmal gründlich ein und aus. Mit jedem Ausatmen gehen Sie tiefer in die Entspannung und spüren, dass Ihr Körper auf eine angenehme Art immer schwerer wird.

Stellen Sie sich vor, Sie liegen auf einem großen Sauerkleeteppich mitten in einem üppigen Wald. Nehmen Sie sich genau die Zeit, die Sie brauchen, um sich einfach weiter zu entspannen, tiefer in die Unterlage einzusinken und all die Feenglöckchen zu genießen. Spüren Sie die Liebe und das Licht, die von ihnen ausgehen und Sie umfangen wie ein strahlender Nebel; erleben Sie all das so realistisch wie irgend möglich.

Beim Ausatmen spüren Sie, wie die Pflänzchen alles, was Sie bereit sind loszuwerden, etwas anheben und aufhellen. Sie selbst tragen nicht das Geringste dazu bei. Sie erleben es einfach, lassen es geschehen. Und wissen, dass es tatsächlich geschieht.

Was genau ist es, das in Ihnen hochsteigt, um gelindert zu werden?

Bleiben Sie noch eine Weile bei der Sache; seien Sie dem Sauerklee einfach ganz nahe. Lassen Sie sich von seinen Schwingungen, von seinem Licht und seiner Liebe durchdringen, und nehmen Sie zugleich wahr, wie er alles, was Sie einschränkt, zerstreut.

Nehmen Sie sich für diese Übung so viel Zeit, wie Sie brauchen. Sobald Sie sich dazu bereit fühlen, gehen Sie ganz unbefangen den folgenden Fragen nach:

Was macht mir Angst? Unter welchen Umständen habe ich negative Gefühle?

Auf welche Weise halte ich mich selbst davon ab, mehr von mir preiszugeben? Und ich kann es nicht oft genug wiederholen: Nehmen Sie sich genügend Zeit.

Während Sie noch über die von mir vorgeschlagenen Fragen nachdenken, finden Sie heraus, wo in Ihrem Körper diese Einschränkungen lokalisiert sein könnten. Welche Partien verlangen nach Ihrer Aufmerksamkeit?

Legen Sie die Hände auf die entsprechenden Körperstellen und laden Sie das Licht der Feenglöckchen ein, sich mit jedem Einatmen auf sie zu konzentrieren.

Sie müssen nicht an allem so starr festhalten. Spüren Sie, wie es an den betreffenden Stellen weicher und geräumiger wird, während sie sich mit jedem Atemzug mehr mit dem Licht der Feenglöckchen anfüllen.

Gestatten Sie den Bereichen, auf denen Ihre Hände liegen, sich weiter zu entspannen.

Beantworten Sie für sich die Fragen: Wie fühlt es sich an, offener und relaxter zu werden? Und was ist wohl noch alles möglich?

Spüren Sie Güte und Weite. Den Funken des Lebens, der Ihnen eingehaucht wird und die schöpferische Kraft des Weiblichen in Ihnen weckt.

Während Sie ruhig weiteratmen, stellen Sie sich vor, wie leicht sich Programme und Pläne durch einen Traum ersetzen ließen.

Lassen Sie sich mit jedem Atemzug mehr mit dem Licht der Feenglöckchen erfüllen und neue Möglichkeiten, bislang unbekanntes Potenzial an die Stelle der alten Gewohnheiten und Sorgen treten. Entziehen Sie sich den Beschränkungen, die Sie bislang fest im Griff hatten.

Atmen Sie Liebe, Licht und Weite. Spüren Sie, wie das Licht der Feenglöckchen in Sie eindringt und Sie umgibt.

Sollten Sie Angst bekommen, hören Sie auf den Spirit der Liebespflanze, der von Ihrer Einheit mit der Lebenskraft raunt.

Nehmen Sie sich so viel Zeit, wie Sie mögen.

Sobald Sie dann das Gefühl haben, diese Erfahrung hinreichend ausgekostet zu haben, machen Sie ein paar leichte Dehnübungen.

Jetzt wäre eine gute Gelegenheit, in den Park oder anderswohin im Freien zu gehen. Nehmen Sie ganz bewusst wahr, wie Ihre Aufgeschlossenheit für Wunder und unverhoffte Möglichkeiten mit jeder Ihrer Bewegungen, mit jedem Schritt, zunimmt.

Vielleicht möchten Sie auf dem Boden liegende Zweige und Blätter aufheben oder andere Dinge aus der Natur mit nach Hause nehmen. Dort suchen Sie sich dann einen Ort, an dem Sie mit ihnen etwas gestalten können, die Ihr gegenwärtiges Befinden widerspiegelt. Lassen Sie sich von der Natur zeigen, welche Gestalt sie gern annehmen würde, und tragen Sie das Ihre zur Erschaffung von etwas Schönem bei. Haben Sie Spaß daran.

Lassen Sie sich beim Gestalten von den Möglichkeiten leiten, die sich Ihnen eröffnen. Wenn Ihnen danach ist, können Sie die Natur und das Reich des Potenziellen dabei sogar laut ansprechen, um der fruchtbaren weiblichen Leere von Ihrem Bedürfnis zu erzählen, mit und aus ihr etwas zu erschaffen und ein Leben voller Entzückung zu führen.

Sobald Sie Ihren selbst gebastelten Gegenstand fertiggestellt und ihn mit allen guten Absichten, die Sie hegen, getränkt haben, erweisen Sie der Erde Ihre Dankbarkeit.

Womöglich werden Sie ihr Ihr Werk sogar übergeben wollen. Aber Sie können ihm auch einen besonderen Platz bei sich in der Wohnung zuweisen, sodass Sie täglich daran erinnert werden, das Herz zu öffnen, sich gedanklich zu entspannen und der fruchtbaren Kraft des Weiblichen den Raum zu geben, den es braucht, damit Sie auch weiterhin etwas zu ihrem Schöpfertum beitragen können.

Pilz

Sandra

Jeden meiner Sinne zu mobilisieren und mir vorzustellen, dass ich über einen Waldboden mit Tausenden von Sauerkleepflanzen laufe, fällt mir alles andere als schwer. Während ich mich ihnen nähere, spüre ich direkt das innere Lächeln, das sich in mir ausbreitet. Ich empfinde die von dieser Pflanze ausgehende Freude und habe Visionen von schimmernd umhertanzenden Feen. Dies alles so intensiv mitzuerleben, beschwört in mir die Magie des Lebens herauf, und ich fühle, wie mein Körper von Freude und Leidenschaft erfüllt wird.

Nachdem ich Llyns Beitrag über den Waldsauerklee gelesen habe, bin ich in mich gegangen, um zu überlegen, welche Pflanze eigentlich mich so begeistert, zum Lachen oder Lächeln bringt, wann immer ich sie sehe. Welche verkörpert für mich die Magie des Lebens am besten?

Zuerst versuchte ich, eine Pflanze zu finden, die dem Waldsauerklee ähnelt; aber je intensiver ich mich mit der Frage auseinandergesetzt habe, desto häufiger kehrten die Gedanken zu meiner magischen Beziehung zu Pilzen zurück.

Doch, ja, es gibt zahlreiche Pilze, die in der Wüste wachsen, und über sie werde ich auch gleich sprechen.

Vorab nur eins noch: Mit diesem Buch wollen Llyn und ich Sie dazu ermutigen, dass Sie Ihrer Fantasie freien Lauf lassen und den Kontakt zu Naturwesen in Ihrem unmittelbaren Lebensumfeld suchen, von denen Sie sich angesprochen fühlen. Dabei kann es sich zum Beispiel um Bewohner der Wildnis oder des Meeres handeln. Vielleicht aber auch um ein Lebewesen, das bei Ihnen im Garten zu Hause ist oder im Stadtpark.

Die Natur steckt so voller Wunder und Leben! Ich kann mir gut vorstellen, dass einige der Wesen, über die Llyn und ich schreiben, Sie überrascht haben, Gletscherschluff und Sand zum Beispiel oder auch Bananenschnecke und Regenwurm. In aller Regel beschränkt sich unser Kontakt mit den Spirits der Natur ja auf sol-

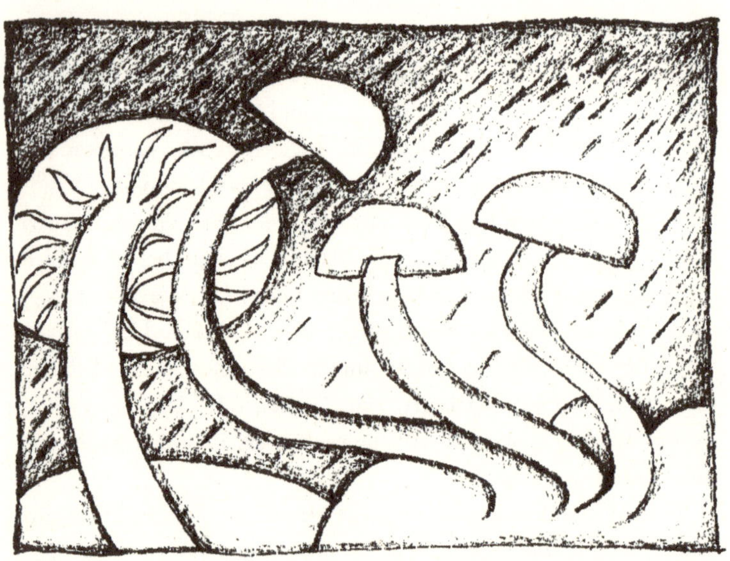

che, die kulturell eine gewisse Rolle spielen oder kollektive Assoziationen hervorrufen. Deshalb kommt es entscheidend darauf an, dass wir lernen, jedes Wesen als Teil jenes Netzes wahrzunehmen, aus dem sich das Leben zusammensetzt. Unser Überleben beruht auf der Gesundheit unserer gesamten Erdgemeinschaft: all jener und all dessen also, die Teil von ihr sind. Denn was immer einer einzigen Lebensform zustößt, wirkt sich auch auf das Netz des Lebens als Ganzes aus. Wir Menschen sind nicht getrennt von den anderen Lebewesen, vielmehr stehen wir alle in Verbindung miteinander. Deshalb müssen wir die Existenz jedes einzelnen Naturwesens schätzen und seinen Beitrag zur Gesundheit des Lebensnetzes, das uns alle miteinander verbindet, zu würdigen lernen.

Die Anzahl der Lebewesen, die sich diese Erde mit uns teilen, ist schier unermesslich. Und sobald Sie anfangen, mehr Zeit in der Natur zu verbringen, werden Sie auf Säugetiere, Vögel, Insekten, Reptilien, Fische, Meeressäuger, Wirbellose, Algen, Grünpflanzen, Bäume, Pilze, Moose, Steine, Mineralien und selbst Mikroorganismen stoßen, von denen Sie sich in der Tiefe Ihrer Seele angesprochen fühlen. Dabei kann es sich durchaus auch um Lebewesen handeln, die eigentlich nicht zu Ihren Favoriten in der Natur zählen.

Vielleicht fühlen Sie sich bei einem Spaziergang urplötzlich von einem Lebewesen angezogen, das Sie seine Präsenz nicht übersehen lässt. Vielleicht sind Sie auch überrascht und fasziniert, weil es Sie mit einem Mal zu einer Stelle zieht, die Sie vorher nur aus dem Augenwinkel wahrgenommen haben. Genauso gut kann das Gefühl Sie beschleichen, unbedingt zu Boden sehen, den Blick nach oben richten, rechts oder links abbiegen zu müssen. Vielleicht werden Sie von einem Geruch oder Geräusch veranlasst, nach seiner Quelle zu suchen. Oder ein Bewohner des Wassers erregt Ihre Aufmerksamkeit, wenn Sie sich am Meer, an einem Fluss oder See aufhalten.

Bei jedem Naturspirit, von dem Sie sich angesprochen oder zu dem Sie sich hingezogen fühlen, kann es sich um einen möglichen Verbündeten von Ihnen handeln. Sei es in der sichtbaren Welt oder aus dem Reich des Unsichtbaren rufen solche Verbündete Sie an, um Freundschaft mit Ihnen zu schließen. Und das erweckt in Ihnen unter Umständen sogar verwandtschaftliche Gefühle.

Die Botschaften, die Ihnen Ihr Verbündeter übermittelt, müssen übrigens nicht unbedingt verbaler Natur sein. Vielleicht empfangen Sie auch telepathisch eine Nachricht von ihm oder »spüren« einfach, was er Ihnen mitteilen will.

Wenn ich zum Beispiel auf meinen Reisen nach Arizona einem Saguarokaktus begegne, sage ich den Leuten immer, dass er und ich ursprünglich aus demselben Zuhause in den Sternen kommen.

Ähnlich verbunden fühle ich mich auch mit Pilzen. Ich habe keine Ahnung, was es damit auf sich hat und kann es mir rational auch nicht erklären, aber wann immer ich in der Natur einen Pilz sehe, wird mein Körper sofort von großer Freude erfasst. Ich finde Pilze einfach entzückend. Da ich selten welche koche oder zu mir nehme, kann diese Affinität nichts mit dem Geschmack zu tun haben. Nein, was ich dem Pilz gegenüber empfinde, ist eher eine tiefe seelische Verbundenheit. Ich hege eine bedingungslose Liebe zu Pilzen und nenne sie auch gern »Pilzleute«. Für mich gehören sie praktisch mit zur Familie. Denn in ihrer Gegenwart verspüre ich nicht nur Freude, sondern auch ein Gefühl von Geborgenheit und innerem Frieden. Und das habe ich sonst keineswegs immer.

Jeden Pilz, den ich in der Natur sehe, fotografiere ich. Und besitze wahrscheinlich mehr Fotos von Pilzen als viele Leute von ihren Lieben.

Die Pilze, die in der Hochwüste von Santa Fe wachsen, sind stolz und stark, die meisten auch essbar. Manche Arten tauchen quasi über Nacht auf, wachsen und sprießen sehr schnell. (Daher kommt auch der Ausdruck »Wie Pilze aus dem Boden schießen«.)

Wir hatten einmal Besuch von einem Freund meines Mannes aus Kalifornien, der zufällig Mykologe war, also Pilzkundler. Stellen Sie sich bloß mal vor, wie ich mich gefreut habe, als ich das erfuhr! Kaum bei uns angekommen, sammelte er ein paar der weißen Champignons, die vor dem Haus wuchsen, und verarbeitete sie zu einem Pilzomelett.

Champignons bestehen aus einem Stiel, der direkt aus dem Boden wächst, und einem Hut mit Lamellen an der Unterseite, in denen sich die Sporen bilden, die wie feiner Staub herabfallen, sobald sie reif sind.

Während ich mich auf die Pilze einschwinge, die hier in Santa Fe wachsen, muss ich unwillkürlich an einen Boden denken, der sich von dem in der Wüste erheblich unterscheidet. Über den trockenen Sand im *arroyo* habe ich mich ja schon in einem früheren Beitrag geäußert; Pilze aber benötigen Feuchtigkeit und Schatten. Und sobald die Regenfälle im Sommer einsetzen, beginnen sie überall im Wald … ja: buchstäblich aus dem Boden zu schießen.

Ich schließe die Augen und habe anstelle der trockenen Wüstenluft sofort den Duft von feuchter, fetter Erde in der Nase. Darüber vergesse ich beinahe, wo ich mich befinde, und sehe Elfen und Feen vor meinem inneren Auge, die unter den Hütchen der Pilze umhertanzen.

Für mich sind die Angehörigen der zahllosen verschiedenen Pilzarten, von denen sich viele als natürliche Heiler empfehlen, etwas ganz Besonderes. Manche werden zur Krebsbehandlung eingesetzt, zur Stärkung des Immunsystems, zur Neutralisierung von Strahlen- und chemischer Belastung. Andere sind für ihre lehrreiche Kommunikation mit Menschen, die sich auf einen spirituellen Weg begeben haben, bekannt, denen sie zu Heilung, prophetischen Träumen, Visionen verhelfen und die sie bei der Verständigung mit der geistigen Welt unterstützen. Spirituell Suchende kann der Verzehr psychotroper Pilze in einen veränderten Bewusstseinszustand versetzen.

Es gibt aber auch Pilze, deren Genuss für jeden, der so dumm – beziehungsweise unwissend – ist, sie zu konsumieren, tödliche Folgen hat.

Der Lehre des Schamanismus nach bringen wir das Leben im Traum hervor, und für mich gehören Pilze zu den Naturwesen, die ich am meisten mit der Kraft assoziiere, all das zu realisieren, was wir uns für den Planeten und auch für uns selbst wünschen. Bereits in meinem Beitrag über die Schlange habe ich Sie dazu ermuntert, dass Sie üben, Ihre Sinne zu beleben. Denn um bewusst träumen zu können, müssen Sie sowohl mit den physischen als auch den nicht physischen in Kontakt stehen.

Träumer zu sein ist unsere Bestimmung. Auf diese Weise lassen wir den Geist Gestalt annehmen, wie es auch die kreativen Kräfte des Universums tun.

Menschen im Träumen zu unterweisen liegt mir sehr am Herzen. Wir alle haben ja unsere Tagträume und machen mit jedem Gedanken und mit jedem Wort, das wir äußern, Gebrauch von der Fantasie. Doch nur die wenigsten sind sich des Chaos, all des Zerstörerischen und der Gewalt bewusst, die wir träumend erschaffen. Deshalb müssen wir unsere angeborene Schöpfungskraft aktivieren. Denn indem wir die Absicht fassen, uns darauf konzentrieren und fokussieren, können wir für uns und alle, die im Netz des Lebens verbunden sind, ein gutes Leben erschaffen. Wenn die Weltgemeinschaft nur fest zusammenhält und es sich unerschütterlich vornimmt, können wir ein vollkommen neues Gewebe der Wirklichkeit herbeiträumen und das alte, das dem Leben nicht mehr dienlich ist, auftrennen. Ja, träumend können wir eine Welt voller Liebe, Licht, Frieden, Freude, Gesundheit und Fülle für alle erschaffen.

Um die uns angestammte Rolle als Träumende aber wirklich annehmen zu können, müssen wir zugleich auch lernen, bestimmte Dinge los- und das Ergebnis dem Geist zu überlassen. Viele von uns gehen ja eher den Weg des Egos als den des Spirits, der andere Vorstellungen davon hat, was uns zu höchster Heilung und Evolution führen kann.

Den Weg des Egos zu verlassen und sich dem Geist anzuschließen, setzt ein hohes Maß an persönlichem Einsatz und Engagement voraus, denn dabei muss man sich der Tendenzen der eigenen Persönlichkeit bewusst werden, und das erfordert viel Zeit und Energie. Wir müssen die ungesunden Verhaltensweisen analysieren, die wir schon als Kinder angenommen haben, um das Leben bewältigen und uns sicher fühlen zu können. Menschen, die sich der Spiritualität widmen, empfehle ich immer, auch Übungen zu machen, bei denen sie sich mit ihren emotionalen und Verhaltensproblemen auseinandersetzen. Nicht zuletzt kommt es auch darauf an, den Körper zu kräftigen, um ein starkes, gesundes und lebendiges Gefäß für das strahlende Licht zu erschaffen, mit dem wir uns in die spirituelle Arbeit stürzen können.

Aus der egoistischen Angst heraus, sich etwas zu erträumen, was im Ergebnis womöglich nicht ihrem höchsten Wohl entspricht, scheuen sich manche Leute vor dieser Arbeit. Und insofern, als wir unser höchstes Wohl von der rein persönlichkeitsbezogenen Ebene her gar nicht erkennen können, ist diese Angst auch berechtigt. Erst wenn wir an uns arbeiten, lernen wir zu unterscheiden, was das Ego anstrebt – und was der Spirit.

Andererseits träumen wir unser Leben täglich eh mit jedem Gedanken. Warum also lenken wir unsere Tagträume dann nicht gleich auf die Visionen, die wir uns wünschen? Denn Visionen für uns und die Welt brauchen wir, damit das Leben weitergehen kann. Dabei kommt es darauf an, eine auf festen Absichten fußende Traumpraxis zu entwickeln und deren Ergebnisse offenzulassen. Diese Arbeit aber nimmt uns niemand ab.

Schon als Mädchen war ich vom Prozess des Erschaffens und Manifestierens eines freudvollen Lebens fasziniert. Seit ich erwachsen bin, habe ich zahlreiche esoterische Texte gelesen und diesen Prozess auf einer Menge schamanischer Reisen erkundet. In all diesen Jahren bekam ich eine Vielzahl spontaner Visionen, die mir zu bedeutenden Einsichten in diese Arbeit verhalfen. Und das, was ich dabei gelernt habe, wurde zum Fokus meiner Bücher und der Übungen, die ich lehre.

Wir sind mit so vielen politischen, wirtschaftlichen und ökologischen Problemen konfrontiert, dass eine gesunde, positive Vision für unseren Planeten von großer Wichtigkeit ist. Um diese aber haben zu können, müssen wir in der Lage sein, uns die Welt, in der wir leben möchten, vorstellen zu können. Wir müssen alle unsere Sinne einsetzen – das Sehen, Hören, Spüren, Riechen und Schmecken –, um uns ein Leben voller Liebe, Licht, Harmonie, Schönheit, Frieden, Fülle und Gleichheit für alle auszumalen.

Stellen Sie sich einen Moment lang vor, wie es wäre, wenn sich die Menschen überall auf der Welt voll darauf konzentrieren würden, ihre Fantasie so einzusetzen, dass daraus die Rückkehr zu einem stimmigen Lebensstil resultiert.

Wie würde diese Welt aussehen, riechen, sich anfühlen und klingen? Stellen Sie sich einiges szenisch vor.

Sehen Sie sich selbst in einer Welt voller Liebe, Frieden und Überfluss für alle. Öffnen Sie sich für eine Fülle von Bildern, Farben, Menschen und anderen Lebensformen, die dieselben Landschaften bewohnen wie Sie.

Lauschen Sie auf all die Klänge des Lebens und der Natur, die ein solcher freud- und lichtvoller Zustand erzeugt. Das

Lachen der Kinder, die Gesänge der Vögel, der Wind, die verschiedenen Gewässer.

Spüren Sie die Freude, die in dieser Welt der Liebe, des Friedens und der Harmonie durch Sie hindurchfließt. Wie würde es sich anfühlen, auf der Erde umherzulaufen und alles Lebendige zu berühren? Nehmen Sie wahr, wie sich Ihre Füße mit dem Boden verbinden.

Heben Sie ein wenig Erde auf und spüren Sie sie in der Hand. Berühren Sie Pflanzen, die Blätter und Zweige von Bäumen. Die Borken.

Fahren Sie mit den Fingern durch das weiche Fell eines Tieres, mit dem Sie sich angefreundet haben.

Spüren Sie Ihren Herzschlag und die Energie, die durch Ihren Körper fließt. Achten Sie auf die Empfindungen Ihrer Finger, Hände, Zehen und Füße.

Schnuppern Sie die frische Luft. Atmen Sie tief ein und riechen Sie all die Pflanzen, die Erde oder das Wasser in Ihrer Umgebung. Beim Ausatmen geben Sie etwas von Ihrer Liebe zum Leben und der Freude daran weiter.

Stellen Sie sich vor, Lebensmittel zu verzehren, die mit Liebe und ohne Chemie oder Pestizide angebaut wurden. Genießen Sie ihre Frische. Lecken Sie sich die Lippen. Mobilisieren Sie beim Wassertrinken alle Geschmacksknospen.

Verbinden Sie sich in diesem Tagtraum mit der gesamten Schönheit der Elemente. Malen Sie sich aus, im Meer zu schwimmen, in einem Fluss oder See. Spüren Sie, wie das Wasser mit Ihnen spielt. Buddeln Sie mit den Händen in der Erde und beobachten Sie dabei, wie liebevoll und verspielt Sie mit ihr interagieren. Laufen und hüpfen Sie im Wind. Spüren Sie, wie er sich in Ihrem Haar verfängt. Aalen Sie sich in der Kraft und Schönheit des Sonnenscheins, dem Mond- und Sternenlicht.

Spüren Sie jetzt, genau in diesem Moment, dass Sie ein Leben voller Strahlkraft, Liebe, Freude und Frieden führen.

Wenn Sie eine neue Vision für den Planeten entwerfen wollen, müssen Sie in der Lage sein, Ihre Sinneswahrnehmungen zu schärfen, um Ihre Fantasie und Schöpferkraft anzuregen. Und Sie sollten voller Leidenschaft wünschen können.

Sie müssen nämlich voll und ganz in Ihrem Traum aufgehen, ihn leben, ganz von ihm erfüllt sein. Projizieren Sie ihn nicht in die Zukunft, erleben Sie Ihre Schöpfung genau in dem Moment, in dem sie sich entfaltet, also jetzt gerade.

Entscheidend bei der Traumarbeit ist, dass Sie Ihre inneren Sinne mithilfe eigener Bilder, Klänge, Gerüche, Geschmackswahrnehmungen und Gefühle aktivieren. Sie müssen in der Lage sein, Ihren eigenen Film zu erschaffen und sich ihn nicht einfach anschauen, sondern wirklich erleben. Lassen Sie sich Ihr Drehbuch nicht länger von der Außenwelt schreiben, überlassen Sie seine Gestaltung und Realisierung vielmehr Ihrem Inneren. Und schöpfen Sie die ganze Kraft Ihrer Sinnesorgane aus, damit das von Ihnen Ersonnene Wirklichkeit wird.

Solange Sie nicht in Kontakt sind mit der wahren Kraft Ihrer eigenen lebendigen Bilder, Ihrer inneren Schöpfungsgesänge, der schönen Düfte, die Sie riechen möchten, dem Geschmack gesunden Essens, das voller Liebe angebaut und zubereitet wurde, und die Schönheiten des Lebens nicht erfassen können, mangelt es Ihrer Schöpfung noch an Kraft. Solange Sie nicht Feuer und Flamme dafür sind, hat das, was Sie in die Welt projizieren möchten, noch keine Wirkung. Solange Ihr schöpferisches Wirken oberflächlich bleibt und weder in die Tiefe geht noch genügend Kraft entfaltet, wird auch das, was die Welt Ihnen spiegelt, nur oberflächlich sein.

Davon bin ich fest überzeugt: dass es unserer Schöpfungskraft allzu oft an der nötigen Leidenschaft und Tiefe fehlt. Trotzdem müssen wir Mitgefühl für uns empfinden und den Prozess geduldig weitertreiben. Denn wir leben nun einmal isoliert von der Natur und unterliegen den ständigen Einflüssen von Fernsehsendungen, Computern, DVDs, CDs und einer Unzahl anderer Zerstreuungen, die unsere Fähigkeit überlagern, mit der Tiefe unserer inneren Sinnesorgane in Kontakt zu kommen.

Die Geduld, unsere inneren Sinne zu erwecken, müssen wir einfach aufbringen. Wir müssen wieder leidenschaftlicher werden und uns an Zeiten in unserem Leben erinnern, in denen es von ebendieser Leidenschaft beflügelt wurde.

Die Übungen, die ich Ihnen im Kapitel über die Schlange vorgeschlagen habe, sollten Sie weiter nutzen. Von nun an aber mobilisieren Sie zusätzlich die Fantasie, um sich für Ihre inneren Sinneswahrnehmungen zu öffnen. Planen Sie täglich eine Zeit ein, in der Sie in sich gehen und Ihre ganz eigenen Bilder und Lieder hervorbringen können. Nehmen Sie ganz bewusst Düfte wahr, die Sie besonders mögen, und genießen Sie Ihre Lieblingsspeisen. Stellen Sie sich vor, Sie würden umhergehen und verschiedene Dinge berühren, die sich für Sie gut anfassen. Am besten machen Sie diese Übung vor dem Schlafengehen oder gleich morgens nach dem Aufwachen. Die Intensität Ihrer inneren Sinneswahrnehmungen wird sich unmittelbar auf Ihre Fähigkeit auswirken, das zu realisieren, was Sie im Außen erschaffen wollen.

Bei Übungen, die mir helfen, mit meinem inneren göttlichen Licht in Kontakt zu kommen, erlebe ich die Leere, jenen Zustand, der der Schöpfung vorausgeht. Im Buddhismus wird die Leere als zugleich leer und erfüllt betrachtet. Sie zu erkunden kann überaus aufschlussreich sein. Denn auch die Form und das Licht werden von ihr hervorgebracht.

Im Zustand der Leere, in dem man von vollkommener Dunkelheit umgeben ist, erfüllt mit ungestalter Energie, lässt sich alles erschaffen. Sobald man sich mit dieser Leere einmal vertraut gemacht und mit ihr zu arbeiten begonnen hat, wird deutlich, dass der Mangel nichts anderes ist als eine Vorstellung der Menschen. Denn aus der Leere heraus lassen sich wahrhaft unbegrenzte Möglichkeiten realisieren.

In der Leere und durch sie nimmt der Geist Formen an; diesen Zustand erleben viele Menschen auch, wenn sie sich in ihr göttliches Licht verwandeln. Gerade bei der Traumarbeit ist der aktive Umgang mit der Leere eine gute Unterstützung. Praktische Anleitungen dafür finden Sie in den folgenden Übungen.

Wichtig ist, dass Sie Ihre spirituelle Arbeit weiterführen und an Ihren positiven Visionen festhalten, was immer auch in der Außenwelt geschehen mag. Wir leben in einer Zeit, in der sich das Gewebe der Wirklichkeit aufzulösen begonnen hat. Wenn wir fortfahren, unseren ungesunden Lebensstil sowie all das zu analysieren, was wir unseren Mitmenschen, den anderen Lebewesen und der Umwelt antun, können unsere Träume allmählich ein neues – gesundes – Gewebe der Wirklichkeit erschaffen. Dabei sollten wir uns jedoch nicht in Worst-Case-Szenarien ergehen, sondern unsere ganze Fantasie auf positive Visionen richten.

Die spirituelle Arbeit gibt uns die Kraft, unsere Welt zum Besseren zu verändern. Tun wir uns also als Weltgemeinschaft zusammen, die sich einen gesunden Planeten ausmalt.

Von der Natur können wir lernen, wie man kooperiert und zusammenarbeitet, um zu gedeihen und das Leben aufrechtzuerhalten. Tun wir es also – in der festen Absicht, eine schöne, gesunde Welt herbeizuträumen.

Übungen

Machen Sie einen Spaziergang, sei es im Stadtpark oder auf dem Land. Betrachten Sie die Schönheit der Sie umgebenden Landschaft mit »weichen Augen«. Das heißt: Lassen Sie die Blicke schweifen - nehmen Sie Ihre Umgebung wahr, ohne mit den Augen irgendetwas zu fixieren. Wenn Sie mögen, können Sie sich an ein Gewässer setzen und den Gedanken freien Lauf lassen. Überlassen Sie es Ihrem inneren Radar, Ihre Aufmerksamkeit auf etwas zu lenken, das Sie nur aus dem Augenwinkel sehen, oder folgen Sie der Intuition, wenn Sie das Gefühl bekommen, von einem Naturwesen angesprochen zu werden. Womöglich präsentiert sich Ihnen ein Vogel, ein Säugetier, ein Baum oder eine andere Pflanze, ein Insekt, ein Reptil, ein Pilz, ein Fels oder ein Mineral als Verbündeter. Vielleicht auch ein Bewohner des Wassers, an dem Sie sitzen. Vertrauen Sie auf Ihr inneres Wissen. Verschließen Sie Ihr Herz nicht, sondern öffnen Sie es der Bewunderung und dem Staunen über all die herrlichen Wesen auf der Erde, in der Luft und im Wasser. Und lassen Sie sich angenehm überraschen, wer sich Ihnen wohl als Verbündeter vorstellt.

Sobald Sie ihm begegnet sind, öffnen Sie sich Ihrem Verbündeten mit allen sichtbaren und unsichtbaren Sinnen und nehmen die Kommunikation mit ihm auf. Schamanen lernen, indem sie sich zu den Bäumen oder anderen Pflanzen, zu den Tieren und übrigen Naturwesen setzen, sie beobachten und ihnen intensiv lauschen. Finden Sie heraus, welche besondere Qualität des Lebens Ihnen »Ihr« Naturwesen nahebringen will. Vielleicht die Kraft, die in der Stille liegt? Tiefer in sich zu gehen, um sich und die Erde noch intensiver kennenzulernen? Das Leben aus der Vogelperspektive zu betrachten, damit Sie einen besseren Überblick bekommen? Lassen Sie sich auf die Lektionen ein, die Ihnen Ihr Verbündeter erteilen möchte. In der Kommunikation mit ihm erfahren Sie, inwiefern er Sie unterstützen und Sie sowohl an seiner Macht als auch an seinem Wissen teilhaben lassen kann.

In dem Maße, in dem Ihre Verbundenheit mit dem Netz des Lebens enger wird, vergrößert sich auch Ihre Dankbarkeit gegenüber dem Leben und allen Lebensformen, die sich die Erde mit Ihnen teilen. Diese umfassende Dankbarkeit gehört zu den wichtigsten Aspekten Ihrer täglichen Praxis.

Sobald Sie morgens aufwachen, bedanken Sie sich dafür, dass Sie am Leben sind; danken Sie auch der Erde, der Luft, dem Wasser und der Sonne, denn sie schenken Ihnen alles, was Sie zu Ihrem Gedeihen brauchen. Bei Ihren Vorfahren, von denen Sie nicht nur Ihr Leben haben, sondern auch Ihre Talente und die Stärken, bedanken Sie sich ebenfalls. Und nicht zuletzt bei den Naturwesen, die mit Ihnen zusammen die Erde bewohnen.

Im weiteren Verlauf Ihrer spirituellen Arbeit wird sich die Liste derjenigen, denen Ihr Dank gilt, allmählich verlängern. Und dabei werden Sie feststellen, dass Ihr Leben immer harmonischer wird. Sie fühlen sich insgesamt besser, und das hilft Ihnen, den Herausforderungen unserer Zeit mit mehr Stärke und Anmut zu begegnen.

Legen Sie meditative Musik oder ein schamanisches Stück auf. Oder Sie suchen sich ein nettes, friedvolles Plätzchen in der Natur, an dem Sie in Ruhe sitzen können und nicht gestört werden. Stellen Sie sich vor, Sie reisen an jenen verborgenen Ort, den ich gern die »Höhle der verlorenen Träume« nenne. Dafür genügt es, dass Sie es sich ganz fest vornehmen – und schon sind Sie unterwegs in dieses Reich der Fantasie, wo Sie einen Traum oder auch einen Wunsch wiederfinden, den Sie längst vergessen haben. Früher hatten Sie vielleicht nicht genug Selbstvertrauen, um sich vorstellen zu können, dass sich dieser Traum realisieren lässt. Oder Sie dachten, dass Sie die Erfüllung dieses Wunsches nicht verdient hätten. Jetzt holen Sie ihn sich zurück und bringen ihn ans Licht. Wie schon erwähnt sollten Sie sich für diese Traumarbeit täglich Zeit nehmen, damit Ihr Wunsch, Ihr Traum, Wirklichkeit werden kann. Jetzt ist der Moment gekommen, da Sie all das Gute erfahren, das das Leben zu bieten hat.

Arbeiten Sie mit allen Träumen, zu deren Realisierung Sie sich vom Spirit inspiriert fühlen. Diese Praxis wird sukzessive immer mehr Teil Ihres Alltags werden. Ein besonders guter Zeitpunkt, all Ihre Sinne zu mobilisieren, um sich die Welt zu erschaffen, in der Sie leben möchten, ist abends unmittelbar vor dem Einschlafen.

Wenn Sie möchten, können Sie auch in die Leere reisen, das geht ganz leicht. Für den Anfang legen Sie etwas meditative Musik auf oder eine Aufnahme mit schamanischem Trommeln.

Am besten besuchen und erfahren Sie zunächst Ihre eigene, innere Leere. Denn alles, was außerhalb Ihrer selbst ist, findet sich auch in Ihrem Inneren. Und wenn Sie Ihre Traum- und Schöpfungsarbeit aus dem Zustand Ihrer inneren Leere heraus beginnen, wird die Arbeit nur umso wirksamer sein.

Egal, welches spirituelle Gefilde Sie bereisen wollen: Entscheidend ist immer die Intention. Lauschen Sie der Musik mit geschlossenen Augen und konzentrieren sich auf Ihre Absicht.

Bereisen Sie Ihre innere Landschaft. Erleben Sie die Leere – den Ort, den Moment unmittelbar vor der Schöpfung.

Spüren Sie das Pulsieren all des Potenzials und der Möglichkeiten, die sich hier eröffnen.

Nehmen Sie sich ein paar Augenblicke lang Zeit, die unrealisierte Energie zu erspüren. Und dann lassen Sie Ihren Traum Gestalt annehmen. Erwecken Sie all Ihre Sinne, spüren Sie die Leidenschaftlichkeit des Schöpfungsprozesses. Seien Sie Ihr Traum und erleben Sie, wie er Wirklichkeit wird.

Es ist vollbracht!

Setzen Sie Ihr schöpferisches Werk mit voller Konzentration fort. Und überlassen Sie es zugleich dem Spirit, was dabei herauskommt.

WILDE WEST-AMERIKANISCHE HEMLOCKTANNE UND AMERIKANISCHE PAPPEL

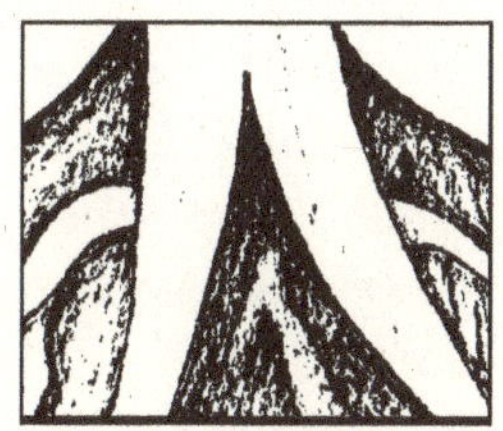

Wilde Westamerikanische Hemlocktanne

Llyn

Während der Kindheit war mein Lieblingsbaum die feine Kanadische Hemlocktanne mit ihren Minizapfen und den weichen Nadeln an den Ästen, die wie Schals zu Boden hingen.

Die Westliche Hemlock hier im pazifischen Nordwesten, wo ich jetzt lebe, ähnelt ihrer östlichen Cousine insofern, als auch sie langsam wächst, den Schatten liebt und sogar harte Winter gut übersteht.

Aus dem frühen Stammesleben der Olympic-Halbinsel war die Westliche Hemlock nicht wegzudenken. Aus ihrem Holz wurden Werkzeuge und andere Alltagsgegenstände geschnitzt, die Rinde diente der Herstellung von Farben für Körbe und Wolle, und das

Kambium im Inneren der Borke wurde nicht nur von den Schwarzbären gern gefressen, sondern gehörte auch zu den Leibspeisen der menschlichen Einheimischen.

Stellen Sie sich vor, Sie liegen auf einem weichen Bett aus Tannennadeln in einem üppigen gemäßigten Regenwald. Sie atmen die kühle, feuchte Luft ein und geben beim Ausatmen ein sichtbares Wölkchen aus Wasserdampf ab.

Sie schauen zu einer großen wilden Westamerikanischen Hemlocktanne hoch. Nehmen Sie sich genügend Zeit, um den Spirit dieses Naturwesens auf sich wirken zu lassen.

Sobald Sie so weit sind, stellen Sie sich vor, Sie würden an einem anderen Ort liegen – unter einer jungen Tanne in einem Wäldchen, das an einer abgeholzten Stelle gerade neu entsteht.

Nehmen Sie bewusst wahr, wie es sich anfühlt, auf der Erde zu ruhen. Ihr Atemrhythmus ist dabei sanft und stetig. In der Nase haben Sie den Geruch all des frischen Lebens um Sie herum. Sie hören die Vögelchen durchs Unterholz hüpfen und an den Weißen Zimthimbeeren picken.

Die Äste der Hemlock über Ihrem Kopf sind fedrig-leicht. Stellen Sie sich vor, Sie heben den Arm und berühren ihre weichen grünen Nadeln. Zupfen Sie dann an einem der kleinen Äste. Vor Ihrem geistigen Auge sehen Sie, wie das Bäumchen zittert, als würde es sich ausschütteln vor Lachen, weil es gekitzelt wird, wenn der dünne, biegsame Ast in seine Ausgangsposition zurückschnellt.

Lassen Sie sich so viel Zeit, wie Sie brauchen, um dem Tannenbaby Ihr Herz zu öffnen.

Mir fällt immer wieder auf, wie weich und zerbrechlich die junge wilde Hemlock wirkt im Vergleich zu ihren selbstbewussten

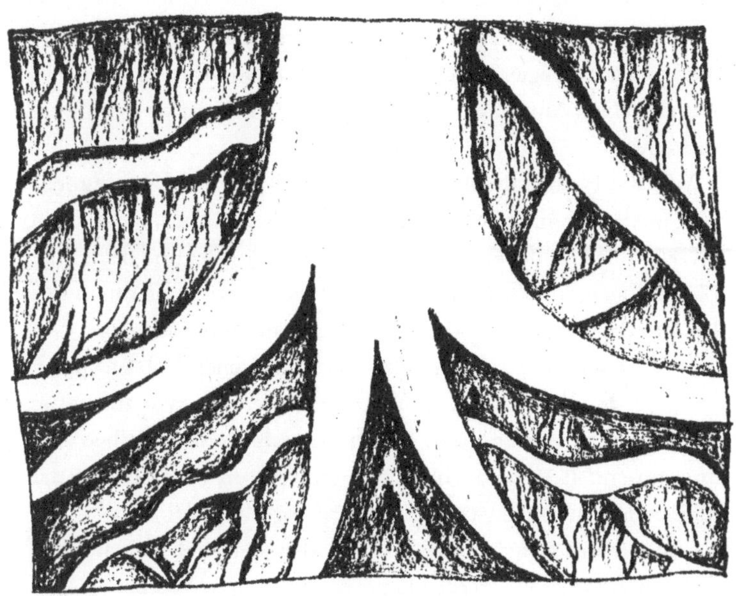

Nachbarinnen, den Tannen aus den Baumschulen hier im Nordwesten. Dabei ist sie, ganz ähnlich wie die wilde, dürre Weide, die sich so unerschütterlich in den felsigen Boden der Schotterbank des Hoh River bohrt, alles andere als schwach.

Mit ihren zähen Wurzeln, elastischen Blättern und biegsamen Ästen stellt sich die Weide den stürmischen Winden entgegen, die vom Pazifik aus durch das Hoh Tal fegen. So widersteht auch die Westliche Hemlocktanne mit ihrem weichen Nadelwerk den brutalen Wetterbedingungen, die der unbezwingbare Pazifik verursacht. Sie ist nicht weniger robust, tief verwurzelt und geschmeidig als die zartblättrige Weide, und auch ihr kann das Wetter deshalb nichts anhaben.

Weder eine Weide noch eine Westliche Hemlock habe ich je für sich allein stehen sehen, sie finden immer Schutz in der Gemeinschaft. Durch Abholzen jedoch wird die Ganzheit der Wälder zerstört und es entstehen unnatürliche Freiflächen, die den Stürmen nichts entgegenzusetzen haben, was dazu führt, dass weitere Bäume fallen. Am Rand abgeholzter Flächen ist das an der Tagesordnung.

Wie die Hemlocktanne profitieren auch wir vom Zusammensein mit anderen. In schwierigen Situationen hilft es, nicht allein zu sein. Die Hemlocktanne fordert uns auf, geerdet und flexibel zu bleiben, wenn die Stürme des Lebens toben, damit sie durch uns hindurchziehen und so weniger Schaden anrichten können.

In Zeiten der Verfolgung hilft es den indigenen Volksgruppen, an ihren Traditionen festzuhalten, wenn sie sich nach außen hin zugänglich zeigen und dabei doch unerschütterlich bleiben und zusammenhalten. So auch bei den großartigen Menschen in der kleinen Republik Tuwa an der Grenze zur Mongolei.

Die tuwinischen Volkslieder und der spezielle eindringliche Kehluntertongesang werden heute in der ganzen Welt bewundert. Aber vor nicht allzu langer Zeit wurden in Tuwa noch Schamanen erschossen oder bei lebendigem Leib begraben. Die uralten Traditionen eines harmonischen Zusammenlebens mit der Natur und in der Gemeinschaft waren ebenso verboten wie die natürlichen Heilmethoden. Doch im Untergrund lebte der Schamanismus weiter, die Geheimnisse, die er birgt, blieben bewahrt, bis die Sowjetunion schließlich zusammenbrach. Wie so viele alte Völker überall auf der Welt tarnten und verbargen auch die Tuwiner und andere indigene Gruppen Eurasiens ihr überliefertes Wissen und hielten fest zusammen, um schmerzhafte Veränderungen überstehen zu können.

Nur die wenigsten von uns wissen, wie es sein mag, aus Angst um das eigene Leben alles, woran wir glauben und was uns heilig ist, geheim halten zu müssen. Am nächsten kommen wir dem wohl noch, wenn wir unser Wesen verleugnen, um nicht be- oder verurteilt zu werden.

Ein Beispiel: Heutzutage ist es schon beinahe nichts Besonderes mehr, wenn allopathische Ärzte auch energiemedizinische oder sogar schamanische Heilmethoden einsetzen; Hellseher und spirituelle Medien – Menschen, die Tote sehen können und mit ihnen sprechen – haben Tausende von Anhängern. Noch vor wenigen Jahrzehnten wäre das undenkbar gewesen. Das, was heute vollkommen normal ist, wurde von Heilern und spirituell Arbeitenden so lange im Verborgenen praktiziert, bis die Gesellschaft aufgeschlossener dafür war.

Dies ist ein gutes Beispiel für die Hemlockmedizin, die das Feuer der Weisheit am Brennen hält, während die Stürme übers Land fegen. Apropos: Als Feuerholz verwendet brennt die Hemlock lautlos lodernd und glüht noch lange nach.

Auch die Mayas und Quechua in Mittel- und Südamerika verbargen den Schatz ihres Wissens, um es zu schützen, als die Spanier eintrafen. Erst 1991 begannen die Quechua ihre so lange zurückgehaltenen spirituellen Weisheiten preiszugeben und kündigten den Anbruch eines neuen Zeitalters an: Die Welt steht am Abgrund und die Menschheit ist bereit.

Irgendwann legen sich die Winterstürme im Tal des Hoh River. Sommerliche Wärme tritt an die Stelle der scheinbar nie enden wollenden Regenfälle, und die gerade, hochgewachsene Hemlocktanne steht im gleißenden Sonnenlicht. In diesem angenehmeren Klima spricht sie uns mit ihrer göttlich weiblichen Stimme an: »Steh jetzt deine Frau, richte dich auf wie ich. Sollte sich deine Seele noch verstecken, ist es jetzt an der Zeit, sie hervortreten zu lassen.«

»Aber … aber …«, stammeln wir dann vielleicht, »oh, du liebe Hemlock.«

»Steh deine Frau«, flüstert das sanfte Baumwesen ein weiteres Mal, während seine Äste wie weiche Flügel herabbaumeln.

Neben Sitkafichten sind die Westamerikanischen Hemlocktannen die im Hoh-Regenwald am häufigsten auftretenden Bäume. Um zu ihrer vollen Größe von neunzig Metern bei einem Umfang von sieben Metern heranwachsen zu können, brauchen sie Hunderte von Jahren. Bloß unter einer zu stehen weckt bereits Ehrfurcht.

Wie die Hemlock benötigen auch wir und unsere Spezies Zeit für unsere Entwicklung. Irgendwann aber wird auch die Menschheit erwachsen und die Zeichen, dass es jetzt so weit ist, mehren sich.

Im Weltmaßstab und für viele unter uns toben die Stürme der Ungewissheit auch im Moment noch. Jeder Wechsel der Jahreszeiten, überhaupt jegliche Veränderung bedeutet, irgendetwas loszulassen; ganz so, wie der Schnee und das Eis des Winters schmelzen, um im Frühling alles neue Leben zu wärmen und mit Wasser zu versorgen. Wer in einem Klima mit allen vier Jahreszeiten lebt, kann sich leicht vorstellen, am Sommer festhalten zu wollen.

Aber stellen Sie sich doch einmal vor, wie es wäre, am Winter festzuhalten. Das hört sich jetzt vielleicht verrückt an. Schließlich sehnen alle schon weit vor dem Ende eines langen, dunklen, kalten Winters den Frühling herbei. Aber stellen Sie sich vor, Sie würden keine andere Jahreszeit kennen als den Winter. Würde dann in dieser Winterwelt der Schnee auf den Bergen und in den Tälern schwinden, das Eis in den Flüssen, Seen und Teichen schmelzen, hätten Sie das Gefühl, dass Ihre Welt untergeht. Und so wäre es auch.

In dem Maße, in dem die Strukturen, auf denen unsere Wirklichkeit beruht, aufweichen, scheint unsere Welt unterzugehen. Die alten Geschichten ergeben keinen Sinn mehr und neue haben sich noch nicht recht herausgebildet.

Die Westamerikanische Hemlocktanne stirbt und ist doch nie tot. Der Zustand dieses Baumes kann sich über Jahrzehnte verschlechtern, derweil gibt er Vögeln, Insekten und kleinen Säugetieren ein Zuhause. Fällt er schließlich, macht er Platz für die Sonne, in deren Strahlen anderes Leben gedeiht, danach beheimatet er Mikroben, Insekten und Pilzen wie etwa den hellgelben Pfifferling. Sie alle tragen das Ihre dazu bei, dass der Baumstamm schließlich zu Humus wird, in dem die Tiere des Waldes neue Samen säen, die zu neuen Bäumen werden.

Stellen Sie sich vor, Sie würden durch einen duftenden Hemlockwald streifen. Betrachten Sie die dicht beieinanderstehenden Stämme. Manche dieser Baumriesen erheben sich über dem Wurzelwerk aus dem Erdboden, als würden sie laufen, ganz wie die Ents, jene Rasse von Baumwesen aus J. R. R. Tolkiens Fantasiewelt. Diese gigantischen Hemlockwesen entstammen gefallenen Baumstümpfen, die die Keimlinge ernährten, welche buchstäblich auf der Mutterhemlock wuchsen, während es diese wieder in die Erde zurückzog.

Die Hemlock empfiehlt uns: »Verankert euch. Und bleibt doch zugleich so flexiblel wie meine biegsamen Äste und Mutter Hemlock, die dahingeht, um neues Leben zu erschaffen. Lasst los und habt Vertrauen.«

Der Lebenszyklus der Hemlocktanne zeigt, wie oft der Tod Schönes hervorbringt; dass in der Zeit des Sterbens neuem Leben der Boden bereitet wird. Der Tod und die Dunkelheit haben ihre ganz eigene Schönheit und Intelligenz. Und wie die Hemlocktanne sind auch wir ständig am Sterben und Wachsen.

Als ich mich vor sechs Jahren hier im Nordwesten der Vereinigten Staaten niederließ, fühlte ich mich von der Westamerikanischen Hemlocktanne mit ihren charakteristischen Quasten, die herabhängen, als würden sie von einem unsichtbaren Ornament ganz oben im Wipfel nach unten gedrückt, sofort angezogen. Sobald ich dieses Baumwesen sah, hatte ich eine Art Déjà-vu-Erlebnis. Ich spürte gleich: Wir sind Freundinnen, dieses Naturwesen und ich.

Lag es daran, dass ich als Kind im Winter so oft unter einem Tannenbaum gelegen hatte – durch die weiß bestäubten Nadeln und Zapfen hindurch in den Wipfel schaute, während die Schneeflocken auf meine Wangen fielen und dort schmolzen –, dass in mir derart starke Gefühle für diese Konifere erwachten? Das ist umso schmerzlicher, als die Hemlocktannen im Nordosten der USA oft an Wolllausbefall sterben.

Die Kelten haben einen schönen Ausdruck für die Objekte solcher unerklärlichen Affinitäten: Anam Cara, »Seelenfreund«.

Die meisten von uns kennen jemanden, mit dem sie sich schon bei der ersten Begegnung eng verbunden fühlten. Und wir alle kennen den Begriff »Seelengefährten«. Viele von uns werden sich auch schon einmal gefragt haben: »Wo ist *mein* Seelengefährte? Wann endlich treffe ich meine andere Hälfte, damit wir für immer glücklich sein können?«

Wer schon einmal einem Seelengefährten (davon gibt es viele) von sich begegnet ist und versucht hat, in zwillingsseelischer Glückseligkeit mit diesem Menschen zusammenzuleben, wird vermutlich erfahren haben, dass die Wirklichkeit seinen Träumen nicht standhielt. Das eigentliche Geschenk, das in dieser besonderen Art der Verbundenheit liegt, besteht darin, dass wir einander helfen können, uns weiterzuentwickeln und zu wachsen, damit jeder so werden kann, wie es für ihn vorgesehen ist. Aber dessen sind wir uns in unserer modernen Kultur kaum mehr bewusst, weil die Vorstellungen und Erwartungen, die wir mit einem Seelenfreund oder einer Seelenfreundin verknüpfen, viel zu oberflächlich sind.

Zudem übersehen wir fast alle, dass wir auch mit der Natur eine herrliche Anam Cara beziehungsweise Seelenfreundschaft haben können.

Denken Sie jetzt einen Moment lang an den Lieblingsbaum Ihrer Kindheit, eine Zimmerpflanze, mit der Sie kommunizieren, ein Katzen- oder Hundetier, das aus heiterem Himmel auf Sie zukam und dessen Seele Sie zu kennen meinen, eine Ihnen fremde Landschaft, die Ihnen merkwürdig vertraut vorkommt, oder die unheimlichen Empfindungen beim Schnuppern an einer Iris oder anderen Blüte – kurz: Denken Sie an irgendeinen Aspekt der natürlichen Welt, mit dem Sie sich auf unerklärliche Weise außergewöhnlich tief verbunden fühlen. Dieses erstaunliche Gefühl, das sich angesichts gewisser Naturwesen einstellt, ist ein seelisches Wiedererkennen, Ausdruck von Seelenfreundschaft.

Alle indigenen Schamanen, denen ich je begegnet bin, verehren das Land, auf dem sie geboren wurden; dies ist die Quelle ihrer Kraft. Vor Jahren sind mein Freund und Kollege Bill Pfeiffer und ich einmal mit einer leidenschaftlichen Schamanin namens Aj-Tschourek zusammen durch Sibirien gereist, die darauf bestand, uns ihre Heimat zu zeigen. Die Verbundenheit dieser Frau mit ihrem Geburtsland bewegte mich sehr. Und obwohl ich nie zuvor in der Gegend war, fühlte sie sich für mich doch vertraut an. Irgendwie kannte ich den Fluss und die Taiga. Mich in einer Landschaft, die ich eigentlich überhaupt nicht kannte, so heimisch zu fühlen, war eine herrliche Erfahrung.

Aufgrund meiner Liebe zur Hemlocktanne konnte ich mich schon als Kind für die heilige Verwandtschaft mit der Natur öffnen. Die Hemlock und mit ihr alle anderen Naturwesen laden uns ein, unsere besonderen Bande mit Land, Wasser, Wind, Bäumen, Steinen, Tieren und so weiter zu erkunden. Durch diese Verbundenheit können wir uns der Magie und der Liebe gegenüber öffnen und die Kluft zwischen den Menschen und der Welt des Natürlichen überbrücken. Auf diese Weise erweitert sich unsere Wirklichkeit.

Sind wir Menschen es, die die Naturwesen anziehen, oder rufen diese uns an? Waren wir in einer Landschaft, die uns anspricht, womöglich in einem früheren Leben zu Hause?

Konzentriert sich ein Kind beim Fahrradfahren allzu sehr auf seine Füße, geraten sie leicht zwischen die Pedale oder es verliert die Richtung, in der es unterwegs ist, aus dem Blick. Vom Rad wird es so oder so fallen.

Die Hemlocktanne empfiehlt: »Um das Mysterium erleben zu können, musst du selbst zum Mysterium werden. Zu viel daran gedacht oder sich darum gesorgt – und schon bist du raus.«

Wie ich herausgefunden habe, versteht man die Seelenverwandtschaft mit der Natur oder einem Menschen am besten, indem man sie geerdet und mit offenem Herzen erforscht. Wenn ich zwischen den Westamerikanischen Hemlocktannen im Hoh-Regenwald versuche, einem Tier zu folgen oder seine Fährte zu lesen, lerne ich die Zeichen zu erkennen – Pfotenabdrücke, Spuren an Bäumen, Kot, angerissene Zweige, Dinge wie Beeren oder Haare in Exkrementen und so weiter. Ich achte darauf, wie frisch oder alt die Abdrücke sind, und scanne alles mithilfe meiner Sinne und der Intuition. Ich suche nach Hinweisen und präge sie mir ein. Für mich ist das Fährtenlesen so etwas wie eine Übung in der Kunst des Sich-unsichtbar-Machens – wobei es darauf ankommt, dass ich mit meiner Umgebung verschmelze, immer genauestens registriere, was ich gerade beobachte und spüre, dass ich stets offenbleibe und keine voreiligen Schlüsse ziehe. Und was auch dazugehört: dass ich diese Reise, die vielleicht niemals zum Ziel führt, von ganzem Herzen genieße.

Wenn Sie auf diese Weise durch die Olympic Mountains streifen, begegnen Sie womöglich sogar einem Wapiti. Doch auch wenn nicht, werden Sie den Wald mit ganz neuen Augen sehen und ihn voller Staunen erleben.

So gut wir die Tiere, Menschen, Steine, Bäume oder Landschaften in unserem Leben manchmal auch zu kennen mögen, ist es doch von weit größerer Magie, wenn wir die Suche aufgeben und uns kopfüber in alles hineinstürzen, was sich gerade entfaltet. Das eröffnet uns auch die Möglichkeit, in allem und jedem einen Anam Cara zu erkennen, ohne die Art, in der sich diese Seelenfreundschaft äußert, zu bewerten.

Heilige Verwandtschaften wecken die Seele und erinnern uns daran, dass wir die eine Quelle und nie voneinander getrennt sind. Sie verbinden uns wieder mit dem Kollektivgeist von Mensch und Natur.

Reif genug, um uns dabei helfen zu können, dass wir uns selbst erkennen, teilt uns die Hemlock mit: Die Zeit des Sichversteckens ist vorbei, jetzt ist der Moment gekommen, die Kraft der Seele erstrahlen zu lassen. Wir müssen einfach nur darauf vertrauen, dass auch die Welt auf ebendiesem Weg ist.

Übungen

Die Lektionen, die uns die Hemlocktanne erteilt, betreffen das Feuer der inneren Weisheit und das Fließen – sowohl im Umgang mit Problemen als auch in der persönlichen Entwicklung zu unserem wahren Selbst. Ich möchte Ihnen jetzt einen Weg zeigen, wie Sie sich diese Lehren zu eigen machen und sie in Ihr tägliches Leben integrieren können.

Egal, wo Sie gerade sind (idealerweise barfuß im Freien, aber es geht auch anderswo), stellen Sie sich aufrecht hin wie ein gesunder Baum.

Stellen Sie sich vor, Sie sind tief in der Erde verwurzelt. Spüren Sie die warme Zärtlichkeit der Sonne. Nehmen Sie Ihren Stamm wahr, die weichen Nadeln, die herabhängenden Äste und die kleinen Tannenzapfen.

Atmen Sie – tief und genüsslich – ein und aus.

Werden Sie zu einer Hemlock oder zu einem Baum in Ihrem Lebensumfeld beziehungsweise einem, mit dem Sie sich ganz besonders verbunden fühlen. Spüren Sie den Spirit dieses Baumes. Nehmen Sie Ihre Seelenverwandtschaft mit dem Naturwesen wahr.

Mit einem weiteren erfrischenden Luftholen atmen Sie die Eigenschaften der wunderbaren Hemlock (beziehungsweise die des Baumes, für den Sie sich entschieden haben) ein. Dann atmen Sie aus und entspannen sich dabei.

Ein paar Momente lang atmen Sie einfach ganz natürlich und spüren dabei die Güte des Baumes.

Nehmen Sie sich dafür so viel Zeit, wie Sie mögen.

Sobald Sie bereit sind, trennen Sie sich von der Vorstellung, ein Baum zu sein. Die Güte spüren Sie weiterhin, jetzt aber ganz als Sie selbst. Empfinden Sie Ihr Wesen, Ihre Essenz, Ihre Seele, Ihren heiligen Mittelpunkt oder wie immer Sie es nennen mögen.

Wo in Ihrem Körper ist dieses Gefühl besonders stark ausgeprägt? Wo »wohnt« der tiefste, intensivste Teil von Ihnen?

Lassen Sie sich Zeit, um alles, was Sie bemerken, wirklich wahrzunehmen.

Sobald Sie lokalisiert haben, wo Sie Ihr Wesen am stärksten spüren, atmen Sie tief in diese Stelle hinein und legen die Hand auf Ihren heiligen Mittelpunkt. Lassen Sie ihn buchstäblich greifbar werden.

Nehmen Sie einen weiteren erfrischenden Atemzug und entspannen Sie sich beim Ausatmen.

Treten Sie dann mit beiden Beinen gleichzeitig fest auf den Fuß- beziehungsweise Erdboden. Sollte es Ihnen möglich sein, können Sie auch einen kleinen Luftsprung machen und mit beiden Füßen auf einmal wieder am Boden aufkommen. Spüren Sie dabei Ihre Wurzeln. Treten Sie fest auf und verankern Sie sich in der Erde.

Nehmen Sie sich genügend Zeit, um zu spüren, wie es ist, einen sicheren, stabilen Stand zu haben und mitsamt Ihrem heiligen Mittelpunkt tief in der Erde verwurzelt zu sein.

Wie fühlen Sie sich jetzt?

Immer noch stehend empfinden Sie eine gewisse Leichtigkeit. Nehmen Sie Ihren Körper als locker und schwerelos wahr, während Sie allmählich anfangen, sich zu rühren. Stellen Sie sich vor, Sie wären eine Lumpenpuppe, die nach und nach lebendig wird und sich ganz sanft regt. Ihre Bewegungen sind fließend, kommen intuitiv aus Ihrem Mittelpunkt heraus. Dabei spüren Sie vielleicht ein Art Kräuseln oder einen Auftrieb in der Luft, als befänden Sie sich im Wasser. Bewegen Sie auch die Füße, verlieren Sie dabei aber nicht das Gefühl Ihres Verwurzeltseins – in sich und der Erde gefestigt und mit einem leichten, biegsamen Körper.

Folgen Sie Ihren Impulsen, bewegen Sie sich immer genauso, wie es sich für Sie gerade richtig anfühlt. Beschreiben Sie mit Ihren Armen und Beine Bögen und Kreise, beugen und drehen Sie Kopf und Oberkörper, sodass sich daraus ein Tanz der Freude entwickelt. Ganz so, wie spiralige Winde und Wasser eine reinigende Wirkung zeitigen, können auch wir Menschen uns durch fließende Bewegungen von der Tendenz, starr und ängstlich zu sein, befreien und mehr ins Fließen kommen – ausgehend von unserer Mitte.

Setzen Sie Ihre Bewegungen so lange fort, wie Sie mögen und sich dabei wohlfühlen. Fangen Sie langsam an. Etwas später, wenn der Wind durch die Zweige und Blätter des Baumes fegt, möchten Sie dann vielleicht herausfinden, wie sich ein höheres Tempo anfühlt.

Werden Sie danach wieder langsamer.

Genießen Sie Ihre Bewegungen, bis Sie wie von selbst zur Ruhe kommen.

Zum Abschluss könnten Sie einen kleinen Spaziergang machen, während Sie noch das Gefühl haben, verwurzelt und fluide zugleich zu sein. Unterwegs studieren Sie die Bewegungen der Bäume. Schauen Sie genau hin, beobachten Sie das Flattern der Blätter, das Schwingen der Äste und sogar der Stämme, die sich teilweise dramatisch biegen, auch wenn wir es kaum wahrnehmen können.

Was fällt Ihnen auf?

Gehen Sie aus sich heraus, um die Bäume nachzuahmen und ihren Selbstausdruck zu imitieren, ähnlich wie in der vorherigen Bewegungsübung.

Was spüren Sie?

»Atmet mit uns und bewegt euch mit uns, bis ihr euch schließlich bewegt *wie* wir«, fordert uns die Hemlock auf. »Es gibt eine Welt jenseits der Worte und wir können es kaum erwarten, diese mit euch zu teilen.«

Amerikanische Pappel

Sandra

Einige meiner magischsten Begegnungen mit Naturwesen hatte ich mit Bäumen. In dem *arroyo*, in dem ich oft spazieren gehe, treffe ich mich mit einer Ponderosa- und einer Pinyonfichte, mit Wacholderbäumen, einer Espe, einer Blaueiche und mit Amerikanischen Pappeln.

Richtiggehend verliebt habe ich mich in eine sehr alte Pappel, die gut anderthalb Kilometer von meinem Haus entfernt steht. Sie hat einen außerordentlich dicken Stamm und weit ausladende Äste. Wie stark der Sonneneinfall auch sein mag, im Schatten dieses gewaltigen Baumes findet jedes Naturwesen willkommene Abkühlung.

Eine der größten Lehren, die wir erhalten, wenn wir uns länger im Freien aufhalten, besteht in der Intelligenz der Natur: Wir nehmen ihre Schönheit und das Göttliche an ihr wahr, sie aber erkennt uns auch.

Mit der besagten prachtvollen Amerikanischen Pappel verbindet mich eine ungewöhnliche Beziehung, die diese Lehre hervorragend veranschaulicht. Der Baum steht an einer markanten Stelle im Arroyo: neben einem steilen Kliff auf einem Teilstück, das so voller stacheligem Gestrüpp ist, dass ich nur zwischen den ausladenden Zweigen der Pappel weitergehen kann, die sich weiträumig um ihren Stamm ausbreiten und den Boden berühren.

Oft, wenn ich mich der Pappel nähere, bewegen sich ihre Blätter und geben ein sanftes Rascheln von sich, ganz unabhängig von den Windverhältnissen. Auch wenn die Luft vollkommen unbewegt ist: Sobald ich auf die riesige, uralte Amerikanische Pappel zugehe, heißen mich die Blätter mit ihrem Rascheln willkommen. Sogar im Winter, wenn sie braun und trocken sind, kann ich es noch vernehmen. Und es hört immer sofort auf, wenn ich mich entferne.

Aufgrund meiner Lehrtätigkeit bin ich mitunter wochenlang nicht zu Hause. Und manchmal sind auch die Wetterverhältnisse so unfreundlich oder die Temperaturen so hoch, dass ich lieber auf einen Spaziergang verzichte. Deshalb kann es gelegentlich Wochen dauern, bis ich der Pappel den nächsten Besuch abstatte.

Nach solchen Pausen empfängt sie mich dann in vollkommener Stille. Kein Rascheln, selbst wenn der Wind weht. Das ist schon auffällig. Erst nachdem ich den Baum dann etwa eine Woche lang täglich besucht habe, fängt es wieder an.

Ich habe das Gefühl, dass mich diese Pappel erkennt und reagiert wie Katzen, deren Besitzer zu lange weg war. Nach der Rückkehr »ihres« Menschen ignorieren ihn manche zunächst und erwärmen sich erst wieder für ihn, wenn sie es für richtig halten. Glauben Sie mir, ich weiß, wie komisch sich das für Sie anhören muss, aber genauso werde ich von dieser Pappel behandelt. Seit meinem ersten Besuch bei ihr vor etwa zwanzig Jahren geht das nun schon so und ihr Verhalten ändert sich nie.

Amerikanische Pappeln sind große sommergrüne Bäume mit einer dicken, klüftigen Borke. Elegant und robust zugleich können ihnen weder Überflutungen noch Auswaschungen etwas anhaben. Ihre Blätter sind rautenförmig und wechseln mit den Jahreszeiten die Farbe. Bussarde haben ihre Nester in der Pappel und weil ihr Holz so weich ist, eignet es sich besonders gut für Schnitzarbeiten.

Bemerkenswert finde ich, dass sich, wenn man den oberen Ast einer solchen Pappel kreuzförmig einschneidet, ein fünfzackiger Stern zeigt, der in einigen spirituellen Traditionen für das Göttliche steht. Wenn wir mit gespreizten Beinen dastehen und die Arme seitlich nach oben in den Himmel recken, haben wir auch die Form eines fünfzackigen Sterns.

Wie ich in meinem Beitrag über den Wacholderbaum bereits schrieb, haben Bäume insofern etwas Heiliges, als sie mit ihren verzweigten Ästen und den tiefen Wurzeln eine Brücke zwischen Himmel und Erde schlagen.

Bäume wachsen immer dem Licht entgegen. Dasselbe gilt für uns Menschen, und zwar sowohl auf physischer Ebene als auch im Hinblick auf unsere spirituelle Praxis.

Bei den Lakota/Sioux gibt es eine heilige Zeremonie, die den Namen Sundance (»Sonnentanz«) trägt. Die Tänzer, die daran teilnehmen, fasten davor tagelang und einige von ihnen durchstechen sich die Haut an Brust oder Rücken. Während des Tanzes opfern sie sich im Gebet für die Gemeinschaft. Im Mittelpunkt des Ganzen steht bei dieser Zeremonie eine Amerikanische Pappel als Pfahl.

Wie Susanne Simard, Professorin der Forstwissenschaften an der University of British Columbia, berichtet, sind im Ökosystem Wald die Bäume untereinander verbunden, wobei der älteste, der Mutterbaum als Angelpunkt dient. Die Pilze, die auf den Bäumen wachsen, arbeiten mit diesen zusammen und unterstützen den Kohlenstoffaustausch zwischen ihnen. Absterbende Bäume stellen ihre Ressourcen den nachwachsenden zur Verfügung.

An der Amerikanischen Pappel, die ich so oft besuche, kann ich das gut beobachten. Jedes Jahr sterben mehr ihrer Äste ab. Die Zeit sowie Regen, Schnee und Wind haben bei den meisten schon die Borke abgetragen. Aber ganz in der Nähe entwickeln sich neue Pappeln. Ihre Äste überlappen sich so, dass ich auf meinen Spaziergängen wie durch eine schöne Laube gehen kann.

Wann immer ich die alte Pappel besuche, bleibe ich einen Moment stehen, lege die Hände auf ihre zerklüftete Borke und gebe ihr etwas von meiner Liebe ab. Dabei spüre ich, wie Wärme mein Herz erfüllt, und dass es im Einklang mit der Lebenskraft des Baumes schlägt. Ich fühle mich von diesem großartigen, anmutigen Wesen erkannt und geliebt.

Doch sein allmähliches Absterben macht mich auch traurig. Denn während seines langen Lebens hatte es dieser Baum mit heftigen, geradezu dramatischen Klimaveränderungen zu tun. Ich fahre mit den Fingern über seine ungeschützten Äste, die mittlerweile hellgrau und ganz glatt sind, so viel Rinde haben sie schon verloren. Ich traure, weil ich weiß, dass es für den Spirit dieses Baumes, der sich für mich zu einem so wertvollen Freund entwickelt hat, an der Zeit ist, in die Welt des Geistes einzugehen.

Diese Amerikanische Pappel hat mich ganz praktisch gelehrt, dass zu einem Lebenszyklus sowohl das Geben als auch das Nehmen gehören. In unserer Kultur heißt es ja oft, Geben sei seliger denn nehmen. Da aber das Geben nur der eine Teil des Zyklus ist, können wir erst verstehen, was Geben eigentlich heißt, wenn wir auch das Nehmen gelernt haben.

In den meisten meiner Beiträge zu diesem Buch habe ich von den Erfahrungen und Belehrungen berichtet, die mir bei meinen Spaziergängen im *arroyo* ganz in der Nähe meines Hauses zuteilwurden. Sobald ich über die Schwelle getreten bin, schlage ich einen schmalen, von Pinyonfichten und Wacholderbäumen gesäumten Pfad ein. Während ich über den weichen Untergrund gehe, habe ich das leise Knirschen der Nadeln und Blätter im Ohr. Nachdem ich einen Hundezwinger hinter mir gelassen habe, fällt mein Blick auf einen Sumpf, der seine Entstehung einer artesischen Quelle verdankt. Je nach Jahreszeit kann es sein, dass das Schlickgras, das dort hoch und üppig wächst, im Wind tanzt. Meistens aber liegt es flach wie eine Decke über dem Sumpf. Dann muss ich nur noch durch ein offenes Tor gehen und habe den *arroyo* erreicht.

Ich empfinde ihn als magisch. Sobald ich den Sand betrete und über die roten, kristallinen Kiessteinchen laufe, teilt sich für mich ein Vorhang und gibt den Weg in das verborgene Reich von Natur und Magie frei. Ich höre den Gesang der Vögel und ihr Schimpfen, wenn sie ihre Sicherheit von mir gefährdet fühlen, das Weghuschen der Eidechsen und Schlangen, die vor mir ins Gebüsch fliehen, das Summen der Bienen und noch viele andere Lieder, die die Natur singt. Ich ergötze mich an den herrlichen Farben der Bäume, Büsche, an den Blüten der Kakteen, der Kaktusfeige, an den Yuccapflanzen und den unzähligen weiteren Naturwesen in diesem herrlichen Landstrich. Über die Fußsohlen und meinen Herzschlag fühle ich mich aufs Engste mit der Erde verbunden. Ich registriere all die verschiedenen Düfte, spüre, wie mir die trockene Wüstenluft in die Nase dringt, und habe ihren Geschmack auf der Zunge.

Seit ich mein Haus bezogen habe, also bereits vor etwa zwanzig Jahren, gehe ich nun schon in diesem *arroyo* spazieren. Hin und wieder jogge ich auch, rein der Bewegung wegen, und lasse meinen Gedanken dabei freien Lauf. Meistens aber gehe ich ganz langsam und in enger Verbundenheit mit den dort lebenden Kakteen, Grünpflanzen und Bäumen. Mittlerweile habe ich den Wacholderbaum, die Pinyonfichte und die Ponderosapinie, die Pappel, die Eiche und die Espen sehr gut kennengelernt. Einigen von ihnen fühle ich mich seit Jahren so eng verbunden, dass ich sie mit Fug und Recht als Freunde betrachten darf. Zu einer bestimmten Pinyonfichte zum Beispiel, die ganz nahe bei meinem Haus steht, habe ich eine tiefe Beziehung entwickelt, die sich ganz ähnlich gestaltet wie mein inniges Verhältnis zu der alten Amerikanischen Pappel. Auch bei manchen anderen Bäumen fangen die Blätter an, sich zu bewegen, sobald ich mich ihnen nähere, als wollten sie mich begrüßen, selbst wenn sich kein Lüftchen regt.

Besonders gern laufe ich durch das kleine Wäldchen aus Espen im *arroyo*. Das sprichwörtliche Zittern ihres Laubes erzeugt herrlich melodische Klänge und im Sonnenschein schimmern und funkeln die Blätter in den verschiedensten Grün- oder auch Gelbtönen, je nach Jahreszeit.

Espenblätter zittern sogar, wenn nicht einmal der geringste Hauch eines Windchens zu bemerken ist, und bringen dabei ein weiches Flüstern hervor. Aus einigen Legenden ist der Wind als Bote der Göttin bekannt, und alles, was mit ihm in Verbindung gebracht wurde, wie etwa auch die Espe, galt als heilig.

Im *arroyo* gibt es auch eine prächtige, schon sehr alte Pinyonfichte, die selbst unter den extremsten klimatischen Bedingungen gedeiht; nicht einmal bittere Kälte, größte Hitze, Stürme oder auch die langen Trockenperioden scheinen ihr etwas anhaben zu können. Bei den Bewohnern der Gegend hier genießt sie großen Respekt und viel Liebe.

Um manche Bäume allerdings mache ich mir Sorgen. Man sieht, wie sehr sie mit dem Wassermangel zu kämpfen haben, und ich arbeite hart daran, nicht noch mehr Kämpfe oder gar Krankheiten in sie hineinzuprojizieren. Stattdessen sehe ich sie in ihrem göttlichen Licht; oft berühre ich ihre Stämme und nehme dabei die Rinde intensiv wahr. Ich schicke ihnen Liebe und Licht. Manchmal gehe ich in einem Zustand höchster Konzentration im *arroyo* spazieren, dann nehme ich *alle* Bäume in ihrem göttlichen Licht wahr.

Anders in Zeiten, in denen ich mich psychisch oder physisch nicht recht wohlfühle. Unter diesen Umständen bitte ich die Bäume darum, dass sie *mich in meiner Göttlichkeit* erkennen. Das ist eine ganz hervorragende Übung, die Sie auch einmal ausprobieren sollten. Sobald Sie im Freien sind, um den täglichen Aktivitäten nachzugehen, bitten Sie die Natur, Sie in Ihrer göttlichen Kraft und Perfektion wahrzunehmen. Und dann achten Sie einfach darauf, wie es sich anfühlt, wenn sich die Natur neu und intensiver mit Ihnen verbindet.

Wenn ich mich auf meinen Spaziergängen mit Fragen oder Problemen herumschlage, stelle ich immer wieder fest, dass mir die Natur Zeichen gibt. Mit diesen Omen arbeite ich ausgesprochen gern, weil sie für mich eine Möglichkeit darstellen, all die Unterstützung bewusst zu erleben, die uns vom Universum in jedem

Moment zuteilwird. Das Universum, die helfenden Geister und die Natur selbst versorgen uns immer wieder mit Wegweisern, die uns die Richtung zeigen, die wir einschlagen sollten.

Im Anhang dieses Buches finden Sie einen Beitrag über die Arbeit mit Omen, in dem wir weitere Möglichkeiten aufzeigen, die Zeichen des Universums zu erkennen und zu entschlüsseln.

In besonders schwierigen Zeiten gehe ich auch schon mal betend und weinend durch den *arroyo* und bitte um Hilfe. Und als Bestätigung, dass das Universum mir zuhört und mich unterstützt, bekomme ich dann immer ein besonderes Zeichen.

In einem meiner vorherigen Beiträge habe ich bereits erzählt, dass mir in einer persönlich schwierigen Zeit einmal eine Schlange erschienen ist. Vertreter dieser Tierart tauchen häufig auf, wenn ich ein Zeichen brauche.

Als ich ein anderes Mal allein nicht weiterwusste und mich nach ein wenig Führung sehnte, erschienen mir gleich zwei Tiere: ein Habicht und ein Kolibri. Ein Habicht sowie eine Gruppe von Raben haben mich auch schon beim Darbringen von Opfergaben zu Ehren des gesamten Lebens beobachtet. Es gab sogar Tage, an denen keine Wolke am Himmel stand und es trotzdem plötzlich anfing zu nieseln – für mich war das eine Segnung, die mir zugleich zeigte, dass die Entscheidung, die ich getroffen hatte, richtig war und ich mich auf dem rechten Weg befand.

Auch während ich an diesem Buch schrieb, erhielt ich eine Menge von Omen. Einige der Geschichten, die damit zusammenhängen, möchte ich Ihnen nicht vorenthalten.

Im Oktober 2013 hatte ich fünf verschiedene Schamanismus-Kurse am Stück abzuhalten. Als ich am Tag vor meinem Abflug noch einmal durch den Arroyo ging, bat ich um ein Omen, dem ich Infos über die Kurse entnehmen konnte. Nie zuvor war ich auf meinem Weg einem Bären begegnet, doch als ich die Stelle erreichte, an der ich immer umkehre, um den Rückweg anzutreten, bemerkte ich plötzlich einen großen Zimtbären, der langsam einen Hügel hochtrottete. Er war zwar ganz in meiner Nähe, doch scheint der Wind so gestanden zu haben, dass er mich nicht riechen konnte. Ich stand vollkommen still da und beobachtete den Bären. Es muss sich schon um ein betagtes Tier gehandelt haben, denn in seinem Fell bemerkte ich viele weiße Strähnen.

Wie in meinem Beitrag über den Bären bereits erwähnt, steht dieses Tier in vielen Kulturen symbolisch für den Schamanen selbst. Daher wusste ich, was mir das Universum verraten hatte: dass meine Kurse sehr gut laufen würden. Und so kam es auch, sie gingen sehr in die Tiefe und stellten für alle Teilnehmer eine wichtige Erfahrung dar.

Im März 2014 lag dann eine Lehrveranstaltung mit einem enorm großen Teilnehmerkreis zum Thema »Medizin für die Erde und Heilen mit spirituellem Licht« vor mir. Schon bevor ich von zu Hause aufbrach, konnte ich förmlich spüren, wie sich die Vorfreude und Energie in der Gruppe aufbauten. Das machte mich etwas nervös, denn ich fragte mich, ob ich wohl auch in der Lage sein würde, die hochgesteckten Erwartungen der Teilnehmer zu erfüllen.

Auf meinem Weg durch den *arroyo* hielt ich wie so oft einen Moment lang inne und legte die Hände auf die Borke der alten Amerikanischen Pappel. Ich flüsterte dem Baum zu, dass ich ihn vermissen würde. Am Vortag hatte es heftig geschneit und obwohl jetzt die Sonne schien, lag immer noch etwas Schnee am Boden um den Baum herum, dessen Schatten das Schmelzen verzögerte. Ich hatte mich schon auf den Heimweg begeben, da empfing ich plötzlich intuitiv die Botschaft, mich noch einmal umzudrehen und zur Pappel zurückzugehen. Als ich ihre Borke ein weiteres Mal berührte, fiel ein Stückchen davon zu Boden. Da so etwas vorher noch nie passiert war, kam es mir so vor, als hätte mir der Baum ein Stück von sich geschenkt, quasi als Talisman für meine bevorstehende Reise.

Als ich mich bückte, um es aufzuheben, bemerkte ich einen Pilz, der unter der Schneedecke hervorlugte. Mit seinem weiß getüpfelten dunkelbraunen Hut gehörte er einer Art an, die mir unbekannt war. Zu diesem Zeitpunkt hatte ich meinen Beitrag über Pilze gerade fertiggestellt, und wenn Sie ihn gelesen haben, wissen Sie, dass ich sie als Verbündete betrachte. Nun einen gefunden zu haben, konnte nichts anderes bedeuten, als dass der bevorstehende Kurs voller Magie sein würde. Und genauso sollte es kommen!

Der Pilz unter der Amerikanischen Pappel verblüffte mich so, dass ich nach Hause ging und meine Kamera holte, um ein Foto zu machen, das mich an dieses Erlebnis erinnern sollte. Nachdem ich die Aufnahme im Kasten hatte und ein weiteres Mal den Heimweg antrat, wurde mir plötzlich klar, dass ich keinen der Felsen und Bäume, mit denen ich mich besonders verbunden fühlte, je fotografiert hatte. Und da ich die Kamera gerade dabei hatte, war die Gelegenheit günstig.

Als ich schon bald zu Hause war, besuchte ich noch die alte Pinyonfichte, in der ich schon immer einen Schutzgeist gesehen hatte. Jeder, dem ich diesen Baum zeige, ist beeindruckt von seinem offensichtlich sehr hohen Alter und seiner Widerstandsfähigkeit gegenüber den brutalen Umweltbedingungen, unter denen er lebt. Die Krümmung seiner großen, starken Äste lässt unweigerlich an die Energie des Weiblichen denken. Und während mich meine Verbindung mit der alten Amerikanischen Pappel an die Beziehung zu meinem Vater erinnert, spiegelt mir die Pinyonfichte energetisch die zu meiner Mutter wider.

Auf dem Foto, das ich von der Fichte gemacht habe, zeigt sich zu meiner größten Überraschung ein breites violettes Band, das wie ein Schal über den Stamm geschlungen ist. Die Lieblingsfarbe meiner Mutter war Lila gewesen. Ich habe die Aufnahme vielen Profifotografen gezeigt und sie gefragt, ob es irgendeine logische Erklärung für dieses Band gebe, aber keiner hatte eine.

Folglich musste (beziehungsweise durfte) ich mein Herz für ein weiteres wundervolles Omen öffnen, das ich in einem Moment erhalten hatte, in dem ich mich wegen der bevorstehenden Abwesenheit von Zuhause leicht verwundbar fühlte. Denn ich spürte die Liebe und Unterstützung meiner Mutter aus dem Jenseits zu mir herüberwehen.

Wenn ich überlege, wie viele Geschenke mir auf meinen Spaziergängen durch den *arroyo* schon zuteilwurden, habe ich ganz stark das Gefühl, dass all diese Zeichen, die mir auf der Lebensreise helfen, aus meiner langjährigen, beständigen Verbundenheit mit dem Spirit dieses Stückchen Landes resultieren. Ich gehe regelmäßig dort spazieren und immer voller Respekt und Ehrerbietung gegenüber allem, was in der Gegend des ausgetrockneten Flussbettes lebt. Ich bin überzeugt, dass die Beziehung, die ich zu den Naturwesen dort aufgebaut habe, ein intensives, starkes Energiefeld hat entstehen lassen, in dem die Schleier zwischen den Welten gelüftet sind. In diesem *arroyo* kann die helfende Kraft der verborgenen Reiche zu mir durchdringen, um mich zu leiten und mir zu vermitteln, wie sehr ich geliebt und unterstützt werde.

Ich habe nicht immer an einem Ort gewohnt, an dem ich nur die Haustür hinter mir schließen muss, um kilometerlange Spaziergänge in der freien Natur machen zu können. Die erste Hälfte meines Lebens verbrachte ich in Städten, in denen Unmengen von Häusern und Beton zwischen mir und der Natur lagen. Doch aufgrund meiner Liebe zur Natur fand ich immer Möglichkeiten, mich darüber hinwegzusetzen.

In Brooklyn, wo ich aufgewachsen bin, habe ich täglich dem Ahornbaum vor dem Haus ein Ständchen gebracht, habe mit ihm gesprochen und gespürt, dass er mir antwortete, woraus ich Trost und ein Gefühl tiefen inneren Friedens bezog. Der Baum war so hoch, dass ich den Hals verrenken musste, um die Blätter an den obersten Ästen erkennen zu können. Doch als ich ihn dann als

Erwachsene einmal wiedersah, kam mir der Ahornriese meiner Kindheit längst nicht mehr so gigantisch vor.

Als ich später in San Francisco lebte, unternahm ich regelmäßig Spaziergänge und entwickelte enge Beziehungen zu den Naturwesen, die mir auf meinen Routen begegneten. Sie gaben mir ein Gefühl großer gegenseitiger Liebe und Unterstützung.

Was ich damit sagen will: Völlig egal, wo Sie leben – in der Stadt oder in einem eher ländlichen Umfeld –, eine auf Gegenseitigkeit beruhende Beziehung zur Natur können Sie *überall* aufbauen. Irgendwo in der Nähe gibt es bestimmt einen Park, der sich aufsuchen lässt, einen Baum oder eine andere Pflanze, der Sie täglich Ihre Liebe zeigen können. Und immer ist da auch der Himmel über Ihrem Kopf und unter Ihren Füßen die Erde, beiden können Sie Respekt erweisen. Den ganzen Tag über können Sie die Lebewesen ehren, die wir Erde, Luft, Wasser und Sonne nennen. Dafür ist es völlig gleichgültig, wo Sie wohnen.

Die Natur wird auf Sie reagieren. Ihr Leben wird sich verändern. Und sobald Sie die Zeichen registrieren, die Ihnen den Weg weisen und Sie wissen lassen, dass der Geist, der in allem Lebendigen steckt, Sie erkennt, unterstützt und liebt, wird sich auch Ihre Beziehung zum Universum verändern. Doch was am wichtigsten ist: Die enge Verbundenheit mit der Natur wird Ihrer Seele Erfüllung bringen.

Versucht mir das Universum ein Zeichen zu geben, erscheint mir nicht nur im *arroyo,* sondern auch an anderen Stellen in der Natur eine Vielzahl von Säugetieren, Vögeln und Insekten. Wenn ich in einem meditativen Zustand umhergehe, fällt mir auch oft ein herzförmiger Stein ins Auge. Ein weiterer spiritueller Verbündeter ist für mich der Wind. Auf die Botschaften, die er mir vermittelt, verlasse ich mich immer, wenn ich Führung brauche.

Achten auch Sie darauf, welche Naturwesen Ihnen erscheinen.

Das gesamte Leben reagiert auf die Liebe. Und in dem Maße, in dem Sie Ihre Liebe zur Natur zum Ausdruck bringen, kommt diese Liebe zu Ihnen zurück – sogar um ein Vielfaches verstärkt.

Übungen

Suchen Sie sich ein besonderes Gebiet in der Natur, an dem Sie eine enge Beziehung zu den Naturwesen und dem Geist des Landes aufbauen können. Gehen Sie täglich oder doch mindestens mehrmals die Woche dorthin, um sich mit der Natur zu verbinden.

Dieses besondere heilige Gebiet können Sie aufsuchen, um den Kopf freizubekommen, sich zu erholen, zu heilen und Trost zu finden. Und wenn Sie regelmäßig da sind, lernen auch die Bäume und anderen Pflanzen, die Steine und Tiere, die Ihnen auf Ihrem Weg begegnen, Sie kennen.

Nehmen Sie sich zunächst ganz fest vor, Ihre energetische Interaktion mit den Spirits der Natur bewusst wahrzunehmen. Mitunter werden Sie bestimmt innehalten wollen, um die Naturwesen zu begrüßen, die Ihnen schon vertrauter sind. Und manchmal werden Sie ihnen auf dem harmonischen Weg durch »Ihr« Areal auch etwas von Ihrer Energie, Ihrem Licht und Ihrer Liebe abgeben wollen.

Dieses spezielle Gebiet wird für Sie zu dem werden, was der *arroyo* für mich ist, und je mehr sich Ihre Beziehung zu ihm vertieft, desto häufiger und offensichtlicher werden Sie Omen und Zeichen wahrnehmen, die Ihnen den Weg weisen. Achten Sie dabei auch genau darauf, wie das Universum auf Ihre Fragen, Probleme und Gebete reagiert.

DAS VERBORGENE VOLK UND DER GEIST DES LANDES UND STERNENWESEN UND STERNENPRINZESSIN

Das verborgene Volk und der Geist des Landes

Sandra

Mein Interesse an einer Zusammenarbeit mit dem verborgenen Volk wurde in den 1990er-Jahren entfacht, als ich mich ernsthaft um einen gesünderen Garten zu bemühen begann. Dafür unternahm ich eine Reihe schamanischer Reisen mit der Absicht, Angehörigen des verborgenen Volkes zu begegnen, die mir bei meinen gärtnerischen Bemühungen helfen konnten.

Auf meiner ersten Reise hatte ich die Vision eines Elfs – eines sehr, sehr kleinen Wesens. Der Elf trug blaue Arbeitskleidung,

Schutzstiefel sowie einen Helm und rauchte Zigarre. Er war von gedrungener Gestalt und schien der Vorarbeiter eines ganzen Trupps männlicher Elfen zu sein. Als Erstes trat er mir gegens Schienbein. Das tat zwar nicht weh, überraschte mich aber doch.

»Du willst ja gar nicht, dass ich dir im Garten helfe. Vielmehr erwartest du von mir, dass ich die ganze Arbeit für dich erledige!«, sagte er.

Ich musste lachen, er hatte mich ertappt. Denn er lag vollkommen richtig. Insgeheim wünschte ich mir irgendein mystisches Wesen, das mir den schönsten aller Gärten herbeizauberte, voller Blumen und kraftvollem, gesundem Gemüse.

Im Laufe der Zeit lernte ich, partnerschaftlich mit dem »Vorarbeiter« und dem Trupp von Elfen, die er beaufsichtigte, zusammenzuarbeiten. Derweil stellten sie mich wiederholt auf die Probe, um sich davon zu überzeugen, dass ich es auch ernst meinte, bevor sie mir ihre Unterstützung anboten.

Jedem meiner Umzüge innerhalb von Santa Fe schloss sich das Elfenteam an und half mir bei der Arbeit im jeweiligen Garten. Jetzt sind die Jungs schon seit vielen Jahren bei mir.

Die Zeit, in der wir leben, verlangt nach einer neuen Wahrnehmung der Realität. Kollektiv richten wir das Augenmerk im Wesentlichen auf Mangel, Gewalt und den dramatischen Klimawandel. Aber das ist nur *ein* möglicher Blick auf die Welt.

Genauso gut können wir den Schleier lüften, über die allzu dichten kollektiven Energien hinwegsehen und eine andere Ebene des Lebens in den Vordergrund rücken – seine mystischen und magischen Aspekte. Natürlich dürfen wir die Geschehnisse in der sichtbaren Welt nie aus den Augen verlieren. Bei unseren Bemühungen um eine reiche innere Landschaft aber können uns die subtileren Energien ganz erheblich unterstützen. Eine neue Wahrnehmung des Lebens und der Natur führt zu einem harmonische-

ren Leben, das sich durch inneren Frieden, umfassende Gesundheit und Freude auszeichnet.

Die indigenen Kulturen haben nicht den geringsten Zweifel daran, dass die Naturgeister in vielerlei Gestalt aufscheinen können. Kinder nehmen sie auch in der modernen Gesellschaft oft noch wahr; im Zuge des Erwachsenwerdens aber kappen die meisten von uns ihre spirituelle Verbindung mit den Naturwesen.

Feen, Devas, Elfen, Hüter des Waldes oder Waldengel nennen wir diese Naturgeister. Manche sprechen auch von den »Kleinen Leuten«. Doch in Wahrheit ist das verborgene Volk viel größer als der Mensch. Anhand der Geschichten, die es in den meisten indigenen Traditionen gibt, lässt sich nachweisen, dass Menschen überall auf der Welt um die Existenz des verborgenen Volkes wissen.

Genau wie wir sind auch diese Wesen Hüter unserer großartigen Erde. Indem wir sie anrufen und partnerschaftlich mit ihnen zusammenarbeiten, steigen unsere Chancen, den Planeten zu heilen, exponentiell an. Auf meinen Reisen erlange ich immer wieder Kenntnis von Gemeinschaften, in denen aus dieser gleichberechtigten Kooperation die herrlichsten Gärten voller gesundem Gemüse und anderen schönen Pflanzen entstanden sind.

Zum ersten Mal hörte ich von der partnerschaftlichen Zusammenarbeit mit Pflanzengeistern, als ich von der Findhorn Community in Schottland erfuhr, die 1962 gegründet worden war. Eine kleine Gruppe von Menschen lebt dort auf einem Gelände mit kargem, sandigem Boden und baut mithilfe von »Pflanzendevas«, wie sie sie nennen, unter schwierigsten Bedingungen erstaunlich gutes Gemüse an.

Ich habe auch die Bücher von Machaelle Small Wright von Peralandra (dem Center for Nature Research) gelesen. Sie arbeitet mit dem verborgenen Volk zusammen, um gesundes Obst und Gemüse anzubauen, das von Schädlingsbefall frei ist. Ihr Ansatz: Wenn wir mit den »Naturintelligenzen« kooperieren, um den Spirits der Insekten und Nagetiere all die Nahrung zu geben, die sie brauchen, lassen sie den eigentlichen Garten unberührt.

Als Kinder kannten wir das verborgene Volk noch und ließen uns von ihm Freude und Magie ins Leben bringen. Doch mit dem Älterwerden zogen wir den Vorhang vor und trennten so die unsichtbare Welt von der sichtbaren, was auch dazu führte, dass wir unserer immateriellen Freunde verlustig gingen. Sobald wir diesen Vorhang jedoch wieder öffnen, kehrt das Funkeln in unsere Augen zurück.

Worauf es im Umgang mit den Naturgeistern ankommt, ist die partnerschaftliche Zusammenarbeit mit ihnen. Das verborgene Volk weicht uns so lange aus, bis es das Gefühl bekommt, den Menschen und der Ernsthaftigkeit ihrer Bemühungen um die Erde vertrauen zu können. Dann nehmen sie uns die Arbeit zwar nicht ab, sind aber zur Kooperation mit uns bereit.

In den vergangenen zwanzig Jahren habe ich den Wacholderbaum, die Pinyon- und Ponderosafichte, die Pappel, die Wüstenkasuarine und die Espen kennen und lieben gelernt, die in meiner Umgebung wachsen und wohnen. Nicht zu Unrecht könnte man meinen Mann und mich wohl als »Baumleute« bezeichnen.

Als vor vielen Jahren die Dürre in Santa Fe einmal besonders schlimm war, machten wir uns große Sorgen, denn das Wasser reichte zwar für unseren kleinen Garten, keinesfalls aber für alle Bäume auf dem Grundstück. Aufgrund der Trockenheit wurden viele Pinyonfichten von Borkenkäfern befallen; in ganz New Mexico starben Millionen von Bäumen.

Wie in meinem Beitrag über die Amerikanische Pappel berichtet, wendete ich eine Vielzahl spiritueller Praktiken an, um den Schleier der Wirklichkeit zu lüften und das Gedeihen der Bäume wahrzunehmen, statt sie als unter der Dürre Leidende zu betrachten. Ich ging zwischen ihnen umher, sah sie in ihrer göttlichen Vollkommenheit und ließ ihnen spirituell Licht zukommen.

Darüber hinaus rief ich die Hüter des Waldes sowie die Engel an und bat sie, den Bäumen zu helfen. Diese Hüter des Waldes und die Engel, die größer waren als die Bäume selbst, öffneten die Arme und umhalsten sie mit Liebe und Licht. Ihre zugewandte Präsenz half den Bäumen, die Dürreperiode zu überstehen, sodass wir nur wenige der Pinyonfichten an den Borkenkäfer verloren. Diese Naturgeister leisten auch weiterhin kräftige Unterstützung, denn in der Hochwüste kann es natürlich auch jetzt noch sehr trocken sein.

Im Zuge meiner Arbeit habe ich über die Jahre gelernt, dass der Klimawandel das Gesicht unseres Planeten zwar immer mehr verändert, wir uns mithilfe der spirituellen Arbeit jedoch auch weiterhin um die Erde kümmern können: dadurch, dass wir Liebe und Licht ausstrahlen und die Natur in ihrer göttlichen Vollkommenheit wahrnehmen. Dies hat zur Folge, dass sie sich uns im Zustand strahlender Gesundheit präsentiert. Ferner können wir eine ganze Armada helfender und mitfühlender Geister anrufen, damit sie sich bei der Arbeit für den Planeten und alle, die dem Netz des Lebens angehören, mit uns zusammentun.

Wir sind auf der Welt, um Hüter dieses großartigen Planeten Erde zu sein, der im Grunde ein einziger Garten ist. Auch die Wesen, aus denen sich das verborgene Volk zusammensetzt, sind Hüter, die übrigens nicht nur in ländlichen Gegenden leben, sondern auch in den Städten, weshalb jede(r) von uns sich mit ihnen verbinden kann. Doch bevor sie sich uns zeigen, müssen wir unter Beweis stellen, dass es uns tatsächlich ernst ist mit der Liebe zur Erde.

Da diesen Wesen nicht entgangen ist, wie wir Natur und Umwelt mit Füßen getreten haben, sind sie uns gegenüber höchst misstrauisch und zweifeln an den Menschen. Doch sobald wir ihnen zeigen, dass wir der Natur, allem Leben sowie der Erde täglich mit Ehrerbietung und Respekt begegnen, sind sie geradezu erpicht darauf, uns bei unseren Anstrengungen, gute Hüter zu werden, zur Seite zu stehen.

Während ich noch an meinem Buch *Heilung für Mutter Erde* arbeitete, las ich in einem Artikel der *New York Times*, dass die Isländer auch heute noch so unerschütterlich an das Verborgene Volk glauben, dass ein Mitglied der Regierung eigens für den Schutz der unsichtbaren Wesen vor eventuell gefährlichen Straßenbauvorhaben abgestellt ist. Bekannt war zudem, dass mitunter auf rational nicht erklärbare Weise Werkzeug kaputtging oder es zu Arbeitsunfällen kam.

Da dieser Artikel meine Neugier geweckt hatte, flogen mein Mann und ich nach Island, um mehr zu erfahren. Wir stiegen in einer Frühstückspension in Reykjavík ab, die einem gebürtigen Isländer gehörte. Als ich ihn nach dem verborgenen Volk befragte, sagte er, dass zwar nicht mehr alle Isländer hundertprozentig an diese Wesen glaubten, aber doch die Mehrheit der Bevölkerung, wie Statistiken ergeben hätten. Diese Menschen seien nicht allzu begeistert von der Existenz des verborgenen Volks, würden allerdings aus Angst vor Problemen, die es eventuell hervorrufen könnte, wenn man ihm den Respekt verwehrt, nicht rundheraus leugnen.

Während unseres Islandaufenthaltes hatten wir die Gelegenheit, die Elfenschule zu besuchen, in der wir mehr über das verborgene Volk herausfinden und einige der Stätten besichtigen konnten, an denen es sich dem Vernehmen nach aufhält. Auch erfuhren wir von einer Menschenrasse, den sogenannten Spirit-Leuten, von der vermutet wird, dass sie im Erdinneren lebt. Der Kursleiter berichtete von einer Rasse, die äußerst bescheiden gekleidet ist, ein sehr einfaches Leben führt und gelegentlich durch das Gestein an die Erdoberfläche kommt, um mittels hoch entwickelter Heilmethoden Menschen zu helfen, die in der Wildnis einen Wanderunfall erlitten haben, zum Beispiel Knochenbrüche. Seine Informationen bezog er aus Geschichten, die in der ganzen nördlichen Hemisphäre gesammelt worden waren – im nördlichen Afrika, in Europa und den Vereinigten Staaten.

Wir im Westen haben den Vorhang zwischen den Welten zugezogen und die Wesen vergessen, die mit uns koexistieren und ihre Unterstützung anbieten. Doch in dem Maße, in dem wir lernen, unsere Wahrnehmung zu schärfen und unsere Sinne zu beleben, werden wir auch wieder lernen, das verborgene Volk, von dem wir umgeben sind, zu bemerken. Manche Blumen, die auf der Erde leben, braucht man nur intensiv genug anzusehen, um darin das Gesicht eines Vertreters des verborgenen Volks wahrnehmen zu können.

Als ich Anfang der 1980er-Jahre herzog, sprachen die Einheimischen, aber auch Besucher oft von der »Magie Santa Fes«. Ich allerdings war nicht in der Lage, den Schleier der Realität zu lüften, um diesen Zauber zu erfahren.

Mein Leben hier war nicht leicht. So viel ich auch arbeitete, kam ich finanziell doch nie auf einen grünen Zweig. Ich fühlte mich in der Hochwüste nicht zu Hause. Weder den Lehmsteinbauten noch der Art, wie sie sich in die Landschaft einfügten, konnte ich anfänglich das Geringste abgewinnen. Die Adobewände der Häuser kamen mir vor wie Mauern, die die Leute um sich errichtet hatten, denn enge, bedeutsame Freundschaften zu schließen gelang mir auch nicht.

Ich hatte immer das Gefühl, dass ich nicht aus freien Stücken nach Santa Fe umgesiedelt, sondern von irgendeiner spirituellen Kraft beziehungsweise dem Schicksal angezogen worden war, damit ich bestimmte Dinge lernte. Doch ich widersetzte mich jedwedem Geschenk und allen Lektionen, die sich mir boten. Ich empfand das Leben hier einfach nur als schwer und freudlos.

Da ich mich auch damals schon oft auf schamanischen Reisen mit den helfenden Geistern verband, beschloss ich, zum Spirit von Santa Fe zu reisen. Diese helfenden Geister sind reine, formlose spirituelle Energie, können aber Formen annehmen, die uns auf einer persönlichen Ebene ansprechen. Diese Gestalt kann sich von Mensch zu Mensch unterscheiden. Mir jedenfalls präsentierte sich der Geist Santa Fes als beeindruckende, strahlende Göttin.

Nachdem ich einmal auf die Göttinnenenergie Santa Fes getroffen war, wurde sie meine Lehrerin, und das viele Jahre lang. Von ihr erfuhr ich, warum mich der spirituelle Ruf nach Santa Fe holte und was sie mir damit hatte nahebringen wollen. Die zahlreichen wertvollen Lektionen, die sie mir erteilte, halfen mir zu wachsen und die zu werden, die ich heute bin.

Ich fragte den Spirit von Santa Fe, warum ich es hier so schwer hatte und wie ich mein Leben verbessern könnte.

Ich hielt mich an seine Anweisungen und nachdem ich allen fünf Empfehlungen von ihm gefolgt war, veränderte sich mein Leben total. Dann saß ich eines Nachmittags mit Freunden draußen in einem Café. Während ich den Blick zu den Bergen von Sangre de Cristo emporrichtete, hatte ich plötzlich das Gefühl, ein Schleier würde sich lüften, und Amors Pfeil traf mich mitten ins Herz. Mit einem Mal nahm ich die Einzigartigkeit, die Magie Santa Fes wahr und spürte, wie sich mein Herz und meine Energie mit der dieses Landstrichs verbanden. Die Farben schienen heller zu werden und ein sanftes Surren in der Luft zu liegen. Eine Welle der Freude fuhr mir durch den Körper und ich spürte geradezu, wie meine Augen wieder zu strahlen begannen. Alles – die Pflanzen, speziell die Bäume, und das gesamte Land – funkelte und strahlte nur so vor Vitalität.

Mein Leben hier veränderte sich dramatisch und nun ist Santa Fe schon seit dreißig Jahren nicht nur physisch mein Zuhause, sondern auch spirituell und emotional. Ich lebe hier liebend gern und könnte mir nicht mehr vorstellen, jemals wieder wegzuziehen.

Als ich anfing, auf der ganzen Welt Kurse abzuhalten, unternahm ich vorher immer eine schamanische Reise, um dem Geist des Landes oder der Stadt zu begegnen, die ich besuchen wollte. Ich erkundigte mich, ob es mir erlaubt sei, den jeweilige Ort zu betreten, und teilte dem Geist des Landes/der Stadt mit, dass sich mir eine Gruppe von Leuten anschließen würde, die nach Möglichkeiten suchten, ein Leben in Ehrfurcht und Respekt gegenüber der Erde und dem gesamten Netz des Lebens zu führen. Hinzu fügte ich, dass es sich bei den Teilnehmern meiner Kurse um herzliche Menschen handelte, denen daran gelegen war, spirituelle Praktiken zu erlernen, mit deren Hilfe sie ihre Lebensqualität verbessern konnten.

Diese meine Reisen zum Geist des Landes und/oder der Stadt, die ich besuchte, haben immer viel dazu beigetragen, dass die Erfahrungen, die ich machte, zu einem großartigen Abenteuer wurden. Meine Fahrten beziehungsweise Flüge verliefen ebenso reibungslos wie die Kurse selbst und in den Gruppen erfuhr ich auf vielen Ebenen große Unterstützung. Damit will ich nicht sagen, dass es mitunter nicht auch Probleme gegeben hätte, aber immer war die spirituelle Hilfe spürbar, die uns zuteilwurde und alle Erfahrungen, die wir machten, begleitete.

In die »Medizin-für-die-Erde«-Ausbildungen, die ich anbiete, bezog ich von Anfang an schamanische Reisen zum Verborgenen Volk und zum Geist des Landes beziehungsweise der Stadt mit ein. Ich bat die Teilnehmer, im Laufe des Kurses immer wieder zu den Naturgeistern und den Spirits des Landes/der Stadt zu reisen, um sich bei ihnen darüber zu informieren, wie sie sich des Landes oder der Stadt, in der sie lebten, am besten annehmen könnten. Zusätzlich sollten sie sich erkundigen, wie sie durch größere Harmonie mit der Energie die Qualität ihres eigenen Lebens verbessern konnten.

Die erzielten Ergebnisse sind, wie mir mitgeteilt wird, stets äußerst positiv. Wenn die Teilnehmer nach diesen schamanischen Reisen den Kurs verlassen, freuen sie sich immer schon auf zu Hause. Wo sie dann, wie sie übereinstimmend sagen, eine viel engere, heilige Verbundenheit mit dem Land beziehungsweise der Stadt empfinden. Sie haben das Gefühl, vom Spirit des Landes, aber auch vom ortsansässigen verborgenen Volk so herzlich willkommen geheißen zu werden wie nie zuvor, sei es in der Stadt oder in ländlichen Gegenden.

Je mehr solche Reisen sie unternehmen, berichten sie, desto höher wird im Laufe der Zeit ihre Lebensqualität. Und in dem Maße, in dem sie bewusst die Erfahrung machen, dass sie sich auf heiligem Boden bewegen, verbessert sich auch ihre allgemeine Stimmung. Sie empfinden das Land beziehungsweise die Stadt als so lebendig wie nie zuvor. Tiere, Bäume und andere Pflanzen scheinen ihnen Botschaften der Liebe und Unterstützung zu übermitteln. Die Gärten, die sie haben, gedeihen besser. Es herrscht größere Harmonie. Aber was am wichtigsten ist: Wie sie berichten, fühlen sich die Leute plötzlich in der Gegend oder der Stadt, in der sie wohnen, richtig zu Hause.

Als ich gegen Ende der Arbeiten an diesem Buch wieder einmal im *arroyo* spazieren gehe und mich umdrehe, um den Heimweg anzutreten, muss ich unwillkürlich über die Hügel nachdenken. Ihre Gipfel sind so sanft abgerundet, dass ich mich von der weiblichen Energie des Spirits des Landes zutiefst geliebt und akzeptiert fühle. Das Weibliche, das Llyn und ich in diesem Buch immer wieder erwähnen, hat viele verschiedene Aspekte, die sich letztlich aber alle zu einem einzigen wunderschönen Teppich der Liebe verweben. Die Erde ist unser Zuhause und sie liebt uns.

Die Liebe ist die größte Heilerin. Aber begreifen wir überhaupt, was das ist: Liebe? Ein gewisses Verständnis davon haben wir, glaube ich, alle. Unsere Bestimmung aber besteht darin, die Macht der wahren, bedingungslosen Liebe zu erkennen. Einer Liebe, die über das Persönliche hinausweist und die Liebe widerspiegelt, die in unsere Erschaffung eingegangen ist. Die universelle Liebe ist kein Konzept, das sich rational erfassen ließe, vielmehr eine form- und grenzenlose Energie. Das Universum und die helfenden Geister in den Reichen des Transzendenten sehen uns ausschließlich in unserer Schönheit, in unserem Licht, und sie lieben uns bedingungslos.

Gäbe es all die Krankheiten und Herausforderungen überhaupt, vor die der Planet heute gestellt ist, wenn wir die bedingungslose Liebe der Quelle, des Weiblichen und der Erde wahrhaft erleben könnten? Und falls es stimmt, dass die Liebe tatsächlich heilt: Wie kann es uns dann gelingen, das rationale Denken in den Hintergrund zu schieben und uns dieser reinen Kraft ganz zu überantworten? Diese Liebe ist Teil unseres Zellgedächtnisses, denn aus bedingungsloser Liebe sind wir erschaffen. Die universelle, bedingungslose Liebe transzendiert das Verständnis unseres Egos und weist weit darüber hinaus.

Was geschieht, wenn wir die Quelle, die Göttin, das Göttliche bitten, uns zu helfen? Was würde sich ändern, wenn wir sagen: »Danke, dass du mir dabei hilfst, mich für deine Liebe zu öffnen«? Was wird möglich, sobald wir nicht länger begreifen wollen, wie man einen lichtvollen Zustand erreichen kann, sondern uns einfach nur öffnen und für das Erfahren der Liebe bedanken?

Für uns alle ist es an der Zeit, aufgeschlossener zu werden, uns der kreativen Kraft des Lebens zu überantworten und die Macht der wahren bedingungslosen Liebe zu erleben. Sobald wir dies tun, werden wir zu Kanälen jener Liebe, die durch uns hindurchfließt und alles Leben heilt.

Jeder von uns weiß, dass die Liebe nicht nur Keimlinge gedeihen lässt, sondern auch reife Blumen, Pflanzen, Blüten und Gemüse. Und wir alle wissen, wie ein Garten aussieht, der mit Liebe gepflegt wird. Nicht anders verhält es sich mit unseren inneren Gärten.

Um ein Baby, einen Angehörigen oder eine Freundin zu lieben, müssen wir uns nicht anstrengen. Wahre Liebe fließt einfach so, vollkommen mühelos. Danken Sie täglich der Quelle, dem Göttlichen und dem Weiblichen dafür, dass sie Ihnen helfen, sich der bedingungslosen Liebe zu öffnen, von der Sie erschaffen wurden. Denn andere an Ihrer Liebe teilhaben lassen können Sie erst, wenn Sie sich selbst lieben.

Sobald wir uns auf uns selbst und die Erde zurückbesinnen, erinnern wir uns mit jedem Atemzug und jedem Schritt, den wir unternehmen, daran, allen, die das Netz des Lebens bilden, mit Ehrerbietung und Respekt entgegenzutreten. Wir tragen die Verantwortung dafür, uns selbst, andere, alle Naturwesen und die

Erde auch in der Praxis zu lieben, durch unser Verhalten. Dadurch, dass wir uns als Weltgemeinschaft öffnen, kann die Liebe durch jeden und jede Einzelne(n) hindurchfließen und Heilung sowie Transformation für alles bewirken, was Teil des Lebensnetzes ist.

Übungen

Sind Sie bereit, dem verborgenen Volk zu begegnen? Dann legen Sie inspirierende Musik beziehungsweise ein Trommelstück auf und konzentrieren Sie sich auf den Gedanken, dass Sie sich den verborgenen Wesen, die in Ihrer Stadt leben, gern vorstellen würden. (Denn wie Sie inzwischen ja wissen, gibt es solche nicht nur in ländlichen Gebieten.)

Sie können natürlich auch ins Freie gehen, mit geschlossenen Augen still dasitzen und sich vornehmen, dem verborgenen Volk zu begegnen.

Sagen Sie den Wesen, dass Sie die Erde und das Land lieben. Lassen Sie sie wissen, dass Sie mit ihnen zusammenarbeiten möchten, um die Erde zu hegen und zu pflegen.

Verlieren Sie nicht die Geduld; bis die Wesen die Ernsthaftigkeit Ihrer Beteuerungen überprüft haben und ihrerseits die Kommunikation aufnehmen, kann es nämlich etwas dauern.

Sobald der Kontakt dann einmal hergestellt ist, bitten Sie um Führung im Hinblick darauf, ein guter Hüter des Landes zu werden. Dabei stellt Ihnen das verborgene Volk womöglich Aufgaben, deren Erfüllung ziemlich viel Zeit erfordert. Bevor Sie die Beziehung zu ihm suchen, sollten Sie in jedem Fall bereit sein, einiges an Arbeit zu investieren.

Vielleicht laden Sie Freunde oder Bekannte zur kollektiven Müllentsorgung in Ihrer Gemeinde ein. Das wäre zum Beispiel eine Aktivität, an der das verborgene Volk ablesen könnte, dass es Ihnen ernst ist mit dem Wunsch, zum Hüter des Landes zu werden.

Falls Sie einen Garten besitzen, sollten Sie das verborgene Volk bitten, Ihnen Ratschläge zu dessen Pflege zu geben. Sobald es sieht, dass Sie vor keiner Mühe zurückschrecken, wird es Ihre Anstrengungen unterstützen. Dann arbeiten Sie im Geiste der partnerschaftlichen Kooperation Hand in Hand mit diesen Wesen zusammen.

Bringen Sie Ihnen Gaben dar. Etwas zu essen oder zu trinken als Dank für ihre Hilfsbereitschaft. Aber nie irgendwelche Reste. Ich habe es einmal mit einem Stück trocken gewordenem Kuchen versucht, was mit der Botschaft quittiert wurde: »Immer hinterlässt du uns nur Zeugs, das du selbst nicht mehr essen oder trinken magst. Stell uns lieber mal was richtig Gutes hin!«

Ganz ähnlich, wie Sie meditieren, um das verborgene Volk zu treffen, können Sie auch dem Geist der Stadt oder Ortschaft begegnen, in der Sie wohnen.

Stellen Sie sich ihm zunächst vor; sobald Sie dann spüren, dass eine gute Verbindung entstanden ist, bitten Sie um einen Rat, wie Sie in spiritueller Harmonie mit dem Land leben können. Auch können Sie um eine Empfehlung in Bezug auf die Verbesserung Ihrer Lebensqualität oder um die Lösung eines Problems bitten, das Sie umtreibt.

Schauen Sie morgens in den Spiegel und denken Sie über das Schimmern Ihrer Augen und den Glanz nach, der von Ihnen ausgeht. Nehmen Sie es deutlich wahr, selbst wenn Sie sich gar nicht als so strahlend empfinden. Die Wahrnehmung erschafft Ihre Wirklichkeit. Und sobald Sie Ihr Licht erst einmal selbst sehen können, scheint es auch.

Wenn Sie sich im Laufe des Tages mit Leuten unterhalten, versichern Sie ihnen, wie schön ihre Augen glänzen oder wie umwerfend sie strahlen. Atmen Sie aus dem Herzen und werden Sie zu einem Gefäß der Liebe. Schauen Sie, was passiert. Ich könnte wetten: Sobald Sie bereit sind, Liebe zu verströmen und das Licht in allen zu erkennen, denen Sie begegnen, lösen Sie bei anderen damit eine Kettenreaktion strahlenden Lächelns aus.

Gehen Sie raus, um Ihre Verbundenheit mit dem Geist des Landes und der Erde zu spüren. Nehmen Sie die Energie der Liebe zum Leben wahr, die Sie ausstrahlen. Von dieser Liebe werden Sie genährt, aber auch das gesamte Leben, die Erde und die Elemente. Schreiben Sie dem Boden das Wort *Liebe* ein. Zeigen Sie der Erde Ihre Liebe.

Aufgrund Ihrer veränderten Wahrnehmung treten Sie in eine neue Dimension der Natur ein, die von einer Vitalität und Strahlkraft ist, wie Sie sie noch nie erlebt haben.

Wenn Sie diese Übungen machen, werden Sie feststellen, dass Sie sich nicht nur in Ihrem Körper wohler fühlen, sondern auch in der Gegend, in der Sie wohnen.

Vereinen wir als Weltgemeinschaft unsere Herzen in Liebe und arbeiten wir partnerschaftlich mit dem verborgenen Volk, den helfenden und mitfühlenden Geistern zusammen, um einen gesunden Planeten zu erschaffen. Wir teilen ihn uns mit den Naturwesen, die alle lebendig sind. Die Erde ist unser gemeinsames Zuhause. Widmen wir uns alle zusammen ihrer Hege und Pflege. Lassen Sie uns gemeinsam eine Welt herbeiträumen, die von Freude, Liebe, Licht, Harmonie, Fülle, Frieden und Gleichheit für alle erfüllt ist, die dem Netz des Lebens angehören.

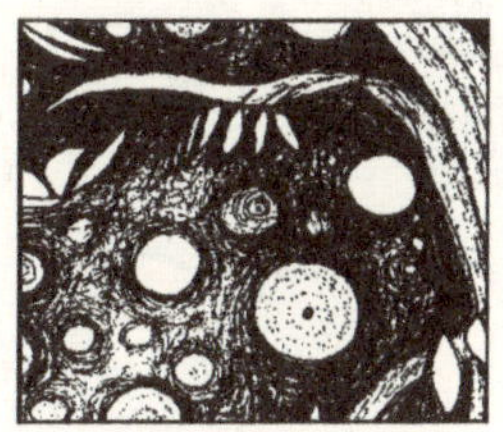

Sternenwesen und Sternenprinzessin

Llyn

Sandra schreibt so schön über den Spirit des Landes und das verborgene Volk. Als ich von ihrem schelmischen Gartenhelfer erfuhr, musste ich richtig lachen. Sandras Text versetzte mich auf ihr Grundstück in New Mexico, in die Wüste, die Berge; er machte die gesamte Landschaft lebendig, in der es vor verspielten Wesen nur so wimmelt, die bloß darauf warten, dass wir zu ihren Mitschöpfern werden.

Legenden über die verborgenen Kräfte des Landes finden sich in allen Kulturen. So war ich zum Beispiel erst kürzlich mit einer Gruppe in einem ärmlichen Dorf am Lago de Atitlán in Guatemala. Tata Pedro Cruz Garcia, der Älteste, mit dem wir dort zusammenarbeiten, sprach von kleinen nicht menschlichen Wesen. Die Teilnehmer dachten, der Großvater sähe Gestalten, die uns unsichtbar bleiben, weil er ein einfaches, heiliges Leben an einem Ort führe, an dem die Schleier zwischen der spirituellen und der

materiellen Wirklichkeit hauchdünn sind. Denn der Atitlán-See ist tatsächlich ein Portal zu anderen Dimensionen.

Wir alle spürten die Kraft dort. Nach wenigen Tagen hatten viele von uns das Gefühl, ihr Körper würde leicht schwanken, wie im Rhythmus eines geheimen Pulsierens. Dieses Schaukeln machte mich ganz schwindlig. Angesichts des Umstandes, dass der See, dessen Tiefe nie ermittelt wurde, von Vulkanen umgeben ist, war ich überzeugt, dass sich die Erde unter unseren Füßen bewegte. Richtig spürbar aber war das nicht. Unserem Schwanken lag nichts Physisches zugrunde. Und wären wir länger am Lago de Atitlán geblieben, hätten wir bestimmt auch »kleine Leute« sehen können.

Solche Erfahrungen an exotischen Orten irgendwo auf der Welt sind natürlich aufregend. Um aber die Schleier zu lüften, müssen wir uns nirgendwo anders hinbegeben. Wie Sandra ja auch schon geschrieben hat, konnten die meisten von uns als Kinder die

Naturgeister noch sehen; und wir alle wissen um die unsichtbaren Freunde, die die kleinen Mädchen und Jungen auch in Nordamerika oder Europa haben.

Als ich noch klein war, habe ich mich immer mit Wesen in der Ferne des Universums unterhalten, die ich zwar nicht sehen konnte, aber spürte. Eine leichte Aufladung der Luft, das Gefühl der Geborgenheit, manchmal auch eine kleine Tonfolge, die ich im Ohr hatte, oder eine telepathisch empfangene Botschaft verrieten mir, dass die Sternenwesen ganz nahe bei mir waren. Sie entstammten einer Welt, die ich nicht erinnern konnte, einem Zuhause jenseits der Erde. Aber aufgrund meines Zugehörigkeitsgefühls zu dieser stellaren Familie wusste ich einfach, dass sie real waren.

Manchmal bombardierte ich die Sternenleute geradezu mit meinen Fragen:

»Wie kann es sein, dass ihr so weit weg seid und zugleich doch ganz in meiner Nähe?«

»Hat das Universum wirklich keine Grenzen?«

»Warum kann ich euch nicht sehen und weshalb bin ich ohne euch auf der Erde?«

Ich wollte es partout herausfinden.

Die Antwort meiner Sternenfreunde lautete einfach: »Nicht alles kann man mit dem Verstand ergründen.«

Woraufhin ich mich seufzend auf das Wunder der Sterne und die Liebe zu meiner unsichtbaren Familie zurückbesann.

Wie Sandra so richtig schreibt, fördert die Aufgeschlossenheit gegenüber den verborgenen Teilen der Wirklichkeit die Entwicklung einer üppigen inneren Landschaft und erweitert unsere Wahrnehmung. Eben dazu laden uns auch die Sternenwesen ein. Es gibt zahllose Möglichkeiten, sich in dieser erweiterten Wahrnehmung zu schulen; eine besteht in der Zeit der Morgendämmerung – wenn die Nacht zum Tag wird.

Bei unseren Reisen nach Guatemala steht die Gruppe schon vor dem Morgengrauen auf, um sich unserem Maya-Ältesten Tata Pedro und seiner Frau, der Schamanin Nana Shumatla Fenix, anzuschließen. Dann stehen wir still in der kühlen Nachtluft, lauschen im Dunkeln dem Plätschern des Wassers am Seeufer und den anderen Klängen der Natur. Während die Finsternis das Licht gebärt, zieht sich die Nacht allmählich zurück; Hunde bellen und Hähne krähen, Sonnenstrahlen malen Strähnen von Lila in den Himmel, die Luft erwärmt sich, die Fische im See springen, Kolibris huschen umher und tauchen ihre Schnäbelchen in zarte weiße Blüten. Der Abgrund des Wassers vor unseren Augen erhellt sich und glühende Schwaden ziehen über den Atitlán-See. Auch uns knipst der Sonnenaufgang an. Mit dem beginnenden Tag werden zunehmend menschliche Geräusche laut – Stimmen, Kraftfahrzeuge, Radios, Hin- und Herlaufen. Wir sind dermaßen aufgeschlossen, dass wir sie alle willkommen heißen können.

Die andere Schwellenzeit, die des Sonnenuntergangs, ist genauso kraftvoll. Denken Sie an einen Moment im Freien zurück: an die Düfte der Abenddämmerung, die aufgehenden Sterne. Nehmen Sie sich Zeit für dieses Erinnern.

Wissenschaftlern zufolge dehnt sich in einer grenzenlosen Welt der Universen eine unendliche Weite von Galaxien aus, und die Erde ist nur ein winziger Planet inmitten unermesslicher Wirklichkeiten. Wie könnten wir da allein sein?

Die Sternenleute laden uns ein, darüber nachzusinnen, uns mutig den Weg zur Wahrheit zu erfühlen und die wahre Natur unserer Realität nicht rein intellektuell aufzufassen oder die Meinungen anderer einfach zu übernehmen.

»Traut euch loszulassen«, scheinen sie uns sagen zu wollen. »Erspürt wie unschuldige Kinder das Leben allenthalben, zu dem auch wir gehören. Denn diese vieldimensionale Weite der Universen teilen wir mit euch.«

So, wie uns Sandra zur schöpferischen Zusammenarbeit mit dem verborgenen Volk und den Spirits des Landes ermuntert, fordern uns die Sternenfamilien in Zeiten großer Veränderungen des Planeten Erde auf, einen neuen Entwurf der Wirklichkeit zu erkunden. Die Waldelbin Tauriel, eine Figur aus dem auf J. R. R. Tolkiens Werk beruhenden Film *Der Hobbit: Smaugs Einöde*, drückt das sehr schön aus: Den Eldar, sagt sie, sei alles Licht heilig, die Waldelben aber liebten das der Sterne am meisten.

Tauriels Bewunderer, der Zwerg Kili, entgegnet, dieses habe er immer für kalt, unnahbar und fern gehalten.

Die Überraschung steht Tauriel ins Gesicht geschrieben, als sie antwortet, für sie sei es Erinnerung, kostbar und rein.

In der Verfilmung spiegeln viele der zeitgenössischen Mythen das wider, was wir zu erinnern versuchen. Und die Sternenleute sind vielleicht das Licht in uns, das wir vergessen oder nach außen projiziert haben, genau wie ja auch die Engel, Avatare, Heiligen und Aufgestiegenen Meister lichtvolle Gestalten sind, die wir als entrückt wahrnehmen und von denen wir uns getrennt fühlen. Die ebenfalls immateriellen Naturgeister spiegeln den Zauber und die Möglichkeiten wider, die wir zwar vergessen haben, die jedoch allem Leben auf der Erde innewohnen, auch uns Menschen.

Sobald wir tief in die Natur eindringen, erinnern wir uns, wer wir wirklich sind. Dann überbrücken wir die Kluft zwischen uns und dem Transzendenten. Der Weisheit der Sterne können wir entnehmen: Weder müssen wir verwildern, um die Erde lieben, noch wie Engel agieren, um Licht sein zu können.

Tatsächlich ist Ihnen vielleicht auch schon aufgefallen, dass Wunden und Blockaden Ihnen umso mehr zu schaffen machen, je mehr Sie sich um das Licht bemühen, denn sie wollen Sie wissen lassen, dass auch sie Licht sind.

Das alles – was wir als Licht empfinden, auch als das Licht in uns selbst, genau wie unsere verborgenen Schatten und die der

Gesellschaft – kommt uns jetzt wieder zu Bewusstsein. Alles ist eins mit dem Licht der Quelle. Sich aufs Neue mit dem Licht der Freude, Harmonie, Zusammengehörigkeit und Liebe zu verbinden ist herrlich. Schwieriger ist es hingegen, auch das Licht der Angst, der Trauer, des Leidens, der Trennung und Wut willkommen zu heißen. Zum Glänzen aber kommen wir erst in der Ganzheit.

Halten Sie sich beziehungsweise Ihre Lebensumstände nie für wertlos, unwürdig. Suchen und spüren Sie immer das Licht – genau so, wie Sie sind. Unsere Sternenschwestern und -brüder bringen uns in Erinnerung: »Je tiefer die Dunkelheit, desto mehr Kraft entfaltet sie, sobald Licht hineinfällt.« Durch das Hegen unserer verwundeten Aspekte erobern wir uns die Lebenskraft zurück, die sie beschützen.

Für mich erweist sich diese Erkenntnis immer als besonders hilfreich, wenn ich mich mit meinen persönlichen Unzulänglichkeiten auseinandersetze oder an den Verhältnissen in der Welt zu verzweifeln drohe. Bei den Mayas heißt es, man müsse die Dunkelheit kennen, um das Licht wahrnehmen zu können, in die untere Welt hinabsteigen, um in die obere zu gelangen. Ganz ähnlich erklärt mein Sohn Eben, der von Beruf Maler ist, die Rolle des »dunklen Künstlers«: Sie bestehe darin, der Gesellschaft den Spiegel vorzuhalten und uns die Aspekte des Lebens zu veranschaulichen, die wir nicht sehen wollen, wie etwa Armut und Leiden. Schwieriges ignorieren wir ja oft. Doch Vertreter aller indigenen Kulturen, mit denen ich je zusammengearbeitet habe, integrieren die düsteren, problematischeren Aspekte der menschlichen Lebensreise und betrachten sie als Teil des lichtvollen Ganzen. Die Teppiche der Navajo-Völker enthalten immer einen kleinen Webfehler, um daran zu erinnern, dass der Mensch nicht perfekt ist. Genau wie man in der Natur keine klare Trennungslinie zwischen Nacht und Tag ziehen kann, verschwimmen auch die

Grenzmarkierungen zwischen uns und den anderen, sobald wir lernen, auch unsere verletzten Aspekte zu lieben. Dadurch verändert sich die Sicht auf uns selbst und unser Verhältnis zu all dem Leid, von dem wir umgeben sind. Und daraus kann sich etwas sehr Gutes entwickeln.

Was die Sterne mit der Erde zu tun haben?

Die Sterne und der Weltraum sind auch Natur und alles, was auf Erden existiert, besteht aus Sternenstaub. Die Anfänge des Lebens auf unserem Planeten könnten auf organische Partikel und Feuchtigkeit aus weit entfernten Teilen des Universums zurückgehen. Vielleicht liegt unsere ursprüngliche Heimat auch tatsächlich in anderen Galaxien.

Diese Idee – dass wir von anderswoher kommen – spiegelt sich in den Kosmologien verschiedener indigener Volksgruppen wider.

Viele sagen, von Beginn der Menschheit an habe es einen Austausch mit den Himmelswesen gegeben.

So auch die Angehörigen eines fast ausgestorbenen Stammes aus dem Amazonas-Regenwald, der unter dem Namen Uru-Eu-Wau-Wau (»Sternenmenschen«) bekannt ist, die die Plejaden für ihre eigentliche Heimat halten. Ein Freund von mir, der Schamane Ipupiara, gehörte zu den letzten Überlebenden dieses Stammes.

Ipupiara erzählte mir eine Uru-Eu-Wau-Wau-Legende, in der es darum ging, dass ihre Prinzessin Visionen von einem kleinen Planeten namens Erde hatte, dessen Bewohner dem Untergang geweiht waren, wenn sich ihr Verhalten nicht änderte. Die mitfühlende Sternennation entsandte daher einige Vertreter, um der ungeratenen Spezies zu helfen.

Wie John Perkins in seinem Buch *Shapeshifting* schreibt, wurden die Emissäre, zu denen auch die Prinzessin gehörte, in Kugeln reiner Energie verwandelt und in das Dunkel des Weltraums geschickt. Was diese Lichtorbs anzog, war der dichte Regenwald des Amazonas.

Zusammen mit John besuchte ich viele Jahre lang regelmäßig einen abgeschieden lebenden Amazonasstamm. Und die Shuar dort berichteten uns ebenfalls von Lichtkugeln, die sie oft am Nachthimmel beobachteten.

Einmal schenkte ich Anga, einer chakassischen Schamanin mit engelsgleichem Gesicht, eine aus Nüssen und Kernen bestehende Halskette der Shuar, die im Amazonasgebiet leben, Welten entfernt von Angas sibirischer Heimat. Als sie die Kette in der Hand hielt, wurden ihre Augen feucht und zu meiner Überraschung sagte sie: »Als Lichtkugel bin ich ständig im Regenwald unterwegs. Und obwohl ich ihn in meiner körperlichen Gestalt nie besucht habe, weiß ich doch, dass der Regenwald mein eigentliches Zuhause ist.«

Auf Fotos, die während schamanischer Veranstaltungen gemacht werden, sieht man oft Orbs. Und manche davon sind kunstvoll gemustert. So zum Beispiel auf einem Bild, das mein Sohn Eben vor Jahren einmal in der Nacht aufgenommen hat. Stellen die Lichtmuster in diesen Kugeln womöglich eine Form der Kommunikation dar, so etwas wie eine energetische Sprache? Sind diese Lichtkugeln vielleicht Menschen? Oder Wesen aus anderen Welten?

Heutzutage werden viele Orbs gesichtet und dokumentiert, fernab vom Amazonas. Mir etwa erscheinen sie sogar im hellen Tageslicht. Und viele begeisterte Hobbyfotografen meinen, die strahlenden Kreise wollten *von uns* wahrgenommen werden.

Wir sind weder das, was wir unseren Konditionierungen nach in uns sehen sollen, noch sind wir allein. Es ist höchste Zeit, auch das Leben jenseits des eigenen zur Kenntnis zu nehmen. Im Unterschied zu anderen bin ich jedoch nicht der Ansicht, dass die Menschheit jetzt schon bereit wäre, sich in die Formlosigkeit aufzulösen. Und ich glaube auch nicht, dass wir von »höheren« Wesen vor uns selbst geschützt werden können. Die Sternenfreunde spiegeln uns wider, wer wir sind, und können uns dazu inspirieren, das Sternenlicht zu verkörpern, das wir in uns haben. Sie setzen das uns und der Erde innewohnende Quantenpotenzial frei, das aus unseren Anfängen in den Sternen herrührt. Sich ihnen zu öffnen hilft uns dabei, unsere Rolle im kosmischen Ganzen zu verstehen und sowohl den Planeten als auch das gesamte Leben in blendender Gesundheit wahrzunehmen.

Warum eigentlich suchten sich die Plejadenprinzessin und ihre Lichtemissäre ausgerechnet den Dschungel aus, als sie auf die Erde kamen? Die Wälder, die grünen Lungen unseres Planeten, atmen auch Wasser. Alle Bäume nehmen Wasser auf, um es wieder abzugeben, und die Regenwälder sind überragende Wasseringenieure. Im Hoh River Valley, dem größten gemäßigten Regenwald der Welt, tröpfeln oft mehr als vier Meter Wasser pro Jahr auf die immergrünen Bäume und rinnen ihre geriffelten Stämme hinab. Dicke Moose und andere lebende oder auch bereits vermodernde Pflanzen saugen dieses Wasser auf wie Schwämme. Flüsse verbreitern sich, um die Regenmassen aufzunehmen, ganz so, wie sich unsere feuchten Lungen beim Einatmen ausdehnen. Auch der Fluss atmet, und zwar durch seine Schotterbänke, in denen das Wasser durch Gestein und Sand gefiltert wird. Der Hoh Forest und sein Flusscanyon atmen und leiten das Wasser so effizient, dass ich, selbst wenn es aus Eimern schüttet, ein Schläfchen unter den Bäumen halten kann. An einem Tag kann der Fluss zu einem mächtigen Strom anschwellen, was sich am nächsten möglicherweise schon wieder ganz anders darstellt.

Das Ökosystem eines solchen Wassereinzugsgebietes ist von erstaunlicher Intelligenz. So, wie sich elektrische Hirnimpulse in einem feuchtigkeitshaltigen Umfeld leichter übertragen, können Sie sich auch vorstellen, dass das Wasser in Flüssen, Wäldern und

Bäumen Träger der natürlichen elektrischen Kraft ist. Wie Forstleute bestätigen, ist der Großteil eines Baumes tot, lebendig ist nur die äußere Kambiumschicht, eine Lieblingsspeise von Bären.

Hatten Sie nach einem Haarschnitt schon einmal das Gefühl, etwas verloren zu haben, als wäre Ihnen ein Stück von sich abhandengekommen? Ich finde es interessant, dass unser Haar zwar wächst, wir es aber trotzdem als tot empfinden. Doch zugleich ist da etwas in uns, das weiß, dass unsere Mähnen mehr sind als abgestorbenes Zellgewebe. Schamanen glauben, dass Haare Energie leiten, Lebenskraft. In indigenen Stammeskulturen wird Haar mit spiritueller Kraft, mit Stärke, ja sogar mit der Fähigkeit des Spurenlesens assoziiert: jedes Einzelne eine spirituelle Antenne.

Auch Bäume reagieren so. Jedes kleinste Stückchen von ihnen ist Teil eines dynamischen physischen und spirituellen Gesamtsystems. Sowohl die Zweige als auch die Bäume selbst sind spirituelle Antennen, die Licht und Informationen der Erde und des Kosmos aufnehmen und weiterleiten. Mit den Unmengen von Wasser, die die Bäume abgeben, werden diese Kräfte freigesetzt und gelangen in die Flüsse und anderen Gewässer.

Auch wir Menschen bestehen aus Wasser und sind Kanäle für das informationsgesättigte Licht der Erde und des Kosmos.

Die Sternenleute versichern uns: »Das Sonnen- und Sternenlicht ist eins mit dem bewussten Licht der Erde und eins mit euch. Steckt Finger und Hände in das lichte Erdreich, aalt euch darin. Legt euch bäuchlings auf eure Mutter und schnuppert das Sternenlicht – ihren süßen Duft. Dann werdet ihr euch nie wieder fragen müssen, wer ihr seid.«

Genau wie die Bäume, die mit dem Wasser, das sie abgeben, kosmisches Licht freisetzen, strahlen auch wir spirituelles Licht aus, sobald wir uns auf unsere Ganzheitlichkeit besinnen – einfach dadurch, dass wir sind, wie wir sind, und uns ganz dem Leben hingeben.

Übungen

Die Sternenwesen vermitteln uns, dass wir nirgendwo suchen oder nach den Sternen greifen müssen, denn deren Einfluss ist immer da, hier und jetzt. Musik zu hören, die Sie lieben, Dinge zu tun, die Sie tief bewegen, sich viel in der Natur aufzuhalten und über Lichtorbs, Feen, Sterne, Bäume, Elfen oder die anderen kleinen Wesenheiten nachzusinnen, all das bringt neuen Glanz in Ihr Leben. Mit der folgenden Meditation können wir die Sternenprinzessin einladen, uns dabei zu helfen, dass wir das Licht wieder erinnern – sowohl unser eigenes als auch das der Erde.

Suchen Sie sich irgendwo ein Plätzchen, drinnen oder draußen, an dem Sie nicht gestört werden. Machen Sie ein paar sanfte Dehnübungen, schalten Sie ab. Begeben Sie sich dann entweder in eine liegende oder sitzende Position und schließen Sie die Augen.

Atmen Sie tief und ruhig durch.

Nehmen Sie einen weiteren tiefen und erfrischenden Atemzug.

Stellen Sie sich leuchtende Lichtkugeln vor, Emissäre der Sternenwelt, die auf dem Weg zu den Erdenbewohnern, die ihre eigene Verbindung zu den Sternen vergessen haben, über den Nachthimmel huschen.

Nehmen Sie sich so viel Zeit, wie Sie brauchen, um die strahlenden Lichtkugeln tatsächlich sehen oder spüren zu können.

Stellen Sie sich inmitten dieser Lichtboten die Sternenprinzessin vor, eine magische, glänzende Kugel. Malen Sie sich die Muster in dieser speziellen Lichtkugel aus, als die sich die Plejadenprinzessin Ihnen zeigt.

Was sehen Sie? Was fühlen Sie?

Nehmen Sie sich Zeit, um sich auf die Lichtsprache der Prinzessin einzustellen; lauschen Sie ihr mit Ihrem ganzen Wesen. Öffnen Sie Ihr Herz.

Vielleicht sehen oder hören Sie etwas, vielleicht aber auch nicht. Das Wichtigste ist, dass Sie *fühlen*. Die Prinzessin ist eine Lichtschwingung, die Ihrem Weisheitskörper bekannt ist.

Spüren Sie das strahlend Weibliche? Was hat es Ihnen zu sagen?

Stellen Sie Ihr Herz darauf ein, seine Präsenz zu erfühlen. Entspannen Sie sich, während Ihnen die Prinzessin Ihr wahres Wesen spiegelt.

Halten Sie die Hände mit den Innenflächen so vor das Gesicht, als würden Sie in einen Spiegel blicken. Betrachten Sie Ihr Gesicht im Spiegel Ihrer Hände. Sehen Sie Ihr Spiegelbild in den Flächen Ihrer Hände. Lassen Sie dann zu, dass sich Ihr Abbild in die goldene Sonne verwandelt, den Hauptstern unseres Solarsystems. Nehmen Sie sich Zeit, damit sich diese Erfahrung vollkommen echt anfühlen kann. Spüren Sie das Sonnenlicht und die Wärme in Ihren Handflächen, auf Ihrem Gesicht. Und wenn Sie dann bereit sind, fühlen oder sagen Sie das Folgende - geleitet von der Prinzessin: »Egal, wie ich mich selbst sehe oder wie andere mich sehen, egal, welche schönen oder auch tragischen Geschichten mir auf meinem Erdenweg begegnen: Ich bin reines Licht, genau wie unsere goldene Sonne.«

Im Spiegel Ihrer Hände sehen Sie sich weiterhin als strahlende Sonne. Atmen Sie Ihren eigenen warmen Lebensglanz ein, Ihr Licht. Sie sind ein Individuum, ein Ego, und das ist auch völlig in Ordnung so. Zugleich aber sind Sie noch viel, viel mehr.

Nehmen Sie sich so viel Zeit, wie Sie mögen.

Sobald Sie so weit sind, lassen Sie das Bild der Sonne langsam in den Hintergrund treten, während Sie weiterhin in Ihre Handflächen schauen.

Die Prinzessin fährt fort: »Jetzt schaust du in den Hand-Spiegel, um deinen Alltag zu betrachten. Achte auf alles, was du siehst.«

Denken Sie anschließend über das nach, was die Prinzessin hinzufügt: »Egal, was sich im Leben abspielt oder wie du es empfindest: Alles ist Licht – ein mitfühlendes Glänzen, das lang vergessen war, jetzt aber erkannt und erlebt werden will.«

Nehmen Sie sich Zeit, um ein Gefühl für das allgegenwärtige strahlende Gewebe zu bekommen und die Spiegelung des Lebens weniger dicht oder zwingend werden zu lassen. Realisieren Sie, dass sich der Traum, den wir als »Alltag« kennen, jederzeit verändern kann.

Das weltliche Leben, wie wir es in unseren Familien und Gemeinschaften oder am Arbeitsplatz erfahren, ist so, wie es ist, vollkommen in Ordnung. Zugleich können wir aber auch aufwachen und es als einen lebendigen, fließenden Traum erkennen, der uns einlädt, tiefer in jeden einzelnen Moment einzutauchen, um uns zu den Menschen zu entwickeln, die wir eigentlich sind.

Nehmen Sie sich für diese Erfahrungen und Überlegungen so viel Zeit, wie Sie mögen.

Sobald Sie dann irgendwann bereit sind, die Sternenprinzessin zu verabschieden, lassen Sie sie einfach vor Ihrem geistigen Auge verblassen. Vom Gefühl her aber bleiben Sie bei ihr, bei dieser lebendigen Liebeskraft. Entspannen Sie sich in diese Empfindungen hinein und atmen Sie mit Ihrem Gefühl.

Machen Sie noch ein Weilchen so weiter: einfach atmen und fühlen.

Stellen Sie sich danach Lichtkugeln von den Plejaden vor, unter ihnen auch eine Prinzessin, die in den dichten Blätterwald eines Waldes entschwinden und mit der Lebenskraft der Bäume verschmelzen.

Sobald sich auch die Letzte dieser glänzenden Kugeln in den Baumwipfeln aufgelöst hat, spüren und hören Sie eine Stimme, deren melodisches Flüstern Ihr Herz erwärmt wie flüssiges Gold: »So, wie alter Baumbestand das genetische Gedächtnis alter Wälder in sich trägt, enthalten die Bäume auch das Ursprungsgedächtnis der Spezies, der du angehörst und die ihre Wurzeln in den Sternen hat.«

Abschließend sagt die Sternenprinzessin: »Entnehmt der Erde nicht mehr, als ihr braucht, und gebt ihr so viel zurück, wie ihr irgend könnt. Respektiert, liebt die Natur und taucht tief in sie ein, denn dann werdet ihr mich – das strahlend Weibliche, die Sterne und Naturgeister – finden: in der Erde, in euren Bäumen und in euch selbst.«

Die Natur ruft Sie heim, wieder zurück nach Hause.

ANHANG

MIT OMEN ARBEITEN

Sandra

In den indigenen Traditionen gilt: Alles in der Natur ist belebt und interagiert mit uns. Die Kommunikation der Natur mit uns Menschen besteht in den Omen und Zeichen, die sie uns gibt.

Die Physik verwendet den Begriff des »einheitlichen« oder auch »vereinheitlichten Feldes«, wenn sie von Einheit spricht. Und in den Kulturen der Ureinwohner spricht man vom »Netz (oder Gewebe) des Lebens«. Wir alle sind mit ein und derselben universellen Kraft verbunden und Teil der Natur. Das Universum gibt uns Wegweiser an die Hand, die uns dabei helfen, gesunde, weise Entscheidungen zu treffen, um voller Anmut im Fluss des Lebens mitschwimmen zu können. Diese Wegweiser finden wir sowohl in der Natur als auch in städtischen Gebieten. Entscheidend ist, dass wir unsere Wahrnehmung für die Botschaften zu schärfen lernen, die wir täglich erhalten.

Dieses Buch enthält, wie Sie vielleicht gesehen haben, Übungen, die Sie in der Natur durchführen sollten. Eine hervorragende Ergänzung stellt die Arbeit mit den Omen und Wegweisern dar, die sie Ihnen gibt.

Während der Übungen fragen Sie sich vielleicht mitunter, welchen Schritt Sie in Ihrem Leben als Nächstes gehen sollten. Und wenn Sie aufmerksam sind, bemerken Sie Zeichen, die Ihren weiteren Weg ausleuchten. In den spirituellen Traditionen werden diese Zeichen oft auch als Omen oder Omina bezeichnet. Diese sind sozusagen die Brotkrumen, die das Universum für Sie auslegt, damit Sie sich daran orientieren können. Sie werden geleitet, um Führung zu erfahren, und zwar auf Wegen, die weiter sind als Ihr logisches Verständnis.

Bei einem Spaziergang in der Natur oder vielleicht sogar auf dem Weg zur Arbeit könnten Sie zum Beispiel einem Tier begegnen, in dessen Eigenschaften die Antwort auf die Frage liegt, die Sie gerade beschäftigt. Oder eine Wolke am Himmel zeigt Ihnen metaphorisch die Lösung. Auch nach dem Zusammentreffen mit einer Ihnen vollkommen fremden Person oder nach einem zufälligen Gespräch könnte Ihnen klarwerden, dass Sie gerade eben den entscheidenden Hinweis erhalten haben.

Solch ein Zeichen kann auch im Text eines Liedes bestehen, das Sie im Radio hören, während Sie ein Problem wälzen. Oder die Werbeaufschrift an einem Bus birgt die Lösung. Vielleicht enthält sie genau die Formulierung, die Ihnen in diesem Moment weiterhilft. Oder Sie blättern gedankenlos in einem Buch und plötzlich wird Ihr Blick von einem Satz gefesselt, der Ihnen exakt die richtige Inspiration gibt.

Womöglich fragen Sie sich jetzt, ob die Omen, die Sie erhalten, tatsächlich eine Antwort darstellen oder reiner Zufall sind. Albert Einstein soll dazu einmal sinngemäß gesagt haben: »Der Zufall ist Gottes Art, anonym zu bleiben.«

In den 1980er-Jahren habe ich eine ziemlich schwere Zeit durchgemacht. Eines Tages richtete ich vernehmlich ein Gebet ans Universum, in dem ich bat: »Bitte gib mir verständliche Zeichen, nach denen ich mich richten kann.« Ich hatte das Gefühl, einige falsche Entscheidungen getroffen zu haben, und wollte unbedingt einen eleganteren Weg finden, mein Leben zu führen.

Seit diesem Tag weiß ich, dass mir das Leben alle Omen und Zeichen gibt, die ich brauche, um stets eine gesunde Wahl treffen zu können. Entscheidend dafür ist natürlich, dass ich meine Sinne schärfe, genau hinschaue und ganz Ohr bin für die Botschaften, die mir zuteilwerden.

Wenn wir darüber nachdenken, fallen bestimmt jedem von uns Situationen ein, in denen wir die Zeichen, die uns gegeben wurden, ignoriert haben. Vielleicht, dass wir uns bewusst über eine Information hinweggesetzt haben, die uns zugespielt wurde, oder wir waren einfach nicht wach genug, die Führung, die wir erhielten, auch wahrzunehmen. So viele von uns gehen wie schlafend durchs Leben, in einer Art kollektiver Trance, hervorgerufen von der Menge an Reizen, die im Außen auf uns einstürmen.

Nicht immer nehmen wir die uns angebotene Hilfe und Führung bewusst wahr, die wir so dringend benötigen. Wir sind blind für die Zeichen, die wir Tag für Tag erhalten. Manchmal sind wir anderweitig viel zu beschäftigt und abgelenkt, um alles zu erkennen, was uns das Universum zu unserem höchsten Besten offeriert.

Spaziergänge im Freien sind die ideale Möglichkeit, das Wahrnehmen, Sehen und Hören von Omen beziehungsweise Zeichen zu üben. Bevor Sie losmarschieren, denken Sie an eine Frage, die Sie beschäftigt und in der Sie etwas Führung gut gebrauchen könnten. Vielleicht geht es dabei um eine zu treffende Entscheidung, die Ihr ganzes weiteres Leben beeinflussen kann. Denken Sie daran und wünschen Sie sich, ein Zeichen zu erhalten, das Sie weiterbringt.

Während des Spaziergangs lassen Sie zu, dass die Natur Ihren Verstand zur Ruhe bringt. Seien Sie einfach nur achtsam. Oder Sie suchen sich ein schönes Plätzchen, sitzen ganz still da und öffnen sich Ihren Sinneswahrnehmungen. Atmen Sie ein paarmal tief durch. Sehen Sie vielleicht eine Wolkenformation am Himmel, der Sie eine Erkenntnis entnehmen können? Beobachten Sie die Tiere, zum Beispiel Vögel oder Insekten, beziehungsweise andere Naturwesen, deren Eigenschaften oder Verhaltensweisen die Antwort bergen könnten, nach der Sie suchen. Vielleicht lässt sich ja ein Vogel oder ein Insekt auf Ihrem Körper oder nahe bei Ihnen nieder. Eventuell sucht auch ein Säugetier Ihre Nähe, ein Eichhörnchen etwa, ein Fuchs oder ein Reh, und verharrt ungewöhnlich lange bei Ihnen.

Sollten Sie am Meer sitzen, bemerken Sie vielleicht einen Delfinschwarm oder Wale am Horizont. Auch das könnte ein Zeichen sein. Ein Adler oder ein Habicht könnte über Ihrem Kopf kreisen. Womöglich krächzt ein Rabe, während Sie eine Zeremonie durchführen, beten und Opfergaben zu Ehren der Natur und des Landes darbringen, um Ihnen das Zeichen zu geben, dass Ihre Gebete erhört wurden. Schauen Sie auch, ob die von Ihnen erwünschte Antwort oder Führung vielleicht in der Form eines Felsens zu suchen ist. Eventuell liegt die Lösung auch in einem fließenden Gewässer. Oder im Wind. Bedienen Sie sich der Fantasie und erhöhen Sie Ihre Wahrnehmungsebene. Öffnen Sie Ihr Herz und spüren Sie die Nachricht, die das Naturwesen – welches auch immer – Ihnen überbringt.

Ist eine wichtige Entscheidung bereits getroffen, gehen Sie spazieren und bitten um ein Zeichen der Bestätigung. Während Sie sich auf den von Ihnen gefassten Entschluss konzentrieren, könnte wie aus dem Nichts plötzlich eine Brise aufkommen, die sich anfühlt, als würde sie Ihnen ein »Ja« zuflüstern. Oder ein schöner Schmetterling landet auf Ihrer Hand, während Sie an Ihr Vorhaben denken. Vielleicht ist der Himmel auch von dicken Wolken verhangen, die genau in dem Moment einen Lichtstrahl durchlassen, in dem Sie Ihre Entscheidung ganz fest vor Augen haben. Oder Sie nehmen mit einem Mal in der Ferne einen Regenbogen wahr, der Ihnen mitteilt, dass Sie mit Ihrer getroffenen Wahl vollkommen richtig liegen. Ein plötzlich einsetzender kurzer, sanfter Nieselregen könnte eine Segnung für Sie darstellen. Oder rascheln die Blätter eines Baumes, während Sie an ihm vorbeigehen, und es hört sich wie eine Bestätigung an? Vielleicht bemerken Sie auch einen herzförmigen Stein, wenn Sie den Blick zu Boden richten. Die Natur reagiert auf Sie, und bei dieser Arbeit kommt es vor allem darauf an, dass Sie Ihrer Intuition vertrauen.

Seien Sie hartnäckig und übungswillig. Anfänglich bemerken Sie vielleicht noch kein einziges Omen. Verlieren Sie dann nicht gleich die Geduld, sondern nehmen Sie sich Zeit, die Fingerzeige zu erkennen, die Ihnen die Natur gibt. Bleiben Sie bei der Stange, während Sie sich in der Natur aufhalten. Desgleichen auf dem Weg zum Job und nach Hause. Bei Ihren täglichen Besorgungen.

Daheim, am Arbeitsplatz oder in der Schule können Sie sich von Ihrer Intuition zu einem Buch führen lassen, das im Regal steht. Schlagen Sie es beliebig irgendwo auf. Lesen Sie sich die entsprechende Seite durch und überlegen Sie, welche Botschaft für Sie darin enthalten sein könnte.

Achten Sie schließlich auf »Zufallsbegegnungen« mit alten Bekannten oder gänzlich Fremden, bei denen irgendetwas gesagt wird, das Sie inspiriert.

Je öfter Sie üben, desto klarer wird Ihnen, dass der vor Ihnen liegende Weg ausgeleuchtet wird, damit Sie ihn nicht verfehlen. Sobald Sie das Spektrum Ihrer Wahrnehmungen erweitern und darauf achten, was das Universum alles zu Ihrer Heilung, Ihrem Wachstum und Ihrer Entwicklung beiträgt, gewinnt Ihr Leben eine tiefere Bedeutung. Dann möchten Sie sich vielleicht noch mehr auf die Zeichen konzentrieren, die Sie erhalten. Und dabei erleben Sie ganz neu Freude und eine magische Verbundenheit mit dem Leben.

Vom Umgang mit Trauer

Sandra

Sobald Sie sich mit der natürlichen Welt verbinden, werden Sie feststellen, dass alle Geschöpfe trauern, Elefanten, Gorillas, Delfine zum Beispiel, wenn sie ein Elternteil, ihren Gefährten oder ein Baby verlieren, aber auch andere Tiere. Sie können Vögel über den Verlust ihres Partners jammern hören. Und auch Eichhörnchenmamas klagen tagelang, wenn ihnen der Rabe ein Kleines geraubt hat. Auch wenn eine Zimmerpflanze abstirbt, ist es keine Seltenheit, dass das danebenstehende Gewächs ebenfalls zu verkümmern beginnt.

Nachdem wir viel Zeit in der Natur verbracht und uns auf all das Schöne rückbesonnen haben, das das Leben bietet, hängen wir an unseren Lieblingsbäumen, -pflanzen, -tieren, -vögeln, -insekten und den anderen Naturwesen, die uns besonders am Herzen liegen. Wir empfinden Kummer und Trauer angesichts der Veränderungen der Natur, die auf Zerstörungen durch den Menschen, auf Klimaveränderungen und Umweltkatastrophen zurückgehen.

Der Trauerprozess, den wir nach dem Verlust eines geliebten Menschen wie etwa einem Freund durchmachen, ist uns möglicherweise vertraut. Doch der Umgang mit dem Dahinscheiden eines Naturwesens, das wir zu lieben gelernt haben, stellt für viele wohl doch eher noch Neuland dar. Aber auch in diesem Fall müssen wir unserer Trauer Ausdruck verleihen.

Der Tod ist kein Ende, sondern eher der Übergang in einen anderen Seinszustand. Für unser Wachstum und unsere Entwicklung ist die Trauer wichtig. Denn sie hilft uns, eine innere Quelle zu entdecken, die zu unserer Entfaltung beiträgt.

Wenn Sie das Gefühl haben, Ihnen bricht das Herz, ist es im Grunde eher so, dass es sich ausdehnt. Diese Erweiterung des Herzens hilft Ihnen, als Gefäß der Liebe zu wachsen. Und die Liebe ist bekanntlich die größte Heilerin. Sobald sich Ihr Herz ausdehnt, empfinden Sie mehr Mitgefühl für das Leiden anderer. Und Mitgefühl schafft Raum für Heilung.

Der Versuch, die Trauer zu ignorieren, ist gleichbedeutend mit dem Versuch, das Wachstum zu blockieren. In der Natur aber ist es so, dass alles Leben, das nicht mehr wächst, abstirbt. Der Zustand der Trauer, so schlimm er sich auch anfühlt, steckt in Wirklichkeit voller Leben. Er hilft, unsere innere Welt zu erweitern, und verstärkt den Fluss der Lebenskraft. Die Trauer ist ein guter Nährboden für das Entstehen neuer Beziehungen und Chancen.

Stellt sich nur die Frage, was Sie während der Trauer für sich tun können. Denn der Versuch, einen derart tief greifenden Kummer komplett zu unterdrücken, ist alles andere als zuträglich.

Als Erstes müssen Sie sich Ihre Gefühle eingestehen. Die Traurigkeit und den Schmerz, die Sie empfinden, leiten energetisch einen Prozess ein, der zur Transformation führt. Unterdrücken Sie dagegen Ihre Gefühle, bauen sie sich in Ihrem Inneren immer weiter auf, erzeugen emotionalen und/oder körperlichen Stress, der mitunter sogar in einer Krankheit münden kann. Daher ist es wichtig, dass Sie alle Emotionen zum Ausdruck bringen, die Sie haben.

Sicher müssen Sie an den Arbeitsplatz zurückkehren und Ihren täglichen Verpflichtungen nachkommen. Genauso unerlässlich ist es jedoch, dass Sie sich Zeit einräumen, um zu trauern. Suchen Sie sich Menschen und Gruppen, bei denen Sie über Ihre Gefühle sprechen können. Aber scheuen Sie auch nicht davor zurück, Zeit allein mit sich und Ihren Emotionen zu verbringen.

Für viele ist eine liebende Gemeinschaft, die einfach nur da ist und zuhört, von großer Bedeutung. Wir neigen ja dazu, alles »kitten« zu wollen, was im Leben eines geliebten Menschen kaputt gegangen ist. In puncto Trauer aber gibt es nichts zu kitten und nehmen können wir sie auch niemandem. Doch einfach für den Betreffenden da zu sein, ihm zuzuhören und ihm liebevolle Unterstützung anzubieten, kann schon von großer Hilfe sein.

Wichtig ist, dass wir Trauernden kein Mitleid entgegenbringen. Denn energetisch stellt Mitleid eine schwere Bürde dar. Stellen Sie sich bloß mal vor, Sie wären in Trauer und würden von Tau-

senden von Menschen mit Mitleid überschüttet. Würden Sie eine derartige Energie wollen?

Wenn Sie trauern, verwöhnen Sie sich. Vielleicht möchten Sie sich in einem Wannenbad entspannen? Wasser ist ein ausgesprochen heilendes Element. Lassen Sie Ihren Schmerz hineinfließen und bitten Sie das Wasser, ihn in eine Energie zu verwandelt, von der Liebe und Licht ausgeht.

Legen Sie sich (real oder auch nur gedanklich) auf die Erde und leiten Sie Ihren Schmerz in den Boden ab. Danken Sie Mutter Erde, dass sie Ihre Qualen absorbiert und in fruchtbare organische Materie verwandelt, die neues Wachstum hervorbringt. Denken Sie daran, wie die Erde im Herbst die toten, zu Boden gefallenen Blätter kompostiert, sodass daraus reiche, fruchtbare Erde entstehen kann.

Gefühle, die Sie loslassen möchten, können Sie auch aufschreiben und den Zettel dann in Flammen aufgehen lassen. In vielen indigenen Kulturen gilt Feuer als das Element der Umbildung und Transformation.

Gehen Sie nach draußen und lassen Sie den Wind Ihre schmerzlichen Gefühle davontragen, während Sie zugleich für die liebevollen Botschaften offenbleiben, die er Ihnen zukommen lässt.

Der Dank an die Elemente, mit denen Sie arbeiten, ist Ausdruck der Wertschätzung, die Sie den Elementen entgegenbringen, während sie Sie am Leben erhalten. Fassen Sie den Entschluss, dass die Energie, die Sie freisetzen, zu Liebe und Licht wird. Auf diese Weise speisen Sie die Energie in der Welt mit Segnungen, die für das gesamte Netz des Lebens heilsam sind.

Vor allem aber: Lassen Sie sich Zeit zum Trauern. Es gibt keinen Stichtag, an dem Sie sich besser fühlen »müssten«. Wenn Sie sich nur ganz auf Ihre Gefühle einlassen, wird die Zeit viel zu Ihrer Regeneration beitragen. Alles im Leben verändert sich, auch die Trauer. Sie hört vielleicht nie ganz auf, aber sie wandelt sich.

Sie können auch eine einfache Zeremonie durchführen, um das Leben zu ehren, das in die Transzendenz – das Reich des Geistes – übergegangen ist. So können Sie etwa an einem abgestorbenen Baum eine Opfergabe darbringen, ihm für seinen Beitrag zur Schönheit dieser großartigen Erde danken und ihm eine gute Heimreise wünschen. Wann immer Sie ein totes Tier sehen, können Sie die Arme heben, für dessen Leben danken und ihm eine gute Heimreise wünschen. Dies empfiehlt sich nach dem Tod jedes Naturwesens, dem Sie die Ehre erweisen möchten. Denn alles Lebende verdient es, nach seinem Dahinscheiden gewürdigt zu werden. Dasselbe können Sie auch über große Entfernungen hin tun – zum Beispiel wenn Sie von einer Umweltkatastrophe hören, die den Tod vieler Lebewesen nach sich zieht.

Wann immer Ihr Lieblingsplatz in der Natur verloren geht, sei es aufgrund klimatischer Veränderungen, gewandelter Eigentumsverhältnisse, falls Sie umziehen sollten oder weil das betreffende Gelände bebaut wird, werden Sie trauern. In Ihren Gedanken und bei der Meditation aber bleibt Ihnen der Spirit des Landes immer zugänglich. Die spirituelle Arbeit ermöglicht es Ihnen jederzeit, Ihren Lieblingsplatz zu besuchen. Denn sein Geist hat ewig Bestand.

Oft trauern wir auch über das besinnungslose Verhalten von Menschen, die andere Lebensformen misshandeln. In solchen Fällen ist es wichtig, die Gefühle zur Kenntnis zu nehmen, die in uns aufsteigen, wenn wir etwa grausame Fotos gequälter Tiere sehen oder in der Zeitung davon lesen. Gegen diesen Missbrauch müssen wir die Stimme erheben. Doch zugleich entfaltet es eine heilende Wirkung für das gesamte Leben, wenn es uns gelingt, einen Zustand der inneren Friedfertigkeit zu bewahren. Und zu dieser Friedfertigkeit finden Sie, wenn Sie bei Ihrer spirituellen Arbeit nicht davon ablassen, die Erde und alles Lebendige in Ehren zu halten.

DANK

LLYN

Ich danke Sandra Ingerman für ihre Offenheit beim Schreiben und die Erkenntnisse, die sie in dieses Buch hat einfließen lassen. Die Zusammenarbeit mit ihr war genauso leicht und freudvoll wie in jenem Traum von mir, der am Anfang des Projektes stand. Diese Erfahrung hat mich tief greifend verändert.

Dank auch an Mick Dodge, der mir seine Heimat nahebrachte und es mir ermöglichte, im Hoh zu leben, was mich sehr inspirierte.

Dank an alle im Verlag Inner Traditions, denen es ein Anliegen war, dieses Buch Wirklichkeit werden zu lassen.

Zutiefst verbunden fühle ich mich auch der schamanischen Malerin Susan Cohen Thompson, die die schönen, inspirierten Illustrationen beigesteuert hat.

Ich danke unserer Agentin Barbara Moulton, deren Kompetenz es mir ermöglicht hat, mich ganz auf die Naturwesen im Hoh und auf mein Schreiben zu konzentrieren.

Für ihre unerschütterliche Unterstützung danke ich Marilyn Dexter und Patti Chiburis. Mira Steinbrecher, Hope Fay, Jeanann Yarosz, Gisela Timmermann, Carol Donahoe, Bob Southard, Bill Pfeiffer, Lance Rosen, Monty und Marlene Davis, Renee Martin-Nagle und Ryanne Hoogeboom für ihren Zuspruch.

Dank an meine Kinder, Eben Herrick und Sayre Herrick, die an mich glauben und mich inspirieren.

Danke an Dorothy Roberts, meine Mutter, für ihre Liebe und Begeisterungsfähigkeit sowie an meinen Vater Edgar Roberts für seine besondere Beziehung zu Bäumen und zur Natur.

Größte Wertschätzung bringe ich den Ältesten der indigenen Volksgruppen entgegen, mit denen ich zusammenarbeiten durfte, und zwar nicht nur den Stämmen auf der Olympia-Halbinsel, sondern auch den Menschen sibirischen, tibetischen, Maya-, mittel- und südamerikanischen Ursprungs, deren weise Erkenntnisse und Praktiken dieses Buch enorm bereichern.

Tiefste Dankbarkeit empfinde ich gegenüber dem Land, dem Wasser, den Bäumen, Naturwesen, überhaupt der Natur im Hoh, und den Geistern der Ahnen daselbst, einer so schönen und starken Kraft. Danke – und Dank auch an die Stimmen, die in Sandras Umfeld laut werden: Ihr inspiriert uns zur Eigenliebe und zur Wertschätzung aller Landschaften, der Natur und jedes Naturwesens.

Ich danke Gabu-San für alles, was sie mir beibringt, sowie für die liebe Gesellschaft, die mir die Hündin stets leistet, nicht nur, wenn ich einsam bin. Auch der süßen Katie, meinem Kätzchen, das jetzt eins ist mit dem Hoh, danke ich von Herzen.

SANDRA

Die Zusammenarbeit mit Llyn Roberts war mir ein großes Vergnügen. Ich danke ihr für die Weitsicht, die sie an den Tag legte, als sie mich einlud, gemeinsam mit ihr dieses schöne Buch zu erschaffen. Es hat wirklich Spaß gemacht!

Susan Cohen Thompson, die ich sehr schätze, danke ich für die großartigen Illustrationen, die sie beigesteuert hat.

Ein besonderes Dankeschön gilt unserer Lektorin Laura Schlivek; die Zusammenarbeit mit ihr war fantastisch. Auch der Redakteurin Abigail Lewis fühlen Llyn und ich uns zu Dank verpflichtet. Desgleichen Jon Graham, Jeanie Levitan und Jessie Wimett für die Unterstützung, die sie unserem Buch haben angedeihen lassen. Wir danken Peri Swan für den schönen Umschlagentwurf. Und allen Mitarbeiterinnen und Mitarbeitern des Verlages Inner Traditions, die zur Entstehung dieses Buches beitrugen.

Dank an unsere Agentin Barbara Moulton für ihre beständige Unterstützung und Freundschaft!

Tiefe Dankbarkeit empfinde ich meinem Mann, Woods Shoemaker, gegenüber, der mir auch während der langwierigen Arbeiten an diesem Projekt immer seine Liebe zeigte, mich stets unterstützte und unermüdliche Geduld an den Tag legte. Ich danke Jai Cross, Ann Drucker und Mary McCormick, die ich in Bezug auf einige der Naturwesen, über die ich geschrieben habe, um Rat fragen durfte.

Meinen helfenden Geistern danke ich für ihre Liebe sowie für die hilfreichen Tipps, die sie mir für den Aufbau eines Lebens voller Freude und Sinnhaftigkeit gaben, und zwar nicht allein, was mich persönlich betrifft, sondern auch in Bezug auf die Weitergabe dieser Erkenntnisse und Erfahrungen an Interessierte. Auch den Spirits der Erde, der Luft, des Wassers und des Feuers danke ich, denn sie lehren mich, ein Leben in Wertschätzung, Respekt, Harmonie und Ausgeglichenheit zu führen. Tiefe Dankbarkeit empfinde ich gegenüber dem Geist von Santa Fe, den helfenden Ahnen des Landes, dem verborgenen Volk und allen Naturwesen, den Spirits der artesischen Quelle, der Sumpflandschaft und des *arroyos*, in deren Nähe ich lebe.

Ich danke und ehre meine Eltern, Aaron und Lee Ingerman. Als ich an diesem Buch schrieb, konnte ich die Präsenz meiner Mum ganz deutlich spüren. Ich würdige meine Vorfahren und danke für mein Leben.

ÜBER DIE URHEBERINNEN UND IHR WERK

SANDRA INGERMAN

Sandra Ingerman, M.A., ist Verfasserin von zehn Büchern und sieben Audiobooks. Seit mehr als dreißig Jahren bietet sie international Kurse über schamanisches Reisen, Heilen und die Behebung der Umweltverschmutzung mithilfe spiritueller Methoden an.

Besonders am Herzen liegt Sandra Ingerman die Kooperation der Weltgemeinschaft mit dem Ziel, positive Veränderungen für unseren Planeten herbeizuführen. Zu diesem Zweck hat sie ein internationales Netzwerk schamanisch Lehrender und Praktizierender gegründet (siehe unten »Praktizierende des Schamanismus). Ihre ganze Leidenschaft gilt der Unterstützung der Menschen bei ihrer Rückbesinnung auf die Natur. Sandra Ingerman genießt hohe Anerkennung für die Integration alter Heilmethoden verschiedener Kulturen in den Alltag der modernen westlichen Welt.

In ihrer monatlich erscheinenden Kolumne »Transmutation News« motiviert sie seit 1998 die spirituelle Gemeinde überall auf dem Globus, in ihren Bemühungen nicht nachzulassen, auch wenn sich keine sofortige Wirkung zeigt. Diese Kolumne wird von Ehrenamtlichen in dreizehn Sprachen übersetzt und findet sich unter der Internetadresse www.sandraingerman.com. Sandra Ingerman schlägt ihren Leserinnen und Lesern darin eine Vielzahl spiritueller Praktiken und Zeremonien vor, unter anderem

»Creating a Human Web of Light« (Ein menschliches Netz aus Licht).

Als lizenzierte Ehe- und Familientherapeutin sowie psychologische Beraterin ist Sandra Ingerman auch eine ausgewiesene Expertin auf den Gebieten posttraumatische Belastungsstörungen und Stressmanagement in Akutsituationen. 2007 wurde sie von der Global Foundation for Integrative Medicine mit dem Peace Award ausgezeichnet. Die Zeitschrift *Spirituality and Health* zählte sie 2013 in ihrer November/Dezember-Ausgabe zu den Top Ten Spiritual Leaders.

Nähere Informationen, so auch Artikel, Blogposts und die Kolumne »Transmutation News«, finden Sie unter www.sandraingerman.com.

Bücher von Sandra Ingerman

Auf der Suche nach der verlorenen Seele: Der schamanische Weg zu innerer Ganzheit (Heyne 2010)

Die Heimkehr der Seele (Ariston 1999)

Heilung für Mutter Erde: Wie wir uns und unsere Umwelt verwandeln können (Goldmann 2011)

Die schamanische Reise: Ein spiritueller Weg zu sich selbst (Ansata 2011)

Die Seele schützen: Wie wir uns von negativen Energien befreien (Heyne 2009)

Der schamanische Weg in die Tiefe der Seele (Goldmann 2013)

Gut leben in schwieriger Zeit: Schamanische Techniken für Gesundheit, Wohlstand und Frieden (Arkana 2010)

Heimkehr ins Leben (Allegria 2008)

Lichtvoll leben (Goldmann 2016)

Audiobooks

The Soul Retrieval Journey (Sounds Tru 1997)
The Beginner's Guide to Shamanic Journeying (Sounds True 2003)
Miracles for the Earth (Sounds True 2004)
Shamanic Meditations: Guided Journeys for Insight, Vision, and Healing (Sounds True 2010)
Soul Journeys: Music for Shamanic Practice (Sounds True 2010)
Shamanic Visioning: Connecting with Spirit to Transform Your Inner and Outer Worlds, 6 CD (Sounds True 2013)
Shamanic Visioning Music: Taiko Drum Journeys (Sounds True 2014)

Transmutation-App

Diese von Sandra Ingerman entwickelte App für Ihr Mobilgerät ist im App Store erhältlich. Sie soll Ihnen helfen, negative Gedanken in solche zu verwandeln, die zu einem gewünschten Ergebnis führen. Die App ermöglicht es Ihnen, einen Alert zu setzen, von dem Sie im Laufe des Tages wiederholt aufgefordert werden, sich Ihrer Gedanken bewusst zu werden. Anhand von Worten, Sprüchen, Segensformeln und Fotos regt die App Sie zu einem veränderten Denken an.

Praktizierende des Schamanismus

Um Praktizierende des Schamanismus beziehungsweise schamanische Lehrkräfte zu finden, können Sie die Website www.shamanictechars.com besuchen. Dort finden Sie Mitglieder eines Netzwerks schamanischer Lehrkräfte, die von Sandra Ingerman ausgebildet wurden und deren Arbeit auf dem weiblichen Prinzip der Kooperation beruht. Diese Lehrkräfte bieten unter anderem

Kurse über schamanisches Reisen und Heilen an sowie über den Aufbau eines kreativeren und bewussteren Lebens. Außerdem finden Sie auf dieser Seite die Kontaktadressen von Hunderten von schamanisch Praktizierenden überall auf der Welt.

LLYN ROBERTS

Llyn Roberts, M.A. ist eine preisgekrönte Autorin und Dozentin für Heilung und Schamanismus. Ihr beruflicher Hintergrund umfasst unter anderem kontemplative Psychotherapie, tibetischen Buddhismus, Zusammenarbeit mit verschiedenen Gruppen indigener Schamanen vor Ort, schamanisches Reiki und westliche Heilansätze auf dem Gebiet von Körper und Geist.

Llyn Roberts trägt den Titel eines Masters of Arts in tibetischem Buddhismus und westlicher Psychologie, den sie an der Naropa University erwarb, und erhielt Inititationen von Schamanen in Südamerika und Sibirien. Von ecuadorianischen Quechua-Heilern wurde sie intensiv ausgebildet. Sie organisierte heilige Reisen zu indigenen Völkern in so abgelegenen Regionen wie dem Amazonasgebiet, der asiatischen Steppe, den Hochanden und ursprünglichen Maya-Ländereien. Llyn Roberts überträgt alte Techniken in moderne Übungen, die zu größerer Ausgeglichenheit und Sinnhaftigkeit führen, unsere Beziehungen zum Spirit und zur Natur intensivieren und einen Beitrag zur Verbesserung der Welt leisten.

Die ehemalige Vorsitzende der von John Perkins gegründeten gemeinnützigen Organisation Dream Change ist Mitbegründerin und Präsidentin des Olympic Mountain EarthWisdom Circle (OMEC), der sich den Aufbau einer heiligen, verantwortungsbewussten Beziehung zur Erde zum Ziel gesetzt hat. Llyn Roberts ist Dozentin an der Union Graduate School sowie dem Graduate

Institute und fungierte sowohl für das Sustainability Institute der University of Massachusetts als auch für die in Panama ansässige gemeinnützige Organisation Earth Train als Beraterin. Zwanzig Jahre unterrichtete sie darüber hinaus am Omega Institute, der größten ganzheitlich ausgerichteten Bildungseinrichtung der Welt.

Während der zwei Jahre, die sie am vorliegenden Buch schrieb, lebte sie im Hoh-Regenwald im pazifischen Nordwesten der Vereinigten Staaten.

Die Arbeiten der modernen Mystikerin und spirituellen Umweltschützerin erzeugen ein intensives Zugehörigkeitsgefühl zur Welt der Natur.

Weitere Informationen über Llyn Roberts finden Sie unter www.llynroberts.com.

Bücher von Llyn Roberts

Schamanisches Reiki – neue Wege für die Arbeit mit der universellen Lebenskraft (Heyne 2011)

Shapeshifting into Higher Consciousness: Heal and Transform Yourself and Our World with Ancient Shamanic and Modern Methods (Moon Books 2011)

The Good Remembering: A Message for Our Times (John Hunt Publishing 2007)

Audiobook

Pathways to Inner Peace (zusammen mit Robert Y. Southward, Creston Press 2006)

SUSAN COHEN THOMPSON

Als Illustratorin legt Susan Cohen Thompson seit drei Jahrzehnten den Schwerpunkt auf die Weisheiten der Erde. Ihre Arbeiten zieren die Umschläge von Büchern über den Schamanismus, »grüner« Kunstbücher und sie begleiten umweltbezogene Zeitschriftenartikel. Ihre Gemälde sind in Galerien, Naturschutzgebieten und Museen zu sehen. Sie lebt auf Camano Island, Washington.

Weitere Arbeiten von ihr können Sie sich auf der Website www.thompsonartstudio.com anschauen.